"101 计划"核心教材
数学领域

常微分方程

林伟　严军　张国华　周士杰　编著

中国教育出版传媒集团
高等教育出版社·北京

内容提要

本书是基于编者在复旦大学多年的教学实践经验编写而成的。全书共分为六章；第一章阐述了微分方程的基本概念，并列举了若干典型的微分方程实例；第二章讲解了一些初等解法以及线性方程的相关内容；第三章介绍了线性微分方程组；第四章深入探讨了常微分方程的基本理论；第五章初步介绍了定性理论；第六章则聚焦于一阶偏微分方程。

本书适合作为高水平本科院校数学类专业本科生及研究生学习常微分方程课程的教材或教学参考书，也可供科技工作者参考。

总 序

　　自数学出现以来,世界上不同国家、地区的人们在生产实践中、在思考探索中以不同的节奏推动着数学的不断突破和飞跃,并使之成为一门系统的学科。尤其是进入 21 世纪之后,数学发展的速度、规模、抽象程度及其应用的广泛和深入都远远超过了以往任何时期。数学的发展不仅是在理论知识方面的增加和扩大,更是思维能力的转变和升级,数学深刻地改变了人类认识和改造世界的方式。对于新时代的数学研究和教育工作者而言,有责任将这些知识和能力的发展与革新及时体现到课程和教材改革等工作当中。

　　数学 "101 计划" 核心教材是我国高等教育领域数学教材的大型编写工程。作为教育部基础学科系列 "101 计划" 的一部分,数学 "101 计划" 旨在通过深化课程、教材改革,探索培养具有国际视野的数学拔尖创新人才,教材的编写是其中一项重要工作。教材是学生理解和掌握数学的主要载体,教材质量的高低对数学教育的变革与发展意义重大。优秀的数学教材可以为青年学生打下坚实的数学基础,培养他们的逻辑思维能力和解决问题的能力,激发他们进一步探索数学的兴趣和热情。为此,数学 "101 计划" 工作组统筹协调来自国内 16 所一流高校的师资力量,全面梳理知识点,强化协同创新,陆续编写完成符合数学学科 "教与学" 特点,体现学术前沿,具备中国特色的高质量核心教材。此次核心教材的编写者均为具有丰富教学成果和教材编写经验的数学家,他们当中很多人不仅有国际视野,还在各自的研究领域作出杰出的工作成果。在教材的内容方面,几乎是包括了分析学、代数学、几何学、微分方程、概率论、现代分析、数论基础、代数几何基础、拓扑学、微分几何、应用数学基础、统计学基础等现代数学的全部分支方向。考虑到不同层次的学生需要,编写组对个别教材设置了不同难度的版本。同时,还及时结合现代科技的最新动向,特别组织编写《人工智能的数学基础》等相关教材。

　　数学 "101 计划" 核心教材得以顺利完成离不开所有参与教材编写和审订的专家、学者及编辑人员的辛勤付出,在此深表感谢。希望读者们能通过数学 "101 计划" 核心教材更好地构建扎实的数学知识基础，锻炼数学思维能力，深化对数学的理解，进一步生发出自主学习探究的能力。期盼广大青年学生受益于这套核心教材，有更多的拔尖创新人才脱颖而出！

田　刚

数学"101 计划"工作组组长

中国科学院院士

北京大学讲席教授

前　言

常微分方程是数学及诸多科学技术领域中一块闪亮的基石。它不仅是连接初等数学与高等数学不可或缺的纽带，更是我们洞悉自然界与社会现象动态变迁规律的有效工具。通过这门课程的研习，学生们将能够熟练掌握常微分方程的基础理论，精通各类常微分方程的求解技巧，这些宝贵的知识与技能，在物理学、生物学、工程学、经济学、复杂性科学等诸多领域均展现出广泛而深刻的应用价值。此外，常微分方程还为进一步探索偏微分方程、动力系统、控制理论、人工智能等后续课程铺设了坚实的基石，对于提升学生的数学素养及推动其在相关专业领域的深入研究与创新实践，具有重要的意义。

在过去的教学与科研中，常微分方程的课程定位相对传统，主要内容侧重于解析解法与理论推导。随着现代科技突飞猛进，特别是在包括机器学习、人工神经网络等人工智能前沿领域，微分方程的建模、计算以及分析方法被大量深刻地应用。复旦大学常微分方程教学团队自学校百年校庆以来，踏上了课程改革与建设的征途，旨在将常微分方程打造成为一门面向顶尖数学类专业本科生、彰显复旦教育教学特色的核心专业课程，并将编撰一部高水平的专业教材作为这一改革的重要使命。

本书主要面向高水平本科院校数学类专业二年级学生，也可作为具有一定常微分方程基础知识的数据科学与大数据技术、统计学、计算生物学、智能科学与技术、人工智能等其他专业高年级本科生、研究生或科研人员的参考用书。读者应具备微积分、线性代数及初步的集合论等知识。我们希望能在保证理论严谨性与系统性的同时，兼顾易读性和应用导向，使读者能够在扎实掌握理论的同时，更深入地体会微分方程在实践中的丰富应用。

本书内容紧密贴合教育部本科教育教学改革试点工作计划（"101"计划）及《高等学校数学类专业人才培养战略研究报告暨核心课程体系》中关于常微分方程课程的知识要点，涵盖了常微分方程的初等解法、线性微分方程（组）、基本理论、定性理论初步和一阶偏微分方程等内容，力求为读者提供一套系统、全面且富有前瞻性的知识体系。

相较于传统教材，本书在绪论部分增添了丰富的微分方程实际应用案例，如生物神经元动力学模型、无限维时滞微分方程、非线性差分方程等，旨在拓宽读者的视野，深化其对微分方程实际应用的理解。在第四章中，我们还利用集合论中的 Zorn 引理（关于非空偏序集中极大元存在性的讨论），证明了常微分方程最大存在区间的存在性，从而丰富了常微分方程的基础理论。此外，在第五章中，我们特别增加了利用 Lyapunov 直接方法判断 Hopfield 神经网络动力学演化稳定性的实例，以期展现常微分方程理论和方法在当前蓬勃发展的人工智能等领域的重要价值。

自 2006 年以来，编者在复旦大学数学科学学院、大数据学院、信息科学与工程学院、大气与海洋科学系、工程与应用技术研究院的学科专业以及中国科学院–马普学会计算生物学伙伴研究所、上海科技大学等单位，基于本书主要内容面向不同层次、不同背景的本科生、研究生开设理论课程，其中包括数学、人工智能专业二年级本科生、电子信息专业及计算生物学专业研究生等。此外，编者还持续基于本书相关章节进行教学实践，鼓励学生基于书本所学参与高阶学术创新。多轮课程的反复打磨，使我们对书中的叙述方式、难点处理与练习设计进行了多次修订。本书亦得到复旦大学"七大系列精品教材"建设计划的资金与资源支持而不断臻于完善。我们衷心期望，通过研读本书，读者能够从机理模型与数学理论两个维度，深入理解研究微分方程基本性质的重要路径和方法，精准掌握微分方程定性分析的基本技巧和拓展能力。

在本书的编写与定稿过程中，许多学术大家、同侪同人与本科生、研究生给予了大量的意见与帮助。我们要特别感谢田刚院士以及柳彬、楼元、肖冬梅、张伟年、张祥教授对本书编撰的热情鼓励和鼎力相助；感谢哈佛大学副教授葛天，复旦大学研究员冷思阳、秦伯韡、姚烨、朱群喜和博士后杨克祥；特别感谢课程助教卞诗瑞、何心谣、马赫、瞿耀辉、盛文博、王旭磊、王赢、张智、张静东等同学在文稿整理和错误校对过程中付出的辛勤努力；复旦大学 2021 级本科生张一弛、马行健等也为我们提供了许多课堂教学和讲义修订的宝贵建议；高等教育出版社为本书的顺利出版提供了充分的关注与支持。在此，我们谨向所有关心、指导并帮助过本书编写工作的各界人士致以最诚挚的谢意。

虽然编者倾注了大量心血，但限于水平，书中难免存在不妥及疏漏之处，恳请广大读者不吝赐教，批评指正。

林伟　严军　张国华　周士杰
2025 年 1 月于复旦园

目 录

第一章　绪论　　1
　1.1　基本概念　　2
　　1.1.1　常微分方程　　2
　　1.1.2　方程的解　　3
　　1.1.3　定解条件　　4
　　1.1.4　解的几何意义　　5
　1.2　若干典型微分方程实例　　7
第二章　初等解法与线性方程　　17
　2.1　恰当方程和积分因子法　　18
　2.2　一阶方程的其他初等解法　　26
　　2.2.1　分离变量法　　26
　　2.2.2　一阶线性方程　　28
　　2.2.3　齐次方程　　30
　　2.2.4　初等变换法　　34
　2.3　一阶隐式方程　　39
　　2.3.1　微分法　　40
　　2.3.2　参数法　　42
　2.4　二阶常系数线性方程　　45
　　2.4.1　二阶常系数齐次线性方程的求解　　46
　　2.4.2　二阶常系数非齐次线性方程的求解　　52
　2.5　高阶方程降阶与高阶常系数线性方程　　55
　　2.5.1　高阶常微分方程的降阶　　56

        2.5.2 高阶常系数线性方程   57
    2.6 微分方程组的首次积分   65
    2.7 算子法与 Laplace 变换   72
        2.7.1 算子法   73
        2.7.2 Laplace 变换   79

第三章 线性微分方程组   85
    3.1 一些基础知识   86
    3.2 一般线性微分方程组   89
        3.2.1 齐次线性方程组   91
        3.2.2 基解矩阵与 Wronski 行列式   92
        3.2.3 d'Alembert 降阶法   95
        3.2.4 非齐次线性方程组与常数变易法   98
    3.3 常系数线性方程组   101
    3.4 矩阵函数   109
    3.5 高阶线性方程   113
        3.5.1 齐次方程   114
        3.5.2 d'Alembert 降阶法   115
        3.5.3 非齐次方程与常数变易法   116
    3.6 二阶线性方程边值问题   121
    3.7 基本解与 Green 函数   124
    3.8 Sturm-Liouville 特征值问题   130

第四章 常微分方程的基本理论   135
    4.1 初值问题解的存在唯一性定理   136
    4.2 存在唯一性定理的进一步讨论   147
    4.3 解的延拓   158
    4.4 比较定理和 Gronwall 不等式   165
        4.4.1 比较定理   166
        4.4.2 Gronwall 不等式   175
    4.5 不动点定理与解的存在唯一性定理   179
        4.5.1 压缩映射原理及其在常微分方程理论中
              的应用   179
        4.5.2 Schauder 不动点定理及其在常微分方程
              理论中的应用   182
    4.6 解关于初值和参数的连续依赖性和连续可微性   185
        4.6.1 解关于初值和参数的连续依赖性   186

  4.6.2 解关于初值和参数的连续可微性 191

第五章 定性理论初步 199

 5.1 自治系统 200
  5.1.1 相空间、轨线与奇点 200
  5.1.2 自治系统的基本性质 203

 5.2 平面自治系统的奇点 206
  5.2.1 平面线性系统的奇点分类 207
  5.2.2 平面非线性系统的 Perron 定理 215

 5.3 平面自治系统的极限环 225
  5.3.1 闭轨线与极限环 225
  5.3.2 闭轨线不存在的判别法 228
  5.3.3 环域定理 231

 5.4 Lyapunov 稳定性 238
  5.4.1 稳定性的概念 238
  5.4.2 线性系统的稳定性 243

 5.5 Lyapunov 直接方法 249
  5.5.1 V 函数 250
  5.5.2 Lyapunov 稳定性的基本定理 252

 5.6 Lyapunov 函数的存在性 261
  5.6.1 线性自治系统中的 Lyapunov 函数 261
  5.6.2 Lyapunov 函数的构造 265

 5.7 一次近似理论 274

第六章 一阶偏微分方程 289

 6.1 引论 290
 6.2 一阶齐次线性偏微分方程 291
 6.3 一阶拟线性偏微分方程 296
  6.3.1 拟线性与齐次线性偏微分方程 296
  6.3.2 方向场与特征曲线 300
  6.3.3 Cauchy 问题 302

参考文献 306

第一章

绪　论

1.1 基本概念

1.1.1 常微分方程

所谓方程, 于广义而言, 即指某些等式形式. 一般来说, 方程特指那些包含若干未知变量的等式关系. 在我们过去的学习中, 已有所接触的一元高次方程、线性方程组等均属于代数方程 (或代数方程组) 的范畴, 偏于"静态"结构.

对于微分方程 (或微分方程组), 粗略地讲, 就是以函数为未知量, 且方程中出现未知量的导数 (微分) 或偏导数 (偏微分) 的方程. 例如, 微积分中求已知函数 $f(x)$ 的原函数, 就可以看作求解关于未知函数 $y(x)$ 的微分方程

$$\frac{\mathrm{d}y}{\mathrm{d}x} = f(x).$$

又如

$$\frac{\mathrm{d}y}{\mathrm{d}x} = y + x, \tag{1.1}$$

$$x^2 \mathrm{d}x + (x^2 - y^2)\mathrm{d}y = 0, \tag{1.2}$$

$$\frac{\mathrm{d}^2 y}{\mathrm{d}x^2} + 3\frac{\mathrm{d}y}{\mathrm{d}x} + 2y = 1, \tag{1.3}$$

$$\frac{\partial u}{\partial x} + \frac{\partial u}{\partial y} = 0 \tag{1.4}$$

和

$$\frac{\partial^2 u}{\partial x^2} + \frac{\partial^2 u}{\partial y^2} + \frac{\partial^2 u}{\partial z^2} = 0 \tag{1.5}$$

都是典型的微分方程.

进一步, 如果未知函数的自变量是一元的, 相应的微分方程就称为常微分方程; 如果未知函数的自变量是二元及二元以上的, 并且是显含关于这些自变量的导数形式的, 则相应的微分方程就称为偏微分方程. 微分方程中出现的未知函数的最高阶导数称为方程的阶. 例如, 上面这组方程中, (1.1), (1.2) 和 (1.3) 都是常微分方程, (1.4) 和 (1.5) 是偏微分方程; (1.1), (1.2) 和 (1.4) 是一阶方程, (1.3) 和 (1.5) 是二阶方程.

对于究竟怎么样的方程可以称之为常微分方程, 要给出一个简单明了公认的定义似乎并非那么容易. 虽然, 我们一般地认为, 一个 n 阶常微分方程可以写成以下形式:

$$F\left(x, y(x), y'(x), \cdots, y^{(n)}(x)\right) = 0, \tag{1.6}$$

其中 F 是一个给定的函数, 且显含变量 $y^{(n)}$; $y'(x)$ 也可以记为 $\dot{y}(x)$. 另外, 很多时候为了描述具体方程随时间演化的过程, 未知函数、自变量及其导数关系往往会写成

$$\frac{\mathrm{d}x}{\mathrm{d}t} = f(x(t))$$

或
$$\dot{x} = f(x),$$

其中 $x(t)$ 是描述方程状态的未知函数, t 是描述时间的自变量. 这样就形成了 "动态" 方程的表示形式. 当我们关注具体方程

$$\frac{\mathrm{d}x}{\mathrm{d}t} = x(x(t))$$

与

$$\frac{\mathrm{d}x}{\mathrm{d}t} = x(t-1)$$

的时候可以发现, 这两个方程中虽然都仅仅含有一个自变量的未知函数, 但它们都不是上述 (1.6) 意义下的常微分方程. 事实上, 后者是一个时滞微分方程, 是所谓微分差分方程的一个特例, 对这类方程的研究是以常微分方程理论及其他更为深刻的数学理论为基础的. 此外, 未来的进阶学习中, 还会涉及随机微分方程等更为复杂但更有效用的工具. 所有的这些微分方程, 都在不同实际方程定量描述的研究工作中, 发挥着至关重要的作用.

本教材涉及的方程主要是常微分方程. 为方便起见并不涉歧义之时, 我们一般简称常微分方程 (组) 为方程 (组).

1.1.2 方程的解

如果函数 $y = \phi(x)$ 在区间 (a, b) 上具有 n 阶导数, 且

$$F\left(x, \phi(x), \phi'(x), \cdots, \phi^{(n)}(x)\right) = 0,$$

则称 $y = \phi(x)$ 是方程 (1.6) 在区间 (a, b) 上的一个解. 如果由 $G(x, y) = 0$ 确定的隐函数 $y = \phi(x)$ 是方程 (1.6) 的解, 则称 $G(x, y) = 0$ 是方程 (1.6) 的一个隐式解. 通常求 $G(x, y) = 0$ 的过程是一个求积分的过程, 因而我们也称 $G(x, y) = 0$ 是方程 (1.6) 的积分.

容易验证, $y = e^x - x - 1$ 是方程 (1.1) 的解, 也是方程的积分; 进一步, 对于任何常数 C, $y = Ce^x - x - 1$ 都是方程 (1.1) 的解.

为了区别方程的某个具体的解和含有任意常数的解, 我们称不含任意常数的解为特解. 而称含有 n 个 (n 为方程的阶数) 独立的任意常数的解 $y = \phi(x, C_1, C_2, \cdots, C_n)$ 为方程的通解. 所谓这些常数是独立的, 是指 $\phi, \dfrac{\partial \phi}{\partial x}, \cdots, \dfrac{\partial^{n-1} \phi}{\partial x^{n-1}}$ 关于 $C_1, C_2, \cdots, C_n$ 的 Jacobi 行列式非零, 即

$$\frac{D\left(\phi, \dfrac{\partial \phi}{\partial x}, \cdots, \dfrac{\partial^{n-1}\phi}{\partial x^{n-1}}\right)}{D(C_1, C_2, \cdots, C_n)} \neq 0 \tag{1.7}$$

在某个区域 $\Omega \subseteq \mathbb{R}^{n+1}$ 上成立.

关于通解,我们需要注意以下几点:

(1) 从命名来看,人们期望通解能够包含方程所有的解. 但是从定义来看,通解并不需要包含方程所有的解. 例如 $y = e^C e^x$ 和 $y = Ce^x$ 都可以称为方程 $y' = y$ 的通解,而前者包含方程的部分解,后者包含全部解.

(2) 尽管通解可以不包含方程全部的解,我们在求通解时,还是应该使之包含尽可能多的解.

(3) 通解确实包含了方程一定范围内的全部解.

(4) 当通解表达式中的所有常数都成为确定值时,通解也就成为特解.

1.1.3 定解条件

我们了解到,对于 n 阶方程,其通解含有 n 个独立的常数,要确定这些常数,自然需要给出 n 个条件,我们称之为定解条件. 自然,有的定解条件能够唯一地确定这些常数,有时候满足定解条件的常数会不唯一或不存在. 常用的定解条件是所谓初值条件:

$$y(x_0) = y_0, \quad y'(x_0) = y_1, \quad \cdots, \quad y^{(n-1)}(x_0) = y_{n-1},$$

这里 x_0 是给定的自变量 x 的一个值. 相应地,称

$$\begin{cases} F\left(x, y(x), y'(x), \cdots, y^{(n)}(x)\right) = 0, \\ y(x_0) = y_0, y'(x_0) = y_1, \cdots, y^{(n-1)}(x_0) = y_{n-1} \end{cases} \tag{1.8}$$

为方程 (1.6) 的**初值问题**,初值问题又称为 **Cauchy 问题**.

如果 $y = \phi(x, C_1, C_2, \cdots, C_n)$ 为方程 (1.6) 的通解,则

$$\begin{cases} y(x_0) = \phi(x_0, C_1, C_2, \cdots, C_n), \\ y'(x_0) = \dfrac{\partial \phi}{\partial x}(x_0, C_1, C_2, \cdots, C_n), \\ y''(x_0) = \dfrac{\partial^2 \phi}{\partial x^2}(x_0, C_1, C_2, \cdots, C_n), \\ \cdots\cdots\cdots\cdots \\ y^{(n-1)}(x_0) = \dfrac{\partial^{n-1} \phi}{\partial x^{n-1}}(x_0, C_1, C_2, \cdots, C_n). \end{cases} \tag{1.9}$$

这样,若对于给定的初值条件

$$y(\overline{x}_0) = \overline{y}_0, \quad y'(\overline{x}_0) = \overline{y}_1, \quad \cdots, \quad y^{(n-1)}(\overline{x}_0) = \overline{y}_{n-1},$$

存在 $\overline{C}_1, \overline{C}_2, \cdots, \overline{C}_n$ 使得

$$\overline{y}_k = \frac{\partial^k \phi}{\partial x^k}(\overline{x}_0, \overline{C}_1, \overline{C}_2, \cdots, \overline{C}_n), \quad k = 0, 1, \cdots, n-1,$$

则由 (1.7) 以及隐函数存在定理可知, 存在 $\delta > 0$, 使得对任何满足

$$\sum_{k=0}^{n-1} |y_k - \overline{y}_k|^2 + |x_0 - \overline{x}_0|^2 < \delta^2 \tag{1.10}$$

的 $(x_0, y_0, y_1, \cdots, y_{n-1})$, 有 $C_1, C_2, \cdots, C_n$ 使得 $y = \phi(x, C_1, C_2, \cdots, C_n)$ 为初值问题 (1.8) 的解. 这就是说在 (1.10) 所确定的一个局部范围内, 通解 $y = \phi(x, C_1, C_2, \cdots, C_n)$ 确实给出了方程 (1.6) 所有的解.

即使方程有解, 解未必是唯一的. 比如, 初值问题 $\frac{\mathrm{d}y}{\mathrm{d}x} = \sqrt{|y|}$, $y(0) = 0$ 就有 $y(x) = \frac{x^2}{4}$ 以及 $y(x) \equiv 0$ 两个不同的解. 具体论述见例 2.2.2.

1.1.4 解的几何意义

对于一阶方程, 一般形式为

$$\frac{\mathrm{d}y}{\mathrm{d}x} = f(x, y), \tag{1.11}$$

其中 $f(x, y)$ 是 xOy 平面内某区域 $\mathcal{D}$ 上的连续函数.

设 $y = \phi(x)$ 是方程的一个解. 在 xOy 平面, $y = \phi(x)$ 的图形是一条光滑曲线 (称为积分曲线). 易见, $y = \phi(x)$ 是方程的解, 当且仅当在积分曲线上的任意一点 (x, y), 曲线在该点的切线斜率为 $f(x, y)$. 这样, 我们可以在 $\mathcal{D}$ 上每一点 (x, y) 画一小段斜率为 $f(x, y)$ 的直线段 (称为线素) 用来表明积分曲线切线方向. 区域 $\mathcal{D}$ 连同 $\mathcal{D}$ 上线素的全体称为方程 (1.11) 的方向场或线素场.

利用方向场我们可以画出积分曲线的大致形状, 图 1.1 就是利用方向场得到方程

$$\frac{\mathrm{d}y}{\mathrm{d}x} = x^2 + y^2$$

的积分曲线.

利用函数导数的定义, 我们近似地有

$$y(x + \Delta x) \approx y(x) + f(x, y)\Delta x, \quad 0 < \Delta x < \delta.$$

这样, 选取适当的 $\delta > 0$, 初值问题

$$\begin{cases} \dfrac{\mathrm{d}y}{\mathrm{d}x} = f(x, y), \\ y(x_0) = y_0 \end{cases} \tag{1.12}$$

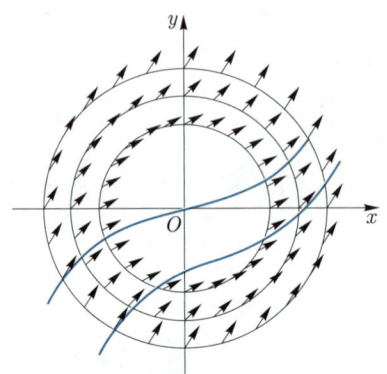

图 1.1 利用方向场得到的积分曲线

的解可以近似地表示为以下的 Euler 折线:

$$y(x) \approx \phi(x) = \begin{cases} y_0 + f(x_0, y_0)(x - x_0), & x_0 \leqslant x \leqslant x_0 + \delta, \\ y_1 + f(x_1, y_1)(x - x_1), & x_1 < x \leqslant x_1 + \delta, \\ y_2 + f(x_2, y_2)(x - x_2), & x_2 < x \leqslant x_2 + \delta, \\ \cdots\cdots \end{cases}$$

其中 $x_k = x_0 + k\delta$, $y_k = \phi(x_k)$. 上面是 $x \geqslant x_0$ 的部分, 类似地可以定义 $x \leqslant x_0$ 的部分. 值得研究的是上述近似解与微分方程初值问题的解的关系随着 δ 的改变是如何变化的. 当然, 这样的研究已经超出了本书的范畴, 后续可以在计算数学领域的微分方程数值解的相关课程中会有讲授.

习题 1.1

1. 说明下列方程的阶、自变量和未知函数:

(1) $\dfrac{\mathrm{d}x}{\mathrm{d}t} = P(t)x + Q(t)$;

(2) $x\dfrac{\mathrm{d}^2 x}{\mathrm{d}t^2} + \left(\dfrac{\mathrm{d}x}{\mathrm{d}t}\right)^2 = 1$;

(3) $\dfrac{\mathrm{d}x}{\mathrm{d}t} = P(t)x^2 + Q(t)x + R(t)$;

(4) $\left(\dfrac{\mathrm{d}y}{\mathrm{d}t}\right)^2 - y = 0$;

(5) $\dfrac{\mathrm{d}^2 y}{\mathrm{d}x^2} + \dfrac{\mathrm{d}y}{\mathrm{d}x} + y = P(x)$;

(6) $\dfrac{\mathrm{d}^2 \phi}{\mathrm{d}t^2} + \sin \phi = 0$,

其中 P, Q, R 是已知函数.

2. 验证下列函数分别是所示方程的解:

(1) 函数: $x = C\mathrm{e}^{kt}$, 方程: $\dfrac{\mathrm{d}x}{\mathrm{d}t} - kx = 0$;

(2) 函数：$x = Ce^{\int p(t)dt}$，方程：$\dfrac{\mathrm{d}x}{\mathrm{d}t} = p(t)x$；

(3) 函数：$x = C_1 e^t + C_2 t e^t$，方程：$\dfrac{\mathrm{d}^2 x}{\mathrm{d}t^2} - 2\dfrac{\mathrm{d}x}{\mathrm{d}t} + x = 0$；

(4) 函数：$x = C_1 e^{kt} + C_2 e^{-kt}$，方程：$\dfrac{\mathrm{d}^2 x}{\mathrm{d}t^2} - k^2 x = 0$；

(5) 函数：$x = C_1 \cos kt + C_2 \sin kt$，方程：$\dfrac{\mathrm{d}^2 x}{\mathrm{d}t^2} + k^2 x = 0$；

(6) 函数：$x = \begin{cases} 1, & t > \dfrac{\pi}{2}, \\ \sin t, & t \in [-\dfrac{\pi}{2}, \dfrac{\pi}{2}], \\ -1, & t < -\dfrac{\pi}{2}, \end{cases}$ 方程：$\dfrac{\mathrm{d}x}{\mathrm{d}t} = \sqrt{1 - x^2}$，

其中 k 是某个确定的常数，C, C_1, C_2 是任意常数.

1.2 若干典型微分方程实例

在这一节中, 我们将介绍一些在生态学、物理学、神经科学以及空气动力学等领域中经典的微分方程实例, 以此说明利用微分方程进行可计算的建模与分析是解决诸多领域中具体问题的基本应用数学方法. 首先, 我们介绍一些常微分方程的实例.

例 1.2.1 英国学者 T. R. Malthus 早在 1798 年就提出了著名的人口模型. 在该模型中, 他假设人口增长率与人口数 P 成比例关系. 因此, 这样的关系可以由常微分方程表示为

$$\frac{\mathrm{d}P}{\mathrm{d}t} = \alpha P, \quad \alpha > 0. \tag{1.13}$$

容易验证, 函数

$$P(t) = P_0 e^{\alpha(t - t_0)} \tag{1.14}$$

是上述方程的解. 这里的 P_0 和 $P(t)$ 分别表示在初始时间 $t = t_0$ 和任意时间 t 时的人口数. 于是, Malthus 基于此, 提出了基于指数定律的人口无限增长的 "人口论".

很显然, 按照这样的解, 人口数会无限增长, 但这并不是现实的; 人口数的增长一定会受到各种各样内外因素的制约. 为了能够进一步科学准确地描述真实系统演化的规律, 我们可以考虑引入一些必要的因素量, 来修正原始的 Malthus 人口模型. 比如, 增加一些如下的非线性社会阻滞项:

$$\frac{\mathrm{d}P}{\mathrm{d}t} = \alpha P - \beta P^2, \quad \alpha, \beta > 0. \tag{1.15}$$

从直观上看, 方程 (1.13) 的右端是大于 0 的, 从而时间越长, P 的增长速率也越大, 其呈现指数增长. 而方程 (1.15) 的右端当 $P > \alpha/\beta$ 时小于 0, 当 $P < \alpha/\beta$ 时大于 0, 故而其

最终收敛到 α/β (如图 1.2 所示). 基于后续的方程理论和方法, 可以严格证明这些收敛性态和规律.

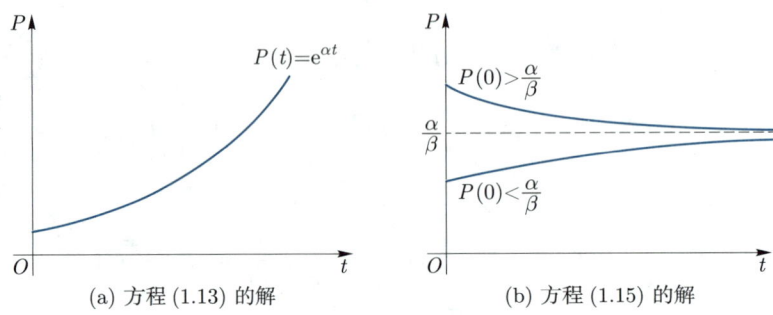

(a) 方程 (1.13) 的解   (b) 方程 (1.15) 的解

图 1.2 两种不同的人口模型的动力学演化

例1.2.2 考虑势能场中的质子运动规律. 我们假设一个质子处于势能函数为 $U(\boldsymbol{x})$ 的势能场中. 根据 Newton 第二定律, 我们有 $-\nabla U(\boldsymbol{x}) = m\ddot{\boldsymbol{x}}$, 其中, m 表示质子的质量, 导数是关于自变量 t 求取的. 在这里, 我们考虑一维的情形. 于是, 有运动学方程 $m\ddot{x} = -U'(x)$. 在这个等式两边同时乘 $\dot{x}$ 后, 得到

$$\frac{\mathrm{d}}{\mathrm{d}t}\left(\frac{1}{2}m\dot{x}^2 + U(x)\right) = 0. \tag{1.16}$$

这里 $\frac{1}{2}m\dot{x}^2$ 为质子的动量, 所以方程(1.16)即为能量守恒定律 (动能加势能). 举一个简单例子, 取 $U(x) = x^2$, $m = 1$. 易知此时的能量 $\mathcal{E} = \frac{1}{2}\dot{x}^2 + x^2$ 是守恒的. 如图 1.3 所示, 质子的等能集为椭圆, 并且在椭圆上做顺时针周期运动. 而原点 (图 1.3 中的中心点) 表示质子的平衡状态. 另外一个例子来考虑地表的自由落体运动. 此时, 重力势能 $U(x) = \dfrac{mgx^2}{2}$, 因此我们得到微分方程 $\ddot{x} = -g$. 进一步, 两边对 t 求两次积分, 得到 $x(t) = -\dfrac{gt^2}{2} + C_1 t + C_2$.

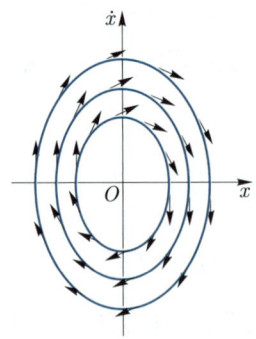

图 1.3 由方程 $\ddot{x} = -2x$ 描述的质子在平面 $xO\dot{x}$ 中的运动规律

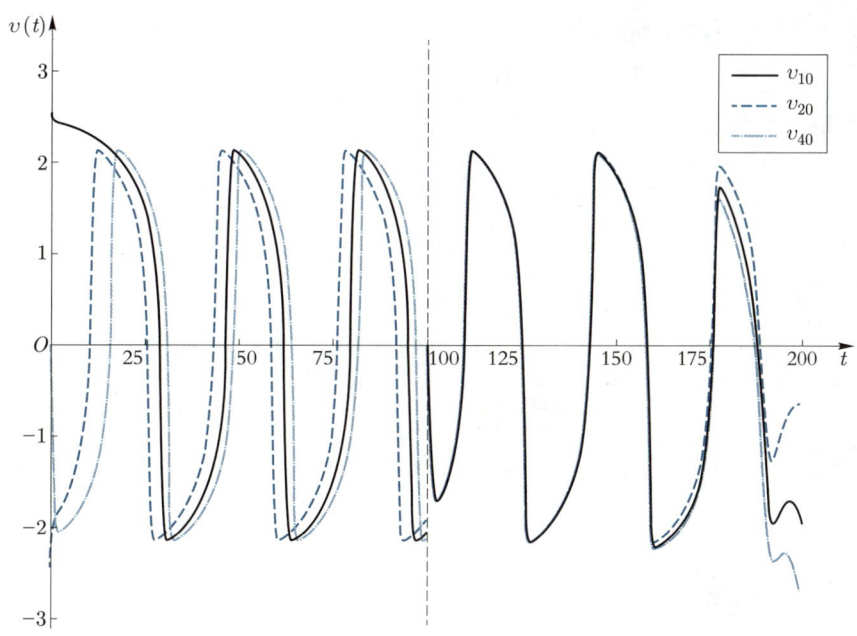

图 1.4 耦合 FitzHugh-Nagumo 模型(1.18)呈现同步动力学演化行为

例 1.2.3 FitzHugh-Nagumo 模型是用于描述神经元膜电位动力学演化的数学模型. 这个模型由 Richard FitzHugh 和 Jinichi Nagumo 在 20 世纪 60 年代提出的, 该模型也是著名的神经元动力学 Hodgkin-Huxley 模型的简化版本. Hodgkin-Huxley 模型是一个四维的微分方程组, 用来精确刻画不同离子通道开与关、外界不同类型电流刺激以及神经元膜上动作电位动力学演化之关系, 该模型也是 60 年代诺贝尔生理学或医学奖获奖成果的重要组成部分.

简化的 FitzHugh-Nagumo 模型由二维微分方程组构成, 包含了两个微分方程, 代表了神经元膜电位和膜电荷之间的互作演化机制和动力学演化规律. 这个模型被广泛应用于研究神经元在不同电压刺激下的兴奋与抑制状态, 并对由神经元耦合链接而成的复杂动力学网络中的同步及各类波动现象进行建模、模拟和分析. 具体地, 我们考虑 FitzHugh-Nagumo 模型

$$\begin{cases} \dfrac{\mathrm{d}v}{\mathrm{d}t} = -w + v - \dfrac{1}{3}v^3 + z, \\ \dfrac{\mathrm{d}w}{\mathrm{d}t} = \varepsilon(v - a + bw), \end{cases} \quad (1.17)$$

这里的函数 $v(t)$, $w(t)$ 分别表示神经元膜电位和膜电荷在 t 时刻的状态量; $z(t)$ 表示外界输入函数, 也可以取常值. 如图 1.4所示, 当 $t < 500$ 时, 耦合强度 $k = 0$ (即没有耦合链接), 此时每单个振子呈现 "各自为政" 的周期性脉冲行为. 当 $t > 500$ 时, 耦合强度 $k = 10$, 此时所有振子呈现同步振荡演化. 计算模拟中, 其余的参数设置为 $a = 0.7$, $b = 0.8$, $\varepsilon = 0.1$, $z = 1$, $A_{ij} = 1$ 对于一切 $i \neq j$. 该模型描述了神经元从稳定的静息状态转变为产生脉冲的活跃状态, 然后又回到静息状态的周期性脉冲行为, 即脉冲现

象. 该模型已被广泛用于研究神经元网络中的兴奋传导、信号传递以及复杂群体动力学演化现象. 现实中神经系统包含大量耦合链接的神经元, 我们经常用以下耦合 FitzHugh-Nagumo 模型进行建模:

$$\begin{cases} \dfrac{\mathrm{d}v_i}{\mathrm{d}t} = -w_i + v_i - \dfrac{1}{3}v_i^3 + z + k\sum_{j=1}^{N}A_{ij}(v_j - v_i), \\ \dfrac{\mathrm{d}w_i}{\mathrm{d}t} = \varepsilon(v_i - a + bw_i), \end{cases} \quad i = 1, 2, \cdots, N, \tag{1.18}$$

其中 v_i, w_i 表示第 i 个神经元的膜电位和膜电荷状态量, k 为耦合强度, $(A_{ij})_{N\times N}$ 表征耦合链接的链接矩阵. 如图 1.4所示, 神经元通过一定强度的耦合链接后, 会呈现群体同步的行为, 这也是实现部分生理功能或产生脑疾病时在大脑皮层可以观察到的典型现象.

例 1.2.4 为了进一步研究以上振荡脉冲演化的神经元动力学, 我们可以考虑一个更为简化的微分方程模型

$$\dot{\theta} = (1 - \cos\theta) + (1 + \cos\theta)\eta, \tag{1.19}$$

这里 θ 表示单位圆上的相位的变量, η 是一个分叉参数. 如图 1.5(a) 所示, 当 η 从 0− 增加到 0+ 时, 系统(1.19)经历鞍点无限周期循环分岔. 当 $\eta < 0$ 时, 系统出现两个平衡点: 一个是稳定的 (用实心黑点表示), 另一个是不稳定的 (用空心黑点表示). 这两个平衡点位于一条垂直线上. 随着 η 的增加, 两个平衡点同时向右移动. 当 $\eta = 0$ 时, 两个平衡点在 (1,0) 处重合. 在这种情况下, 系统当 $t \to \pm\infty$ 时, 都会收敛到 (1,0). 当 $\eta > 0$ 时, 平衡点消失. 系统的轨迹周期性地围绕单位圆运动.

我们再来看耦合的神经元模型如下:

$$\dot{\theta}_j = (1 - \cos\theta_j) + (1 + \cos\theta_j)(\eta_j + I_{\mathrm{syn}}), \tag{1.20}$$

其中 $j = 1, 2, \cdots, N$. 这里的耦合项设置为 $I_{\mathrm{syn}} = \dfrac{k}{N}\sum_{i=1}^{N}P_n(\theta_i)$, 其中

$$P_n(\theta) = a_n(1 - \cos\theta)^n, \quad n \in \mathbb{N}_+,$$

$$a_n = \dfrac{2\pi}{\int_{-\pi}^{\pi}(1 - \cos x)^n \mathrm{d}x} = \dfrac{n!}{(2n-1)!!}$$

是归一化系数, 使得

$$\int_0^{2\pi} P_n(\theta)\mathrm{d}\theta = 2\pi. \tag{1.21}$$

如图 1.5(b) 所示, 系统(1.20)在没有耦合 ($k = 0$) 时呈现不同步状态, 如图 1.5(c) 所示, 系统(1.20)当 $k = 20$ 时呈现同步状态. 在图 1.5(b) 中, 蓝点对应 $\eta_i < 0$ 的振子. 此时,

振子会趋于平衡点. 然而当耦合存在时, 振子呈现同步的周期性脉冲行为 (如图 1.5(c) 所示). 在图 1.5(b),(c) 中, 蓝色箭头表示振子的质心 $r(t) \stackrel{\text{def}}{=} \frac{1}{N} \sum_{k=1}^{N} e^{i\theta_k}$.

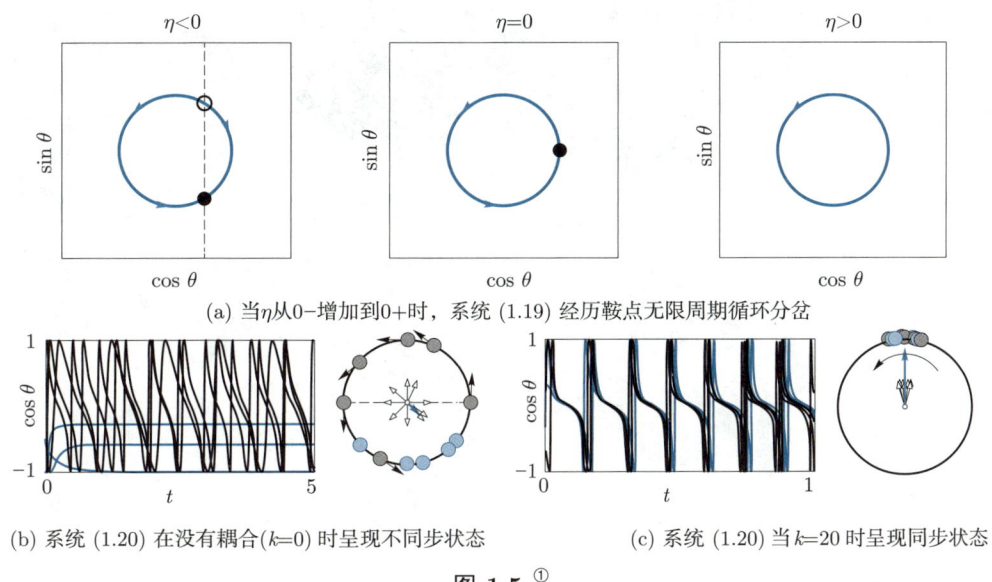

(a) 当 η 从 0− 增加到 0+ 时, 系统 (1.19) 经历鞍点无限周期循环分岔

(b) 系统 (1.20) 在没有耦合(k=0) 时呈现不同步状态

(c) 系统 (1.20) 当 k=20 时呈现同步状态

图 1.5 ①

例 1.2.5 著名的 Lorenz 系统是在研究大气动力学演化过程中, 通过对于复杂的空气动力学偏微分方程进行低维流形约化得到的三维常微分方程组, 该系统具体可以表示为

$$\begin{cases} \dot{x} = 10(x-y), \\ \dot{y} = 25x - xz - y, \\ \dot{z} = xy - \frac{8z}{3}. \end{cases} \quad (1.22)$$

由方程组描述的系统演化规律 (如图 1.6(a) 所示) 在三维空间中虽然是有界的, 但展现出"奇怪"的演化特性. 进一步, 当方程组的初值受到一个极其微小的扰动时 (如图 1.6(b) 所示), 尽管在一开始方程组积分曲线与未受扰动的积分曲线的差别并不是很大, 然而随着时间的推移, 方程组积分曲线会不确定地阵发出现与未受扰积分曲线显著的偏差. 我们称这个特性为方程组的解对于初值的极端敏感性. 有时候, 我们也将初值极端敏感性归纳为"混沌系统"的最典型动力学特征, 而称这样的现象为"蝴蝶效应". 关于混沌严格的数学理论研究告诉我们, 混沌动力学是难以长期预测的, 这也是大气演化规律是难以精准预报的内禀数理原因.

---

① 此图来自文章 [18].

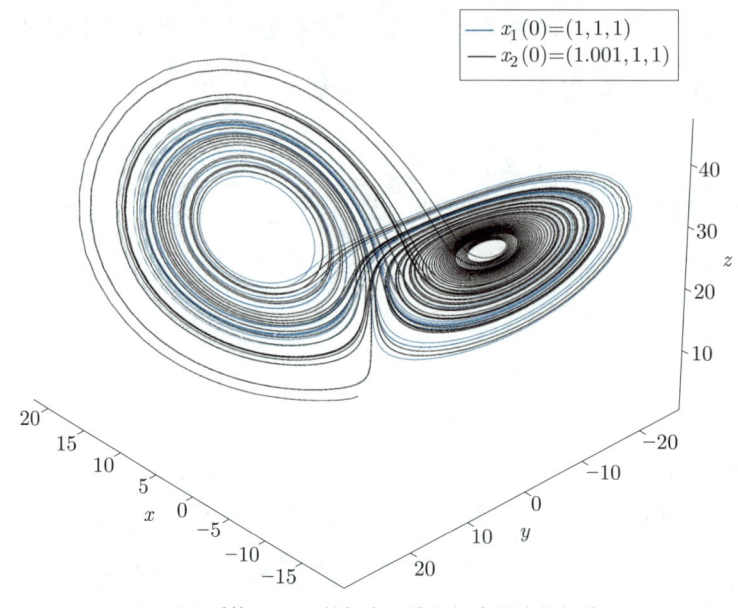

(a) 系统 (1.22) 的解在三维空间中的演化规律

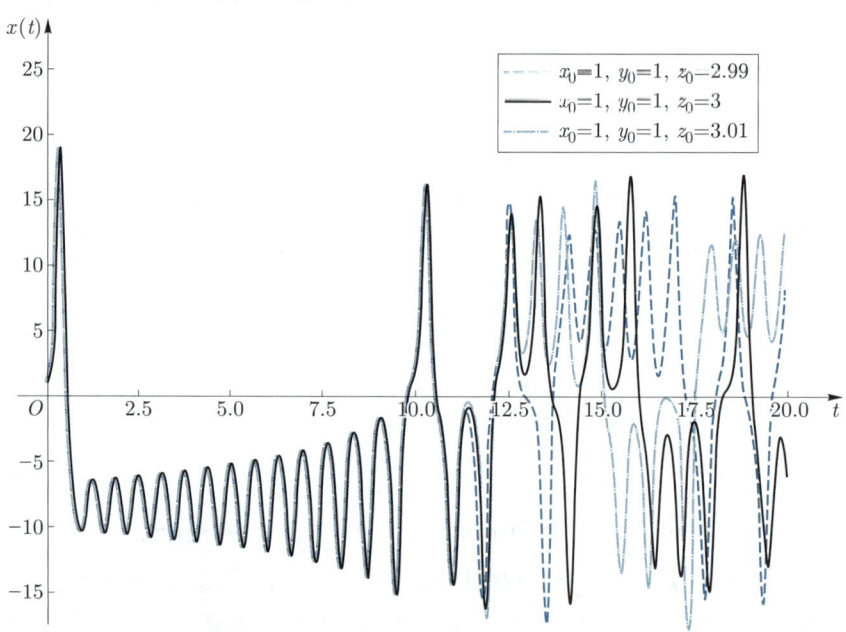

(b) 系统 (1.22) 解的积分曲线对初值微小变化的极端敏感性

图 1.6

在利用常微分方程 (组) 的建模中, 往往假设每时每刻未知函数的状态变化率仅仅由当前的状态来决定. 在前面几个例子中, 就属于这样的情形. 然而, 在诸多现实系统中, 信号的传播必然伴随着时间延滞的现象. 接下来, 我们将介绍几个关于时滞微分方程的实例.

例 1.2.6 首先考虑如下带有时滞的线性方程:

$$\dot{x}(t) = -x(t-\tau), \tag{1.23}$$

其中 $\tau > 0$ 为时滞参数. 如果不带时滞 (即 $\tau = 0$), 这个方程就退化为最简单的线性常微分方程, 那么直接可以得到 $\lim\limits_{t \to +\infty} x(t) = 0$. 然而在显含时滞效应 ($\tau > 0$) 时, 方程(1.23)的解随时间增大就未必趋于 0. 如图 1.7 所示, 当 $\tau = 2$ 时, 方程(1.23)呈现振荡性指数发散 (黑色虚线). 实际上, 可以经过严格的理论分析, 稳定性发生改变的临界值在 $\tau_c = \pi/2$. 当 $\tau > \tau_c$ 时, 方程(1.23)的解就呈现出不稳定的演化规律; 而当 $\tau < \tau_c$ 时, 方程(1.23)的解呈现指数衰减的现象. 这个简单例子充分说明, 引入时滞因素, 会给微分方程——即使是线性微分方程——的动力学演化带来本质的改变. 因此, 时滞微分方程是值得研究分析的一类方程, 也可以被用于描述很多实际现象.

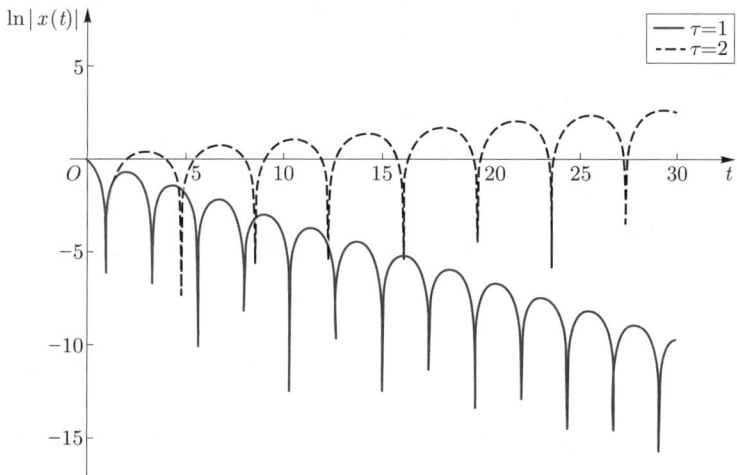

图 1.7　带有不同时滞 τ 的时滞方程(1.23)的解的演化规律

例 1.2.7　时滞不仅可以影响微分方程解的稳定性, 甚至还可以激励方程的解产生混沌演化现象, 即使在一维微分方程中. 为此, 我们考虑 Mackey-Glass 方程

$$\dot{x}(t) = -0.1x(t) + \frac{0.2x(t-\tau)}{1 + x(t-\tau)^{10}} \tag{1.24}$$

和方程的初值条件: 当 $t \in [-1, 0]$ 时, $x(t) \equiv x_0$. 该方程最初是由定量生理学家 M. Mackey 和 L. Glass 在 20 世纪 70 年代引入, 用来描述免疫系统中白细胞浓度的动态变化. 在不同参数条件的设置下, 这个方程的解不仅会有周期振荡的现象产生, 也会有混沌动力学演化特征出现. 例如, 当 $\tau > 17$ 时, 方程的解会呈现出混沌演化特性 (图 1.8 中的积分曲线呈现初值极端敏感性——重要的混沌特性之一).

之前, 我们主要聚焦于连续微分方程的介绍. 然而, 在当今与计算和人工智能密切结合的各类算法与应用场景中, 离散差分方程实际上占据了极为重要的地位. 离散差分方程既可以从连续微分方程的离散计算格式实施中生成, 也可以由具体的问题直接建模获得. 因此, 在这里有必要作一些介绍, 以丰富我们的实例支撑. 首先, 将详细介绍一个典型的离散系统.

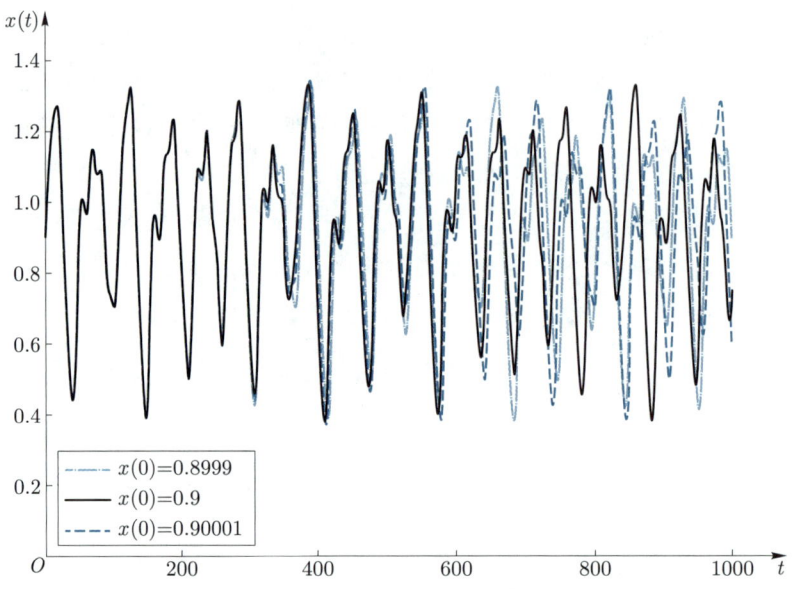

图 1.8 当 $\tau = 18$ 时, 方程(1.24)的解呈现出关于初值的极端敏感性

例 1.2.8 考虑离散 logistic 差分方程

$$x_{n+1} = \lambda x_n(1 - x_n). \tag{1.25}$$

事实上, logistic 差分方程是一种形式简单的 "抛物线型" 非线性动力学模型, 可用于描述受限种群的数量随时间演化的模型. 它最早由生态学家、英国皇家学会院士 Robert May 在 20 世纪 70 年代引入. logistic 差分方程的迭代过程可以通过几何直观来呈现: 随着参数 λ 的变化, 方程长时间迭代的解从稳定收敛到周期运动再到产生混沌演化行为. 此外, 值得指出的是, 将方程(1.15)基于离散计算格式离散化后可以得到

$$P_{n+1} = (\alpha \Delta t + 1)P_n - \beta \Delta t P_n^2.$$

如果进一步考虑 $\alpha \Delta t + 1 = \beta \Delta t$ 的特殊情形, 我们同样可以得到上述 logistic 差分方程的形式. 总之, 这类非线性动力学模型被广泛用于生态学、经济学、人工智能等领域的研究和应用中.

特别地, 如图 1.9所示, 当 $\lambda = 4$ 时, logistic 差分方程(1.25)尽管只是一维的, 但它的解可以呈现出混沌演化特性. 需要提及的是, 连续方程(1.15)的解是不可能产生任何混沌动力学行为的. 因此, 离散动力学模型往往能够通过更低维的变量设置, 来实现对于真实世界动力学行为更丰富的定量描述.

本节最后, 我们将介绍一个偏微分方程. 该方程中的未知函数通常同时依赖于时间、空间变量. 因此, 该方程的解也蕴含着丰富的时空特性, 较之于常微分方程的解更为复杂.

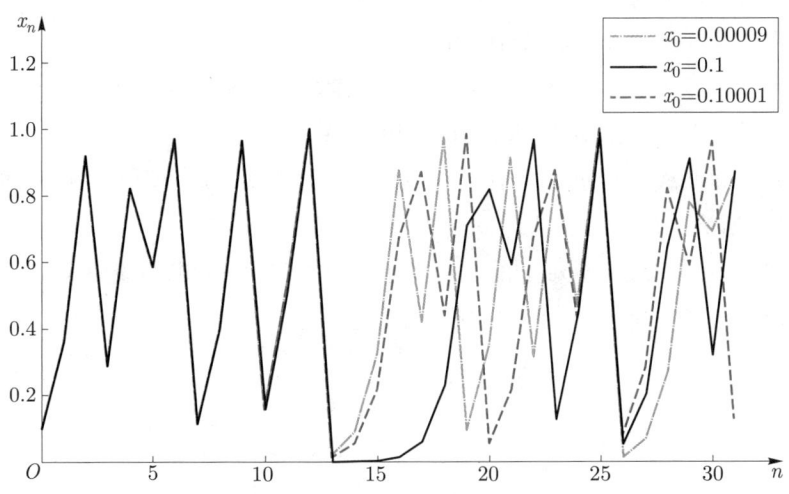

图 1.9 logistic 差分方程(1.25)的解对于初值的极端敏感性

例 1.2.9 我们考虑如下热传导方程:

$$\begin{cases} \dfrac{\partial u}{\partial t} = \dfrac{\partial^2 u}{\partial x^2}, \\ u(0,t) = u(\pi,t) = 0, \end{cases} \quad (1.26)$$

该方程描述了一个区间内的温度如何随时间变化. 这类方程及其空间高维形式的拓展还可以被用于描述空间区域的粒子扩散、空间传播的动作电位乃至金融领域的问题. 对于该方程常用的解法是分离变量法, 即假设 $u(x,t) = X(x)T(t)$. 于是方程 (1.26) 变为

$$\frac{T'(t)}{T(t)} = \frac{X''(x)}{X(x)} = \lambda.$$

通过求解以下边值问题:

$$\begin{cases} \dfrac{X''(x)}{X(x)} = \lambda, \\ X(0) = X(\pi) = 0, \end{cases}$$

利用第 3.6 节中的方法, 可得 $\lambda_k = -k^2$, $X(x) = \sin kx$, $T(t) = \mathrm{e}^{-k^2 t}$. 因此, 方程(1.26)的解可以表示为

$$u(x,t) = \sum_{k=1}^{+\infty} a_k (\sin kx) \mathrm{e}^{-k^2 t}.$$

习题 1.2

1. 试作出方程 $\dfrac{\mathrm{d}y}{\mathrm{d}x} = x^2 - y^2$ 的方向场, 并画出原点附近的积分曲线.

2. 对于方程 $\dfrac{\mathrm{d}y}{\mathrm{d}x} = x^2 + y^2$, 作过点 $(0,0)$ 的 Euler 折线的图像, 并分段写出近似解的表达式 (规定取 x 轴上的间隔 $\Delta x = 0.5$, 折线在 $(0,0)$ 点左、右各三段).

3. 试求方程 $\dfrac{\mathrm{d}x}{\mathrm{d}t} = \sin t$ 过点 $(0,0)$ 的积分曲线.

4. 一个初始速度为零的物体从高空落下. 设物体受到的空气阻力与它的速度的平方成正比, 试求该物体在落地前速度和时间的关系.

5. 已知平面曲线 $y = y(x)$ 上任意一点 (x,y) 的切线与原点到这点的连线相交为定角 α, 求 $y(x)$ 所满足的微分方程.

6. 已知曲线的切线在纵轴上的截距等于切点的横坐标, 求曲线所满足的微分方程.

7. 求出曲线族 $y = Cx^2$ 所满足的微分方程.

第二章

初等解法与线性方程

用初等函数或初等函数的积分通过有限次运算来求解常微分方程,这种方法叫做初等积分法或初等解法. 在本章中我们可以看到, 初等积分法是一种求解常微分方程的重要方法, 可以用它来求解很多典型常微分方程. 然而, 这种求解方法具有一定的局限性: 早在 1841 年, 法国数学家 Liouville 就已经证明了: 不能用初等积分法来求解绝大多数常微分方程, 即使是非常简单的如下特殊形式的 Riccati 方程

$$\frac{\mathrm{d}y}{\mathrm{d}x} = x^2 + y^2.$$

在本章中, 只要未加特别说明, 我们都假设所研究的常微分方程涉及的都是实值的未知函数. 我们用 $\mathbb{N}, \mathbb{N}_+, \mathbb{Z}$ 和 $\mathbb{R}$ 分别表示自然数集、正整数集、整数集和实数集.

本章介绍一阶线性方程的初等解法和微分方程组的首次积分求解法, 同时分别利用特征方程、算子法和 Laplace 变换来介绍高阶常系数线性方程的求解.

2.1 恰当方程和积分因子法

考虑对称形式的一阶微分方程

$$P(x,y)\mathrm{d}x + Q(x,y)\mathrm{d}y = 0. \tag{2.1}$$

如果存在一个可微函数 $\Phi(x,y)$, 使得

$$\mathrm{d}\Phi(x,y) = P(x,y)\mathrm{d}x + Q(x,y)\mathrm{d}y,$$

等价地,

$$\frac{\partial \Phi}{\partial x} = P(x,y), \quad \frac{\partial \Phi}{\partial y} = Q(x,y),$$

则称方程 (2.1) 为**恰当方程**或**全微分方程**, 并称 $\Phi(x,y)$ 为相应的全微分的原函数. 此时, 方程 (2.1) 与方程 $\mathrm{d}\Phi(x,y) = 0$ 等价, 从而原方程的解恰为

$$\Phi(x,y) = C, \tag{2.2}$$

其中 C 取值任意的实常数. 我们也称式 (2.2) 为方程 (2.1) 的**通积分**.

由上可以看出, 我们很容易求解一阶的全微分方程. 因此, 给定一个一阶的微分方程, 首要的问题是: 如何判断它是否为恰当方程? 如果是的话, 如何求出相应的全微分的原函数? 下面的定理对上面的问题给出了完美的解答.

定理 2.1.1 设函数 $P(x,y)$ 和 $Q(x,y)$ 在区域

$$R \stackrel{\text{def}}{=} \{(x,y) \in \mathbb{R}^2 \mid \alpha < x < \beta, \quad \gamma < y < \delta\}$$

上连续,且有连续的一阶偏导数 $\dfrac{\partial P}{\partial y}$ 与 $\dfrac{\partial Q}{\partial x}$,则一阶微分方程 (2.1) 是恰当方程当且仅当等式

$$\frac{\partial P}{\partial y}(x,y) \equiv \frac{\partial Q}{\partial x}(x,y) \tag{2.3}$$

在 R 内恒成立. 进一步, 当等式 (2.3) 在 R 内恒成立时, 方程 (2.1) 的通积分恰为

$$\int_{x_0}^{x} P(\xi,y)\mathrm{d}\xi + \int_{y_0}^{y} Q(x_0,\eta)\,\mathrm{d}\eta = C, \tag{2.4}$$

或者

$$\int_{x_0}^{x} P(\xi,y_0)\,\mathrm{d}\xi + \int_{y_0}^{y} Q(x,\eta)\mathrm{d}\eta = C, \tag{2.5}$$

其中 (x_0,y_0) 是 R 中任意取定的一点 (如图 2.1所示),C 为任意实常数.

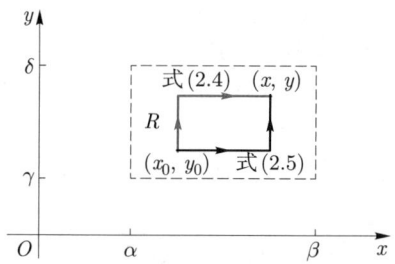

图 2.1 式 (2.4) 和式 (2.5) 的积分路径示意图

证明 首先我们假设一阶微分方程 (2.1) 是恰当方程, 则存在函数 $\varPhi(x,y)$, 使得

$$\frac{\partial \varPhi}{\partial x} = P(x,y), \quad \frac{\partial \varPhi}{\partial y} = Q(x,y),$$

从而

$$\frac{\partial P}{\partial y} = \frac{\partial^2 \varPhi}{\partial y \partial x}, \quad \frac{\partial Q}{\partial x} = \frac{\partial^2 \varPhi}{\partial x \partial y}.$$

注意到由假设知 $\dfrac{\partial P}{\partial y}$ 和 $\dfrac{\partial Q}{\partial x}$ 是连续的, 即混合偏导数 $\dfrac{\partial^2 \varPhi}{\partial y \partial x}$ 和 $\dfrac{\partial^2 \varPhi}{\partial x \partial y}$ 都是连续的, 从而

$$\frac{\partial^2 \varPhi}{\partial y \partial x} \equiv \frac{\partial^2 \varPhi}{\partial x \partial y},$$

即等式 (2.3) 在 R 内恒成立.

以下我们假设等式 (2.3) 在 R 内恒成立. 对于 R 中任意取定的一点 (x_0,y_0), 我们考虑定义在 R 上的函数

$$\varPhi(x,y) = \int_{x_0}^{x} P(\xi,y)\mathrm{d}\xi + \int_{y_0}^{y} Q(x_0,\eta)\,\mathrm{d}\eta.$$

显然 $\dfrac{\partial \Phi}{\partial x} = P(x,y)$，且

$$\begin{aligned}\dfrac{\partial \Phi}{\partial y} &= \int_{x_0}^{x} \dfrac{\partial P}{\partial y}(\xi, y)\mathrm{d}\xi + Q(x_0, y)\\ &\xlongequal{\text{利用式}(2.3)} \int_{x_0}^{x} \dfrac{\partial Q}{\partial x}(\xi, y)\mathrm{d}\xi + Q(x_0, y)\\ &= Q(x, y).\end{aligned}$$

特别地，方程 (2.1) 是恰当方程，且具有通积分 (2.4). 类似地，式 (2.5) 也是方程 (2.1) 的通积分. $\square$

在具体求解恰当微分方程时，我们需要灵活地运用上述定理.

例 2.1.1 求解微分方程 $\left(2x\sin y + 3x^2 y\right)\mathrm{d}x + \left(x^3 + x^2\cos y + y^2\right)\mathrm{d}y = 0$.

解 **解法 1** 由于 $P(x,y) = 2x\sin y + 3x^2 y$，$Q(x,y) = x^3 + x^2\cos y + y^2$，我们有

$$\dfrac{\partial P}{\partial y} = 2x\cos y + 3x^2 = \dfrac{\partial Q}{\partial x},$$

因此原方程为恰当方程. 进一步，利用定理 2.1.1 可设原方程相应的全微分的原函数为

$$\begin{aligned}\int_{0}^{x} P(\xi, y)\mathrm{d}\xi + \int_{0}^{y} Q(0, \eta)\mathrm{d}\eta &= \int_{0}^{x}\left(2\xi\sin y + 3\xi^2 y\right)\mathrm{d}\xi + \int_{0}^{y}\eta^2 \mathrm{d}\eta\\ &= x^2\sin y + x^3 y + \dfrac{1}{3}y^3,\end{aligned}$$

即原方程具有通积分 $x^2\sin y + x^3 y + \dfrac{1}{3}y^3 = C$，其中 C 为任意实常数.

解法 2 同解法 1 的前半部分，我们可以判断出原方程为恰当方程. 以下我们利用另外一种方法来求出原方程相应的全微分的原函数 $\Phi(x,y)$. 由恰当方程的定义知 $\dfrac{\partial \Phi}{\partial x} = P(x,y)$，从而显然存在以 y 为自变量的一元函数 $\phi(y)$，使得

$$\Phi(x,y) = \int_{0}^{x} P(\xi, y)\mathrm{d}\xi + \phi(y) = x^2\sin y + x^3 y + \phi(y),$$

从而

$$x^3 + x^2\cos y + y^2 = Q(x,y) = \dfrac{\partial \Phi}{\partial y} = x^2\cos y + x^3 + \dfrac{\mathrm{d}\phi}{\mathrm{d}y},$$

即 $\dfrac{\mathrm{d}\phi}{\mathrm{d}y} = y^2$，从而可以取 $\phi(y) = \dfrac{1}{3}y^3$. 故原方程具有通积分

$$x^2\sin y + x^3 y + \dfrac{1}{3}y^3 = C,$$

其中 C 为任意实常数.

解法 3 我们还可以利用如下的观察法来直接求解原微分方程:

$$0 = \left(2x\sin y + 3x^2 y\right) \mathrm{d}x + \left(x^3 + x^2 \cos y + y^2\right) \mathrm{d}y$$

$$= (2x\sin y \mathrm{d}x + x^2 \cos y \mathrm{d}y) + (3x^2 y \mathrm{d}x + x^3 \mathrm{d}y) + y^2 \mathrm{d}y$$

$$= \mathrm{d}\left(x^2 \sin y + x^3 y + \frac{1}{3}y^3\right),$$

故原方程具有通积分 $x^2 \sin y + x^3 y + \frac{1}{3}y^3 = C$, 其中 C 为任意实常数. □

从上面的例子我们可以看到, 对于具体的恰当方程 $P\mathrm{d}x + Q\mathrm{d}y = 0$, 由于对应的全微分一定有原函数, 其求解过程可以利用观察把 $P\mathrm{d}x + Q\mathrm{d}y$ 凑成一个全微分, 即**凑微分法**. 这种过程有时候可以简化计算.

在今后的计算中, 为了方便, 我们用 $\int f(x)\mathrm{d}x$ 表示 $f(x)$ 的某个固定的原函数 (可以是由读者任取的一个原函数).

例 2.1.2 求解恰当方程 $\dfrac{\left(x^4 - 2y^3 x\right)\mathrm{d}y + \left(y^4 - 2yx^3\right)\mathrm{d}x}{yx\left(y^3 + x^3\right)} = 0$.

解 在原方程中

$$P(x,y) = \frac{y^4 - 2yx^3}{yx\left(y^3 + x^3\right)}, \quad Q(x,y) = \frac{x^4 - 2y^3 x}{yx\left(x^3 + y^3\right)}.$$

设 $\Phi(x,y)$ 为对应的全微分的某个原函数, 可知具有以 x 为自变量的一元函数 $\psi(x)$, 使得

$$\Phi(x,y) = \int Q(x,y)\mathrm{d}y + \psi(x) = \int \frac{x^3 - 2y^3}{y\left(x^3 + y^3\right)}\mathrm{d}y + \psi(x)$$

$$= \ln|y| - \ln\left|x^3 + y^3\right| + \psi(x),$$

从而

$$\frac{\mathrm{d}}{\mathrm{d}x}\psi(x) = \frac{\partial}{\partial x}\left(\Phi(x,y) - \ln|y| + \ln\left|x^3 + y^3\right|\right) = P(x,y) + \frac{3x^2}{x^3 + y^3} = \frac{1}{x}.$$

特别地, 我们可取 $\psi(x) = \ln|x|$. 从而原方程具有通积分

$$\ln|y| + \ln|x| - \ln\left|x^3 + y^3\right| = C,$$

其中 C 为任意实常数. □

例 2.1.3 求解微分方程

$$xf\left(x^2 + y^2\right)\mathrm{d}x + yf\left(x^2 + y^2\right)\mathrm{d}y = 0,$$

其中 f 为一元连续函数.

解 设 F 为 f 的原函数, 即 $\dfrac{\mathrm{d}F}{\mathrm{d}z} = f(z)$. 那么

$$0 = xf(x^2+y^2)\,\mathrm{d}x + yf(x^2+y^2)\,\mathrm{d}y = \frac{1}{2}\mathrm{d}F(x^2+y^2),$$

因此原方程具有通积分 $F(x^2+y^2) = C$, 其中 C 为任意实常数. □

注 2.1.1 注意到一元函数 f 未必可微, 因此

$$\frac{\partial}{\partial y}\left(xf(x^2+y^2)\right) \text{ 和 } \frac{\partial}{\partial x}\left(yf(x^2+y^2)\right)$$

未必存在, 从而我们不能直接运用定理 2.1.1 来判断原方程是否为恰当方程.

我们已经看到, 一阶的全微分方程很容易被求解. 自然地, 当给定的微分方程不是恰当方程时, 能否将它的求解问题转化为一个与之相关的恰当方程的求解问题?

考虑对称形式的一阶微分方程 (2.1). 如果存在定义域上恒不为零的连续可微函数 $\mu(x,y)$, 使得方程

$$\mu(x,y)P(x,y)\mathrm{d}x + \mu(x,y)Q(x,y)\mathrm{d}y = 0 \tag{2.6}$$

成为恰当方程, 则称 $\mu(x,y)$ 是方程 (2.1) 的一个**积分因子**. 注意到 $\mu(x,y)$ 在定义域上恒不为零, 因此原方程 (2.1) 与新的微分方程 (2.6) 完全等价.

对于一阶微分方程 (2.1), 假设 $P(x,y)$ 和 $Q(x,y)$ 在所分析区域上连续可微. 利用定理 2.1.1 知: 方程 (2.1) 具有积分因子 $\mu(x,y)$ 当且仅当

$$\frac{\partial(\mu P)}{\partial y} = \frac{\partial(\mu Q)}{\partial x},$$

等价地,

$$P\frac{\partial \mu}{\partial y} - Q\frac{\partial \mu}{\partial x} = \left(\frac{\partial Q}{\partial x} - \frac{\partial P}{\partial y}\right)\mu.$$

进一步, 利用定理 2.1.1 我们容易得到

定理 2.1.2 假设一阶微分方程 (2.1) 中 $P(x,y)$ 在所分析区域上恒不为零, 且 $P(x,y)$ 和 $Q(x,y)$ 均在所分析区域上连续可微. 那么方程 (2.1) 具有一个只依赖于 y 的积分因子当且仅当表达式

$$\frac{1}{P(x,y)}\left(\frac{\partial Q}{\partial x}(x,y) - \frac{\partial P}{\partial y}(x,y)\right)$$

仅依赖于 y (记之为 $H(y)$); 进一步, 此时函数

$$\mu(y) = \mathrm{e}^{\int H(y)\mathrm{d}y}$$

是方程 (2.1) 的一个积分因子. 类似地, 针对方程 (2.1) 具有一个只依赖于 x 的积分因子, 我们有完全平行的结论.

从下面的例题我们看到, 在寻找一阶微分方程的积分因子时需要考虑所分析的区域.

例 2.1.4 求解微分方程 $2xy\mathrm{d}x + \left(y^2 - 3x^2\right)\mathrm{d}y = 0$.

解 在原方程中 $P(x,y) = 2xy$, $Q(x,y) = y^2 - 3x^2$, 从而

$$\frac{\partial P}{\partial y} = 2x, \quad \frac{\partial Q}{\partial x} = -6x.$$

特别地,

$$\left(\frac{\partial Q}{\partial x}(x,y) - \frac{\partial P}{\partial y}(x,y)\right)\frac{1}{P(x,y)} = \frac{-6x - 2x}{2xy} = -\frac{4}{y},$$

由定理 2.1.2 知原方程在 $\{(x,y)|y \neq 0\}$ 上具有积分因子

$$\mu(y) = \mathrm{e}^{-4\int_1^y \frac{1}{\xi}\mathrm{d}\xi} = \frac{1}{y^4}.$$

此时, 原方程等价于

$$0 = \frac{2x}{y^3}\mathrm{d}x + \left(\frac{1}{y^2} - \frac{3x^2}{y^4}\right)\mathrm{d}y = \mathrm{d}\left(\frac{x^2}{y^3} - \frac{1}{y}\right),$$

从而具有通积分 $x^2 - y^2 = Cy^3$, 其中 C 为任意实常数.

另外, $y \equiv 0$ 为原方程的特解. □

下面命题的证明是显而易见的.

命题 2.1.1 假设一阶微分方程 (2.1) 具有积分因子 $\mu(x,y)$, 使得

$$\mu(x,y)\left(P(x,y)\mathrm{d}x + Q(x,y)\mathrm{d}y\right) = \mathrm{d}\Phi(x,y)$$

对某个可微函数 $\Phi(x,y)$ 成立, 那么对任何连续可微的一元函数 $f(t)$, 函数 $\mu(x,y)f(\Phi(x,y))$ (如果恒不为零) 也是方程 (2.1) 的一个积分因子.

例 2.1.5 求解一阶微分方程 $y^4\mathrm{d}x + \left(2x^2 - 3xy^3\right)\mathrm{d}y = 0$.

解 显然 $x \equiv 0$ 及 $y \equiv 0$ 均为原方程的特解. 以下在 $\{(x,y)|xy \neq 0\}$ 上分析原方程.

首先我们改写原微分方程为 $\left(y^4\mathrm{d}x - 3xy^3\mathrm{d}y\right) + 2x^2\mathrm{d}y = 0$.

容易看出一阶微分方程 $y^4\mathrm{d}x - 3xy^3\mathrm{d}y = 0$ 具有积分因子 $\frac{1}{xy^4}$, 且

$$\frac{1}{xy^4}\left(y^4\mathrm{d}x - 3xy^3\mathrm{d}y\right) = \mathrm{d}\ln\left|\frac{x}{y^3}\right|,$$

因此, 对于任何连续可微的一元函数 $f(t)$, 函数 $\frac{1}{xy^4}f\left(\frac{x}{y^3}\right)$ (如果恒不为零) 也是它的积分因子. 另外, 一阶微分方程 $2x^2\mathrm{d}y = 0$ 具有积分因子 $\frac{1}{x^2}$, 且 $\frac{2x^2\mathrm{d}y}{x^2} = 2\mathrm{d}y$, 因此, 对

于任何连续可微的一元函数 $g(t)$, 函数 $\frac{1}{x^2}g(y)$ (如果恒不为零) 也是后面这个方程的积分因子.

综合起来, 如果连续可微的一元函数 $f(t)$ 和 $g(t)$, 使得

$$\frac{1}{x^2}g(y) = \frac{1}{xy^4}f\left(\frac{x}{y^3}\right)$$

且恒不为零, 那么这个函数就是在 $\{(x,y)\,|\,xy \neq 0\}$ 上原方程的积分因子. 特别地, 在 $\{(x,y)\,|\,xy \neq 0\}$ 上原方程具有积分因子 $\frac{1}{x^2y}$, 此时原方程等价于

$$\frac{y^3\mathrm{d}x - 3xy^2\mathrm{d}y}{x^2} + \frac{2\mathrm{d}y}{y} = 0,$$

从而具有通积分 $-\frac{y^3}{x} + 2\ln|y| = C$, 其中 C 为任意实常数. □

习题 2.1

1. 求解下列实方程:

(1) $2x\left(y\mathrm{e}^{x^2} - 1\right)\mathrm{d}x + \mathrm{e}^{x^2}\mathrm{d}y = 0$;

(2) $(x-y)\mathrm{d}x + (x+y)\mathrm{d}y = \left(x^2 + y^2\right)\mathrm{d}x$;

(3) $\left(2x^3y^2 + 4x^2y + 2xy^2 + xy^4 + 2y\right)\mathrm{d}x + 2\left(y^3 + x^2y + x\right)\mathrm{d}y = 0$;

(4) $\left(y - x^5y^4\right)\mathrm{d}x + \left(x - x^4y^5\right)\mathrm{d}y = 0$;

(5) $\left(3x^2y + 2xy\right)\mathrm{d}x + \left(x^3 + x^2 + 2y\right)\mathrm{d}y = 0$;

(6) $\left(y^4 + x^4\right)\mathrm{d}x - xy^3\mathrm{d}y = 0$;

(7) $x(4y\mathrm{d}x + 2x\mathrm{d}y) + y^3(3y\mathrm{d}x + 5x\mathrm{d}y) = 0$;

(8) $\left(ax^2 + by^2\right)\mathrm{d}x + cxy\mathrm{d}y = 0$, 其中 a, b 和 c 都是实常数;

(9) $\left(x^3 + xy^3\right)\mathrm{d}x + 3y^2\mathrm{d}y = 0$;

(10) $\left(\mathrm{e}^x + 3y^2\right)\mathrm{d}x + 2xy\mathrm{d}y = 0$;

(11) $\dfrac{t\mathrm{d}t + x\mathrm{d}x}{\sqrt{1 + t^2 + x^2}} + \dfrac{x\mathrm{d}t - t\mathrm{d}x}{t^2 + x^2} = 0$;

(12) $\dfrac{y}{1 - x^2y^2}\mathrm{d}x + \dfrac{x}{1 - x^2y^2}\mathrm{d}y + x\mathrm{d}x = 0$;

(13) $\left(\dfrac{1}{x}\sin\dfrac{t}{x} - \dfrac{x}{t^2}\cos\dfrac{x}{t} + 1\right)\mathrm{d}t + \left(\dfrac{1}{t}\cos\dfrac{x}{t} - \dfrac{t}{x^2}\sin\dfrac{t}{x} + \dfrac{1}{x^2}\right)\mathrm{d}x = 0$;

(14) $\left(x + \dfrac{1}{\sqrt{y^2 - x^2}}\right)\mathrm{d}x + \left(1 - \dfrac{x}{y\sqrt{y^2 - x^2}}\right)\mathrm{d}y = 0$;

(15) $\dfrac{2s - 1}{t}\mathrm{d}s + \dfrac{s - s^2}{t^2}\mathrm{d}t = 0$;

(16) $\dfrac{3x^2 + y^2}{y^2}\mathrm{d}x - \dfrac{2x^3 + 5y}{y^3}\mathrm{d}y = 0$.

2. 试确定满足 $f(0) = \dfrac{1}{2}$ 的一元连续可微函数 $f(x)$, 使得方程

$$(\mathrm{e}^x + f(x))\,y\mathrm{d}x + f(x)\mathrm{d}y = 0$$

为全微分方程并求解它.

3. 试确定实常数 a, 使得方程

$$\frac{1}{x^2} + \frac{1}{y^2} + \frac{ax+1}{y^3}\frac{\mathrm{d}y}{\mathrm{d}x} = 0$$

为全微分方程并求解它.

4. 在所分析区域上, 设一元函数 f_1 和 f_2 都连续可微且函数

$$\varphi(x,y) = (f_1(xy) - f_2(xy))\,xy$$

恒不为零. 证明: 常微分方程 $f_1(xy)y\mathrm{d}x + f_2(xy)x\mathrm{d}y = 0$ 具有积分因子 $\dfrac{1}{\varphi(x,y)}$.

5. 证明常微分方程 (2.1) 具有形如 $\mu = \mu(\varphi(x,y))$ 的积分因子的充要条件是

$$\frac{\dfrac{\partial P}{\partial y} - \dfrac{\partial Q}{\partial x}}{Q\dfrac{\partial \varphi}{\partial x} - P\dfrac{\partial \varphi}{\partial y}} = f(\varphi(x,y)),$$

这里 $\mu(t)$ 是一元连续可微函数, $\varphi(x,y)$ 是二元连续可微函数. 并求出此时方程 (2.1) 的积分因子.

6. 将上题的结论应用到下述各种情形, 以得到相应的充要条件:

(1) $\mu = \mu(x+y)$;
(2) $\mu = \mu(x-y)$;
(3) $\mu = \mu\left(x^2 + y^2\right)$;
(4) $\mu = \mu(xy)$;
(5) $\mu = \mu\left(\dfrac{y}{x}\right)$;
(6) $\mu = \mu\left(x^\alpha y^\beta\right)$, 其中 α 和 β 都是给定的实常数.

7. 证明命题 2.1.1.

8. 证明命题 2.1.1 的逆命题, 即假设一阶微分方程 (2.1) 具有积分因子 $\mu(x,y)$, 使得对某个可微函数 $\Phi(x,y)$ 成立

$$\mu(x,y)\left(P(x,y)\mathrm{d}x + Q(x,y)\mathrm{d}y\right) = \mathrm{d}\Phi(x,y),$$

且 $\mu_1(x,y)$ 是微分方程 (2.1) 的另一个积分因子, 那么存在连续可微的一元函数 $g(t)$, 使得 $\mu_1(x,y) = \mu(x,y)g(\Phi(x,y))$.

9. 给定所分析区域上连续可微的二元函数 P,Q,μ_1,μ_2, 设 μ_1 和 μ_2 都是常微分方程 (2.1)

$$P(x,y)\mathrm{d}x + Q(x,y)\mathrm{d}y = 0$$

的积分因子, 且 $\dfrac{\mu_1(x,y)}{\mu_2(x,y)}$ 在所分析区域上不是常值函数. 证明

$$\frac{\mu_1(x,y)}{\mu_2(x,y)} = C$$

是常微分方程 (2.1) 的通积分, 其中 C 是任意实常数.

2.2 一阶方程的其他初等解法

当给定的微分方程不是恰当方程时, 上一节中的积分因子法告诉我们: 将原微分方程的求解问题转化为一个与之相关的恰当方程的求解问题, 这是行之有效的.

以下, 我们将介绍若干类可以这样求解的一阶微分方程.

2.2.1 分离变量法

对于对称形式的一阶微分方程 (2.1)

$$P(x,y)\mathrm{d}x + Q(x,y)\mathrm{d}y = 0,$$

如果 $P(x,y)$, $Q(x,y)$ 表达式中的变量 x,y 是分离的, 即存在合适的一元函数 $P_1(x)$, $P_2(y), Q_1(x), Q_2(y)$ 满足

$$P(x,y) = P_1(x)P_2(y), \quad Q(x,y) = Q_1(x)Q_2(y), \tag{2.7}$$

则称方程 (2.1) 为变量分离方程.

以下我们来求解上述变量分离方程 (2.1), 这个过程称为分离变量法.

如果 x_0 使得 $Q_1(x_0) = 0$, 那么显然原方程具有特解 $x \equiv x_0$.

类似地, 如果 y_0 使得 $P_2(y_0) = 0$, 那么显然原方程具有特解 $y \equiv y_0$.

以下我们在 $P_2(y)Q_1(x) \neq 0$ 上分析原方程, 此时原方程等价于

$$\frac{P_1(x)}{Q_1(x)}\mathrm{d}x = -\frac{Q_2(y)}{P_2(y)}\mathrm{d}y.$$

从而, 在 $P_2(y)Q_1(x) \neq 0$ 上原方程具有通积分

$$\int \frac{P_1(x)}{Q_1(x)}\mathrm{d}x = -\int \frac{Q_2(y)}{P_2(y)}\mathrm{d}y + C,$$

其中 C 为任意实常数.

例 2.2.1 求解一阶微分方程 $(x^2+1)(y^2-1)\mathrm{d}x + xy\mathrm{d}y = 0$.

解 显然原方程具有特解 $x \equiv 0, y \equiv 1$ 和 $y \equiv -1$.

当 $x(y^2-1) \neq 0$ 时原方程等价于

$$\frac{x^2+1}{x}\mathrm{d}x + \frac{y}{y^2-1}\mathrm{d}y = 0,$$

此时具有通积分

$$x^2 + \ln x^2 + \ln|y^2-1| = C_1,$$

其中 C_1 为任意实常数. 进一步, 我们可以由此推出

$$y^2 = 1 + C\frac{\mathrm{e}^{-x^2}}{x^2},$$

其中 $C = \pm\mathrm{e}^{C_1} \neq 0$. 因此, 原方程的通解为

$$y^2 = 1 + C\frac{\mathrm{e}^{-x^2}}{x^2},$$

其中 C 为任意实常数 ($C=0$ 对应到原方程的特解 $y \equiv 1$ 和 $y \equiv -1$). □

注意到针对一阶微分方程, 上述我们仅求出了方程的局部解. 而方程的整体解则是由局部解通过合适地拼接形成的.

例 2.2.2 求解一阶微分方程 $\dfrac{\mathrm{d}y}{\mathrm{d}x} = \sqrt{|y|}$.

解 当 $y > 0$ 时, 方程化为 $\dfrac{\mathrm{d}y}{\mathrm{d}x} = \sqrt{y}$, 即 $\dfrac{\mathrm{d}y}{\sqrt{y}} = \mathrm{d}x$, 于是 $2\sqrt{y} = x + C_1$, 具有通解 $y = \left(\dfrac{x+C_1}{2}\right)^2$, 其中 C_1 为任意实常数. 注意到由 $x + C_1 = 2\sqrt{y} > 0$ 可以看出, 在这个解中 x 的取值范围是 $(-C_1, +\infty)$. 类似地, 可以求出当 $y < 0$ 时原方程具有通解

$$y = -\left(\frac{x+C_2}{2}\right)^2, \quad -\infty < x < -C_2.$$

显然方程有特解 $y \equiv 0$. □

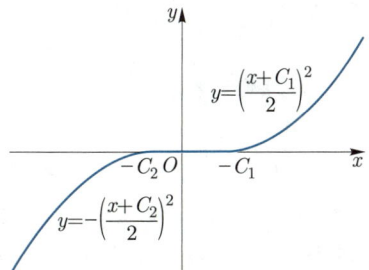

图 2.2 微分方程 $\dfrac{\mathrm{d}y}{\mathrm{d}x} = \sqrt{|y|}$ 的解

注 2.2.1 上述过程求解的是 $\dfrac{\mathrm{d}y}{\mathrm{d}x} = \sqrt{|y|}$ 的局部解. 通过拼接不难看出, 方程 $\dfrac{\mathrm{d}y}{\mathrm{d}x} = \sqrt{|y|}$ 的整体解形式恰好如下 (如图 2.2 所示): 或者 $y \equiv 0$, $x \in \mathbb{R}$; 或者

$$y = \begin{cases} \left(\dfrac{x+C_1}{2}\right)^2, & -C_1 < x < +\infty, \\ 0, & -C_2 \leqslant x \leqslant -C_1, \\ -\left(\dfrac{x+C_2}{2}\right)^2, & -\infty < x < -C_2, \end{cases}$$

其中任意实常数 C_1 和 C_2 满足 $-\infty < C_1 \leqslant C_2 < +\infty$; 或者

$$y = \begin{cases} \left(\dfrac{x+C_1}{2}\right)^2, & -C_1 < x < +\infty, \\ 0, & x \leqslant -C_1, \end{cases}$$

其中 C_1 为任意实常数; 或者

$$y = \begin{cases} 0, & -C_2 \leqslant x, \\ -\left(\dfrac{x+C_2}{2}\right)^2, & -\infty < x < -C_2, \end{cases} \tag{2.8}$$

其中 C_2 为任意实常数. 我们也可以统一写成

$$y = \begin{cases} \left(\dfrac{x+C_1}{2}\right)^2, & -C_1 < x < +\infty, \\ 0, & -C_2 \leqslant x \leqslant -C_1, \\ -\left(\dfrac{x+C_2}{2}\right)^2, & -\infty < x < -C_2, \end{cases} \tag{2.9}$$

其中常数 C_1 和 C_2 满足 $-\infty \leqslant C_1 \leqslant C_2 \leqslant +\infty$ (这里不容许 $-\infty = C_1 = C_2$ 或者 $C_1 = C_2 = +\infty$). 例如, 当 $-\infty = C_1 < C_2 < +\infty$ 时, 式 (2.9) 对应于式 (2.8), 当 $-\infty = C_1 < C_2 = +\infty$ 时, 式 (2.9) 对应于整体解 $y \equiv 0$, $x \in \mathbb{R}$.

2.2.2 一阶线性方程

以下我们考虑如下的一阶微分方程:

$$\frac{\mathrm{d}y}{\mathrm{d}x} + p(x)y = q(x), \tag{2.10}$$

其中一元函数 $p(x)$ 和 $q(x)$ 具有公共的定义域. 当 $q(x) \equiv 0$ 时称方程 (2.10) 为**一阶齐次线性方程**, 否则称它为**一阶非齐次线性方程**. 我们将方程 (2.10) 统称为**一阶线性方程**.

下设区间 (a,b) 为函数 $p(x)$ 和 $q(x)$ 的公共定义域, 且设 $p(x)$ 和 $q(x)$ 在 (a,b) 上都连续 (这里容许 $a = -\infty$ 或者 $b = +\infty$).

一般情况下, 方程 (2.10) 未必是恰当方程, 但容易看出它具有积分因子

$$\mu(x) = \mathrm{e}^{\int p(x)\mathrm{d}x}$$

(注意到函数 $\mu(x)$ 恒不为零), 方程 (2.10) 等价于

$$\mathrm{e}^{\int p(x)\mathrm{d}x}q(x)\mathrm{d}x = \mathrm{e}^{\int p(x)\mathrm{d}x}\mathrm{d}y + \mathrm{e}^{\int p(x)\mathrm{d}x}p(x)y\mathrm{d}x = \mathrm{d}\left(\mathrm{e}^{\int p(x)\mathrm{d}x}y\right).$$

因此原方程具有通积分

$$\mathrm{e}^{\int p(x)\mathrm{d}x}y = \int q(x)\mathrm{e}^{\int p(x)\mathrm{d}x}\mathrm{d}x + C,$$

即原方程具有通解

$$y = \mathrm{e}^{-\int p(x)\mathrm{d}x}\left(\int q(x)\mathrm{e}^{\int p(x)\mathrm{d}x}\mathrm{d}x + C\right), \tag{2.11}$$

其中 C 为任意实常数. 由于以上变形为等价变形, 原方程不再具有其他特解.

注 2.2.2 注意到一般情况下, 在表达式 (2.11) 中, 前面的 $\mathrm{e}^{-\int p(x)\mathrm{d}x}$ 和后面的 $\mathrm{e}^{\int p(x)\mathrm{d}x}$ 不可以抵消, 即表达式 (2.11) 不可以等价地写成

$$y = \int q(x)\mathrm{d}x + C\mathrm{e}^{-\int p(x)\mathrm{d}x}.$$

以上我们用积分因子法求解了一阶线性方程 (2.10). 下面我们来介绍求解它的另外一种重要方法即**常数变易法**.

因为函数 $\mathrm{e}^{\int p(x)\mathrm{d}x}$ 恒不为零, 方程 (2.10) 的任意一个解都可以写成

$$y = C(x)\mathrm{e}^{-\int p(x)\mathrm{d}x} \tag{2.12}$$

的形式, 因此

$$C(x) = y(x)\mathrm{e}^{\int p(x)\mathrm{d}x}$$

是一个可微函数. 将 (2.12) 代入方程 (2.10), 我们得到

$$\frac{\mathrm{d}}{\mathrm{d}x}C(x) = q(x)\mathrm{e}^{\int p(x)\mathrm{d}x},$$

从而

$$C(x) = \int q(x)\mathrm{e}^{\int p(x)\mathrm{d}x}\mathrm{d}x + C,$$

即方程 (2.10) 的通解为

$$y(x) = \mathrm{e}^{-\int p(x)\mathrm{d}x}\left(\int q(x)\mathrm{e}^{\int p(x)\mathrm{d}x}\mathrm{d}x + C\right),$$

其中 C 为任意实常数.

一个自然的想法是: 当方程 (2.10) 中的 $p(x)$ 和 $q(x)$ 具有较好的性质时, 方程 (2.10) 也具有较好性质的解. 然而, 下面的例子告诉我们, 真实情况比我们所期望的要复杂.

例 2.2.3 设 a 为实的常数, f 为 $\mathbb{R}$ 上以 2π 为周期的一元连续函数. 分析一阶微分方程

$$\frac{dy}{dx} + ay = f(x). \tag{2.13}$$

试问方程是否一定有 2π 周期解? 如果有的话, 请求出这个 2π 周期解.

解 利用 (2.11) 不难求出方程 (2.13) 具有通解 (恰好为方程的解的全体)

$$y(x) = Ce^{-ax} + \int_0^x e^{-a(x-s)} f(s) ds, \tag{2.14}$$

其中 C 为任意实常数.

显然一般情况下, 方程 (2.13) 不具有 2π 周期解. 例如 $a = 0$ 且 $f(x)$ 为常值 1 函数, 那么方程 (2.13) 的解的全体恰为 $y(x) = x + C$, 其中 C 为任意实常数. 此时方程的每个解都不以 2π 为周期.

由方程 (2.13) 的通解 (2.14) 可以看出: 当 $a = 0$ 时方程具有 2π 周期解, 当且仅当 $f(x)$ 的原函数以 2π 为周期, 当且仅当 $\int_0^{2\pi} f(x) dx = 0$, 当且仅当方程 (2.13) 的每个解都以 2π 为周期.

以下我们假设常数 $a \neq 0$. 设常数 C 使得解 (2.14) 为 2π 周期函数, 即 $y(x+2\pi)$ 和 $y(x)$ 为两个相等的函数. 特别地, $y(2\pi) = y(0)$. 我们代入 (2.14) 不难算出

$$C = \frac{1}{1 - e^{-2a\pi}} \int_{-2\pi}^0 e^{as} f(s) ds.$$

此时, 通过化简可以得到解 (2.14) 的如下形式:

$$y(x) = \frac{1}{e^{2a\pi} - 1} \int_x^{x+2\pi} e^{-a(x-s)} f(s) ds. \tag{2.15}$$

通过直接验证可有 $y(x+2\pi) = y(x)$ 对每个 x 都成立. 即当 $a \neq 0$ 时, 方程 (2.13) 恰好具有一个 2π 周期解, 其形式为 (2.15). □

2.2.3 齐次方程

在一阶微分方程 (2.1)

$$P(x,y)dx + Q(x,y)dy = 0$$

中, 如果函数 $P(x,y)$ 和 $Q(x,y)$ 都是 x 和 y 的同次 (例如 m 次) 齐次函数, 即

$$P(tx,ty) = t^m P(x,y), \quad Q(tx,ty) = t^m Q(x,y),$$

则称方程 (2.1) 为**齐次方程**.

以下假设我们处理的方程 (2.1) 是齐次方程. 我们首先检验 $x \equiv 0$ 是否是方程 (2.1) 的特解. 在 $x \neq 0$ 上我们引入变量代换 $y = ux$, 这里 u 为新的未知函数. 注意到

$$P(x, y) = P(x, xu) = x^m P(1, u), \quad Q(x, y) = Q(x, xu) = x^m Q(1, u),$$

因此方程 (2.1) 可以改写为

$$x^m(P(1, u) + uQ(1, u))\mathrm{d}x + x^{m+1}Q(1, u)\mathrm{d}u = 0, \tag{2.16}$$

这是一个变量分离方程, 我们可以求出它的解.

注 2.2.3 显然方程 (2.16) 具有特解 $x \equiv 0$, 然而 $x \equiv 0$ 未必为齐次方程 (2.1) 的特解, 这是因为我们将齐次方程 (2.1) 改写成方程 (2.16) 时要求 $x \neq 0$.

注 2.2.4 事实上, 齐次方程还有另外一种形式

$$\frac{\mathrm{d}x}{\mathrm{d}t} = g\left(\frac{x}{t}\right),$$

其中一元函数 $g(u)$ 关于自变量 u 连续. 我们引入变量代换 $\frac{x}{t} = u$ (注意到在原方程中 t 是自变量), 即 $x = ut$, 从而

$$\frac{\mathrm{d}x}{\mathrm{d}t} = u + t\frac{\mathrm{d}u}{\mathrm{d}t},$$

这时原方程改写为

$$u + t\frac{\mathrm{d}u}{\mathrm{d}t} = g(u).$$

分离变量得

$$\frac{\mathrm{d}u}{\mathrm{d}t} = \frac{g(u) - u}{t},$$

它是一个变量分离方程.

例 2.2.4 设一元函数 $f(z)$ 关于自变量 z 连续. 试求解一阶微分方程

$$\frac{\mathrm{d}y}{\mathrm{d}x} = f\left(\frac{ax + by + c}{mx + ny + l}\right),$$

其中 a, b, c, m, n 和 l 都是实常数.

解 当 $a^2 + b^2 + m^2 + n^2 = 0$ 时方程的解显而易见. 以下我们假设 $a^2 + b^2 + m^2 + n^2 \neq 0$. 进一步, 当 $c = l = 0$ 时原方程为齐次方程. 因此还可以假设 $c^2 + l^2 \neq 0$. 我们分如下两种情形进行讨论:

(第一种情形) $\Delta = an - bm \neq 0$. 此时显然存在常数 α 和 β, 使得

$$a\alpha + b\beta + c = 0, \quad m\alpha + n\beta + l = 0.$$

引入变量代换 $\begin{cases} x = \xi + \alpha, \\ y = \eta + \beta, \end{cases}$ 则原方程变成关于 ξ 和 η 的齐次方程

$$\frac{\mathrm{d}\eta}{\mathrm{d}\xi} = f\left(\frac{a\xi + b\eta}{m\xi + n\eta}\right).$$

(第二种情形) $\Delta = an - bm = 0$. 由于 $a^2 + b^2 + m^2 + n^2 \neq 0$, 不妨 $a^2 + b^2 \neq 0$, 不难知存在常数 λ_0 使得 $\begin{cases} m = a\lambda_0, \\ n = b\lambda_0, \end{cases}$ 从而原方程可以改写成

$$\frac{\mathrm{d}y}{\mathrm{d}x} = f\left(\frac{ax + by + c}{\lambda_0(ax + by) + l}\right).$$

如果 $b = 0$, 上述方程右边仅与 x 有关, 与 y 无关, 直接积分即可. 现在我们假设 $b \neq 0$, 引入新的未知函数 $v = ax + by$, 这时原方程可以改写成 (新方程仍以 x 为自变量)

$$\frac{\mathrm{d}v}{\mathrm{d}x} = a + bf\left(\frac{v + c}{\lambda_0 v + l}\right),$$

它是一个变量分离方程. □

下面的结论告诉我们, 可以利用积分因子法来求解齐次方程.

命题 2.2.1 设方程 (2.1) 是齐次方程. 那么在 $\{(x,y) \mid xP(x,y) + yQ(x,y) \neq 0\}$ 上方程 (2.1) 具有积分因子 $\dfrac{1}{xP(x,y) + yQ(x,y)}$.

证明 我们分析的区域为 $\{(x,y) \mid xP(x,y) + yQ(x,y) \neq 0\}$, 特别地, $x^2 + y^2 \neq 0$.

首先在 $\{(x,y) \mid x \neq 0\}$ 上分析齐次方程 (2.1). 同前, 引入变量代换 $y = ux$, 这里 u 为新的未知函数, 我们得到变量分离方程 (2.16)

$$x^m(P(1,u) + uQ(1,u))\mathrm{d}x + x^{m+1}Q(1,u)\mathrm{d}u = 0,$$

它具有如下形式的积分因子 (下面的等式是利用 $u = \dfrac{y}{x}$ 回代得到的):

$$\frac{1}{x^{m+1}(P(1,u) + uQ(1,u))} = \frac{1}{xP(x,y) + yQ(x,y)}.$$

注意到我们已经假设 $xP(x,y) + yQ(x,y) \neq 0$.

我们可以类似地得到, 在 $\{(x,y) \mid y \neq 0\}$ 上, $\dfrac{1}{xP(x,y) + yQ(x,y)}$ 也为齐次方程 (2.1) 的积分因子. 综合起来, 在 $\{(x,y) \mid xP(x,y) + yQ(x,y) \neq 0\}$ 上 (2.1) 具有积分因子 $\dfrac{1}{xP(x,y) + yQ(x,y)}$. □

在具体求解齐次方程时我们需要灵活运用命题 2.2.1.

例 2.2.5 求解一阶微分方程 $(x + y)\mathrm{d}x - (x - y)\mathrm{d}y = 0$.

解 **解法 1** 显然这是一个齐次方程. 由命题 2.2.1 知, 在

$$\{(x,y)|0 \neq x(x+y) - y(x-y) = x^2 + y^2\}$$

上原方程具有积分因子 $\dfrac{1}{x^2+y^2}$, 即在 $\{(x,y)|x^2+y^2 \neq 0\}$ 上原方程等价于

$$0 = \frac{(x+y)\mathrm{d}x}{x^2+y^2} - \frac{(x-y)\mathrm{d}y}{x^2+y^2} = \frac{x\mathrm{d}x + y\mathrm{d}y}{x^2+y^2} + \frac{y\mathrm{d}x - x\mathrm{d}y}{x^2+y^2}.$$

因此, 在 $\{(x,y)\,|\,y \neq 0\}$ 上原方程可以改写成

$$0 = \frac{1}{2}\mathrm{d}\ln(x^2+y^2) + \mathrm{d}\arctan\frac{x}{y},$$

此时具有通积分

$$\ln(x^2+y^2) + 2\arctan\frac{x}{y} = C_1,$$

其中 C_1 为任意实常数. 类似地, 在 $\{(x,y)\,|\,x \neq 0\}$ 上原方程具有通积分

$$\ln(x^2+y^2) - 2\arctan\frac{y}{x} = C_2,$$

其中 C_2 为任意实常数. 注意到基本事实:

$$\begin{cases} \arctan\dfrac{x}{y} + \arctan\dfrac{y}{x} = \pi, & xy > 0, \\ \arctan\dfrac{x}{y} + \arctan\dfrac{y}{x} = -\pi, & xy < 0. \end{cases}$$

特别地, 利用实平面的极坐标表达 (即 r 为极半径, θ 为辐角), 则原方程通解的极坐标形式为 $r = Ce^\theta$, 其中 C 为任意取正值的实常数, 即通解为以原点 O 为焦点的一族螺线.

解法 2 上面的通解的极坐标形式启发我们: 对于形式比较特殊的方程, 利用极坐标进行变量代换, 有时候会大大简化计算.

当 $r > 0$ 时我们引入极坐标

$$\begin{cases} x = r\cos\theta, \\ y = r\sin\theta \end{cases},$$

进行变量代换, 从而我们有

$$\begin{cases} \mathrm{d}x = \cos\theta\,\mathrm{d}r - r\sin\theta\,\mathrm{d}\theta, \\ \mathrm{d}y = \sin\theta\,\mathrm{d}r + r\cos\theta\,\mathrm{d}\theta. \end{cases}$$

进而

$$0 = (x+y)\mathrm{d}x - (x-y)\mathrm{d}y = r\,\mathrm{d}r - r^2\,\mathrm{d}\theta.$$

由此得到 $r = Ce^\theta$ 为原方程通解的极坐标形式, 其中 C 为任意取正值的实常数. □

2.2.4 初等变换法

在上一小节中, 通过引入变量代换我们将一类重要的一阶微分方程, 即齐次方程, 转化为我们熟悉的变量分离方程, 从而可以求出齐次方程的解. 这种方法称为初等变换法.

显然, 利用初等变换法可以求解更多的一阶微分方程. 例如分析

$$\frac{\mathrm{d}y}{\mathrm{d}x} = \frac{xy^2 + \sin x}{2y}. \tag{2.17}$$

我们引入变量代换 $v = y^2$, 这里 v 为新的未知函数. 注意到方程 (2.17) 的分析区域是 $\{(x,y) \mid y \neq 0\}$, 则 (2.17) 可以转化为如下形式关于 v 的一阶线性微分方程:

$$\frac{\mathrm{d}v}{\mathrm{d}x} = xv + \sin x.$$

下面我们利用初等变换法来分析两个历史上鼎鼎大名的一阶常微分方程.

首先我们考虑 Bernoulli 方程

$$\frac{\mathrm{d}y}{\mathrm{d}x} + p(x)y = q(x)y^n, \tag{2.18}$$

其中 n 为常数. 注意到当 $n = 0$ 或者 $n = 1$ 时方程 (2.18) 为一阶线性方程, 因此我们只用考虑 $n \neq 0$ 和 1 的情形. 首先我们观察 $y \equiv 0$ 是否是方程 (2.18) 的解; 然后我们在 $y \neq 0$ 上来分析 (2.18). 此时, 以 $(1-n)y^{-n}$ 乘方程的两边得到

$$(1-n)y^{-n}\frac{\mathrm{d}y}{\mathrm{d}x} + (1-n)y^{1-n}p(x) = (1-n)q(x),$$

引入变量代换 $z = y^{1-n}$, 这里 z 为新的未知函数, 我们有

$$\frac{\mathrm{d}z}{\mathrm{d}x} + (1-n)p(x)z = (1-n)q(x),$$

这是一个关于未知函数 z 的一阶线性方程.

下面我们考虑一般的 Riccati 方程, 即

$$\frac{\mathrm{d}y}{\mathrm{d}x} = p(x)y^2 + q(x)y + r(x), \tag{2.19}$$

其中一元函数 $p(x)$, $q(x)$ 和 $r(x)$ 在区间 I 上都连续, 且 $p(x)$ 不为零常值函数. 这是形式上最简单的非线性方程, 然而, 一般情况下我们不能用初等积分法来完全求解它.

在常微分方程理论的发展历史上, 如何求解 Riccati 方程具有重要的历史意义. Daniel Bernoulli 和 Liouville 分别在 1725 年和 1841 年对 Riccati 方程给出可以用初等积分法来求解的充分条件和必要条件. 特别地, 并不是所有的 Riccati 方程都可以用初等积分法来求解. 在此之前, 一般情况下人们都是努力利用初等积分法来求解微分方程; 有了 Liouville 在 1841 年的突破性工作, 微分方程的研究进入一个新的发展时期, 人们开始从理论上研究一般的微分方程其解的存在性等.

下面我们首先来介绍 Daniel Bernoulli 在 1725 年证明的结果.

命题 2.2.2 给定实常数 $a \neq 0$ 和 b, m, 在 $\{(x,y) \mid xy \neq 0\}$ 上分析如下形式的 Riccati 方程:
$$\frac{\mathrm{d}y}{\mathrm{d}x} + ay^2 = bx^m. \tag{2.20}$$

那么在
$$m = 0, \; -2, \; \frac{-4k}{2k+1}, \; \frac{-4k}{2k-1} \quad (k = 1, 2, \cdots)$$
情形时, 可通过适当的变量代换将方程 (2.20) 转化为变量分离方程.

证明 我们不妨假设 $a = 1$ (否则引入变量代换 $\bar{x} = ax$), 即我们考虑如下形式的方程:
$$\frac{\mathrm{d}y}{\mathrm{d}x} + y^2 = bx^m. \tag{2.21}$$
很容易直接验证 $y \equiv 0$ 是否是方程 (2.21) 的特解. 以下我们在 $\{(x,y) \mid y \neq 0\}$ 上分析.

当 $m = 0$ 时, 显然方程 (2.21) 是一个变量分离方程.

当 $m = -2$ 时, 引入变量代换 $z = xy$, 其中 z 为新的未知函数, 从而通过代入, 方程 (2.21) 可以转化为
$$\frac{\mathrm{d}z}{\mathrm{d}x} = x\frac{\mathrm{d}y}{\mathrm{d}x} + y = x(bx^m - y^2) + y = bx^{m+1} - yz + y,$$
即如下形式的变量分离方程:
$$\frac{\mathrm{d}z}{\mathrm{d}x} = \frac{b + z - z^2}{x}.$$

下面我们假设 $m = \frac{-4k}{2k+1}$, 其中 $k = 1, 2, \cdots$. 我们引入变量代换 (注意到 $m \neq -1$)
$$x = \xi^{\frac{1}{m+1}}, \quad y = \frac{b}{m+1}\eta^{-1}, \tag{2.22}$$

这里 ξ 和 η 分别为新的自变量和未知函数. 由 $y\eta = \frac{b}{m+1}$, 两边对 x 求导, 并将 (2.21) 代入, 我们得到
$$0 = \frac{\mathrm{d}\eta}{\mathrm{d}x}y + \frac{\mathrm{d}y}{\mathrm{d}x}\eta = \frac{\mathrm{d}\eta}{\mathrm{d}x}y + \eta(bx^m - y^2) = \frac{\mathrm{d}\eta}{\mathrm{d}x}y + \eta bx^m - \eta y^2.$$
现在将 (2.22) 代入得到
$$\frac{\mathrm{d}\eta}{\mathrm{d}x} = \frac{\frac{b}{m+1}y - bx^m\eta}{y} = \frac{b}{m+1} - (m+1)x^m\eta^2, \tag{2.23}$$
进而
$$\frac{\mathrm{d}\eta}{\mathrm{d}\xi} = \frac{\mathrm{d}\eta}{\mathrm{d}x} \cdot \frac{\mathrm{d}x}{\mathrm{d}\xi} = \frac{\mathrm{d}\eta}{\mathrm{d}x} \cdot \frac{1}{m+1} \cdot \xi^{\frac{1}{m+1}-1}$$

$$= \frac{\frac{b}{m+1} - (m+1)x^m\eta^2}{m+1} \cdot \xi^{\frac{1}{m+1}-1},$$

最后我们得到

$$\frac{\mathrm{d}\eta}{\mathrm{d}\xi} + x^m\eta^2\xi^{\frac{1}{m+1}-1} = \frac{b}{(m+1)^2}\xi^{\frac{1}{m+1}-1},$$

即

$$\frac{\mathrm{d}\eta}{\mathrm{d}\xi} + \eta^2 = \frac{b}{(m+1)^2}\xi^n, \tag{2.24}$$

其中 $n = \frac{1}{m+1} - 1 = \frac{-4k}{2k-1}$. 我们再引入变量代换

$$\xi = \frac{1}{t}, \quad \eta = t - zt^2, \tag{2.25}$$

这里 t 和 z 分别为新的自变量和未知函数. 注意到 $\xi\eta = 1 - zt$, 两边对 ξ 求导, 并将 (2.24) 和 (2.25) 代入, 我们得到

$$-\frac{\mathrm{d}z}{\mathrm{d}\xi}t - z\frac{\mathrm{d}t}{\mathrm{d}\xi} = \xi\left[\frac{b}{(m+1)^2}\xi^n - \eta^2\right] + \eta = \frac{b}{(m+1)^2}\xi^{n+1} + zt\eta. \tag{2.26}$$

由于 $\frac{\mathrm{d}t}{\mathrm{d}\xi} = -t^2, \frac{\mathrm{d}\xi}{\mathrm{d}t} = -t^{-2}$, 将 (2.25) 代入 (2.26), 我们有

$$\frac{\mathrm{d}z}{\mathrm{d}t} = -\frac{\mathrm{d}z}{\mathrm{d}\xi}t^{-2} = t^{-3}\left[\frac{b}{(m+1)^2}t^{-(n+1)} + zt(t-zt^2) - zt^2\right]$$

$$= \frac{b}{(m+1)^2}t^{-(n+4)} - z^2,$$

即

$$\frac{\mathrm{d}z}{\mathrm{d}t} + z^2 = \frac{b}{(m+1)^2}t^l, \tag{2.27}$$

其中 $l = -n - 4 = \frac{-4(k-1)}{2(k-1)+1}$. 继续进行下去, 只要将上述变量代换的过程重复 k 次, 我们就能把方程 (2.21) 转化为 $m = 0$ 情形时的变量分离方程.

最后我们假设 $m = \frac{-4k}{2k-1}$, 其中 $k = 1, 2, \cdots$, 即为 (2.24) 的类型, 由上述过程知此时也可以转化为 $m = 0$ 情形时的变量分离方程. $\square$

虽然一般情况下不能完全求解 Riccati 方程 (2.19), 但是我们不难得到下面的结论.

定理 2.2.1 设已知 Riccati 方程 (2.19) 具有特解 $\varphi_1(x)$, 则可以求出 (2.19) 的所有解.

证明 引入变量代换 $y = u + \varphi_1(x)$, 这里 u 是新的未知函数, 代入 Riccati 方程 (2.19) 知

$$\frac{\mathrm{d}u}{\mathrm{d}x} + \frac{\mathrm{d}\varphi_1}{\mathrm{d}x} = p(x)\left(u^2 + 2\varphi_1(x)u + \varphi_1^2(x)\right) + q(x)\left(u + \varphi_1(x)\right) + r(x).$$

由于 Riccati 方程 (2.19) 具有特解 $\varphi_1(x)$, 即

$$\frac{\mathrm{d}\varphi_1}{\mathrm{d}x} = p(x)\varphi_1^2(x) + q(x)\varphi_1(x) + r(x).$$

将上面两个式子放到一起, 消去相关项, 我们得到如下形式的 Bernoulli 方程:

$$\frac{\mathrm{d}u}{\mathrm{d}x} = (2p(x)\varphi_1(x) + q(x))\, u + p(x)u^2.$$

特别地, 我们可以由此求出 Riccati 方程 (2.19) 的所有解. □

习题 2.2

1. 求解下列实方程:

(1) $\dfrac{\mathrm{d}y}{\mathrm{d}x} + 2y = x\mathrm{e}^{-x}$;

(2) $\dfrac{\mathrm{d}y}{\mathrm{d}x} + y\tan x = \sin 2x$;

(3) $\dfrac{\mathrm{d}y}{\mathrm{d}x} - \dfrac{1}{1-x^2}y = 1+x, \quad y(0) = 1$;

(4) $\dfrac{\mathrm{d}y}{\mathrm{d}x} = \dfrac{2y-x+5}{2x-y-4}$;

(5) $\dfrac{\mathrm{d}y}{\mathrm{d}x} = \dfrac{x+2y+1}{2x+4y-1}$;

(6) $\dfrac{\mathrm{d}y}{\mathrm{d}x} = \dfrac{1}{x^2}f(xy)$, 其中 f 为连续的一元函数;

(7) $(x^2+y^2+3)\dfrac{\mathrm{d}y}{\mathrm{d}x} = 2x\left(2y - \dfrac{x^2}{y}\right)$;

(8) $\dfrac{\mathrm{d}x}{\mathrm{d}t} + \dfrac{t}{1+t^2}x = \dfrac{1}{t(1+t^2)}$;

(9) $\dfrac{\mathrm{d}y}{\mathrm{d}x} = \dfrac{2x^3+3xy^2-7x}{3x^2y+2y^3-8y}$;

(10) $\dfrac{\mathrm{d}y}{\mathrm{d}x} = \dfrac{x^3-y^6}{-2xy^5+x^2y^3}$;

(11) $x^2 + t^2\dfrac{\mathrm{d}x}{\mathrm{d}t} = tx\dfrac{\mathrm{d}x}{\mathrm{d}t}$;

(12) $\dfrac{\mathrm{d}x}{\mathrm{d}t} - \dfrac{1}{t}x = -\dfrac{1}{t^3}x^2$;

(13) $t\dfrac{\mathrm{d}x}{\mathrm{d}t} + x = tx^2\ln t$;

(14) $\mathrm{e}^x\mathrm{d}t - t(2tx+\mathrm{e}^x)\,\mathrm{d}x = 0$;

(15) $\dfrac{\mathrm{d}x}{\mathrm{d}t} = \dfrac{t-x^2}{2x(t+x^2)}$;

(16) $t\dfrac{\mathrm{d}x}{\mathrm{d}t} + x = x\ln(tx)$;

(17) $\dfrac{\mathrm{d}x}{\mathrm{d}t} + \dfrac{\mathrm{d}\phi(t)}{\mathrm{d}t}x = \phi(t)\dfrac{\mathrm{d}\phi(t)}{\mathrm{d}t}$, 其中 $\phi(t)$ 是已知的连续可微的一元函数;

(18) $\dfrac{dy}{dx} = \cos(x-y)$;

(19) $\dfrac{dy}{dx} = -y^2 - \dfrac{1}{4x^2}$;

(20) $x^2 \dfrac{dy}{dx} = x^2 y^2 + xy + 1$.

2. 设一元函数 $y = \varphi(x)$ 使得

$$\frac{dy}{dx} + a(x)y \leqslant 0$$

对所有的 $x \geqslant 0$ 成立. 试证明:

$$\varphi(x) \leqslant \varphi(0) e^{-\int_0^x a(s) ds}, \quad \forall x \geqslant 0.$$

3. 设一元函数 $f(x)$ 在 $[0, +\infty)$ 上连续, 使得 $\lim\limits_{x \to +\infty} f(x) = b$ (其中 b 为有限实常数). 求证: 常微分方程

$$\frac{dy}{dx} + ay = f(x)$$

的每个解均满足 $\lim\limits_{x \to +\infty} y(x) = \dfrac{b}{a}$, 其中实常数 $a > 0$.

4. 设 $y(x)$ 为 $[0, +\infty)$ 上连续可微的函数, 满足 $\lim\limits_{x \to +\infty} (y'(x) + y(x)) = 0$. 试证明 $\lim\limits_{x \to +\infty} y(x) = 0$.

5. 试求 xOy 平面上一对称于 x 轴的曲线, 使得它绕 x 轴旋转后所得的旋转曲面能将平行于 x 轴的入射光线经过反射后全部聚集到原点.

6. 设 $p(x)$ 和 $q(x)$ 都是以 $\omega > 0$ 为周期的一元连续函数, 引入

$$\bar{p} = \frac{1}{\omega} \int_0^\omega p(x) dx,$$

分析

$$\frac{dy}{dx} + p(x)y = q(x).$$

(1) 试证明: 若 $q(x) \equiv 0$, 则上述方程具有非零解以 ω 为周期, 当且仅当上述方程的任意非零解以 ω 为周期, 当且仅当 $\bar{p} = 0$.

(2) 试证明: 若 $q(x)$ 不恒为零, 则上述方程具有唯一的 ω 周期解当且仅当 $\bar{p} \neq 0$, 并求出它.

(3) 若 $q(x)$ 不恒为零, 何时上述方程没有 ω 周期解? 何时上述方程至少具有两个及以上的 ω 周期解?

7. 给定多项式 $P(t)$ 以及实常数 λ, α. 试证明: 方程

$$\frac{dy}{dt} = \lambda y + P(t) e^{\alpha t}$$

的解形式如下:

$$y = C e^{\lambda t} + Q(t) e^{\alpha t},$$

其中 $Q(t)$ 也是多项式, C 为任意的实常数. 当 $\lambda \neq \alpha$ 时, $Q(t)$ 的次数与 $P(t)$ 的次数相同; 当 $\lambda = \alpha$ 时, $Q(t)$ 的次数等于 $P(t)$ 的次数加上 1.

8. 求一曲线, 使得过该曲线上任意点的切线与原点到这点的连线相交的交角等于 α.

9. 探照灯的反光镜 (旋转曲面) 应具有何种形状, 才能使得点光源发射的光束经反射后成为一个平行线束?

10. 给定曲线族 $x^2 - y^2 = C$, 其中 C 是任意实常数. 设有一个动点从 $(0,1)$ 出发在 xOy 平面上移动, 它的轨迹与和它相交的每条如上的双曲线均成 $\dfrac{\pi}{8}$ 的角度, 试求该动点的运动轨迹.

11. 设一元函数 $f(x)$ 在 $[1, +\infty)$ 上连续. 若由曲线 $y = f(x)$, 直线 $x = 1$ 以及直线 $x = t$ (其中 $t > 1$) 与 x 轴所围成的平面图形绕 x 轴旋转一周, 所成的旋转体体积为
$$V(t) = \frac{\pi}{3}\left(t^2 f(t) - f(1)\right).$$
试求满足初值条件 $y(2) = \dfrac{2}{9}$ 的上述方程的解 $y = f(x)$.

12. (**逃逸速度**) 假设地球的半径为 $R = 6437$ km, 地面上的重力加速度为 $g = 9.8$ m/s^2, 又设质量为 M 的火箭在地面以初速度 v_0 垂直上升. 假设不计空气阻力和其他任何星球的引力, 试求火箭的逃逸速度, 即使得火箭一去不复返的最小初速度 v_0.

2.3 一阶隐式方程

我们知道, 一阶常微分方程的一般形式为
$$F\left(x, y, \frac{\mathrm{d}y}{\mathrm{d}x}\right) = 0, \tag{2.27}$$

其中 F 为已知的三元函数, x 为自变量, y 为未知函数. 如果从 (2.27) 出发能够用 x 和 y 将 $\dfrac{\mathrm{d}y}{\mathrm{d}x}$ 直接表达出来, 我们在前两节中已经解决了这种情形下方程 (2.27) 的求解问题. 然而, 很多时候我们难以将 $\dfrac{\mathrm{d}y}{\mathrm{d}x}$ 表示成为 x 和 y 的显式函数, 这时我们称 (2.27) 为**一阶隐式方程**.

下面我们给出两种求解某些一阶隐式方程的重要方法.

2.3.1 微分法

我们首先处理以下情形: 从 (2.27) 出发, 可以将 y 表示成 x 和 $\dfrac{\mathrm{d}y}{\mathrm{d}x}$ 的显式函数

$$y = f\left(x, \frac{\mathrm{d}y}{\mathrm{d}x}\right), \tag{2.28}$$

其中 f 为已知的二元函数, 它关于自变量连续可微. 这时我们引进参数 $p = \dfrac{\mathrm{d}y}{\mathrm{d}x}$, 则 (2.28) 变为 $y = f(x, p)$. 两边对 x 进行微分, 我们得到

$$p = \frac{\mathrm{d}y}{\mathrm{d}x} = \frac{\partial f}{\partial x} + \frac{\partial f}{\partial p}\frac{\mathrm{d}p}{\mathrm{d}x}, \tag{2.29}$$

即能够用 x 和 p 将 $\dfrac{\mathrm{d}p}{\mathrm{d}x}$ 直接表达出来.

如果能够求出一阶微分方程 (2.29) 具有形如 $p = \varphi(x, C)$ 的通解, 将它代入 (2.28) 知一阶微分方程 (2.28) 具有形如 $y = f(x, \varphi(x, C))$ 的通解, 其中 C 为任意实常数.

注 2.3.1 虽然一阶微分方程 (2.29) 具有通解 $p = \varphi(x, C)$, 但是一般情况下, 如果让实常数 C_1 任意取值, 那么 $\int \varphi(x, C)\,\mathrm{d}x + C_1$ 未必为一阶微分方程 (2.28) 的通解. 这是因为一阶微分方程 (2.28) 的解不仅满足关系式 (2.29), 还满足关系式 (2.28). 事实上, 上述过程告诉我们, 一旦关于自变量 x 连续可微的一元函数 y 满足 (2.28), 那么 y 也一定满足 (2.29).

类似地, 如果一阶微分方程 (2.29) 具有特解 $p = w(x)$, 那么一阶微分方程 (2.28) 就具有特解 $y = f(x, w(x))$.

有时候, 我们求出一阶微分方程 (2.29) 具有形如 $x = v(p, C)$ 的通积分, 将它代入表达式 (2.28) 知一阶微分方程 (2.28) 具有形如

$$\begin{cases} x = v(p, C), \\ y = f(v(p, C), p) \end{cases}$$

的参数形式的通解, 其中 C 为任意实常数; 同样地, 如果方程 (2.29) 具有特解 $x = z(p)$, 则方程 (2.28) 具有如下参数形式的特解:

$$\begin{cases} x = z(p), \\ y = f(z(p), p). \end{cases}$$

这里我们将 p 视作一个参变量.

我们也可以类似地处理另一种情形: 从 (2.27) 出发, 可以将 x 表示成为 y 和 $\dfrac{\mathrm{d}y}{\mathrm{d}x}$ 的显式函数

$$x = g\left(y, \frac{\mathrm{d}y}{\mathrm{d}x}\right), \tag{2.30}$$

其中 g 为已知的二元函数, 它关于自变量连续可微. 同样地, 我们引进参数 $p = \dfrac{\mathrm{d}y}{\mathrm{d}x}$, 则上式 (2.30) 变为 $x = g(y,p)$. 特例情形 $p = 0$ 可以很容易直接验证求出方程 (2.30) 的特解. 当 $p \neq 0$ 时, 两边对 y 进行微分, 我们能够用 y 和 p 将 $\dfrac{\mathrm{d}p}{\mathrm{d}y}$ 直接表达出来, 即

$$\frac{1}{p} = \frac{\mathrm{d}x}{\mathrm{d}y} = \frac{\partial g}{\partial y} + \frac{\partial g}{\partial p}\frac{\mathrm{d}p}{\mathrm{d}y}. \tag{2.31}$$

如果我们可以得到上述方程的通积分 $G(y,p,C) = 0$, 那么一阶微分方程 (2.30) 具有形如

$$\begin{cases} x = g(y,p), \\ G(y,p,C) = 0 \end{cases}$$

的参数形式的通解, 其中 C 为任意实常数; 如果方程 (2.31) 具有特解 $y = \zeta(p)$, 则方程 (2.30) 具有如下参数形式的特解:

$$\begin{cases} x = g(\zeta(p),p), \\ y = \zeta(p). \end{cases}$$

这里我们也是将 p 视作一个参变量.

例 2.3.1 求解 Clairaut 方程

$$y = x\frac{\mathrm{d}y}{\mathrm{d}x} + f\left(\frac{\mathrm{d}y}{\mathrm{d}x}\right),$$

其中 f 是一个一阶导数不恒为常数的一元连续可微函数.

解 引入变量代换 $p = \dfrac{\mathrm{d}y}{\mathrm{d}x}$, 然后对 Clairaut 方程两边关于 x 进行微分, 我们得到

$$p = p + x\frac{\mathrm{d}p}{\mathrm{d}x} + f'(p)\frac{\mathrm{d}p}{\mathrm{d}x},$$

即

$$\frac{\mathrm{d}p}{\mathrm{d}x}(x + f'(p)) = 0.$$

从而 $x = -f'(p)$ 或者 $\dfrac{\mathrm{d}p}{\mathrm{d}x} = 0$, 由此得到原 Clairaut 方程参数形式的特解

$$\begin{cases} x = -f'(p), \\ y = -pf'(p) + f(p) \end{cases}$$

和通解 $y = Cx + f(C)$, 其中 p 为参变量, C 为任意实常数. □

假设一阶常微分方程 (2.27)

$$F\left(x, y, \frac{\mathrm{d}y}{\mathrm{d}x}\right) = 0$$

具有通解 $y = f(x, C)$ 和特解 $y = g(x)$, 其中 C 为任意实常数. 如果 C_0 为合理取值的实常数, 显然 $y = f(x, C_0)$ 是方程 (2.27) 的一个特解. 然而一般情况下, 反过来, 特解 $y = g(x)$ 未必能被通解 $y = f(x, C)$ 表达出来, 即特解 $y = g(x)$ 未必能写成 $y = f(x, C_1)$ 的形式, 其中 C_1 为任意合理取值的实常数.

我们可以从下面这个例子看出这点.

例 2.3.2 求解一阶常微分方程 $x\left(\dfrac{dy}{dx}\right)^2 - 2y\dfrac{dy}{dx} + 9x = 0$.

解 显然实常值函数不是方程的解. 以下我们分析 $\dfrac{dy}{dx} \neq 0$ 的情形. 引入变量代换 $p = \dfrac{dy}{dx}$, 我们将原方程改写为 $y = \dfrac{9x}{2p} + \dfrac{xp}{2}$. 利用微分法, 对方程的两边关于 x 进行微分得到

$$p = \frac{9}{2p} - \frac{9x}{2p^2} \cdot \frac{dp}{dx} + \frac{p}{2} + \frac{x}{2}\frac{dp}{dx},$$

即

$$\left(\frac{1}{2} - \frac{9}{2p^2}\right)\left(p - x\frac{dp}{dx}\right) = 0, \tag{2.32}$$

从而 $\dfrac{dp}{dx} = \dfrac{p}{x}$ 或者 $p^2 = 9$. 由此可得方程 (2.32) 具有通解 $p = Cx$ 和特解 $p = 3$ 及 $p = -3$, 从而原方程具有通解

$$y = \frac{9}{2C} + \frac{C}{2}x^2 \tag{2.33}$$

和特解 $y = 3x$ 及 $y = -3x$, 其中 C 为任意非零的实常数. □

注 2.3.2 显然, 方程的特解 $y = 3x$ 和 $y = -3x$ 均不能被通解 (2.33) 表达出来.

2.3.2 参数法

分析一般形式的一阶常微分方程 (2.27)

$$F\left(x, y, \frac{dy}{dx}\right) = 0,$$

其中 F 为已知的三元函数, x 为自变量, y 为未知函数. 我们可以将表达式 $F(x, y, p) = 0$ 看成是三维 $Oxyp$ 空间中的一个曲面. 假设我们可以将这个曲面参数表示为

$$x = f(u, v), \quad y = g(u, v), \quad p = h(u, v), \tag{2.34}$$

这里 u 和 v 都是参变量. 注意到微分等式 $dy = \dfrac{dy}{dx} \cdot dx$, 将 $p = \dfrac{dy}{dx}$ 代入上面的曲面参数表达式 (2.34), 我们有

$$d(g(u,v)) = h(u,v)d(f(u,v)),$$

整理以后得到
$$\frac{\partial g}{\partial u}\mathrm{d}u + \frac{\partial g}{\partial v}\mathrm{d}v = h(u,v)\left(\frac{\partial f}{\partial u}\mathrm{d}u + \frac{\partial f}{\partial v}\mathrm{d}v\right),$$
即
$$\left(\frac{\partial g}{\partial u} - h(u,v)\frac{\partial f}{\partial u}\right)\mathrm{d}u + \left(\frac{\partial g}{\partial v} - h(u,v)\frac{\partial f}{\partial v}\right)\mathrm{d}v = 0. \tag{2.35}$$

如果一阶微分方程 (2.35) 具有通解 $v = Q(u,C)$, 其中 C 为任意实常数, 那么方程 (2.27) 就具有形如
$$\begin{cases} x = f(u, Q(u,C)), \\ y = g(u, Q(u,C)) \end{cases}$$
的参数形式的通解, 其中 C 为任意实常数; 如果方程 (2.35) 具有特解 $v = S(u)$, 那么方程 (2.27) 就具有如下参数形式的特解:
$$\begin{cases} x = f(u, S(u)), \\ y = g(u, S(u)), \end{cases}$$

这里 u 是一个参变量. 如果方程 (2.35) 具有通解 $u = P(v,C)$, 其中 C 为任意实常数, 或者具有特解 $u = T(v)$, 那么我们可以类似地得到方程 (2.27) 对应的通解或特解.

例 2.3.3 求解一阶常微分方程 $\left(\dfrac{\mathrm{d}y}{\mathrm{d}x}\right)^2 + y - x = 0$.

解 显然原方程具有参数表达式
$$x = u, \quad \frac{\mathrm{d}y}{\mathrm{d}x} = v, \quad y = u - v^2,$$
这里 u 和 v 都是参变量. 从而利用微分等式 $\mathrm{d}y = \dfrac{\mathrm{d}y}{\mathrm{d}x}\cdot\mathrm{d}x$ 得到 $\mathrm{d}u - 2v\mathrm{d}v = v\mathrm{d}u$, 即 $(v-1)\mathrm{d}u + 2v\mathrm{d}v = 0$. 它具有通解 $u = -2v - \ln(v-1)^2 + C$ 和特解 $v = 1$, 由此原方程具有特解 $y = x - 1$ 和参数形式的通解
$$\begin{cases} x = C - 2v - \ln(v-1)^2, \\ y = C - 2v - \ln(v-1)^2 - v^2, \end{cases}$$

其中 C 为任意实常数. $\square$

下面我们来看上述情形的一种特例情况
$$F\left(y, \frac{\mathrm{d}y}{\mathrm{d}x}\right) = 0,$$
即 F 本质上是一个二元函数, 与自变量 x 无关. 一般情况下, 关系式 $F(y,p) = 0$ 表示了二维 yOp 平面上的若干条曲线. 设其中具有如下参数形式的曲线:
$$y = g(t), \quad p = h(t).$$

为了下面讨论的需要，我们进一步假设 g 为一阶连续可微的一元函数，h 是恒不为零的一元连续函数. 根据上述微分方程的参数表示，并利用微分等式 $\mathrm{d}y = \dfrac{\mathrm{d}y}{\mathrm{d}x} \cdot \mathrm{d}x$，我们有

$$g'(t)\mathrm{d}t = h(t)\mathrm{d}x,$$

即 $\mathrm{d}x = \dfrac{g'(t)}{h(t)}\mathrm{d}t$，从而

$$x = \int \dfrac{g'(t)}{h(t)}\mathrm{d}t + C,$$

故方程 $F\left(y, \dfrac{\mathrm{d}y}{\mathrm{d}x}\right) = 0$ 具有如下参数形式的通解：

$$x = \int \dfrac{g'(t)}{h(t)}\mathrm{d}t + C, \quad y = g(t),$$

其中 C 为任意实常数，t 为参变量.

我们可以类似地处理另外一种特例情况

$$F\left(x, \dfrac{\mathrm{d}y}{\mathrm{d}x}\right) = 0,$$

即 F 是与变量 y 无直接关联的二元函数. 需要指出的是，即使如此，由于 F 与 $\dfrac{\mathrm{d}y}{\mathrm{d}x}$ 有关联，所以本质上 F 仍然与 y 有关.

例 2.3.4 求解一阶微分方程 $\left(\dfrac{\mathrm{d}y}{\mathrm{d}x}\right)^2 + y^2 = 1$.

解 引入变量代换 $p = \dfrac{\mathrm{d}y}{\mathrm{d}x}$，显然 $y^2 + p^2 = 1$ 具有参数表达式 $\begin{cases} y = \cos v, \\ p = \sin v, \end{cases}$ 其中 v 是一个参变量. 由上面的分析可知，在 $\sin v \neq 0$（即 $\dfrac{\mathrm{d}y}{\mathrm{d}x} \neq 0$）上可解出 $x = -v + C$，从而原方程具有如下参数形式的通解：

$$\begin{cases} x = -v + C, \\ y = \cos v, \end{cases}$$

其中 C 为任意实常数，v 为参变量，即原方程的通解为 $y = \cos(x - C)$. 当 $\dfrac{\mathrm{d}y}{\mathrm{d}x} = 0$ 时，不难得到原方程的两个特解 $y \equiv 1$ 和 $y \equiv -1$. □

习题 2.3

1. 求解下列实方程：

(1) $y = \dfrac{\mathrm{d}y}{\mathrm{d}x} x \ln x + \left(x \dfrac{\mathrm{d}y}{\mathrm{d}x}\right)^2$;

(2) $2x\dfrac{\mathrm{d}y}{\mathrm{d}x} = 2\tan y + \left(\dfrac{\mathrm{d}y}{\mathrm{d}x}\right)^3 \cos^2 y;$

(3) $t\left(\dfrac{\mathrm{d}x}{\mathrm{d}t}\right)^2 - 2x\dfrac{\mathrm{d}x}{\mathrm{d}t} + t + 2x = 0;$

(4) $x\left(\dfrac{\mathrm{d}x}{\mathrm{d}t}\right)^2 + \dfrac{\mathrm{d}x}{\mathrm{d}t}(t-x) - t = 0;$

(5) $\left(\dfrac{\mathrm{d}x}{\mathrm{d}t}\right)^2(t^2-1) - 2tx\dfrac{\mathrm{d}x}{\mathrm{d}t} + x^2 - 1 = 0;$

(6) $\left(\dfrac{\mathrm{d}x}{\mathrm{d}t}\right)^4 = 4x\left(t\dfrac{\mathrm{d}x}{\mathrm{d}t} - 2x\right)^2;$

(7) $2tx\dfrac{\mathrm{d}x}{\mathrm{d}t} = \left(\dfrac{\mathrm{d}x}{\mathrm{d}t}\right)^3 + 4x^2;$

(8) $\dfrac{\mathrm{d}x}{\mathrm{d}t} = \ln\left(t\dfrac{\mathrm{d}x}{\mathrm{d}t} - x\right).$

2. 试用参数法求解下列实方程:

(1) $2y^2 + 5\left(\dfrac{\mathrm{d}y}{\mathrm{d}x}\right)^2 = 4;$

(2) $x^2 - 3\left(\dfrac{\mathrm{d}y}{\mathrm{d}x}\right)^2 = 1;$

(3) $\left(\dfrac{\mathrm{d}y}{\mathrm{d}x}\right)^2 + y - x^2 = 0;$

(4) $x^3 + \left(\dfrac{\mathrm{d}y}{\mathrm{d}x}\right)^3 = 4x\dfrac{\mathrm{d}y}{\mathrm{d}x};$

(5) $y = \left(\dfrac{\mathrm{d}y}{\mathrm{d}x}\right)^2 - x\dfrac{\mathrm{d}y}{\mathrm{d}x} + \dfrac{1}{2}x^2;$

(6) $y^2\left(1 - \left(\dfrac{\mathrm{d}y}{\mathrm{d}x}\right)^2\right) = 1;$

(7) $t = x\dfrac{\mathrm{d}x}{\mathrm{d}t} + \left(\dfrac{\mathrm{d}x}{\mathrm{d}t}\right)^2;$

(8) $y = 2x\left(\dfrac{\mathrm{d}y}{\mathrm{d}x}\right)^2 + \dfrac{\mathrm{d}y}{\mathrm{d}x}.$

2.4 二阶常系数线性方程

二阶常微分方程的一般形式为

$$F\left(t, x, \dfrac{\mathrm{d}x}{\mathrm{d}t}, \dfrac{\mathrm{d}^2 x}{\mathrm{d}t^2}\right) = 0, \tag{2.36}$$

其中 F 为已知的四元函数, t 为自变量, x 为未知函数. 以下我们在本节中求解一类特殊的二阶常微分方程, 即**二阶常系数线性方程**

$$\frac{\mathrm{d}^2 x}{\mathrm{d} t^2} + a_1 \frac{\mathrm{d} x}{\mathrm{d} t} + a_2 x = f(t), \tag{2.37}$$

其中 a_1 和 a_2 都是给定的实常数, f 是已知的一元连续函数. 当 f 为常值零函数时, 即

$$\frac{\mathrm{d}^2 x}{\mathrm{d} t^2} + a_1 \frac{\mathrm{d} x}{\mathrm{d} t} + a_2 x = 0, \tag{2.38}$$

我们称之为**二阶常系数齐次线性方程**; 否则, 我们称 (2.37) 为**二阶常系数非齐次线性方程**. 我们赋予方程 (2.37) 如下的初值条件:

$$x(t_0) = x_0, \quad x'(t_0) = x'_0. \tag{2.39}$$

其中 t_0 为定义域内给定的初值时间, x_0 和 x'_0 都是给定的实数.

2.4.1 二阶常系数齐次线性方程的求解

我们在本节讨论二阶常系数齐次线性方程 (2.38) 的求解. 称方程

$$\lambda^2 + a_1 \lambda + a_2 = 0 \tag{2.40}$$

为**方程 (2.38) 的特征方程**, 它是将函数 $x = \mathrm{e}^{\lambda t}$ 代入 (2.38) 得到的: 函数 $x = \mathrm{e}^{\lambda t}$ 是齐次方程 (2.38) 的解当且仅当 λ 满足方程 (2.38) 的特征方程 (2.40).

特征方程 (2.40) 的根有下述三种情况:
(1) 两个相异的实根 λ_1 和 λ_2, 其中 $\lambda_1 \neq \lambda_2$;
(2) 两个相同的实根 λ_1 和 λ_2, 其中 $\lambda_1 = \lambda_2$ (记为 λ);
(3) 一对共轭不相等的复根 $\alpha + \mathrm{i}\beta$ 和 $\alpha - \mathrm{i}\beta$, 其中 α 和 β 都是实数且 $\beta \neq 0$.
以下我们针对上述三种情况来求解方程 (2.38).

对于情形 (1): 显然 $\mathrm{e}^{\lambda_1 t}$ 和 $\mathrm{e}^{\lambda_2 t}$ 是方程 (2.38) 的解, 进而它们的所有线性组合仍然都是方程 (2.38) 的解. 以下我们证明方程 (2.38) 的解一定可以表达成这两个函数的线性组合.

定理 2.4.1 如果方程 (2.38) 的特征方程 (2.40) 具有两个相异的实根 λ_1 和 λ_2, 其中 $\lambda_1 \neq \lambda_2$, 那么方程 (2.38) 解的全体恰为

$$x = C_1 x_1 + C_2 x_2, \tag{2.41}$$

这里 $\begin{cases} x_1 = \mathrm{e}^{\lambda_1 t}, \\ x_2 = \mathrm{e}^{\lambda_2 t}, \end{cases}$ 其中 C_1 和 C_2 都是任意实常数.

证明 由特征方程 (2.40) 的定义以及关于 λ_1 和 λ_2 的假设, 易见原方程 (2.38) 可以改写成

$$\frac{\mathrm{d}^2 x(t)}{\mathrm{d}t^2} - (\lambda_1 + \lambda_2)\frac{\mathrm{d}x(t)}{\mathrm{d}t} + \lambda_1\lambda_2 x(t) = 0,$$

即

$$\frac{\mathrm{d}}{\mathrm{d}t}\left(\frac{\mathrm{d}x(t)}{\mathrm{d}t} - \lambda_1 x(t)\right) - \lambda_2\left(\frac{\mathrm{d}x(t)}{\mathrm{d}t} - \lambda_1 x(t)\right) = 0.$$

如果引入新函数

$$y(t) = \frac{\mathrm{d}x(t)}{\mathrm{d}t} - \lambda_1 x(t),$$

那么

$$\frac{\mathrm{d}y(t)}{\mathrm{d}t} - \lambda_2 y(t) = 0,$$

显然 $y(t)$ 的形式恰为

$$y(t) = \frac{\mathrm{d}x(t)}{\mathrm{d}t} - \lambda_1 x(t) = C_2' \mathrm{e}^{\lambda_2 t}, \tag{2.42}$$

其中 C_2' 为任意实常数. 类似地, 我们得到

$$\frac{\mathrm{d}x(t)}{\mathrm{d}t} - \lambda_2 x(t) = C_1' \mathrm{e}^{\lambda_1 t}, \tag{2.43}$$

其中 C_1' 为任意实常数. 将 (2.42) 和 (2.43) 两式相减, 我们得到

$$(\lambda_1 - \lambda_2)x(t) = C_1' \mathrm{e}^{\lambda_1 t} - C_2' \mathrm{e}^{\lambda_2 t}.$$

即

$$x(t) = \frac{C_1'}{\lambda_1 - \lambda_2}\mathrm{e}^{\lambda_1 t} - \frac{C_2'}{\lambda_1 - \lambda_2}\mathrm{e}^{\lambda_2 t}.$$

由 C_1' 和 C_2' 的任意性知, 这完成了我们的证明. □

定理 2.4.2 如果方程 (2.38) 的特征方程 (2.40) 具有两个相同的实根 λ_1 和 λ_2, 其中 $\lambda_1 = \lambda_2$, 记为 λ, 那么方程 (2.38) 解的全体恰为

$$x = C_1 x_1 + C_2 x_2, \tag{2.44}$$

这里 $\begin{cases} x_1 = \mathrm{e}^{\lambda t}, \\ x_2 = t\mathrm{e}^{\lambda t}, \end{cases}$ 其中 C_1 和 C_2 都是任意实常数.

证明 类似于定理 2.4.1 的证明, 我们得到

$$\frac{\mathrm{d}x}{\mathrm{d}t} - \lambda x = C_2 \mathrm{e}^{\lambda t}, \tag{2.45}$$

其中 C_2 为任意实常数, 这等价于 $\frac{\mathrm{d}}{\mathrm{d}t}\left(\mathrm{e}^{-\lambda t}x\right) = C_2$. 从而 $\mathrm{e}^{-\lambda t}x = C_2 t + C_1$, 其中 C_1 为任意实常数, 因此方程 (2.38) 解的全体恰为所有形如 (2.44) 的函数. □

以下我们利用两种不同的方法来证明如下结论.

首先我们利用前述三节中介绍的一阶常微分方程的求解方法来证明结论.

定理 2.4.3 如果方程 (2.38) 的特征方程 (2.40) 具有一对共轭不相等的复根 $\alpha+\mathrm{i}\beta$ 和 $\alpha-\mathrm{i}\beta$, 其中 α 和 β 都是实数且 $\beta \neq 0$, 那么方程 (2.38) 解的全体恰为

$$x = C_1 x_1 + C_2 x_2, \tag{2.46}$$

这里 $\begin{cases} x_1 = \mathrm{e}^{\alpha t} \cos \beta t, \\ x_2 = \mathrm{e}^{\alpha t} \sin \beta t, \end{cases}$ 其中 C_1 和 C_2 都是任意实常数.

证明 由特征方程 (2.40) 的定义以及关于 α 和 β 的假设, 易见原方程 (2.38) 可以改写成

$$\frac{\mathrm{d}^2 x}{\mathrm{d} t^2} - 2\alpha \frac{\mathrm{d} x}{\mathrm{d} t} + (\alpha^2 + \beta^2) x = 0. \tag{2.47}$$

引入变量代换 $y = x \mathrm{e}^{-\alpha t}$, 其中 y 为新的未知函数. 等价地, 我们有 $x = \mathrm{e}^{\alpha t} y$, 从而

$$\frac{\mathrm{d} x}{\mathrm{d} t} = \mathrm{e}^{\alpha t} \left(\frac{\mathrm{d} y}{\mathrm{d} t} + \alpha y \right), \quad \frac{\mathrm{d}^2 x}{\mathrm{d} t^2} = \mathrm{e}^{\alpha t} \left(\frac{\mathrm{d}^2 y}{\mathrm{d} t^2} + 2\alpha \frac{\mathrm{d} y}{\mathrm{d} t} + \alpha^2 y \right).$$

因此, 利用 (2.47) 知原方程 (2.38) 可以进一步改写成

$$0 = \frac{\mathrm{d}^2 y}{\mathrm{d} t^2} + 2\alpha \frac{\mathrm{d} y}{\mathrm{d} t} + \alpha^2 y - 2\alpha \left(\frac{\mathrm{d} y}{\mathrm{d} t} + \alpha y \right) + (\alpha^2 + \beta^2) y = \frac{\mathrm{d}^2 y}{\mathrm{d} t^2} + \beta^2 y.$$

下面进一步引入变量代换 $y = z \sin \beta t$, 其中 z 为新的未知函数, 从而

$$\frac{\mathrm{d} y}{\mathrm{d} t} = \frac{\mathrm{d} z}{\mathrm{d} t} \sin \beta t + z \beta \cos \beta t,$$

$$\frac{\mathrm{d}^2 y}{\mathrm{d} t^2} = \frac{\mathrm{d}^2 z}{\mathrm{d} t^2} \sin \beta t + \frac{\mathrm{d} z}{\mathrm{d} t} 2\beta \cos \beta t - z \beta^2 \sin \beta t.$$

因此, 利用 $\frac{\mathrm{d}^2 y}{\mathrm{d} t^2} + \beta^2 y = 0$ 知原方程 (2.38) 可以改写成

$$0 = \frac{\mathrm{d}^2 y}{\mathrm{d} t^2} + \beta^2 y = \frac{\mathrm{d}^2 z}{\mathrm{d} t^2} \sin \beta t + \frac{\mathrm{d} z}{\mathrm{d} t} 2\beta \cos \beta t. \tag{2.48}$$

再次引入变量代换 $u = \frac{\mathrm{d} z}{\mathrm{d} t}$, 其中 u 为新的未知函数, 可有

$$\frac{\mathrm{d} u}{\mathrm{d} t} \sin \beta t + u \cdot 2\beta \cos \beta t = 0,$$

进而

$$0 = \sin \beta t \left(\frac{\mathrm{d} u}{\mathrm{d} t} \sin \beta t + u \cdot 2\beta \cos \beta t \right) = \frac{\mathrm{d}}{\mathrm{d} t} \left(u \sin^2 \beta t \right).$$

由此

$$\frac{\mathrm{d} z}{\mathrm{d} t} = u = -C_1' \frac{1}{\sin^2 \beta t},$$

从而
$$z = \frac{C_1'}{\beta}\cot\beta t + C_2',$$

其中 C_1' 和 C_2' 都是任意实常数. 将所有的变量代换回去, 我们得到
$$x = \mathrm{e}^{\alpha t}y = z\mathrm{e}^{\alpha t}\sin\beta t = \mathrm{e}^{\alpha t}\left(\frac{C_1'}{\beta}\cos\beta t + C_2'\sin\beta t\right),$$

即恰为所有形如 (2.46) 的函数. $\square$

我们在前面几节考虑一阶常微分方程 (2.27)
$$F\left(t, x, \frac{\mathrm{d}x}{\mathrm{d}t}\right) = 0$$

时, 所涉及的未知函数 x 都是实值函数. 然而, 如果函数 x 为复值函数, $\frac{\mathrm{d}x}{\mathrm{d}t}$ 也是良定义的 (其定义是显而易见的), 即对一阶常微分方程 (2.27) 也可以谈及复值的未知函数. 回忆 Euler 公式
$$\mathrm{e}^{\alpha+\mathrm{i}\beta} = \mathrm{e}^{\alpha}(\cos\beta + \mathrm{i}\sin\beta),$$

等价地说,
$$\begin{cases} \mathrm{e}^{\mathrm{i}\beta} + \mathrm{e}^{-\mathrm{i}\beta} = 2\cos\beta, \\ \mathrm{e}^{\mathrm{i}\beta} - \mathrm{e}^{-\mathrm{i}\beta} = 2\mathrm{i}\sin\beta. \end{cases}$$

不难证明如下简单结论:

命题 2.4.1 对于事先给定的任意复常数 λ, 复值未知函数 z 的一阶常微分方程 $\frac{\mathrm{d}z}{\mathrm{d}t} = \lambda z$ 解的全体恰为 $z = C\mathrm{e}^{\lambda t}$, 其中 C 为任意取值的复常数.

类似于定理 2.4.1 的证明过程, 以下我们来给出定理 2.4.3 的第二种证明. 我们将会看到, 这种引入复值未知函数的常微分方程在后续的研究中起到了十分重要的作用.

证明 (定理 2.4.3 的第二种证明) 类似于定理 2.4.1的证明过程, 我们可以将原方程 (2.38) 改写成
$$\frac{\mathrm{d}}{\mathrm{d}t}\left[\frac{\mathrm{d}x(t)}{\mathrm{d}t} - (\alpha+\mathrm{i}\beta)x(t)\right] - (\alpha-\mathrm{i}\beta)\left[\frac{\mathrm{d}x(t)}{\mathrm{d}t} - (\alpha+\mathrm{i}\beta)x(t)\right] = 0.$$

进而由命题 2.4.1知: 如果假设 x 为未知的复值函数, 那么
$$\frac{\mathrm{d}x(t)}{\mathrm{d}t} - (\alpha+\mathrm{i}\beta)x(t) = C_2'\mathrm{e}^{(\alpha-\mathrm{i}\beta)t}, \tag{2.49}$$

其中 C_2' 为任意复常数. 类似地, 对于未知的复值函数 x, 我们得到
$$\frac{\mathrm{d}x(t)}{\mathrm{d}t} - (\alpha-\mathrm{i}\beta)x(t) = C_1'\mathrm{e}^{(\alpha+\mathrm{i}\beta)t}, \tag{2.50}$$

其中 C_1' 为任意复常数. 将 (2.49) 和 (2.50) 两式相减, 我们得到

$$x(t) = \frac{1}{2\mathrm{i}\beta}\left[C_1'\mathrm{e}^{(\alpha+\mathrm{i}\beta)t} - C_2'\mathrm{e}^{(\alpha-\mathrm{i}\beta)t}\right].$$

现在我们将任意取值的复常数 C_1' 和 C_2' 改写成

$$C_1' = \xi_1 + \mathrm{i}\eta_1, \quad C_2' = \xi_2 + \mathrm{i}\eta_2,$$

其中 $\xi_1, \xi_2, \eta_1, \eta_2$ 为任意实常数. 那么未知的复值函数 x 恰为

$$x(t) = \frac{\mathrm{e}^{\alpha t}}{2\mathrm{i}\beta} \cdot \Big\{[(\xi_1 - \xi_2)\cos\beta t - (\eta_1 + \eta_2)\sin\beta t] + \\ \mathrm{i}[(\eta_1 - \eta_2)\cos\beta t + (\xi_1 + \xi_2)\sin\beta t]\Big\}.$$

由于原方程 (2.38) 考虑的是实值函数, 通过对上面的函数取实部, 并由实数 $\xi_1, \xi_2, \eta_1, \eta_2$ 取值的任意性, 不难看出原方程 (2.38) 实解的全体恰为所有形如 (2.46) 的函数. □

在具体求解常微分方程时, 我们需要灵活运用二阶常系数齐次线性方程的解理论.

例 2.4.1 求解二阶常微分方程 $t^2\dfrac{\mathrm{d}^2x}{\mathrm{d}t^2} - t\dfrac{\mathrm{d}x}{\mathrm{d}t} + x = 0$.

解 这是一类特殊的方程, 称之为 Euler 方程. 当 $t \neq 0$ 时我们引入变量代换 $u = \ln|t|$ 为新的自变量. 容易验证

$$\frac{\mathrm{d}x}{\mathrm{d}t} = \frac{1}{t}\frac{\mathrm{d}x}{\mathrm{d}u}, \quad \frac{\mathrm{d}^2x}{\mathrm{d}t^2} = \frac{1}{t^2}\left(\frac{\mathrm{d}^2x}{\mathrm{d}u^2} - \frac{\mathrm{d}x}{\mathrm{d}u}\right),$$

代入原方程, 整理后得到

$$\frac{\mathrm{d}^2x}{\mathrm{d}u^2} - 2\frac{\mathrm{d}x}{\mathrm{d}u} + x = 0.$$

其特征方程为 $\lambda^2 - 2\lambda + 1 = 0$, 具有两个相等的特征值 1, 故由定理 2.4.2 知上述方程的全体解恰为

$$x = (C_1 + C_2 u)\,\mathrm{e}^u,$$

代回 $u = \ln|t|$ 知原方程的通解为

$$x(t) = (C_1 + C_2\ln|t|)\,|t|,$$

其中 C_1 和 C_2 为任意实常数. □

事实上我们可以将两个未知函数的常系数线性微分方程组转化为其中某一个未知函数的二阶常微分方程来求解.

例 2.4.2 求解一阶常系数线性微分方程组 $\begin{cases}\dfrac{\mathrm{d}x}{\mathrm{d}t} = x - 5y,\\ \dfrac{\mathrm{d}y}{\mathrm{d}t} = 2x - y.\end{cases}$

解 由 $\dfrac{\mathrm{d}x}{\mathrm{d}t}=x-5y$ 得到 $y=\dfrac{1}{5}\left(x-\dfrac{\mathrm{d}x}{\mathrm{d}t}\right)$, 代入 $\dfrac{\mathrm{d}y}{\mathrm{d}t}=2x-y$, 我们得到 $\dfrac{\mathrm{d}^2x}{\mathrm{d}t^2}+9x=0$. 利用定理 2.4.3 知函数 x 的全体解恰为

$$x=C_1\sin 3t+C_2\cos 3t,$$

从而由 $y=\dfrac{1}{5}\left(x-\dfrac{\mathrm{d}x}{\mathrm{d}t}\right)$ 知原常系数线性微分方程组解的全体恰为

$$\begin{cases} x=C_1\sin 3t+C_2\cos 3t, \\ y=\dfrac{C_1}{5}(\sin 3t-3\cos 3t)+\dfrac{C_2}{5}(\cos 3t+3\sin 3t), \end{cases}$$

其中 C_1 和 C_2 都是任意实常数. □

例 2.4.3 求解一阶变系数线性微分方程组

$$\begin{cases} \dfrac{\mathrm{d}y_1}{\mathrm{d}x}=y_1\cos^2 x+y_2\left(\dfrac{1}{2}\sin 2x-1\right), \\ \dfrac{\mathrm{d}y_2}{\mathrm{d}x}=y_1\left(\dfrac{1}{2}\sin 2x+1\right)+y_2\sin^2 x. \end{cases}$$

解 引入变量代换

$$\begin{cases} y_1=y_1^*\sin x+y_2^*\cos x, \\ y_2=-y_1^*\cos x+y_2^*\sin x, \end{cases} \tag{2.51}$$

其中 y_1^* 和 y_2^* 为新的未知函数. 从而

$$\begin{cases} \dfrac{\mathrm{d}y_1}{\mathrm{d}x}=\dfrac{\mathrm{d}y_1^*}{\mathrm{d}x}\sin x+y_1^*\cos x+\dfrac{\mathrm{d}y_2^*}{\mathrm{d}x}\cos x-y_2^*\sin x, \\ \dfrac{\mathrm{d}y_2}{\mathrm{d}x}=-\dfrac{\mathrm{d}y_1^*}{\mathrm{d}x}\cos x+y_1^*\sin x+\dfrac{\mathrm{d}y_2^*}{\mathrm{d}x}\sin x+y_2^*\cos x, \end{cases}$$

将它代入原方程, 整理得到

$$\begin{cases} \dfrac{\mathrm{d}y_1^*}{\mathrm{d}x}\sin x+\dfrac{\mathrm{d}y_2^*}{\mathrm{d}x}\cos x=y_2^*\cos x, \\ -\dfrac{\mathrm{d}y_1^*}{\mathrm{d}x}\cos x+\dfrac{\mathrm{d}y_2^*}{\mathrm{d}x}\sin x=y_2^*\sin x, \end{cases} \text{即} \begin{cases} \dfrac{\mathrm{d}y_1^*}{\mathrm{d}x}=0, \\ \dfrac{\mathrm{d}y_2^*}{\mathrm{d}x}=y_2^*, \end{cases}$$

知 $y_1^*\equiv C_1$ 和 $y_2^*=C_2\mathrm{e}^x$, 其中 C_1 和 C_2 为任意实常数. 代入 (2.51) 我们得到

$$\begin{cases} y_1=C_1\sin x+C_2\mathrm{e}^x\cos x, \\ y_2=-C_1\cos x+C_2\mathrm{e}^x\sin x \end{cases}$$

为原常系数线性微分方程组的解. □

2.4.2 二阶常系数非齐次线性方程的求解

下面的简单观察其证明是显而易见的, 这是因为: 给定方程 (2.37) 的一个特解 $\tilde{x}(t)$, 那么函数 $x(t)$ 是方程 (2.37) 的解当且仅当函数 $x(t) - \tilde{x}(t)$ 是方程 (2.38) 的解.

命题 2.4.2 设函数 $x_1(t)$ 和 $x_2(t)$ 如定理 2.4.1, 定理 2.4.2 及定理 2.4.3 中所取, 且设 $\tilde{x}(t)$ 为方程 (2.37) 的一个特解. 那么方程 (2.37) 的全体解恰为

$$x(t) = C_1 x_1(t) + C_2 x_2(t) + \tilde{x}(t),$$

其中 C_1 和 C_2 都是任意实常数.

因此, 要想求出二阶常系数非齐次线性方程的所有解, 关键在于求出二阶常系数非齐次线性方程的一个特解. 以下我们致力于求出二阶常系数非齐次线性方程 (2.37) 的一个特解.

定理 2.4.4 设函数 $k(t)$ 是二阶常系数齐次线性方程 (2.38) 满足初值条件 $k(0) = 0, k'(0) = 1$ 的解. 那么二阶常系数非齐次线性方程 (2.37) 具有如下形式的特解:

$$\tilde{x}(t) = \int_0^t k(t-s) f(s) \, \mathrm{d}s.$$

证明 我们将 $\tilde{x}(t)$ 代入方程 (2.37) 来直接验证结论. 注意到

$$\frac{\mathrm{d}\tilde{x}}{\mathrm{d}t} = k(0) f(t) + \int_0^t \frac{\mathrm{d}k(t-s)}{\mathrm{d}t} f(s) \mathrm{d}s = \int_0^t \frac{\mathrm{d}k(t-s)}{\mathrm{d}t} f(s) \mathrm{d}s,$$

$$\frac{\mathrm{d}^2 \tilde{x}}{\mathrm{d}t^2} = \frac{\mathrm{d}k}{\mathrm{d}t}(0) f(t) + \int_0^t \frac{\mathrm{d}^2 k(t-s)}{\mathrm{d}t^2} f(s) \mathrm{d}s = f(t) + \int_0^t \frac{\mathrm{d}^2 k(t-s)}{\mathrm{d}t^2} f(s) \mathrm{d}s,$$

从而

$$\frac{\mathrm{d}^2 \tilde{x}}{\mathrm{d}t^2} + a_1 \frac{\mathrm{d}\tilde{x}}{\mathrm{d}t} + a_2 \tilde{x} = f(t) + \int_0^t \left[\frac{\mathrm{d}^2 k(t-s)}{\mathrm{d}t^2} + a_1 \frac{\mathrm{d}k(t-s)}{\mathrm{d}t} + a_2 k(t-s) \right] f(s) \mathrm{d}s.$$

由假设易见, $k(t-s)$ 作为 t 的函数满足齐次方程 (2.38), 进而非齐次方程 (2.37) 具有特解 $\tilde{x}(t)$. □

注 2.4.1 利用定理 2.4.1, 定理 2.4.2 及定理 2.4.3 不难验证, 针对情形 (1), (2), (3), 我们可以在定理 2.4.4 中分别取

$$k(t) = \frac{\mathrm{e}^{\lambda_1 t} - \mathrm{e}^{\lambda_2 t}}{\lambda_1 - \lambda_2} \ , \ k(t) = t \mathrm{e}^{\lambda t} \ \text{和} \ k(t) = \frac{1}{\beta} \mathrm{e}^{\alpha t} \sin \beta t.$$

我们容易得到

定理 2.4.5 二阶常系数非齐次线性方程 (2.37) 满足初值条件 (2.39) 的解存在且唯一.

证明 任取方程 (2.37) 的一个特解 $\tilde{x}(t)$. 显然, 方程 (2.37) 满足初值条件 (2.39) 的解存在且唯一当且仅当二阶常系数齐次线性方程 (2.38) 满足初值条件

$$x(t_0) = x_0 - \tilde{x}(t_0), \quad x'(t_0) = x_0' - \tilde{x}'(t_0)$$

的解存在且唯一. 然而利用定理 2.4.1, 定理 2.4.2 及定理 2.4.3 知这是显然的. □

下例中, 我们通过引入变量代换 $y = a(t)u(t)$, 其中未知函数 $u(t)$ 仍视为我们求解的重点, 通过合适选取 $a(t)$, 将原来不容易处理的常微分方程转化为一个我们熟悉的可以处理的常微分方程. 这种方法一般称之为**常数变易法**. 我们在 §2.2.2 中已经运用过这一方法.

例 2.4.4 分析二阶变系数齐次线性方程 $y'' + p(t)y' + q(t)y = 0$, 其中 $p(t)$ 和 $q(t)$ 都是充分光滑的一元函数.

(1) 请对函数 $p(t), q(t)$ 给出合适的条件, 使得可以经过变量代换 $y = a(t)u(t)$, 将原方程转化为一个二阶常系数齐次线性方程, 这里一元函数 $a(t)$ 和 $u(t)$ 的二阶导数都存在.

(2) 试利用上述方法来求解二阶变系数齐次线性方程

$$t^2 y'' + t y' + \left(t^2 - \frac{1}{4} \right) y = 0.$$

解 (1) 将变量代换 $y = a(t)u(t)$ 代入原方程, 经过整理得到

$$a(t)u'' + (2a'(t) + p(t)a(t))u' + (a''(t) + p(t)a'(x) + q(t)a(t))u = 0. \tag{2.52}$$

要想使得 u' 的系数是一个实常数, 我们需要求解的是一阶变系数非齐次线性方程; 要想使得 u 的系数是一个实常数, 我们需要求解的是二阶变系数非齐次线性方程. 理想化一点, 我们让 u' 的系数是一个实常数零, 即

$$2a'(t) + p(t)a(t) = 0$$

从而

$$a(t) = e^{-\frac{1}{2} \int p(t) dt}.$$

将它代入 (2.52), 经过整理我们得到

$$u'' + \left(q(t) - \frac{1}{4} p^2(t) - \frac{1}{2} p'(t) \right) u = 0.$$

为了转化为一个二阶常系数齐次线性方程, 只用

$$q(t) - \frac{1}{4} p^2(t) - \frac{1}{2} p'(t) = C$$

即
$$q(t) - \frac{1}{4}p^2(t) - C = \frac{1}{2}p'(t), \tag{2.53}$$

其中 C 是一个待定的实常数, 这是一个关于 $p(t)$ 的特殊的 Riccati 方程. 因此, 一旦 $p(t)$ 和 $q(t)$ 使得恒等式 (2.53) 对某个给定的实常数 C 成立, 那么利用变量代换 $y(t) = \mathrm{e}^{-\frac{1}{2}\int p(t)\mathrm{d}t} u(t)$, 可以将原二阶变系数齐次线性方程转化为二阶常系数齐次线性方程 $u'' + Cu = 0$.

(2) 下面我们来分析 $t^2 y'' + ty' + \left(t^2 - \frac{1}{4}\right) y = 0$, 等价地,
$$y'' + p(t)y' + q(t)y = 0,$$

其中 $p(t) = \dfrac{1}{t}, q(t) = 1 - \dfrac{1}{4t^2}$. 注意到
$$q(t) - \frac{1}{4}p^2(t) - \frac{1}{2}p'(t) = 1 - \frac{1}{4t^2} - \frac{1}{4t^2} + \frac{1}{2t^2} = 1,$$

由此经过变量代换 $y(t) = \mathrm{e}^{-\frac{1}{2}\int \frac{1}{t}\mathrm{d}t} u(t) = \dfrac{1}{\sqrt{|t|}} u(t)$, 可以将方程
$$t^2 y'' + ty' + \left(t^2 - \frac{1}{4}\right) y = 0$$

转化为方程 $u'' + u = 0$. 由定理 2.4.3 知函数 $u(t)$ 的全部解恰为
$$C_1 \cos t + C_2 \sin t,$$

进而原方程的所有解恰为
$$y = C_1 \frac{\cos t}{\sqrt{|t|}} + C_2 \frac{\sin t}{\sqrt{|t|}},$$

其中 C_1 和 C_2 都是任意实常数. □

习题 2.4

1. 求解下列实方程:

(1) $\dfrac{\mathrm{d}^2 x}{\mathrm{d}t^2} - 4\dfrac{\mathrm{d}x}{\mathrm{d}t} + 4x = 0$;

(2) $\dfrac{\mathrm{d}^2 x}{\mathrm{d}t^2} - 6\dfrac{\mathrm{d}x}{\mathrm{d}t} + 8x = 0$;

(3) $4\dfrac{\mathrm{d}^2 x}{\mathrm{d}t^2} + 4\dfrac{\mathrm{d}x}{\mathrm{d}t} + x = 0$;

(4) $\dfrac{\mathrm{d}^2 x}{\mathrm{d}t^2} + \dfrac{\mathrm{d}x}{\mathrm{d}t} + x = 0$;

(5) $\dfrac{\mathrm{d}^2 y}{\mathrm{d}t^2} + \left(\dfrac{\mathrm{d}y}{\mathrm{d}t}\right)^2 + 4\left(\dfrac{\mathrm{d}y}{\mathrm{d}t}\right) + 3 = 0$ (提示: 引入变量代换 $x = \mathrm{e}^y$);

(6) $\dfrac{\mathrm{d}^2 y}{\mathrm{d}t^2} \cos y - \left(\dfrac{\mathrm{d}y}{\mathrm{d}t}\right)^2 \sin y + \sin y = 0$ (提示: 引入变量代换 $x = \sin y$).

2. 对于二阶常系数齐次线性方程 (2.38), 试给出当 $t \to +\infty$ 时每个解都趋于零的充要条件.

3. 设 $f(t)$ 是自变量 t 的多项式. 试证明二阶常系数非齐次线性方程 (2.37) 一定存在一个多项式形式的解. 进一步, 由此求解常微分方程

$$\dfrac{\mathrm{d}^2 x}{\mathrm{d}t^2} + 4\dfrac{\mathrm{d}x}{\mathrm{d}t} + 5x = t - 1.$$

4. 设 a_0, a_1 和 a_2 都是实常数, 分析如下形式的实 Euler 方程

$$a_0 t^2 \dfrac{\mathrm{d}^2 x}{\mathrm{d}t^2} + a_1 t \dfrac{\mathrm{d}x}{\mathrm{d}t} + a_2 x = 0.$$

试证明: 如果 λ_1 和 λ_2 是二次方程

$$a_0 \lambda(\lambda - 1) + a_1 \lambda + a_2 = 0$$

的两个根, 那么上述 Euler 方程的实值函数解 x 形式如下 (其中 c_1 和 c_2 是两个任意的实常数):

(1) 若 λ_1 和 λ_2 是不相同的实数, 则 $x = c_1 t^{\lambda_1} + c_2 t^{\lambda_2}$;
(2) 若 $\lambda_1 = \lambda_2$, 则 $x = (c_1 + c_2 \ln|t|) t^{\lambda_1}$;
(3) 若 $\lambda_1 = \alpha + \mathrm{i}\beta$, $\lambda_2 = \alpha - \mathrm{i}\beta$, 这里 α 和 β 都是实常数且 $\beta \ne 0$, 则

$$x = t^\alpha \left(c_1 \cos(\beta \ln|t|) + c_2 \sin(\beta \ln|t|)\right).$$

5. 试给出二阶常系数齐次线性方程 (2.38) 具有非零周期解的充要条件.

6. 设函数 $f(t)$ 在 $0 < t < +\infty$ 上连续, 试给出方程

$$a_0 t^2 \dfrac{\mathrm{d}^2 x}{\mathrm{d}t^2} + a_1 t \dfrac{\mathrm{d}x}{\mathrm{d}t} + a_2 x = f(t)$$

在 $0 < t < +\infty$ 中解的表达式.

2.5 高阶方程降阶与高阶常系数线性方程

一般地, 给定正整数 n, n 阶常微分方程的形式为

$$F\left(t, x, x', \cdots, x^{(n)}\right) = 0. \tag{2.54}$$

当 $n \geqslant 2$ 时,要想求解 n 阶常微分方程,一个自然的想法是: 我们通过适当的变量代换等处理方式,把 (2.54) 转化为一个阶数至多 $n-1$ 的常微分方程.

然而,要想实现这一点并不容易. 在本节中,我们首先对一些特殊类型的高阶常微分方程进行降阶,然后来具体求解一类特殊的高阶常微分方程,即高阶常系数线性方程.

2.5.1 高阶常微分方程的降阶

在本小节中,我们对一些特殊类型的高阶常微分方程进行降阶.

首先我们处理如下形式的 n 阶常微分方程: 在表达式 (2.54) 的关系式 F 中, x 以及 $x', \cdots, x^{(k-1)}$ 不显式出现 (其中正整数 $k \leqslant n$), 即我们处理的是

$$F\left(t, x^{(k)}, \cdots, x^{(n)}\right) = 0.$$

引入变量代换 $y = x^{(k)}$, 这里 y 是一个新的未知函数, 那么上面的方程就转化为一个 $n-k$ 阶的常微分方程

$$F\left(t, y, y', \cdots, y^{(n-k)}\right) = 0.$$

例 2.5.1 求解四阶常微分方程 $a^2 \dfrac{\mathrm{d}^4 x}{\mathrm{d}t^4} = \dfrac{\mathrm{d}^2 x}{\mathrm{d}t^2}$.

解 当 $a=0$ 时显然方程解的全体恰为 $x = C_1 + C_2 t$, 其中 C_1 和 C_2 是任意实常数. 以下假设 $a \neq 0$. 引入变量代换 $y = x^{(2)}$, 这里 y 是一个新的未知函数, 那么原方程就转化为 $a^2 y'' = y$, 由定理 2.4.1 知解的全体恰为

$$x^{(2)} = y = C_1 \mathrm{e}^{\frac{t}{a}} + C_2 \mathrm{e}^{-\frac{t}{a}},$$

进而知原方程解的全体恰为

$$x = a^2 C_1 \mathrm{e}^{\frac{t}{a}} + a^2 C_2 \mathrm{e}^{-\frac{t}{a}} + C_3 t + C_4,$$

其中 C_1, C_2, C_3, C_4 都是任意实常数. □

下面处理另外一类 n 阶常微分方程: 在关系式 F 中自变量 t 不显式出现, 即处理的方程形式如下:

$$F\left(x, x', \cdots, x^{(n)}\right) = 0, \tag{2.55}$$

称之为**自治常微分方程**或**驻定常微分方程**. 我们将会看到, 自治常微分方程的研究在常微分方程理论中占有重要的位置, 尤其是常微分方程的定性理论.

引入变量代换 $y = \dfrac{\mathrm{d}x}{\mathrm{d}t}$, 这里 y 是新的未知函数. 可以直接验证常值函数是否是方程 (2.55) 的特解. 以下我们处理 $y \neq 0$ 的情形, 这时我们将 x 当作新的自变量. 容易验证

$$\frac{\mathrm{d}^2 x}{\mathrm{d}t^2} = \frac{\mathrm{d}y}{\mathrm{d}t} = \frac{\mathrm{d}y}{\mathrm{d}x} \cdot \frac{\mathrm{d}x}{\mathrm{d}t} = y \frac{\mathrm{d}y}{\mathrm{d}x},$$

$$\frac{\mathrm{d}^3 x}{\mathrm{d}t^3} = \frac{\mathrm{d}}{\mathrm{d}t}\left(y \frac{\mathrm{d}y}{\mathrm{d}x}\right) = \frac{\mathrm{d}}{\mathrm{d}x}\left(y \frac{\mathrm{d}y}{\mathrm{d}x}\right) \frac{\mathrm{d}x}{\mathrm{d}t} = y\left(\frac{\mathrm{d}y}{\mathrm{d}x}\right)^2 + y^2 \frac{\mathrm{d}^2 y}{\mathrm{d}x^2}.$$

继续进行下去, 利用数学归纳法容易验证: 对于每个正整数 $k \leqslant n$, 我们都可以用 $y, \frac{\mathrm{d}y}{\mathrm{d}x}$, $\cdots, \frac{\mathrm{d}^{k-1}y}{\mathrm{d}x^{k-1}}$ 来表达出 $x^{(k)}$. 将这些关系式回代到 (2.55), 我们得到如下形式的 $n-1$ 阶常微分方程:

$$G\left(x, y, \frac{\mathrm{d}y}{\mathrm{d}x}, \cdots, \frac{\mathrm{d}^{n-1}y}{\mathrm{d}x^{n-1}}\right) = 0,$$

这里的 G 是一个与 F 有关的 $n+1$ 元关系式.

例 2.5.2 求解二阶常微分方程 $\frac{\mathrm{d}^2 x}{\mathrm{d}t^2} + a \sin x = 0$, 其中 a 为给定的实常数.

解 当 $a = 0$ 时显然方程解的全体恰为 $x = C_1 t + C_0$, 其中 C_0 和 C_1 都是任意实常数. 以下假设 $a \neq 0$. 引入变量代换 $y = \frac{\mathrm{d}x}{\mathrm{d}t}$, 这里 y 是新的未知函数. 显然, 对于给定的实常数 C, 方程具有特解 $x \equiv C$ 当且仅当对某个整数 k 成立 $C = k\pi$. 下面我们来处理 $y \neq 0$ 的情形, 这时将 x 当作新的自变量. 由于 $\frac{\mathrm{d}^2 x}{\mathrm{d}t^2} = y \frac{\mathrm{d}y}{\mathrm{d}x}$, 知

$$y \frac{\mathrm{d}y}{\mathrm{d}x} + a \sin x = 0,$$

进而

$$C_2 = y^2 - 2a \cos x = \left(\frac{\mathrm{d}x}{\mathrm{d}t}\right)^2 - 2a \cos x,$$

即

$$\frac{\mathrm{d}x}{\mathrm{d}t} = \pm \sqrt{2a \cos x + C_2}$$

为一个变量分离方程, 因此原方程的通解为

$$\int \frac{\mathrm{d}x}{\pm \sqrt{2a \cos x + C_2}} = t + C_3,$$

其中 C_2 和 C_3 都是任意合适取值的实常数. □

2.5.2 高阶常系数线性方程

我们在本小节里具体求解如下一类特殊的高阶常微分方程, 即 n **阶常系数线性方程**

$$x^{(n)} + a_1 x^{(n-1)} + \cdots + a_{n-1} x' + a_n x = f(t), \tag{2.56}$$

这里 n 为任意正整数,$a_1,\cdots,a_{n-1},a_n$ 都是给定的实常数,f 是已知的一元连续函数. 当 f 为常值零函数时,即

$$x^{(n)} + a_1 x^{(n-1)} + \cdots + a_{n-1} x' + a_n x = 0, \tag{2.57}$$

我们称之为 n **阶常系数齐次线性方程**;否则,我们称 (2.56) 为 n **阶常系数非齐次线性方程**. 类似地,我们赋予方程 (2.56) 如下的初值条件:

$$x(t_0) = x_0, \quad x'(t_0) = x_1, \quad \cdots, \quad x^{(n-1)}(t_0) = x_{n-1}. \tag{2.58}$$

其中 t_0 为定义域内给定的初值时间,$x_0,x_1,\cdots,x_{n-1}$ 都是事先给定的实数.

类似于二阶常系数齐次线性方程的求解理论,我们称方程

$$\lambda^n + a_1 \lambda^{n-1} + \cdots + a_{n-1}\lambda + a_n = 0 \tag{2.59}$$

为 n **阶常系数齐次线性方程** (2.57) **的特征方程**. 同样地,函数 $x = e^{\lambda t}$ 是方程 (2.57) 的解当且仅当 λ 满足 (2.57) 的特征方程 (2.59),这是将函数 $x = e^{\lambda t}$ 代入 (2.57) 得到的.

注意到定理 2.4.3 的第二种证明告诉我们,引入复值未知函数的常微分方程有时候能够有助于我们求解实值未知函数的常微分方程. 为此,我们首先给出如下与复值未知函数的常微分方程相关的结论.

定理 2.5.1 我们分析如下的复值未知函数 z 的 n 阶常微分方程:

$$z^{(n)} + b_1 z^{(n-1)} + \cdots + b_{n-1} z' + b_n z = 0, \tag{2.60}$$

这里 n 是正整数,$b_1,\cdots,b_{n-1},b_n$ 是事先给定的复常数. 如果方程

$$\lambda^n + b_1 \lambda^{n-1} + \cdots + b_{n-1}\lambda + b_n = 0$$

恰好具有互不相同的复根 $\lambda_1, \lambda_2, \cdots, \lambda_M$(重数分别为 $n_1, n_2, \cdots, n_M$),那么方程 (2.60) 的复解恰为

$$\sum_{s=1}^{M} p_s(t) e^{\lambda_s t},$$

其中对每个 $s = 1, 2, \cdots, M$,$p_s(t)$ 都是任意的次数为 $n_s - 1$ 的复系数多项式.

证明 我们利用数学归纳法来证明结论. 当 $n = 1$ 时,由命题 2.4.1 知结论成立. 以下我们假设 $n > 1$,且设结论对于复值未知函数 z 所有的形如 (2.60) 的 $n - 1$ 阶常微分方程都成立.

由题设显见:具有复常数 $\xi_1, \xi_2, \cdots, \xi_{n-1}$ 使得

$$\lambda^n + b_1 \lambda^{n-1} + \cdots + b_{n-1}\lambda + b_n = (\lambda - \lambda_1)\left(\lambda^{n-1} + \sum_{l=1}^{n-1} \xi_l \lambda^{n-1-l}\right),$$

从而
$$z^{(n)} + \sum_{r=1}^{n} b_r z^{(n-r)} = \left(\frac{\mathrm{d}}{\mathrm{d}t} - \lambda_1\right)\left(z^{(n-1)} + \sum_{l=1}^{n-1} \xi_l z^{(n-1-l)}\right).$$

进而对于新的复值未知函数 $\eta = z' - \lambda_1 z$, 我们有

$$\begin{aligned} 0 &= z^{(n)} + b_1 z^{(n-1)} + \cdots + b_{n-1} z' + b_n z \\ &= \frac{\mathrm{d}^{n-1}\eta}{\mathrm{d}t^{n-1}} + \xi_1 \frac{\mathrm{d}^{n-2}\eta}{\mathrm{d}t^{n-2}} + \cdots + \xi_{n-2} \frac{\mathrm{d}\eta}{\mathrm{d}t} + \xi_{n-1}\eta. \end{aligned} \qquad (2.61)$$

我们分两种情形来证明结论.

1° $M = 1$ 的情形

此时 $n_1 = n$. 由归纳假设知未知函数 η 的全体可能恰为

$$z' - \lambda_1 z = \eta = p_1^*(t) \mathrm{e}^{\lambda_1 t},$$

其中 $p_1^*(t)$ 是任意一个 $n-2$ 次的复系数多项式. 分析该一阶线性方程不难知结论成立.

2° $M > 1$ 的情形

注意到方程

$$\lambda^{n-1} + \xi_1 \lambda^{n-2} + \cdots + \xi_{n-2}\lambda + \xi_{n-1} = 0$$

恰好具有互不相同的复根 $\lambda_1, \lambda_2, \cdots, \lambda_M$ (重数分别为 $n_1 - 1, n_2, \cdots, n_M$), 进而由归纳假设知

$$z' - \lambda_1 z = \eta = \sum_{s=1}^{M} p_s^*(t) \mathrm{e}^{\lambda_s t}, \qquad (2.62)$$

其中 $p_1^*(t)$ 是任意的 $n_1 - 2$ 次复系数多项式 (当 $n_1 = 1$ 时, 这里约定 $p_1^*(t)\mathrm{e}^{\lambda_1 t}$ 不出现), 且对每个 $s = 2, 3, \cdots, M$, $p_s^*(t)$ 都是任意的次数为 $n_s - 1$ 的复系数多项式. 类似地, 我们有

$$z' - \lambda_M z = \sum_{s=1}^{M} \hat{p}_s(t) \mathrm{e}^{\lambda_s t}, \qquad (2.63)$$

其中对每个 $s = 1, 2, \cdots, M-1$, $\hat{p}_s(t)$ 都是任意的次数为 $n_s - 1$ 的复系数多项式, 且 $\hat{p}_M(t)$ 是任意的 $n_M - 2$ 次复系数多项式. 注意到 $\lambda_1 \neq \lambda_M$, 将 (2.62) 和 (2.63) 相减, 然后两边同除以 $\lambda_1 - \lambda_M$, 经过整理知结论成立.

这就证明了结论对于 n 也成立, 由此完成了我们的归纳证明. □

下面结论的证明是显而易见的, 因为作为一个以 t 为自变量的函数, 当方程 (2.60) 中的复系数 $b_1, b_2, \cdots, b_n$ 分别取为方程 (2.57) 中的实系数 $a_1, a_2, \cdots, a_n$ 时, 方程 (2.60) 的复值解函数的实部以及虚部, 都是方程 (2.57) 的实值解函数. 因此, 利用定理 2.5.1, 通过将定理 2.5.1中得到的解函数取实部, 就可以直接得到如下结论. 特别地, 由此可以看到, 方程 (2.57) 的特征方程在其求解过程中起到了关键作用.

定理 2.5.2 设方程 (2.57) 的特征方程 (2.59) 恰好具有 j 个互不相同的实根 $\mu_1, \mu_2, \cdots, \mu_j$ (重数分别为 $n_1, n_2, \cdots, n_j$), 以及 k 对完全不同的共轭复根 $\alpha_1 \pm \mathrm{i}\beta_1, \alpha_2 \pm \mathrm{i}\beta_2, \cdots, \alpha_k \pm \mathrm{i}\beta_k$ (重数分别为 $m_1, m_2, \cdots, m_k$), 这里 j 和 k 都是正整数. 那么方程 (2.57) 的实解 $x(t)$ 恰好可以表示成

$$\sum_{i=1}^{j} p_i(t) \mathrm{e}^{\mu_i t} + \sum_{l=1}^{k} \big(q_l(t) \cos \beta_l t + r_l(t) \sin \beta_l t \big) \mathrm{e}^{\alpha_l t},$$

其中对每个 $i = 1, 2, \cdots, j$, $p_i(t)$ 都是次数为 $n_i - 1$ 的实系数多项式, 且对每个 $l = 1, 2, \cdots, k$, $q_l(t)$ 和 $r_l(t)$ 都是次数为 $m_l - 1$ 的实系数多项式.

完全类似于 §2.4.2: 给定方程 (2.56) 的一个特解 $\tilde{x}(t)$, 那么函数 $x(t)$ 是方程 (2.56) 的解当且仅当函数 $x(t) - \tilde{x}(t)$ 是方程 (2.57) 的解. 因此, 由定理 2.5.2, 为了求出方程 (2.56) 的所有解, 我们只用求出方程 (2.56) 的一个特解.

完全类似于定理 2.4.4 和定理 2.4.5, 我们有如下结论, 这里略去其证明.

定理 2.5.3 任意 n 阶常系数非齐次线性方程 (2.56) 满足初值条件 (2.58) 的解存在且唯一. 进一步, 如果设函数 $k(t)$ 是齐次方程 (2.57) 满足初值条件

$$k(0) = k'(0) = \cdots = k^{(n-2)}(0) = 0, \; k^{(n-1)}(0) = 1$$

的解, 那么非齐次方程 (2.56) 具有如下形式的特解:

$$\tilde{x}(t) = \int_0^t k(t-s) f(s) \, \mathrm{d}s.$$

事实上我们还可以利用常数变易法, 从常系数齐次线性方程的解推导出常系数非齐次线性方程的解. 下面以二阶为例, 我们利用前面曾经使用过的常数变易法来提供另一种求出二阶常系数非齐次线性方程 (2.37) 某个特解的途径.

例 2.5.3 设二阶常系数齐次线性方程 (2.38) 具有两个线性无关的解 $\varphi_1(t)$ 与 $\varphi_2(t)$. 试利用它们求出二阶常系数非齐次线性方程 (2.37) 的某个特解.

解 利用常数变易法, 我们假设非齐次方程 (2.37) 具有某个形如

$$c_1(t)\varphi_1(t) + c_2(t)\varphi_2(t) \tag{2.64}$$

的特解, 其中 $c_1(t)$ 和 $c_2(t)$ 都是新的未知函数. 从而

$$\begin{aligned}x' &= c_1 \varphi_1'(t) + c_2 \varphi_2'(t) + c_1' \varphi_1(t) + c_2' \varphi_2(t),\\ x'' &= c_1 \varphi_1''(t) + c_2 \varphi_2''(t) + 2 c_1' \varphi_1'(t) + 2 c_2' \varphi_2'(t) + c_1'' \varphi_1(t) + c_2'' \varphi_2(t).\end{aligned}$$

将它们代入方程 (2.37), 注意到 $\varphi_1(t)$ 和 $\varphi_2(t)$ 都是方程 (2.38) 的解, 整理得到

$$2c_1'\varphi_1'(t) + 2c_2'\varphi_2'(t) + a_1(c_1'\varphi_1(t) + c_2'\varphi_2(t)) + c_1''\varphi_1(t) + c_2''\varphi_2(t) = f(t). \tag{2.65}$$

理想化一点, 我们希望
$$c_1'\varphi_1(t) + c_2'\varphi_2(t) = 0,$$
进而由 (2.65) 知
$$c_1'\varphi_1'(t) + c_2'\varphi_2'(t) = f(t).$$
因此, 对于 $w(t) = \varphi_1(t)\varphi_2'(t) - \varphi_2(t)\varphi_1'(t)$, 我们有
$$c_1'(t) = -\frac{\varphi_2(t)f(t)}{w(t)}, \quad c_2'(t) = \frac{\varphi_1(t)f(t)}{w(t)}. \tag{2.66}$$

这里需要特别指出的是 $w(t) \neq 0$ 恒成立, 这是因为: 如若 $w(t_0) = 0$ 对某个 t_0 成立, 那么以下情况之一
$$\begin{cases} (\varphi_1(t_0), \varphi_1'(t_0)) = k(\varphi_2(t_0), \varphi_2'(t_0)), \\ (\varphi_2(t_0), \varphi_2'(t_0)) = k(\varphi_1(t_0), \varphi_1'(t_0)) \end{cases} \tag{2.67}$$
对某个实数 k 成立, 我们不妨假设前者成立. 则由方程 (2.38) 的线性性及其解的存在唯一性知 $\varphi_1(t) = k\varphi_2(t)$ 恒成立, 这与题设 $\varphi_1(t)$ 和 $\varphi_2(t)$ 的线性无关性矛盾.

最后, 我们从 (2.66) 求解出 $c_1(t)$ 和 $c_2(t)$, 并将它们回代到关系式 (2.64), 经过整理知
$$\int_{t_0}^{t} \frac{\varphi_1(s)\varphi_2(t) - \varphi_1(t)\varphi_2(s)}{w(s)} f(s) \mathrm{d}s$$
为二阶常系数非齐次线性方程 (2.37) 的某个特解. □

例 2.5.4 求解 $y'' + \beta^2 y = f(t)$, 其中 $\beta > 0$ 是常数, $f(t)$ 是一元连续函数.

解 由定理 2.5.2 知方程 $y'' + \beta^2 y = 0$ 解的全体恰为 $C_1 \cos \beta t + C_2 \sin \beta t$, 其中 C_1, C_2 是任意实常数. 特别地, $\cos \beta t$ 和 $\sin \beta t$ 是 $y'' + \beta^2 y = 0$ 的两个线性无关的解, 进而可以取例 2.5.3 中构造的 $w(t)$ 为常值函数 β, 由此知原方程具有特解
$$\frac{1}{\beta} \int_{t_0}^{t} f(s)(\cos\beta s \sin\beta t - \sin\beta s \cos\beta t)\mathrm{d}s = \frac{1}{\beta} \int_{t_0}^{t} f(s) \sin(\beta(t-s))\mathrm{d}s.$$
故原方程解的全体恰为
$$C_1 \cos\beta t + C_2 \sin\beta t + \frac{1}{\beta} \int_{t_0}^{t} f(s) \sin(\beta(t-s))\mathrm{d}s,$$
其中 C_1, C_2 是任意实常数. □

例 2.5.5 设 $t^3 \mathrm{e}^{-t}$ 是某个四阶常系数齐次线性方程的解. 试确定该方程并求出其所有解.

解 由定理 2.5.2 知, 一旦 $t^3 \mathrm{e}^{-t}$ 是某个四阶常系数齐次线性方程的解, 那么该四阶常系数齐次线性方程的所有解恰为
$$y = (C_1 + C_2 t + C_3 t^2 + C_4 t^3)\mathrm{e}^{-t},$$

其中 $C_i(1 \leqslant i \leqslant 4)$ 是任意实常数, 且 -1 是该齐次方程的特征方程的 4 重根. 故特征方程为

$$0 = (\lambda+1)^4 = \lambda^4 + 4\lambda^3 + 6\lambda^2 + 4\lambda + 1,$$

从而待求的四阶常系数齐次线性方程为

$$y^{(4)} + 4y^{(3)} + 6y'' + 4y' + y = 0. \qquad \square$$

例 2.5.6 分析方程 $y'' + \lambda y = 0$, 其中 λ 是事先给定的实常数. 设方程具有非零解 $y(t)$ 使得 $y(0) = y(1) = 0$, 试求出 λ 的取值范围.

解 $1° \lambda < 0$ 的情形

容易发现原方程的通解为

$$y = C_1 e^{\sqrt{-\lambda}t} + C_2 e^{-\sqrt{-\lambda}t},$$

其中 C_1, C_2 为任意实常数. 代入初值条件 $y(0) = y(1) = 0$ 知

$$C_1 + C_2 = 0 \quad 且 \quad e^{\sqrt{-\lambda}}C_1 + e^{-\sqrt{-\lambda}}C_2 = 0,$$

因此 $C_1 = C_2 = 0$. 故此时原方程没有非零解 $y(t)$ 使得 $y(0) = y(1) = 0$.

$2° \lambda = 0$ 的情形

此时原方程的通解为 $y = C_1 + C_2 t$, 其中 C_1, C_2 为任意实常数. 类似可知此时原方程没有非零解 $y(t)$ 使得 $y(0) = y(1) = 0$.

$3° \lambda > 0$ 的情形

此时原方程的通解为

$$y = C_1 \cos\sqrt{\lambda}t + C_2 \sin\sqrt{\lambda}t,$$

其中 C_1, C_2 为任意实常数. 代入初值条件 $y(0) = y(1) = 0$ 知

$$C_1 = 0 \quad 且 \quad C_1 \cos\sqrt{\lambda} + C_2 \sin\sqrt{\lambda} = 0.$$

因此, 要想原方程具有非零解 $y(t)$ 使得 $y(0) = y(1) = 0$, 只需 $\sin\sqrt{\lambda} = 0$ (注意到 $y(t)$ 是非零解, 特别地, 或者 $C_1 \neq 0$ 或者 $C_2 \neq 0$). 从而原方程具有非零解 $y(t)$ 使得 $y(0) = y(1) = 0$ 当且仅当 $\lambda = n^2\pi^2$, 其中 n 为某个正整数.

总结如上讨论可知: 原方程具有非零解 $y(t)$ 使得 $y(0) = y(1) = 0$ 当且仅当 $\lambda = n^2\pi^2$, 其中 n 为某个正整数 (特别地, $\lambda > 0$). $\qquad \square$

定理 2.5.3 (以及一般情形的例 2.5.3) 已提供了求 n 阶常系数非齐次线性方程 (2.56) 某个特解的方法. 事实上, 当 $f(t)$ 取某些特殊形式时, 我们可以凭经验猜测此时方程 (2.56) 具有某个相应形式的特解, 然后利用**待定系数法**来确定这个特解. 具体如下:

(1) 设常系数非齐次线性方程 (2.56) 中非齐次项

$$f(t) = P_m(t)\mathrm{e}^{\mu t},$$

其中 μ 为给定的实数, $P_m(t)$ 表示 t 的 m 次实系数多项式. 我们猜测 (2.56) 具有特解形如

$$\varphi^*(t) = t^k Q_m(t) \mathrm{e}^{\mu t},$$

其中自然数 k 是 μ 作为特征方程 (2.59) 的根的重数 (当 μ 不是 (2.59) 的根时取 $k=0$), $Q_m(t)$ 是系数待定的 m 次实系数多项式. 我们将 $\varphi^*(t)$ 代入 (2.56), 由此来确定 $Q_m(t)$ 的系数, 从而得到方程 (2.56) 的若干特解.

(2) 设常系数非齐次线性方程 (2.56) 中非齐次项

$$f(t) = \left(A_m(t)\cos\beta t + B_l(t)\sin\beta t\right)\mathrm{e}^{\alpha t},$$

其中 $A_m(t)$ 和 $B_l(t)$ 分别是 m 次和 l 次关于 t 的实系数多项式, α 和 β 都是给定的实数且 $\beta \neq 0$. 我们猜测 (2.56) 具有特解形如

$$t^k \left(C_n(t)\cos\beta t + D_n(t)\sin\beta t\right)\mathrm{e}^{\alpha t},$$

其中自然数 k 是 $\alpha \pm \mathrm{i}\beta$ 作为特征方程 (2.59) 的根的重数 (当 $\alpha \pm \mathrm{i}\beta$ 不是 (2.59) 的根时取 $k=0$), $n = \max\{m, l\}$, $C_n(t)$ 和 $D_n(t)$ 都是系数待定的 n 次实系数多项式.

例 2.5.7 求解二阶常微分方程 $y^{(3)} + 3y'' + 3y' + y = \mathrm{e}^{-t}(t-5)$.

解 由题设知, 原方程对应的常系数齐次线性方程的特征方程为 $\lambda^3 + 3\lambda^2 + 3\lambda + 1 = (\lambda+1)^3 = 0$, 具有三重根 -1. 因此, 原方程具有特解形如

$$y^* = t^3(a+bt)\mathrm{e}^{-t} = (at^3 + bt^4)\mathrm{e}^{-t},$$

其中 a 和 b 都是待定的实常数. 把 y^* 代入原方程得到

$$(6a + 24bt)\mathrm{e}^{-t} = (t-5)\mathrm{e}^{-t},$$

进而

$$a = -\frac{5}{6} \text{ 且 } b = \frac{1}{24}.$$

因此原方程的所有解恰为

$$y = \left(C_1 + C_2 t + C_3 t^2 - \frac{5}{6}t^3 + \frac{1}{24}t^4\right)\mathrm{e}^{-t},$$

其中 $C_i(1 \leqslant i \leqslant 3)$ 都是任意实常数. □

习题 2.5

1. 求解下列实方程:

(1) $x\dfrac{\mathrm{d}^2 x}{\mathrm{d}t^2} - \left(\dfrac{\mathrm{d}x}{\mathrm{d}t}\right)^2 = x^2 \ln x$;

(2) $a^2 \left(\dfrac{\mathrm{d}^2 x}{\mathrm{d}t^2}\right)^2 = \left[1 + \left(\dfrac{\mathrm{d}x}{\mathrm{d}t}\right)^2\right]^3$, 其中实常数 $a > 0$;

(3) $\dfrac{\mathrm{d}^3 x}{\mathrm{d}t^3} = \sqrt{1 + \left(\dfrac{\mathrm{d}^2 x}{\mathrm{d}t^2}\right)^2}$;

(4) $t\dfrac{\mathrm{d}^2 x}{\mathrm{d}t^2} = \dfrac{\mathrm{d}x}{\mathrm{d}t} + t\sin\left(\dfrac{1}{t} \cdot \dfrac{\mathrm{d}x}{\mathrm{d}t}\right)$;

(5) 满足初值条件 $x(-1) = \dfrac{\pi}{6}$ 和 $\dfrac{\mathrm{d}x}{\mathrm{d}t}(-1) = 2$ 的方程

$$\cos x \cdot \dfrac{\mathrm{d}^2 x}{\mathrm{d}t^2} + \sin x \cdot \left(\dfrac{\mathrm{d}x}{\mathrm{d}t}\right)^2 = \dfrac{\mathrm{d}x}{\mathrm{d}t};$$

(6) 满足初值条件 $x(0) = -3, \dfrac{\mathrm{d}x}{\mathrm{d}t}(0) = 1$ 和 $\dfrac{\mathrm{d}^2 x}{\mathrm{d}t^2}(0) = -1$ 的方程

$$2\dfrac{\mathrm{d}^3 x}{\mathrm{d}t^3} - 3\left(\dfrac{\mathrm{d}x}{\mathrm{d}t}\right)^2 = 0.$$

2. 求解下列实方程:

(1) $\dfrac{\mathrm{d}^4 x}{\mathrm{d}t^4} + 4\dfrac{\mathrm{d}^3 x}{\mathrm{d}t^3} + 8\dfrac{\mathrm{d}^2 x}{\mathrm{d}t^2} + 8\dfrac{\mathrm{d}x}{\mathrm{d}t} + 4x = 0$;

(2) $\dfrac{\mathrm{d}^5 x}{\mathrm{d}t^5} + 8\dfrac{\mathrm{d}^3 x}{\mathrm{d}t^3} + 16\dfrac{\mathrm{d}x}{\mathrm{d}t} = 0$;

(3) $\dfrac{\mathrm{d}^4 x}{\mathrm{d}t^4} - 4\dfrac{\mathrm{d}^3 x}{\mathrm{d}t^3} + 6\dfrac{\mathrm{d}^2 x}{\mathrm{d}t^2} - 4\dfrac{\mathrm{d}x}{\mathrm{d}t} + x = 0$;

(4) $\dfrac{\mathrm{d}^n x}{\mathrm{d}t^n} + a^n x = 0$, 其中 n 为正整数, a 为实常数;

(5) $\dfrac{\mathrm{d}^2 x}{\mathrm{d}t^2} + \dfrac{1}{1+t}\dfrac{\mathrm{d}x}{\mathrm{d}t} + \dfrac{1}{(1+t)^2}x = 0$;

(6) $\dfrac{\mathrm{d}^3 x}{\mathrm{d}t^3} - \dfrac{1}{t}\dfrac{\mathrm{d}^2 x}{\mathrm{d}t^2} + \dfrac{2}{t^2}\dfrac{\mathrm{d}x}{\mathrm{d}t} - \dfrac{2}{t^3}x = 0.$

3. 试构造阶数最低的高阶常系数齐次线性方程, 使得下列函数是它的解:

(1) $\mathrm{e}^{-t}, \cos t, \sin t$;

(2) $\mathrm{e}^{2t}, \mathrm{e}^{-2t}, t\cos t, t\sin t, \mathrm{e}^{-t}\sin t, \mathrm{e}^{-t}\cos t$;

(3) $\mathrm{e}^t, t\mathrm{e}^t, \cdots, t^{n-1}\mathrm{e}^t$;

(4) $\mathrm{e}^{-t}, t\mathrm{e}^{-t}, \cdots, t^{l-1}\mathrm{e}^{-t}, \mathrm{e}^t, t\mathrm{e}^t, \cdots, t^{l-1}\mathrm{e}^t.$

4. 对于 n 阶常系数齐次线性方程, 试给出充要条件, 使得它的解具有下述性质之一:

(1) 当 $t \to +\infty$ 时它的每个解都趋于零;

(2) 在 $0 \leqslant t < +\infty$ 上它的每个解是有界的;

(3) 存在在 $0 \leqslant t < +\infty$ 上无界的解.

5. 求解微分方程 $\dfrac{\mathrm{d}^4 x}{\mathrm{d} t^4} - 4\dfrac{\mathrm{d}^3 x}{\mathrm{d} t^3} + 6\dfrac{\mathrm{d}^2 x}{\mathrm{d} t^2} - 4\dfrac{\mathrm{d} x}{\mathrm{d} t} + x = (t+1)\mathrm{e}^t$.

6. 给定在 $(-\infty, +\infty)$ 内具有二阶导数的一元函数 $y = y(x)$, 设 $\dfrac{\mathrm{d}y}{\mathrm{d}x}$ 恒不为零, 从而可以取 $x = x(y)$ 为 $y = y(x)$ 的反函数.

(1) 将 $x = x(y)$ 满足的微分方程

$$\frac{\mathrm{d}^2 x}{\mathrm{d} y^2} + (y + \sin x)\left(\frac{\mathrm{d} x}{\mathrm{d} y}\right)^3 = 0$$

变换为 $y = y(x)$ 满足的微分方程;

(2) 求变换后的微分方程满足初值条件 $y(0) = 0, \dfrac{\mathrm{d}y}{\mathrm{d}x}(0) = \dfrac{3}{2}$ 的解.

7. 验证函数

$$y(x) = 1 + \frac{x^3}{3!} + \frac{x^6}{6!} + \cdots + \frac{x^{3n}}{(3n)!} + \cdots, \quad -\infty < x < +\infty$$

满足微分方程 $\dfrac{\mathrm{d}^2 y}{\mathrm{d} x^2} + \dfrac{\mathrm{d} y}{\mathrm{d} x} + y = \mathrm{e}^x$, 并以此求幂级数 $\displaystyle\sum_{n=0}^{+\infty} \frac{x^{3n}}{(3n)!}$ 的和函数.

8. 试求解如下形式的 Euler 方程:

$$2t^3 \frac{\mathrm{d}^3 x}{\mathrm{d} t^3} + 9t^2 \frac{\mathrm{d}^2 x}{\mathrm{d} t^2} + 7t \frac{\mathrm{d} x}{\mathrm{d} t} - 2x = 0, \quad t > 0.$$

(提示: 考察形如 t^λ 的解, 其中 λ 是待定的实常数.)

9. 设 $[a, +\infty)$ 上连续的一元函数 $f(x)$ 满足 $\displaystyle\lim_{x \to +\infty} f(x) = 0$. 试证明: 常微分方程

$$y'' + 3y' + 2y = f(x)$$

的任意解 $y(x)$ 均满足 $\displaystyle\lim_{x \to +\infty} y(x) = 0$. (提示: 利用常数变易法.)

2.6 微分方程组的首次积分

在明确给出首次积分的严格定义之前, 我们先通过具体的常微分方程组及常微分方程来体会首次积分的含义和作用.

例 2.6.1 求解一阶常微分方程组

$$\begin{cases} \dfrac{\mathrm{d}x}{\mathrm{d}t} = y - x(x^2 + y^2 - 1), \\ \dfrac{\mathrm{d}y}{\mathrm{d}t} = -x - y(x^2 + y^2 - 1). \end{cases}$$

解 下面我们用两种不同的方法来求解原常微分方程组.

解法 1 由原常微分方程组容易得到

$$x\frac{\mathrm{d}x}{\mathrm{d}t} + y\frac{\mathrm{d}y}{\mathrm{d}t} = -\left(x^2+y^2\right)\left(x^2+y^2-1\right).$$

将 x^2+y^2 视为一个未知函数, 显然具有特解 $x^2+y^2 \equiv 0$, 以下在 $x^2+y^2 > 0$ 上进行分析.

对上式两边直接积分, 我们可以得到

$$\frac{x^2+y^2-1}{x^2+y^2}\mathrm{e}^{2t} = C_1, \tag{2.68}$$

其中 C_1 是任意合理取值的实常数. 故一旦 $(x(t),y(t))$ 是原常微分方程组在去心实平面上的解, 那么

$$V(x,y,t) \stackrel{\text{def}}{=\!\!=} \frac{x^2+y^2-1}{x^2+y^2}\mathrm{e}^{2t}$$

就是一个实常值函数 (显然其取值取决于具体的解 $(x(t),y(t))$). 然而, 需要指出的是, 仅凭关系式 (2.68) 我们无法完全确定相对应的解.

类似地, 由原常微分方程组容易得到

$$x\frac{\mathrm{d}y}{\mathrm{d}t} - y\frac{\mathrm{d}x}{\mathrm{d}t} = -\left(x^2+y^2\right),$$

将 $\dfrac{y}{x}$ ($x \neq 0$ 时) 或 $\dfrac{x}{y}$ ($y \neq 0$ 时) 视为一个未知函数, 上式两边直接积分可得

$$\begin{cases} \arctan \dfrac{y}{x} + t = C_2 \ (x \neq 0), \\ \arctan \dfrac{x}{y} - t = C_2^* \ (y \neq 0), \end{cases} \tag{2.69}$$

其中 C_2 和 C_2^* 都是任意合理取值的实常数. 注意到由 (2.68) 和 (2.69) 可以完全确定 (x,y).

解法 2 我们引入极坐标 $\begin{cases} x = r\cos\theta, \\ y = r\sin\theta \end{cases}$ 进行变量代换, 回代到原方程得到

$$\begin{cases} \cos\theta \dfrac{\mathrm{d}r}{\mathrm{d}t} - r\sin\theta \dfrac{\mathrm{d}\theta}{\mathrm{d}t} = \dfrac{\mathrm{d}x}{\mathrm{d}t} = r\sin\theta - r\cos\theta(r^2-1), \\ \sin\theta \dfrac{\mathrm{d}r}{\mathrm{d}t} + r\cos\theta \dfrac{\mathrm{d}\theta}{\mathrm{d}t} = \dfrac{\mathrm{d}y}{\mathrm{d}t} = -r\cos\theta - r\sin\theta(r^2-1), \end{cases}$$

即

$$\begin{cases} \dfrac{\mathrm{d}r}{\mathrm{d}t} = -r(r^2-1), \\ r\dfrac{\mathrm{d}\theta}{\mathrm{d}t} = -r, \end{cases}$$

该方程具有特解 $r \equiv 0$，且在 $r > 0$ 上具有通积分

$$\begin{cases} \dfrac{r^2-1}{r^2} = C_1 \mathrm{e}^{-2t}, \\ \theta = -t + C_2, \end{cases}$$

其中 C_1 和 C_2 都是任意合理取值的实常数 (轨线图如图 2.3所示). □

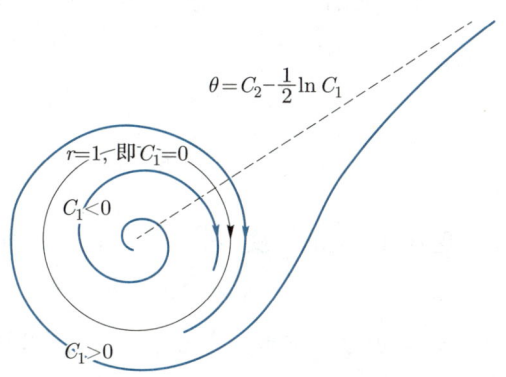

图 2.3 例 2.6.1的解的轨线图

注 2.6.1 我们在本教材的后续章节中将会看到，在常微分方程的定性理论中，例 2.6.1中的常微分方程组解的性态将是十分重要的研究对象.

让我们再来看看例 2.5.2中的方程 $\dfrac{\mathrm{d}^2 x}{\mathrm{d}t^2} + a\sin x = 0$，这里仅处理 $a \neq 0$ 且 $\dfrac{\mathrm{d}x}{\mathrm{d}t} \neq 0$ 的情形. 这时方程等价于

$$\dfrac{\mathrm{d}x}{\mathrm{d}t}\dfrac{\mathrm{d}^2 x}{\mathrm{d}t^2} + a\sin x \dfrac{\mathrm{d}x}{\mathrm{d}t} = 0.$$

我们把高阶常微分方程积分一次，得到一个包含了一个任意常数的关系式

$$\dfrac{1}{2}\left(\dfrac{\mathrm{d}x}{\mathrm{d}t}\right)^2 - a\cos x = C_1$$

即

$$\dfrac{\mathrm{d}x}{\mathrm{d}t} = \pm\sqrt{2a\cos x + 2C_1},$$

这里 C_1 是任意合理取值的实常数.

以下我们具体给出首次积分的定义及相关理论. 我们的主要目的在于能够灵活运用首次积分来求解具体的常微分方程，并对方程解的性态进行一定程度的分析. 因此，这里我们仅不加证明地叙述后面将会用到的首次积分的相关结论 (事实上，其中部分结论的证明十分不平凡).

以下，我们考虑 $(x, y_1, \cdots, y_n)$ 的 $n+1$ 维实空间内的某个区域 D 和一个一般的含有 n 个未知函数的一阶常微分方程组

$$\dfrac{\mathrm{d}y_i}{\mathrm{d}x} = f_i(x, y_1, \cdots, y_n), \qquad i = 1, 2, \cdots, n, \tag{2.70}$$

其中在区域 D 上对每个 $i=1,2,\cdots,n$ 函数 f_i 都是连续的且对 $y_1,y_2,\cdots,y_n$ 是连续可微的. 设 $V(x,y_1,\cdots,y_n)$ 是在 D 的某一子区域 G 上连续的非常值的 $n+1$ 元函数, 且对 $x,y_1,\cdots,y_n$ 都连续可微. 如果常微分方程组 (2.70) 在区域 G 上的任一个解 $(y_1(x),y_2(x),\cdots,y_n(x))$ 都满足

$$\mathrm{d}V(x,y_1(x),\cdots,y_n(x)) \equiv 0,$$

则称

$$V(x,y_1,\cdots,y_n) = C \tag{2.71}$$

为**常微分方程组 (2.70) 在区域 G 上的首次积分**, 其中 C 是一个任意合理取值的实常数. 有时我们也简称上述函数 $V(x,y_1,\cdots,y_n)$ 为**首次积分**.

下面的结论告诉我们, 首次积分在常微分方程组 (2.70) 的求解中非常重要.

设 n 个 $n+1$ 元函数 $\Phi_1(x,y_1,\cdots,y_n), \Phi_2(x,y_1,\cdots,y_n), \cdots, \Phi_n(x,y_1,\cdots,y_n)$ 都是常微分方程组 (2.70) 在区域 G 上的首次积分. 如果在区域 G 上恒成立

$$\frac{D(\Phi_1,\Phi_2,\cdots,\Phi_n)}{D(y_1,y_2,\cdots,y_n)} = \begin{vmatrix} \dfrac{\partial \Phi_1}{\partial y_1} & \dfrac{\partial \Phi_1}{\partial y_2} & \cdots & \dfrac{\partial \Phi_1}{\partial y_n} \\ \dfrac{\partial \Phi_2}{\partial y_1} & \dfrac{\partial \Phi_2}{\partial y_2} & \cdots & \dfrac{\partial \Phi_2}{\partial y_n} \\ \vdots & \vdots & & \vdots \\ \dfrac{\partial \Phi_n}{\partial y_1} & \dfrac{\partial \Phi_n}{\partial y_2} & \cdots & \dfrac{\partial \Phi_n}{\partial y_n} \end{vmatrix} \neq 0,$$

则称这 n 个首次积分**互相独立**.

定理 2.6.1 假设常微分方程组 (2.70) 具有首次积分 (2.71). 那么利用关系式 (2.71), 我们可以将 (2.70) 的求解问题转化为某个含有 $n-1$ 个未知函数的一阶常微分方程组的求解问题. 进一步, 假设在区域 G 上常微分方程组 (2.70) 具有 n 个互相独立的首次积分 $\Phi_i(x,y_1,\cdots,y_n), i=1,2,\cdots,n$. 那么

(1) 隐函数组

$$\begin{cases} y_1 = \varphi_1(x,C_1,\cdots,C_n), \\ y_2 = \varphi_2(x,C_1,\cdots,C_n), \\ \cdots\cdots\cdots\cdots \\ y_n = \varphi_n(x,C_1,\cdots,C_n) \end{cases} \tag{2.72}$$

为常微分方程组 (2.70) 在区域 G 上的通解, 其中 $C_1,C_2,\cdots,C_n$ 为任意合理取值的实

常数, 函数组 (2.72) 由联立方程组

$$\begin{cases} \Phi_1(x, y_1, \cdots, y_n) \equiv C_1, \\ \Phi_2(x, y_1, \cdots, y_n) \equiv C_2, \\ \cdots\cdots\cdots\cdots \\ \Phi_n(x, y_1, \cdots, y_n) \equiv C_n \end{cases}$$

确定.

(2) 通解 (2.72) 给出了常微分方程组 (2.70) 在区域 G 上的所有解.

(3) 常微分方程组 (2.70) 在区域 G 上的任意首次积分 $V(x, y_1, \cdots, y_n)$ 都可以被 $\Phi_i(x, y_1, \cdots, y_n)\,(i=1,2,\cdots,n)$ 表达出来. 具体说来, 存在连续可微的 n 元函数 h 使得

$$V(x, y_1, \cdots, y_n) = h\left(\Phi_1(x, y_1, \cdots, y_n), \Phi_2(x, y_1, \cdots, y_n), \cdots, \Phi_n(x, y_1, \cdots, y_n)\right).$$

上面的结论从理论上告诉我们, 使用首次积分来求解常微分方程组 (2.70) 是切实可行的. 一个自然的问题是: 是否每个常微分方程组 (2.70) 都具有首次积分? 如果有的话, 是否有足够多的首次积分 (即 n 个互相独立的首次积分), 使得我们仅利用首次积分就可以完全求解常微分方程组 (2.70)?

定理 2.6.2 常微分方程组 (2.70) 具有至多 n 个互相独立的首次积分. 且对于任意给定的点 $P_0 \in G$, 一定存在 P_0 点的某个开邻域 $G_0 \subset G$, 使得常微分方程组 (2.70) 在区域 G_0 上具有 n 个互相独立的首次积分.

根据首次积分的定义, 为了判别函数 $V(x, y_1, \cdots, y_n)$ 是否是常微分方程组 (2.70) 的首次积分, 我们需要知道常微分方程组 (2.70) 的所有解. 因此, 要想利用首次积分来求解常微分方程组 (2.70), 接下来的任务就是: 在不具体求解的情况下, 如何寻找常微分方程组 (2.70) 在某个区域上的首次积分?

定理 2.6.3 设 $V(x, y_1, \cdots, y_n)$ 是在区域 G 上连续的非常值的 $n+1$ 元函数, 且对 $x, y_1, \cdots, y_n$ 都连续可微. 那么 $V(x, y_1, \cdots, y_n)$ 是常微分方程组 (2.70) 在区域 G 上的首次积分当且仅当在区域 G 上恒等式

$$\frac{\partial V}{\partial x} + \frac{\partial V}{\partial y_1}f_1 + \cdots + \frac{\partial V}{\partial y_n}f_n = 0$$

成立.

基于如上理论, 以下我们致力于灵活运用首次积分的理论来完全求解若干常微分方程组 (2.70).

例 2.6.2 求解一阶常微分方程组 $\dfrac{\mathrm{d}x}{cy-bz} = \dfrac{\mathrm{d}y}{az-cx} = \dfrac{\mathrm{d}z}{bx-ay}$.

解 我们所分析的区域为 $\{(x,y,z)\,|\,(cy-bz)(az-cx)(bx-ay) \neq 0\}$. 注意到

$$a\mathrm{d}x + b\mathrm{d}y + c\mathrm{d}z = \frac{a(cy-bz)\mathrm{d}x}{cy-bz} + \frac{b(az-cx)\mathrm{d}y}{az-cx} + \frac{c(bx-ay)\mathrm{d}z}{bx-ay}$$

$$= [a(cy - bz) + b(az - cx) + c(bx - ay)] \frac{\mathrm{d}z}{bx - ay}$$
$$= 0,$$

从而得到首次积分 $ax + by + cz$. 类似地,我们还得到另一个与之互相独立的首次积分 $x^2 + y^2 + z^2$. 因此原方程组的通积分为

$$\begin{cases} ax + by + cz = C_1, \\ x^2 + y^2 + z^2 = C_2, \end{cases}$$

其中 C_1 和 C_2 都是任意合理取值的实常数. □

例 2.6.3 求解一阶常微分方程组 $\begin{cases} \dfrac{\mathrm{d}x}{\mathrm{d}t} = \dfrac{t}{y}, \\ \dfrac{\mathrm{d}y}{\mathrm{d}t} = \dfrac{t}{x}. \end{cases}$

解 我们所分析的区域为 $\{(x, y) | xy \neq 0\}$. 注意到 $t = y\dfrac{\mathrm{d}x}{\mathrm{d}t} = x\dfrac{\mathrm{d}y}{\mathrm{d}t}$, 从而

$$\frac{\mathrm{d}}{\mathrm{d}t}\left(\frac{x}{y}\right) = \frac{1}{y^2}\left(y\frac{\mathrm{d}x}{\mathrm{d}t} - x\frac{\mathrm{d}y}{\mathrm{d}t}\right) = 0,$$

且

$$x\mathrm{d}y + y\mathrm{d}x - 2t\mathrm{d}t = 0,$$

故原方程组具有互相独立的首次积分 $\dfrac{x}{y}$ 和 $xy - t^2$. 因此原方程组的通积分为

$$\begin{cases} \dfrac{x}{y} = C_1, \\ xy - t^2 = C_2, \end{cases}$$

其中 C_1 和 C_2 都是任意合理取值的实常数. □

例 2.6.4 求解一阶常微分方程组 $\dfrac{\mathrm{d}x}{x^2 - y^2 - z^2} = \dfrac{\mathrm{d}y}{2xy} = \dfrac{\mathrm{d}z}{2xz}$.

解 显然我们所分析的区域为 $\{(x, y, z) | xyz \neq 0\}$. 注意到 $\dfrac{\mathrm{d}y}{y} = \dfrac{\mathrm{d}z}{z}$, 知原方程具有首次积分 $\dfrac{y}{z}$.

又由于

$$\frac{2x\mathrm{d}x}{2x(x^2 - y^2 - z^2)} = \frac{2y\mathrm{d}y}{4xy^2} = \frac{2z\mathrm{d}z}{4xz^2},$$

三个分式都相等,通过将三项分子求和以及三项分母求和,我们得到

$$\frac{2x\mathrm{d}x + 2y\mathrm{d}y + 2z\mathrm{d}z}{2x\left(x^2 + y^2 + z^2\right)} = \frac{\mathrm{d}z}{2xz},$$

进而类似地可知原方程具有首次积分 $\dfrac{x^2+y^2+z^2}{z}$. 因此原方程组的通积分为

$$\begin{cases} \dfrac{y}{z} = C_1, \\ \dfrac{x^2+y^2+z^2}{z} = C_2, \end{cases}$$

其中 C_1 和 C_2 都是任意合理取值的非零实常数 (注意到我们这里所分析的区域上满足 $xyz \neq 0$). □

正如我们在前文中关于例 2.5.2 的分析, 也可以利用首次积分来求解高阶常微分方程. 以下我们来处理一个高阶常微分方程组.

例 2.6.5 求解二阶常微分方程组 $\begin{cases} \dfrac{\mathrm{d}^2 x}{\mathrm{d} t^2} = y, \\ \dfrac{\mathrm{d}^2 y}{\mathrm{d} t^2} = x. \end{cases}$

解 由原方程组容易得到

$$\begin{cases} \dfrac{\mathrm{d}^2(x+y)}{\mathrm{d}t^2} = x+y, \\ \dfrac{\mathrm{d}^2(x-y)}{\mathrm{d}t^2} = -(x-y), \end{cases}$$

从而由二阶常系数齐次线性方程的解理论知

$$\begin{cases} x+y = 2C_1 \mathrm{e}^t + 2C_2 \mathrm{e}^{-t}, \\ x-y = 2C_3 \cos t + 2C_4 \sin t, \end{cases}$$

即

$$\begin{cases} x = C_1 \mathrm{e}^t + C_2 \mathrm{e}^{-t} + C_3 \cos t + C_4 \sin t, \\ y = C_1 \mathrm{e}^t + C_2 \mathrm{e}^{-t} - C_3 \cos t - C_4 \sin t \end{cases}$$

为原方程组的通解, 其中 $C_i (1 \leqslant i \leqslant 4)$ 都是任意合理取值的实常数. □

习题 2.6

1. 求解下列实方程:

(1) $\dfrac{\mathrm{d}y}{\mathrm{d}x} = 1 - \dfrac{1}{z}, \quad \dfrac{\mathrm{d}z}{\mathrm{d}x} = \dfrac{1}{y-x}$;

(2) $\dfrac{\mathrm{d}x}{x} = \dfrac{\mathrm{d}y}{y} = \dfrac{\mathrm{d}z}{z - \sqrt{x^2+y^2+z^2}}$;

(3) $\dfrac{\mathrm{d}x}{x(x+y)} = \dfrac{\mathrm{d}y}{-y(x+y)} = \dfrac{\mathrm{d}z}{(y-x)(2x+2y+z)}$;

(4) $\dfrac{\mathrm{d}x}{xt(xy+t^2)} = \dfrac{\mathrm{d}y}{-yt(xy+t^2)} = \dfrac{\mathrm{d}t}{x^4}$;

(5) $\dfrac{\mathrm{d}x}{\mathrm{d}t} = \dfrac{x-y}{z-t}$, $\quad \dfrac{\mathrm{d}y}{\mathrm{d}t} = \dfrac{x-y}{z-t}$, $\quad \dfrac{\mathrm{d}z}{\mathrm{d}t} = x - y + 1$;

(6) $\begin{cases} \dfrac{\mathrm{d}x}{\mathrm{d}t} + xf'(t) - yg'(t) = 0, \\ \dfrac{\mathrm{d}y}{\mathrm{d}t} + xg'(t) + yf'(t) = 0; \end{cases}$

(7) $\begin{cases} \dfrac{\mathrm{d}x}{\mathrm{d}t} = x \cos(\ln(t+1)) + y \sin(\ln(t+1)), \\ \dfrac{\mathrm{d}y}{\mathrm{d}t} = x \sin(\ln(t+1)) + y \cos(\ln(t+1)). \end{cases}$

2. 试求满足以下条件的两条平面曲线:

(1) 在两平面曲线上有相同横坐标的一对点处,所引的切线相交在纵轴上,所引的法线相交在横轴上;

(2) 一条曲线经过点 $(1,1)$, 另一条曲线经过点 $(1,2)$.

3. 假设火炮以仰角 α 和初速度 v_0 发射. 试证: 炮弹的运动轨迹如下 (其中 g 是重力加速度):

$$y = x \tan \alpha - \dfrac{gx^2}{2v_0^2 \cos^2 \alpha}.$$

4. 用轻弹簧连接质量同为 m 的两个小球, 设弹簧未拉长时的长度为 l_0. 当它被拉长到长度为 l_1 时, 让两小球位于一条铅垂线上, 并开始降落. 经过 T s 后, 弹簧又缩到长度为 l_0. 试在不计阻力的情况下, 求出这两个小球的运动轨迹.

5. 假设常微分方程组 (2.70) 在区域 G 上具有首次积分 $\Phi_1, \Phi_2, \cdots, \Phi_k$, 且设 h 是连续可微的 k 元函数, 证明: $n+1$ 元函数 $V(x, y_1, \cdots, y_n)$ 也是常微分方程组 (2.70) 在区域 G 上的首次积分, 其中

$$V(x, y_1, \cdots, y_n) = h(\Phi_1(x, y_1, \cdots, y_n), \cdots, \Phi_k(x, y_1, \cdots, y_n)).$$

2.7 算子法与 Laplace 变换

给定 n 阶常系数线性方程 (2.56)

$$x^{(n)} + a_1 x^{(n-1)} + \cdots + a_{n-1} x' + a_n x = f(t),$$

及其齐次形式 (2.57)

$$x^{(n)} + a_1 x^{(n-1)} + \cdots + a_{n-1} x' + a_n x = 0,$$

其中 $a_1, \cdots, a_{n-1}, a_n$ 都是给定的实常数, f 是已知的一元连续函数, 在 §2.5.2 中我们已经提供了方法来求方程 (2.56) 的特解, 如定理 2.5.3 和例 2.5.3 (及其高阶形式). 在这

一过程中, 我们都是首先求出齐次方程 (2.57) 的所有解, 然后再代入初值条件来求方程 (2.56) 的具体的特解. 然而, 很多时候求解齐次方程 (2.57) 的整个计算过程比较烦琐.

在本节中, 我们介绍另外两种重要的求方程 (2.56) 的特解的方法, 即算子法和 Laplace 变换法. 类似于上一节的首次积分, 我们的主要目的仍然在于能够灵活运用算子法和 Laplace 变换来求出某些特殊的常系数线性方程 (2.56) 的特解. 因此, 在介绍相关结论时, 很多时候我们略去它们的证明. (虽然我们将会很容易看到, 其中的部分结论证明起来并不困难.)

2.7.1 算子法

我们引入**微分算子** D 如下. 假设一元函数 $u(t)$ 足够光滑, 则定义算子

$$\mathrm{D}u \stackrel{\text{def}}{=\!=} \frac{\mathrm{d}u}{\mathrm{d}t},$$

进一步, 对于正整数 $k \geqslant 2$ 归纳定义算子

$$\mathrm{D}^k u \stackrel{\text{def}}{=\!=} \mathrm{D}\left(\mathrm{D}^{k-1}u\right) = \frac{\mathrm{d}^k u}{\mathrm{d}t^k}.$$

现在设 $P(\lambda)$ 为复常系数的多项式

$$P(\lambda) = a_0 \lambda^n + a_1 \lambda^{n-1} + \cdots + a_{n-1}\lambda + a_n,$$

即 $a_0, a_1, \cdots, a_n$ 都是事先给定的复常数, 定义算子

$$P(\mathrm{D}) \stackrel{\text{def}}{=\!=} \sum_{i=0}^{n} a_i \mathrm{D}^{n-i},$$

即

$$P(\mathrm{D})u = a_0 \frac{\mathrm{d}^n u}{\mathrm{d}t^n} + a_1 \frac{\mathrm{d}^{n-1} u}{\mathrm{d}t^{n-1}} + \cdots + a_{n-1}\frac{\mathrm{d}u}{\mathrm{d}t} + a_n u. \tag{2.73}$$

进一步, 设 μ 为复常数, 则 $P(\lambda+\mu)$ 关于自变量 λ 仍是一个复常系数的多项式, 将这个多项式记为 $Q(\lambda)$, 定义算子

$$P(\mathrm{D}+\mu)u \stackrel{\text{def}}{=\!=} P(\mu+\mathrm{D})u = Q(\mathrm{D})u.$$

微分算子 D 具有如下基本性质:

命题 2.7.1 设涉及的都是足够光滑的一元函数, 且设 $P(\lambda)$ 是复常系数的多项式. 则

(1) (线性可加性) 对于任意的复常数 α 和 β, 成立

$$P(\mathrm{D})(\alpha f + \beta g) = \alpha P(\mathrm{D})f + \beta P(\mathrm{D})g.$$

(2) (交换律和结合律) 设 P_1 和 P_2 是两个复常系数的多项式, 满足 $P(\lambda) = P_1(\lambda) P_2(\lambda)$, 则
$$P(\mathrm{D})f = P_1(\mathrm{D})\big(P_2(\mathrm{D})f\big) = P_2(\mathrm{D})\big(P_1(\mathrm{D})f\big).$$

(3) 设 μ 是复常数, 则 $P(\mathrm{D})\big(\mathrm{e}^{\mu t} f(t)\big) = \mathrm{e}^{\mu t} P(\mathrm{D}+\mu)f$.

基于上述关于微分算子 D 的定义, 我们可以将复常系数的线性方程
$$a_0 \frac{\mathrm{d}^n x}{\mathrm{d}t^n} + a_1 \frac{\mathrm{d}^{n-1} x}{\mathrm{d}t^{n-1}} + \cdots + a_{n-1} \frac{\mathrm{d}x}{\mathrm{d}t} + a_n x = f(t) \tag{2.74}$$

改写成 $P(\mathrm{D})x = f(t)$. 由此, 我们可以用
$$\frac{1}{P(\mathrm{D})} f(t)$$

来表示方程 (2.74) 的特解, 即 $\dfrac{1}{P(\mathrm{D})}$ 相当于一个作用在函数上的算子. 这里, $\dfrac{1}{P(\mathrm{D})} f(t)$ 并不是一个固定的函数, 它可以取不同的函数, 但任何两个这样的函数之差 (记为 $y(t)$) 都满足 $P(\mathrm{D})y(t) = 0$.

注 2.7.1 基于以上记号, 一般情况下
$$\frac{1}{P(\mathrm{D})} f(t) \neq f(t) \frac{1}{P(\mathrm{D})} 1$$

(这里 1 表示常值 1 函数), 记号 $\dfrac{f(t)}{P(\mathrm{D})}$ 没有定义, 而 $\dfrac{1}{P(\mathrm{D})} 1$ 与 $\dfrac{1}{P(\mathrm{D})}$ 具有不同的含义 ($\dfrac{1}{P(\mathrm{D})} 1$ 表示的是某个函数, 而只有当算子 $\dfrac{1}{P(\mathrm{D})}$ 作用在某个函数 g 上时 $\dfrac{1}{P(\mathrm{D})} g$ 才有意义).

以下关于算子的性质常用于求解常系数线性方程的特解.

定理 2.7.1 设涉及的都是足够光滑的一元函数, 且设 $P(\lambda)$ 是复常系数的多项式. 则在相差方程 $P(\mathrm{D})x = 0$ 的一个解的意义下, 算子 $\dfrac{1}{P(\mathrm{D})}$ 具有以下性质:

(1) (线性可加性) 对于任意的复常数 α 和 β, 成立
$$\frac{1}{P(\mathrm{D})} (\alpha f + \beta g) = \alpha \frac{1}{P(\mathrm{D})} f + \beta \frac{1}{P(\mathrm{D})} g.$$

(2) (交换律和结合律) 设 P_1 和 P_2 是两个复常系数的多项式, 满足 $P(\lambda) = P_1(\lambda) P_2(\lambda)$, 则
$$\frac{1}{P(\mathrm{D})} f = \frac{1}{P_1(\mathrm{D})} \left(\frac{1}{P_2(\mathrm{D})} f \right) = \frac{1}{P_2(\mathrm{D})} \left(\frac{1}{P_1(\mathrm{D})} f \right).$$

(3) 如果 $Q(\lambda)$ 是复常系数的多项式, 则
$$\frac{1}{P(\mathrm{D})} Q(\mathrm{D}) f = Q(\mathrm{D}) \frac{1}{P(\mathrm{D})} f.$$

特别地,
$$\frac{1}{P(\mathrm{D})}P(\mathrm{D})f = P(\mathrm{D})\frac{1}{P(\mathrm{D})}f = f,$$

即算子 $P(\mathrm{D})$ 和算子 $\dfrac{1}{P(\mathrm{D})}$ 互为逆算子.

(4) 如果 $P_1(\lambda), P_2(\lambda), P_3(\lambda)$ 和 $Q_1(\lambda), Q_2(\lambda), Q_3(\lambda)$ 是满足
$$\frac{Q_1(\lambda)}{P_1(\lambda)} = \frac{Q_2(\lambda)}{P_2(\lambda)} + \frac{Q_3(\lambda)}{P_3(\lambda)}$$
的复常系数的多项式, 则
$$\frac{1}{P_1(\mathrm{D})}Q_1(\mathrm{D})f = \frac{1}{P_2(\mathrm{D})}Q_2(\mathrm{D})f + \frac{1}{P_3(\mathrm{D})}Q_3(\mathrm{D})f.$$

(5) 设 μ 是复常数, 则
$$\frac{1}{P(\mathrm{D})}\left(\mathrm{e}^{\mu t}f(t)\right) = \mathrm{e}^{\mu t}\frac{1}{P(\mathrm{D}+\mu)}f.$$

(6) 如果 $P(0) \neq 0$, 则显然在 0 点附近, 我们有如下的 Taylor 展式:
$$\frac{1}{P(\lambda)} = \sum_{k=0}^{+\infty}\alpha_k\lambda^k,$$
其中 $\alpha_0, \alpha_1, \alpha_2, \cdots$ 是复常数. 这时, 如果 $Q(\lambda)$ 是一个复常系数的 m 次多项式, 那么
$$\frac{1}{P(\mathrm{D})}Q(t) = \sum_{k=0}^{m}\alpha_k\mathrm{D}^kQ(t).$$

注 2.7.2 对于满足 $P(0) = 0$ 的复常系数的多项式 $P(\lambda)$ 和足够光滑的一元函数 $f(t)$, 利用定理 2.7.1的 (2) 和 (6) 不难发现, 要想分析 $\dfrac{1}{P(\mathrm{D})}f(t)$, 我们只用分析算子 $\dfrac{1}{\mathrm{D}^k}$, 其中 k 为任意正整数. 根据我们前面的定义, 显然
$$\frac{1}{\mathrm{D}}f(t) = \int f(t)\mathrm{d}t,$$
特别地, 可以取
$$\frac{1}{\mathrm{D}}f(t) = \int_{t_0}^{t}f(s)\mathrm{d}s.$$
更一般地, 我们有
$$\frac{1}{\mathrm{D}^k}f(t) = \overbrace{\int\mathrm{d}s_1\cdots\int f(s_k)\mathrm{d}s_k}^{k\,\text{重}},$$
进而利用分部积分, 我们可以取
$$\frac{1}{\mathrm{D}^k}f(t) = \int_{t_0}^{t}\mathrm{d}s_1\int_{t_0}^{s_1}\mathrm{d}s_2\cdots\int_{t_0}^{s_{k-1}}f(s_k)\mathrm{d}s_k = \int_{t_0}^{t}\frac{(t-s)^{k-1}}{(k-1)!}f(s)\mathrm{d}s.$$

在 §2.5.2 中我们已经看到, 要想求出 n 阶常系数非齐次线性方程 (2.56) 的某个特解, 当 f 具有比较好的形式如

$$t^k e^{\mu t}, t^k \cos \beta t e^{\alpha t}, t^k \sin \beta t e^{\alpha t}$$

时, 我们可以利用待定系数法. 然而一般情况下, 待定系数法的计算仍然比较烦琐. 从下面的例子我们可以看到, 利用本节的上述结论可以比较方便地计算这种情形下方程 (2.56) 的某个特解.

例 2.7.1 求解线性方程 $(D-3)(D-2)(D-1)x = (t^2 + t) e^{2t}$.

解 利用本节的前述结论知, 原线性方程具有特解

$$\frac{1}{(D-3)(D-2)(D-1)} \left(t^2 + t\right) e^{2t}$$

$$= e^{2t} \frac{1}{(D-1)D(D+1)} \left(t^2 + t\right) \quad \text{(利用定理 2.7.1 (5))}$$

$$= e^{2t} \frac{1}{D} \frac{1}{(D-1)(D+1)} \left(t^2 + t\right) \quad \text{(利用定理 2.7.1 (2))}$$

$$= e^{2t} \frac{1}{D} \left(-1 - D^2\right) \left(t^2 + t\right) \quad \text{(利用定理 2.7.1 (6))}$$

$$= -e^{2t} \left(\frac{1}{D} + D\right) \left(t^2 + t\right)$$

$$= -e^{2t} \left(\frac{t^3}{3} + \frac{t^2}{2} + 2t + 1\right).$$

从而原方程的所有解恰为

$$x(t) = C_1 e^t + C_2 e^{2t} + C_3 e^{3t} - e^{2t} \left(\frac{t^3}{3} + \frac{t^2}{2} + 2t + 1\right),$$

其中 C_1, C_2 和 C_3 都是任意取值的常数 (当原方程仅考虑实值函数解时, C_1, C_2 和 C_3 都是实常数; 当原方程考虑复值函数解时, C_1, C_2 和 C_3 都是复常数). □

例 2.7.2 求解实线性方程 $(D-3)(D-2)(D-1)x = te^{2t} \sin 3t$.

解 我们用 $\text{Im}\{f(t)\}$ 来表示复值函数 $f(t)$ 的虚部. 利用本节的前述结论知, 原实线性方程具有特解

$$\frac{1}{(D-3)(D-2)(D-1)} \text{Im}\left\{te^{(2+3i)t}\right\}$$

$$= \text{Im}\left\{\frac{1}{(D-3)(D-2)(D-1)} te^{(2+3i)t}\right\}$$

$$= \text{Im}\left\{e^{(2+3i)t} \frac{1}{(D-1+3i)(D+3i)(D+1+3i)} t\right\} \quad \text{(利用定理 2.7.1 (5))}$$

$$= \text{Im}\left\{e^{(2+3i)t} \left(\frac{1}{-30i} - \frac{7D}{225}\right) t\right\} \quad \text{(利用定理 2.7.1 (6))}$$

$$= \operatorname{Im}\left\{ e^{(2+3i)t}\left(\frac{ti}{30} - \frac{7}{225}\right)\right\}$$

$$= \frac{t}{30}e^{2t}\cos 3t - \frac{7}{225}e^{2t}\sin 3t.$$

从而原实线性方程的所有解恰为

$$x(t) = C_1 e^t + C_2 e^{2t} + C_3 e^{3t} + \frac{t}{30}e^{2t}\cos 3t - \frac{7}{225}e^{2t}\sin 3t,$$

其中 C_1, C_2 和 C_3 都是任意实常数. □

例 2.7.3 求解实线性方程 $(D-3)(D-2)(D-1)x = f(t)$ 的一个特解, 其中 $f(t)$ 为实轴上的连续函数.

解 利用本节的前述结论, 特别地, 利用定理 2.7.1 (4) 知原线性方程具有如下形式的特解:

$$\frac{1}{(D-3)(D-2)(D-1)}f(t) = \frac{1}{2}\left(\frac{1}{D-3} - \frac{2}{D-2} + \frac{1}{D-1}\right)f(t),$$

即原线性方程具有特解

$$\frac{1}{2}\int_0^t \left[e^{3(t-s)} - 2e^{2(t-s)} + e^{(t-s)}\right]f(s)\mathrm{d}s. \qquad \square$$

例 2.7.4 试分析实线性方程 $P(D)x = \sin\omega t$ 的一个特解, 其中 ω 为非零的实常数, $P(\lambda)$ 是实常系数的多项式.

解 显然 $P(\lambda)$ 为非零多项式, 且存在实常系数的多项式 $P_1(\lambda)$ 和 $P_2(\lambda)$ 使得 $P(\lambda) = P_1(\lambda^2) + \lambda P_2(\lambda^2)$. 从而由算子的定义不难得到

$$\sin\omega t = P(D)x = (P_1(D^2) + DP_2(D^2))x.$$

算子 $P_1(D^2) - DP_2(D^2)$ 的定义不言自明. 由上式我们有

$$(P_1(D^2) - DP_2(D^2))\sin\omega t = (P_1^2(D^2) - D^2 P_2^2(D^2))x. \tag{2.75}$$

注意到由算子的定义直接可得, 当 $Q(\lambda)$ 是实常系数的多项式时, 我们有

$$\begin{cases} Q(D^2)\sin\omega t = Q(-\omega^2)\sin\omega t, \\ Q(D^2)\cos\omega t = Q(-\omega^2)\cos\omega t, \end{cases} \tag{2.76}$$

特别地, 当 $Q(-\omega^2) \neq 0$ 时, 方程 $Q(D^2)x = \sin\omega t$ 具有特解 $\dfrac{1}{Q(-\omega^2)}\sin\omega t$, 方程 $Q(D^2)x = \cos\omega t$ 具有特解 $\dfrac{1}{Q(-\omega^2)}\cos\omega t$.

将 (2.75) 和 (2.76) 相结合, 我们得到

$$(P_1^2(\mathrm{D}^2) - \mathrm{D}^2 P_2^2(\mathrm{D}^2))x = P_1(-\omega^2)\sin\omega t - \omega P_2(-\omega^2)\cos\omega t.$$

从而由 (2.76) 下面的两行讨论知, 当 $P_1(-\omega^2) \neq 0$ 或者 $P_2(-\omega^2) \neq 0$ 时, 由于 ω 是非零的实常数, 知 $P_1^2(-\omega^2) + \omega^2 P_2^2(-\omega^2) > 0$, 则线性方程 (2.75) 具有特解

$$\frac{P_1\left(-\omega^2\right)\sin\omega t - \omega P_2\left(-\omega^2\right)\cos\omega t}{P_1^2\left(-\omega^2\right) + \omega^2 P_2^2\left(-\omega^2\right)},$$

这个解就是原线性方程的一个特解. □

例 2.7.5 试分析施加周期外力的弹簧振子方程 (如图 2.4 所示), 即实线性方程

$$(\mathrm{D}^2 + \omega^2)x = \sin kt,$$

这里实常数 ω 和 k 均为严格正的.

解 虽然容易发现例 2.7.4 的处理手法不适用于本例, 然而, 直接运用算子法可以不难求解本例如下: 类似于例 2.7.2 知, 原实线性方程具有特解

$$\frac{1}{\mathrm{D}^2 + \omega^2}\operatorname{Im}\left\{\mathrm{e}^{\mathrm{i}kt}\right\} = \operatorname{Im}\left\{\mathrm{e}^{\mathrm{i}kt}\frac{1}{(\mathrm{D}+k\mathrm{i})^2 + \omega^2}1\right\}$$

$$= \begin{cases} \operatorname{Im}\left\{\dfrac{\mathrm{e}^{\mathrm{i}kt}}{\omega^2 - k^2}\right\}, & k \neq \omega, \\ \operatorname{Im}\left\{\dfrac{t\mathrm{e}^{\mathrm{i}kt}}{2k\mathrm{i}} + \dfrac{\mathrm{e}^{\mathrm{i}kt}}{4k^2}\right\}, & k = \omega. \end{cases}$$

从而原实线性方程的所有解恰为

$$x(t) = \begin{cases} C_1\cos\omega t + C_2\sin\omega t + \dfrac{\sin kt}{\omega^2 - k^2}, & k \neq \omega, \\ C_1\cos\omega t + C_2\sin\omega t - \dfrac{t\cos kt}{2k} + \dfrac{\sin kt}{4k^2}, & k = \omega, \end{cases} \quad (2.77)$$

其中 C_1 和 C_2 都是任意实常数. □

图 2.4 施加周期外力的弹簧振子

**注 2.7.3** 当两者频率相等 (即 $\omega = k$) 时, 弹簧振子方程的上述解 (2.77) 无界, 这种物理现象被称为弹簧振子的共振现象.

2.7.2 Laplace 变换

设一元函数 $f(t)$ 在 $[0, +\infty)$ 上分段连续. 如果反常积分

$$F(s) = \int_0^{+\infty} e^{-st} f(t) dt$$

收敛 (或者说 $F(s)$ 存在), 则称 $F(s)$ 为 $f(t)$ 的 Laplace 变换, 有时也称 $F(s)$ 为像函数, $f(t)$ 为原函数. 此时, 我们记为

$$F(s) = \mathscr{L}[f(t)](s) \quad \text{和} \quad f(t) = \mathscr{L}^{-1}[F(s)](t).$$

特别地,

$$F(s) = \mathscr{L}\big[\mathscr{L}^{-1}[F](t)\big](s) \quad \text{和} \quad f(t) = \mathscr{L}^{-1}\big[\mathscr{L}[f](s)\big](t), \tag{2.78}$$

因此我们也称 $f(t)$ 为 $F(s)$ 的 Laplace 逆变换. 不难证明, 对于在 $[0, +\infty)$ 上分段连续的一元函数 $f(t)$, 如果对所有的 $t \geqslant M$ 成立:

$$|f(t)| \leqslant A e^{\alpha t},$$

其中 A, α 和 M 都是非负实常数, 那么 $F(s)$ 在 $(\alpha, +\infty)$ 上存在.

由定义显然可见: Laplace 变换和 Laplace 逆变换都是线性的, 即对于合适的函数 f 和 g 以及任意给定的实常数 α 和 β,

$$\mathscr{L}[\alpha f + \beta g] = \alpha \mathscr{L}[f] + \beta \mathscr{L}[g], \tag{2.79}$$

$$\mathscr{L}^{-1}[\alpha f + \beta g] = \alpha \mathscr{L}^{-1}[f] + \beta \mathscr{L}^{-1}[g] \tag{2.80}$$

都成立. 特别地, 若考虑 n 阶常系数线性方程 (2.56)

$$x^{(n)} + a_1 x^{(n-1)} + \cdots + a_{n-1} x' + a_n x = f(t),$$

其中 $a_1, \cdots, a_{n-1}, a_n$ 都是给定的实常数, f 是已知的一元连续函数, 当 f 使得 $\mathscr{L}[f]$ 存在时, 我们得到

$$\mathscr{L}[x^{(n)}] + a_1 \mathscr{L}[x^{(n-1)}] + \cdots + a_{n-1} \mathscr{L}[x'] + a_n \mathscr{L}[x] = \mathscr{L}[f(t)].$$

利用分部积分不难证明下面的结论, 它给出了利用 Laplace 变换来求解线性方程 (2.56) 的理论基础.

定理 2.7.2 给定 $[0,+\infty)$ 上分段连续的一元函数 $f(t)$. 如果存在 $t_0 \in [0,+\infty)$ 和常数 $A > 0, \alpha > 0$, 使得对每个 $m = 0, 1, \cdots, n$, 函数 $f^{(m)}(t)$ 在区间 $[0,+\infty)$ 上连续且对所有的 $t \geqslant t_0$,

$$\left| f^{(m)}(t) \right| \leqslant A e^{\alpha t}$$

成立, 那么当 $s > \alpha$ 时,

$$\mathscr{L}\left[f^{(n)}\right](s) = s^n \mathscr{L}[f](s) - s^{n-1}f(0) - s^{n-2}f'(0) - \cdots - sf^{(n-2)}(0) - f^{(n-1)}(0).$$

Laplace 变换具有如下性质.

命题 2.7.2 给定 $[0,+\infty)$ 上分段连续的一元函数 $f(t)$ 和 $g(t)$, 设 $F(s)$ 和 $G(s)$ 分别是其对应的像函数. 那么

(1) $\mathscr{L}\left[e^{-at}f(t)\right] = F(s+a)$ 对于每个实数 a 成立;

(2) $\mathscr{L}[(-t)^n f(t)] = F^{(n)}(s)$;

(3) $\mathscr{L}\left[\int_0^t f(\xi)\mathrm{d}\xi\right] = \dfrac{F(s)}{s}$;

(4) $\mathscr{L}\left[\dfrac{f(t)}{t}\right] = \int_s^{+\infty} F(\tau)\mathrm{d}\tau$;

(5) $\mathscr{L}[f(at)] = \dfrac{1}{a}F\left(\dfrac{s}{a}\right)$ 对每个实数 $a > 0$ 成立;

(6) $\mathscr{L}[f(t-\tau)] = e^{-s\tau}F(s)$ 对每个实数 $\tau > 0$ 成立;

(7) $\mathscr{L}\left[\int_0^t f(t-\tau)g(\tau)\mathrm{d}\tau\right] = F(s)G(s)$.

我们罗列如下若干常用的 Laplace 变换, 其中 a, b, λ, ω 都是实常数, n 为自然数.

原函数	t^n	$t^n e^{\lambda t}$	$\sin \omega t$	$\dfrac{1}{\sqrt{\pi t}} \sin 2\sqrt{at}$	$te^{-bt} \sin at$
像函数	$\dfrac{n!}{s^{n+1}}$	$\dfrac{n!}{(s-\lambda)^{n+1}}$	$\dfrac{\omega}{s^2+\omega^2}$	$\dfrac{1}{s\sqrt{s}}e^{-\frac{a}{s}}$	$\dfrac{2a(s+b)}{[(s+b)^2+a^2]^2}$
原函数	$e^{\lambda t}$	$\dfrac{e^{bt}-e^{at}}{t}$	$\cos \omega t$	$\dfrac{1}{\sqrt{\pi t}} \cos 2\sqrt{at}$	$te^{-bt} \cos at$
像函数	$\dfrac{1}{s-\lambda}$	$\ln \dfrac{s-a}{s-b}$	$\dfrac{s}{s^2+\omega^2}$	$\dfrac{1}{\sqrt{s}}e^{-\frac{a}{s}}$	$\dfrac{(s+b)^2-a^2}{[(s+b)^2+a^2]^2}$

例 2.7.6 试求函数 $F(s) = \dfrac{1}{s^2(s+1)}$ 的 Laplace 逆变换.

解 注意到 $\dfrac{1}{s^2(s+1)} = \dfrac{-1}{s} + \dfrac{1}{s^2} + \dfrac{1}{s+1}$, 从而

$$\mathscr{L}^{-1}\left[\dfrac{1}{s^2(s+1)}\right](t) = \mathscr{L}^{-1}\left[\dfrac{-1}{s}\right](t) + \mathscr{L}^{-1}\left[\dfrac{1}{s^2}\right](t) + \mathscr{L}^{-1}\left[\dfrac{1}{s+1}\right](t)$$

$$= -1 + t + e^{-t},$$

这里利用了 Laplace 逆变换的线性性 (2.80) 和上述的常用 Laplace 变换. □

让我们从下面两个例子来领会如何利用 Laplace 变换求解线性方程 (2.56).

例 2.7.7 利用 Laplace 变换求解线性方程 $y'' + 5y' + 6y = 3\mathrm{e}^{-3t} + \cos t$.

解 对方程的两边都进行 Laplace 变换, 由 Laplace 变换的线性性 (2.79) 可知

$$\mathscr{L}[y''] + 5\mathscr{L}[y'] + 6\mathscr{L}[y] = 3\mathscr{L}[\mathrm{e}^{-3t}] + \mathscr{L}[\cos t].$$

对上式的左边利用定理 2.7.2, 并利用前述的常用 Laplace 变换来计算上式的右边, 我们得到

$$(s^2\mathscr{L}[y](s) - sy(0) - y'(0)) + 5(s\mathscr{L}[y](s) - y(0)) + 6\mathscr{L}[y](s) = \frac{3}{s+3} + \frac{s}{s^2+1}. \quad (2.81)$$

函数 y 是否满足定理 2.7.2 的条件, 这里我们先不考虑. 我们先作形式化运算求出 $\mathscr{L}[y](s)$, 进而利用 Laplace 逆变换表达出 y, 然后再检验 y 是否满足定理 2.7.2 的条件.

根据关系式 (2.81), 通过形式化运算, 我们得到

$$\begin{aligned}
\mathscr{L}[y](s) &= \frac{\dfrac{3}{s+3} + \dfrac{s}{s^2+1} + (s+5)y(0) + y'(0)}{s^2 + 5s + 6} \\
&= \frac{3}{(s+2)(s+3)^2} + \frac{s}{(s^2+1)(s+2)(s+3)} + \\
&\quad \frac{s+5}{(s+2)(s+3)}y(0) + \frac{y'(0)}{(s+2)(s+3)} \\
&= \left[\frac{3}{s+2} - \frac{3}{s+3} - \frac{3}{(s+3)^2}\right] + \\
&\quad \left(\frac{3}{10} \cdot \frac{1}{s+3} - \frac{2}{5} \cdot \frac{1}{s+2} + \frac{1}{10} \cdot \frac{s+1}{s^2+1}\right) + \\
&\quad \left(\frac{3}{s+2} - \frac{2}{s+3}\right)y(0) + \left(\frac{1}{s+2} - \frac{1}{s+3}\right)y'(0).
\end{aligned}$$

现在利用关系式 (2.78), 对上式两边进行 Laplace 逆变换, 根据前述的常用 Laplace 变换不难得到

$$\begin{aligned}
y(t) &= -\frac{27}{10}\mathrm{e}^{-3t} + \frac{13}{5}\mathrm{e}^{-2t} + \frac{1}{10}(\sin t + \cos t) - 3t\mathrm{e}^{-3t} + \\
&\quad \left(3\mathrm{e}^{-2t} - 2\mathrm{e}^{-3t}\right)y(0) + \left(\mathrm{e}^{-2t} - \mathrm{e}^{-3t}\right)y'(0).
\end{aligned}$$

特别地, 此时检验可知 $y(t)$ 满足定理 2.7.2 的条件, 从而这里可以对 $y(t)$ 如上地运用定理 2.7.2. 由定理 2.5.3 知原方程对于任意的初值条件 $(y(0), y'(0))$ 都存在唯一的解, 进而原线性方程解的全体恰为

$$\begin{aligned}
&-\frac{27}{10}\mathrm{e}^{-3t} + \frac{13}{5}\mathrm{e}^{-2t} + \frac{1}{10}(\sin t + \cos t) - 3t\mathrm{e}^{-3t} + \\
&\quad C_1\left(3\mathrm{e}^{-2t} - 2\mathrm{e}^{-3t}\right) + C_2\left(\mathrm{e}^{-2t} - \mathrm{e}^{-3t}\right),
\end{aligned}$$

其中 C_1 和 C_2 都是任意取值的常数 (当原方程仅考虑实值函数解时, C_1 和 C_2 都是实常数; 当原方程考虑复值函数解时, C_1 和 C_2 都是复常数). □

类似地分析我们得到

例 2.7.8 利用 Laplace 变换求解线性方程 $x' - x = \mathrm{e}^{2t}, x(0) = 0$.

解 对方程的两边都进行 Laplace 变换, 由 Laplace 变换的线性性 (2.79) 可知

$$\mathscr{L}[x'] - \mathscr{L}[x] = \mathscr{L}[\mathrm{e}^{2t}].$$

利用定理 2.7.2和前述的常用 Laplace 变换, 并代入初值条件 $x(0) = 0$, 知

$$\frac{1}{s-2} = s\mathscr{L}[x](s) - x(0) - \mathscr{L}[x](s) = \mathscr{L}[x](s) \cdot (s-1),$$

进而

$$\mathscr{L}[x](s) = \frac{1}{(s-1)(s-2)} = \frac{1}{s-2} - \frac{1}{s-1},$$

由此利用 (2.78) 知

$$x(t) = \mathscr{L}^{-1}\left[\frac{1}{s-2} - \frac{1}{s-1}\right](t).$$

因此, 根据前述的常用 Laplace 变换知原线性方程的解为 $x(t) = \mathrm{e}^{2t} - \mathrm{e}^{t}$. □

习题 2.7

1. 试用算子法求解下列实方程:

(1) $\dfrac{\mathrm{d}^2 x}{\mathrm{d}t^2} - 6\dfrac{\mathrm{d}x}{\mathrm{d}t} + 9x = \dfrac{9t^2 + 6t + 2}{t^3}$;

(2) $\dfrac{\mathrm{d}^2 x}{\mathrm{d}t^2} - 4\dfrac{\mathrm{d}x}{\mathrm{d}t} + 4x = t^2$;

(3) $3\dfrac{\mathrm{d}^2 x}{\mathrm{d}t^2} + 12x = 2\sin^2 t$;

(4) $5\dfrac{\mathrm{d}^2 x}{\mathrm{d}t^2} + 5x = \sin t - \cos 2t$;

(5) $\dfrac{\mathrm{d}^4 x}{\mathrm{d}t^4} - 4\dfrac{\mathrm{d}^3 x}{\mathrm{d}t^3} + 6\dfrac{\mathrm{d}^2 x}{\mathrm{d}t^2} - 4\dfrac{\mathrm{d}x}{\mathrm{d}t} + x = (t+1)\mathrm{e}^t$;

(6) $\dfrac{\mathrm{d}^4 x}{\mathrm{d}t^4} + 2\dfrac{\mathrm{d}^2 x}{\mathrm{d}t^2} + x = t$.

2. 试用 Laplace 变换求解下列实方程:

(1) $\dfrac{\mathrm{d}x}{\mathrm{d}t} - x = \mathrm{e}^{2t}, x(0) = 0$;

(2) $\dfrac{\mathrm{d}^2 x}{\mathrm{d}t^2} + 2\dfrac{\mathrm{d}x}{\mathrm{d}t} + x = \mathrm{e}^{-t}, x(0) = \dfrac{\mathrm{d}x}{\mathrm{d}t}(0) = 0$;

(3) $\dfrac{\mathrm{d}^3 x}{\mathrm{d}t^3} + 3\dfrac{\mathrm{d}^2 x}{\mathrm{d}t^2} + 3\dfrac{\mathrm{d}x}{\mathrm{d}t} + x = 1, x(0) = \dfrac{\mathrm{d}x}{\mathrm{d}t}(0) = \dfrac{\mathrm{d}^2 x}{\mathrm{d}t^2}(0) = 0$;

(4) $\dfrac{\mathrm{d}^2 x}{\mathrm{d} t^2} + a^2 x = b \sin at, x(0) = x_0, \dfrac{\mathrm{d} x}{\mathrm{d} t}(0) = x_0^*$;

(5) $\dfrac{\mathrm{d}^2 x}{\mathrm{d} t^2} - 3\dfrac{\mathrm{d} x}{\mathrm{d} t} + 2x = \mathrm{e}^{3t}, x(0) = 1, \dfrac{\mathrm{d} x}{\mathrm{d} t}(0) = 0$;

(6) $\dfrac{\mathrm{d}^2 x}{\mathrm{d} t^2} - 2\dfrac{\mathrm{d} x}{\mathrm{d} t} + x = t\mathrm{e}^t, x(0) = 0, \dfrac{\mathrm{d} x}{\mathrm{d} t}(0) = 0$.

3. 求解实方程 $\left(D^2 + k^2\right)x = h \sin pt$, 其中 $k > 0, p > 0$ 和 h 都是实常数.

4. 设 ω 是非零的实常数, $P(\lambda)$ 是实常系数的多项式. 试求出实线性方程 $P(\mathrm{D})x = \sin \omega t$ 的一个特解.

(注意到例 2.7.4仅部分解决了这个问题, 即当将 $P(\lambda)$ 改写成 $P(\lambda) = P_1(\lambda^2) + \lambda P_2(\lambda^2)$ 时, 或者 $P_1(-\omega^2) \neq 0$, 或者 $P_2(-\omega^2) \neq 0$, 等价地, $P_1^2(-\omega^2) + \omega^2 P_2^2(-\omega^2) > 0$.)

5. 证明定理 2.7.1.

6. 设函数 $P(\lambda)$ 为不是常系数的复值多项式, 即 $P(\lambda)$ 形如

$$P(\lambda) = a_0(t)\lambda^n + a_1(t)\lambda^{n-1} + \cdots + a_{n-1}(t)\lambda + a_n(t),$$

其中 $a_0(t), a_1(t), \cdots, a_n(t)$ 都是以 t 为自变量的一元复值连续函数, 类似于 (2.73), 我们也可以引入算子

$$P(\mathrm{D})u = a_0(t)\dfrac{\mathrm{d}^n u}{\mathrm{d} t^n} + a_1(t)\dfrac{\mathrm{d}^{n-1} u}{\mathrm{d} t^{n-1}} + \cdots + a_{n-1}(t)\dfrac{\mathrm{d} u}{\mathrm{d} t} + a_n(t)u,$$

并用 $\dfrac{1}{P(\mathrm{D})}f(t)$ 来表示方程 $P(\mathrm{D})x = f(t)$ 的一个特解. 举例说明如下:

(1) 如果 $P_1(\lambda)$ 和 $P_2(\lambda)$ 都是非常系数的复值多项式, 那么 $P_1(\mathrm{D})P_2(\mathrm{D})$ 与 $P_2(\mathrm{D})P_1(\mathrm{D})$ 未必相等;

(2) 如果 $P_1(\lambda)$ 和 $P_2(\lambda)$ 都是非常系数的复值多项式, 那么对于 $P(\lambda) = P_1(\lambda)P_2(\lambda)$, 即使在相差方程 $P(\mathrm{D})x = 0$ 的一个解的意义下, 下式也未必成立:

$$\dfrac{1}{P_1(\mathrm{D})P_2(\mathrm{D})}f(x) = \dfrac{1}{P_1(\mathrm{D})}\left(\dfrac{1}{P_2(\mathrm{D})}f(x)\right) = \dfrac{1}{P_2(\mathrm{D})}\left(\dfrac{1}{P_1(\mathrm{D})}f(x)\right).$$

7. 证明命题 2.7.2.

第三章

线性微分方程组

在上一章中，我们探讨了用一些直接计算的方法和技巧来解决特定类型的方程 (组). 本章的重点则聚焦于最基本的线性常微分方程组. 之所以花一整章的笔墨于线性方程组上, 既是因为在研究和探讨许多现实问题的时候, 线性方程组以及非线性方程组在平衡态附近局部线性化的方程是最常出现的问题形式; 也是因为研究线性方程组的基本问题和基本方法, 也是探索和解决其他更为一般的方程组问题的基点. 在这一章中, 我们首先将利用逐次逼近法证明线性微分方程组解的存在性、唯一性. 然后, 我们将深入分析线性微分方程组的解的结构, 并探讨求解对应非齐次方程组的有效方法. 随后, 我们还将介绍常系数线性微分方程的解法以及边值问题的处理策略等内容.

3.1 一些基础知识

首先, 我们记 $n \times n$ 矩阵

$$\boldsymbol{A} = \begin{pmatrix} a_{11} & a_{12} & \cdots & a_{1n} \\ a_{21} & a_{22} & \cdots & a_{2n} \\ \vdots & \vdots & & \vdots \\ a_{n1} & a_{n2} & \cdots & a_{nn} \end{pmatrix} = (a_{ij}),$$

其中 $a_{ij} \in \mathbb{R}$ 或 $\mathbb{C}$. 关于这样的矩阵, 我们通常有以下一些基本性质:

(1) 假设 $\boldsymbol{A} = (a_{ij})$, $\boldsymbol{B} = (b_{ij})$, $\boldsymbol{C} = (c_{ij})$, $\boldsymbol{D} = (d_{ij})$ 和 $\lambda \in \mathbb{R}$ 或 $\mathbb{C}$, 我们分别定义矩阵的加法和数乘为 $\boldsymbol{C} = \boldsymbol{A} + \boldsymbol{B}$, $\boldsymbol{D} = \lambda \boldsymbol{A}$, 其分量形式为

$$c_{ij} = a_{ij} + b_{ij}, \qquad d_{ij} = \lambda a_{ij}.$$

所有的 $\mathbb{R}$ 或 $\mathbb{C}$ 上的 $n \times n$ 矩阵分别构成 $\mathbb{R}$ 或 $\mathbb{C}$ 上的 n^2 维线性空间.

(2) 假设 $\boldsymbol{A} = (a_{ij})$, $\boldsymbol{B} = (b_{ij})$, $\boldsymbol{C} = (c_{ij})$, 我们定义 $\boldsymbol{A} = (a_{ij})$ 和 $\boldsymbol{B} = (b_{ij})$ 的乘法为 $\boldsymbol{C} = \boldsymbol{AB}$, 其分量形式为

$$c_{ij} = \sum_{k=1}^{n} a_{ik} b_{kj}.$$

一般而言, $\boldsymbol{AB} \neq \boldsymbol{BA}$.

(3) 矩阵 $\boldsymbol{A} = (a_{ij})$ 的行列式

$$\det \boldsymbol{A} = \sum_{\sigma} (-1)^{\operatorname{sgn} \sigma} a_{1\sigma(1)} a_{2\sigma(2)} \cdots a_{n\sigma(n)},$$

其中 $\sigma : \{1, 2, \cdots, n\} \to \{1, 2, \cdots, n\}$ 为置换, $\operatorname{sgn} \sigma$ 为置换 σ 的符号 (即该置换可分解成对换的个数).

(4) 对 $n \times 1$ 矩阵 (即列向量), 我们记为

$$\boldsymbol{a} = \begin{pmatrix} a_1 \\ a_2 \\ \vdots \\ a_n \end{pmatrix}$$

或

$$\boldsymbol{a} = (a_1, a_2, \cdots, a_n)^{\mathrm{T}},$$

其中记号 $\boldsymbol{A}^{\mathrm{T}}$ 表示矩阵 $\boldsymbol{A}$ 的转置.

(5) 对于列向量 $\boldsymbol{a}_i = (a_{1i}, a_{2i}, \cdots, a_{ni})^{\mathrm{T}}$, 我们记

$$\boldsymbol{A} = (\boldsymbol{a}_1, \boldsymbol{a}_2, \cdots, \boldsymbol{a}_n) = \begin{pmatrix} a_{11} & a_{12} & \cdots & a_{1n} \\ a_{21} & a_{22} & \cdots & a_{2n} \\ \vdots & \vdots & & \vdots \\ a_{n1} & a_{n2} & \cdots & a_{nn} \end{pmatrix}.$$

我们记 $\{\boldsymbol{e}_i\}$ 为 $\mathbb{R}^n$ 的自然基, 则 $\boldsymbol{I} = (\boldsymbol{e}_1, \boldsymbol{e}_2, \cdots, \boldsymbol{e}_n) = (\delta_{ij})$ 为单位矩阵, 其中 $\{\delta_{ij}\}$ 为 Kronecker 符号.

(6) 线性方程组 $\boldsymbol{A}\boldsymbol{x} = \boldsymbol{y}$ 的分量形式为

$$y_i = \sum_{j=1}^n a_{ij} x_j.$$

定义 3.1.1　若函数 $\|\cdot\| : \mathbb{R}^n \to \mathbb{R}$ 满足

(1) 正定性: $\|x\| \geqslant 0$, 且 $\|x\| = 0 \Leftrightarrow x = 0$;

(2) 正齐次性: $\|cx\| = |c|\|x\|$;

(3) 次可加性: $\|x + y\| \leqslant \|x\| + \|y\|$ (三角不等式),

则称 $\|\cdot\|$ 为 $\mathbb{R}^n$ 上的向量范数.

对于 $\boldsymbol{x} = (x_1, x_2, \cdots, x_n)^{\mathrm{T}} \in \mathbb{R}^n$, 常用的范数有

(1) (1-范数) $\|\boldsymbol{x}\|_1 \stackrel{\text{def}}{=} \sum_{i=1}^n |x_i|$;

(2) (2-范数) $\|\boldsymbol{x}\|_2 \stackrel{\text{def}}{=} \sqrt{\sum_{i=1}^n |x_i|^2}$;

(3) (∞-范数) $\|\boldsymbol{x}\|_\infty \stackrel{\text{def}}{=} \max_{1 \leqslant i \leqslant n} |x_i|$.

定义 3.1.2　对于 n 阶方阵 $\boldsymbol{A}$, 我们定义由向量范数诱导的矩阵范数为

$$\|\boldsymbol{A}\| \stackrel{\text{def}}{=} \sup_{\boldsymbol{x} \neq \boldsymbol{0}} \frac{\|\boldsymbol{A}\boldsymbol{x}\|}{\|\boldsymbol{x}\|} \equiv \sup_{\|\boldsymbol{x}\|=1} \|\boldsymbol{A}\boldsymbol{x}\|.$$

在此定义下, 我们记 $\|\boldsymbol{A}\|_1, \|\boldsymbol{A}\|_2, \|\boldsymbol{A}\|_\infty$ 为由向量的 1-范数, 2-范数和 ∞-范数诱导的矩阵范数.

由定义 3.1.2, 我们容易证明由向量范数诱导的矩阵范数具有以下性质:

(1) $\|\boldsymbol{A}\| \geqslant 0$, 且 $\|\boldsymbol{A}\| = 0$ 当且仅当 $\boldsymbol{A} = \boldsymbol{0}_{n\times n}$;

(2) $\|\alpha \boldsymbol{A}\| = |\alpha| \cdot \|\boldsymbol{A}\|, \quad \forall \alpha \in \mathbb{R}$;

(3) 三角不等式
$$\|\boldsymbol{A} + \boldsymbol{B}\| \leqslant \|\boldsymbol{A}\| + \|\boldsymbol{B}\|$$
成立;

(4) 对于 $\boldsymbol{A} \in \mathbb{R}^{n\times n}, \boldsymbol{x} \in \mathbb{R}^n$,
$$\|\boldsymbol{A}\boldsymbol{x}\| \leqslant \|\boldsymbol{A}\|\|\boldsymbol{x}\|;$$

(5) 对于 $\boldsymbol{A}, \boldsymbol{B} \in \mathbb{R}^{n\times n}$,
$$\|\boldsymbol{A}\boldsymbol{B}\| \leqslant \|\boldsymbol{A}\|\|\boldsymbol{B}\|;$$

(6) 如果 $\boldsymbol{A} \in \mathbb{R}^{n\times n}$, 则
$$\|\boldsymbol{A}^{\mathrm{T}}\|_2 = \|\boldsymbol{A}\|_2 = \sqrt{\lambda_{\max}(\boldsymbol{A}^{\mathrm{T}}\boldsymbol{A})},$$
这里 $\lambda_{\max}$ 表示矩阵的最大特征值;

(7) 设 $\boldsymbol{A} = \{a_{ij}\}$, 则
$$\|\boldsymbol{A}\|_1 = \max_{1 \leqslant i \leqslant n} \left(\sum_{j=1}^n |a_{ji}|\right), \|\boldsymbol{A}\|_\infty = \max_{1 \leqslant i \leqslant n} \left(\sum_{j=1}^n |a_{ij}|\right).$$

上面已经展示了各种向量范数的定义和性质. 接下来我们证明在 $\mathbb{R}^n$ 上向量范数是等价的.

定理 3.1.1 设 $\|\cdot\|_A$ 和 $\|\cdot\|_B$ 都是 $\mathbb{R}^n$ 上的范数, 则它们是等价的, 即存在常数 $C_1, C_2 > 0$ 使得
$$C_1 \|\boldsymbol{x}\|_B \leqslant \|\boldsymbol{x}\|_A \leqslant C_2 \|\boldsymbol{x}\|_B, \quad \forall \boldsymbol{x} \in \mathbb{R}^n.$$

证明 定理的证明是简单的, 我们只要证明 $\mathbb{R}^n$ 上的任一种范数 $\|\cdot\|_*$ 与范数 $\|\cdot\|_2$ 等价就可以. 由范数所满足的性质 (1)—(3) 可以知道 $f(\boldsymbol{x}) \stackrel{\text{def}}{=} \|\boldsymbol{x}\|_*$ 是 $(\mathbb{R}^n, \|\cdot\|_2)$ 上的一个连续函数. 于是 $f(\boldsymbol{x})$ 在单位球面 $\|\boldsymbol{x}\|_2 = 1$ 上有最大值 C_2 和最小值 C_1. 由性质 (1), 该最小值 $C_2 > 0$. 这样我们得到了
$$C_1 \geqslant \|\boldsymbol{x}\|_* \geqslant C_2, \quad \forall \boldsymbol{x} \in \mathcal{S}^{n-1}.$$

这里 $\mathcal{S}^{n-1}$ 是 $\mathbb{R}^n$ 中的单位球面. 从而
$$C_1 \|\boldsymbol{x}\|_2 \geqslant \|\boldsymbol{x}\|_* \geqslant C_2 \|\boldsymbol{x}\|_2, \quad \forall \boldsymbol{x} \in \mathbb{R}^n. \qquad \square$$

3.2 一般线性微分方程组

首先, 考虑 n 维线性常微分方程组的标准形式

$$\frac{\mathrm{d}x_i}{\mathrm{d}t} = \sum_{j=1}^n a_{ij}(t)x_j + f_i(t), \quad i = 1, 2, \cdots, n,$$

其中函数 $a_{ij}: J \to \mathbb{R}$, $f_i: J \to \mathbb{R}$ 均是连续的, 区间 $J = [a, b]$. 按照前面的约定, 我们可以简洁地将其写成向量值和矩阵值函数的形式:

$$\frac{\mathrm{d}\boldsymbol{x}}{\mathrm{d}t} = \boldsymbol{A}(t)\boldsymbol{x} + \boldsymbol{f}(t), \tag{3.1}$$

其中

$$\boldsymbol{A}(t) = \begin{pmatrix} a_{11}(t) & a_{12}(t) & \cdots & a_{1n}(t) \\ a_{21}(t) & a_{22}(t) & \cdots & a_{2n}(t) \\ \vdots & \vdots & & \vdots \\ a_{n1}(t) & a_{n2}(t) & \cdots & a_{nn}(t) \end{pmatrix}, \quad \boldsymbol{x}(t) = \begin{pmatrix} x_1(t) \\ x_2(t) \\ \vdots \\ x_n(t) \end{pmatrix},$$

$$\boldsymbol{f}(t) = \begin{pmatrix} f_1(t) \\ f_2(t) \\ \vdots \\ f_n(t) \end{pmatrix}, \quad \frac{\mathrm{d}\boldsymbol{x}}{\mathrm{d}t} = \begin{pmatrix} \dfrac{\mathrm{d}x_1}{\mathrm{d}t} \\ \dfrac{\mathrm{d}x_2}{\mathrm{d}t} \\ \vdots \\ \dfrac{\mathrm{d}x_n}{\mathrm{d}t} \end{pmatrix}.$$

若方程组 (3.1) 中 $\boldsymbol{f} \equiv \boldsymbol{0}$, 则称之为**齐次线性方程组**, 否则称之为**非齐次线性方程组**. 方程组 (3.1) 满足初值条件 $\boldsymbol{x}(t_0) = \boldsymbol{x}_0$ 的解称为**初值问题的解**, 可以记为 $\boldsymbol{x}(t, t_0, \boldsymbol{x}_0)$. 这里的 $t_0 \in J$, $\boldsymbol{x}_0 \in \mathbb{R}^n$.

定理 3.2.1 假设每一函数 $a_{ij}(t)$ 和 $f_i(t)$ 都在 $J = [a, b]$ 上连续, $t_0 \in J$ 和 $\boldsymbol{x}_0 \in \mathbb{R}^n$. 那么方程组 (3.1) 初值问题的解是存在且唯一的, 并且该解 $\boldsymbol{x}(t, t_0, \boldsymbol{x}_0)$ 是关于变元 $(t_0, \boldsymbol{x}_0)$ 连续的向量值函数. 若每一函数 $a_{ij}(t)$ 和 $f_i(t)$ 均是连续可微的, 则方程组 (3.1) 初值问题的解关于 $(t_0, \boldsymbol{x}_0)$ 具有可微性.

证明 我们用所谓的**逐次逼近法**来证明定理中的解的存在唯一性.

不难看到, 求解微分方程组 (3.1) 的初值问题等价于求积分方程

$$\boldsymbol{x}(t) = \boldsymbol{x}_0 + \int_{t_0}^t (\boldsymbol{A}(s)\boldsymbol{x}(s) + \boldsymbol{f}(s))\mathrm{d}s \tag{3.2}$$

在 $J=[a,b]$ 上的连续解.

首先, 我们证明积分方程 (3.2) 连续解的存在性. 为此, 定义

$$\boldsymbol{\varphi}_0(t) \equiv \boldsymbol{x}_0, \quad t \in J,$$
$$\boldsymbol{\varphi}_{k+1}(t) = \boldsymbol{x}_0 + \int_{t_0}^{t} (\boldsymbol{A}(s)\boldsymbol{\varphi}_k(s) + \boldsymbol{f}(s))\,\mathrm{d}s, \quad t \in J, \ k = 0,1,\cdots. \tag{3.3}$$

由定理的假设条件可知, 这样定义的 $\boldsymbol{\varphi}_k(t)$ 在 J 是连续的. 而我们要证明 $\boldsymbol{\varphi}_k(t)$ 在 J 上一致收敛到积分方程 (3.2) 的一个连续解.

记

$$M \stackrel{\text{def}}{=} \max_{t \in J} \|\boldsymbol{A}(t)\|, \quad N \stackrel{\text{def}}{=} \max_{t \in J} \|\boldsymbol{A}(t)\boldsymbol{x}_0 + \boldsymbol{f}(t)\|.$$

利用向量范数及其诱导的矩阵范数的性质, 我们有

$$\|\boldsymbol{\varphi}_1(t) - \boldsymbol{\varphi}_0(t)\| = \left\| \int_{t_0}^{t} (\boldsymbol{A}(s)\boldsymbol{\varphi}_0(s) + \boldsymbol{f}(s))\,\mathrm{d}s \right\|$$
$$\leqslant \left| \int_{t_0}^{t} \|\boldsymbol{A}(s)\boldsymbol{\varphi}_0(s) + \boldsymbol{f}(s)\|\,\mathrm{d}s \right| \leqslant N\,|t - t_0|$$

和

$$\|\boldsymbol{\varphi}_2(t) - \boldsymbol{\varphi}_1(t)\| \leqslant \left| \int_{t_0}^{t} \|\boldsymbol{A}(s)\| \cdot \|\boldsymbol{\varphi}_1(s) - \boldsymbol{\varphi}_0(s)\|\,\mathrm{d}s \right|$$
$$\leqslant \left| \int_{t_0}^{t} MN|s - t_0|\,\mathrm{d}s \right| = \frac{1}{2} MN\,|t - t_0|^2.$$

于是归纳地可以证明

$$\|\boldsymbol{\varphi}_{k+1}(t) - \boldsymbol{\varphi}_k(t)\| \leqslant \frac{1}{(k+1)!} M^k N\,|t - t_0|^{k+1}.$$

从而有

$$\sum_{k=1}^{+\infty} \|\boldsymbol{\varphi}_{k+1}(t) - \boldsymbol{\varphi}_k(t)\| \leqslant \frac{N}{M}(\mathrm{e}^{Mq} - 1), \quad q = |a - b|,$$

因此向量值函数项级数 $\sum_{k=0}^{+\infty} (\boldsymbol{\varphi}_{k+1}(t) - \boldsymbol{\varphi}_k(t))$ 在 J 上一致收敛, 即 $\boldsymbol{\varphi}_k(t)$ 在 J 上一致收敛. 设其极限函数为 $\boldsymbol{\varphi}(t)$. 由于每个 $\boldsymbol{\varphi}_k(t)$ 都是 J 上的连续函数, 由一致收敛性的性质, 可以知道 $\boldsymbol{\varphi}(t)$ 也是 J 上的连续函数. 进一步, 在 (3.3) 中令 $k \to +\infty$ 可得

$$\boldsymbol{\varphi}(t) = \boldsymbol{x}_0 + \int_{t_0}^{t} (\boldsymbol{A}(s)\boldsymbol{\varphi}(s) + \boldsymbol{f}(s))\,\mathrm{d}s, \quad t \in J. \tag{3.4}$$

即 $\boldsymbol{\varphi}(t)$ 是积分方程 (3.2) 在 J 上的一个连续解. 从而它也是微分方程 (3.1) 初值问题的一个解.

接下来, 证明解的唯一性. 为此, 设 $\boldsymbol{x} = \boldsymbol{\varphi}(t)$ 和 $\boldsymbol{x} = \boldsymbol{\psi}(t)$ 都是方程 (3.2) 在 J 上的解, 即 (3.4) 和

$$\boldsymbol{\psi}(t) = \boldsymbol{x}_0 + \int_{t_0}^{t} (\boldsymbol{A}(s)\boldsymbol{\psi}(s) + \boldsymbol{f}(s))\mathrm{d}s, \quad t \in J \tag{3.5}$$

成立. 将 (3.4) 和 (3.5) 两式相减后得到

$$\boldsymbol{\varphi}(t) - \boldsymbol{\psi}(t) = \int_{t_0}^{t} \boldsymbol{A}(s)(\boldsymbol{\varphi}(s) - \boldsymbol{\psi}(s))\mathrm{d}s. \tag{3.6}$$

记 $L \stackrel{\text{def}}{=} \max\limits_{t \in J} \|\boldsymbol{\varphi}(t) - \boldsymbol{\psi}(t)\|$, 则

$$\|\boldsymbol{\varphi}(t) - \boldsymbol{\psi}(t)\| \leqslant \left| \int_{t_0}^{t} \|\boldsymbol{A}(s)\| \cdot \|\boldsymbol{\varphi}(s) - \boldsymbol{\psi}(s)\| \mathrm{d}s \right|$$

$$\leqslant \left| \int_{t_0}^{t} ML \, \mathrm{d}s \right| = ML\,|t - t_0|, \quad t \in J.$$

将这个估计用于 (3.6), 又可以得到

$$\|\boldsymbol{\varphi}(t) - \boldsymbol{\psi}(t)\| \leqslant \frac{M^2 L}{2} |t - t_0|^2, \quad t \in J.$$

一般地, 反复迭代可得对任何 $k \geqslant 1$,

$$\|\boldsymbol{\varphi}(t) - \boldsymbol{\psi}(t)\| \leqslant \frac{M^k L}{k!} |t - t_0|^k, \quad t \in J. \tag{3.7}$$

在 (3.7) 中令 $k \to +\infty$, 即得

$$\|\boldsymbol{\varphi}(t) - \boldsymbol{\psi}(t)\| \leqslant 0, \quad t \in J,$$

即

$$\boldsymbol{\varphi}(t) = \boldsymbol{\psi}(t), \quad t \in J.$$

这就证明了方程 (3.2) 初值问题解的唯一性. 定理中有关解 $\boldsymbol{x}(t, t_0, \boldsymbol{x}_0)$ 关于变元 $(t_0, \boldsymbol{x}_0)$ 连续和可微的结论请读者思考完成. □

3.2.1 齐次线性方程组

我们先来考虑齐次线性方程组

$$\frac{\mathrm{d}\boldsymbol{x}}{\mathrm{d}t} = \boldsymbol{A}(t)\boldsymbol{x}. \tag{3.8}$$

我们记方程 (3.8) 在 $J = [a, b]$ 上解的全体为 $\mathcal{S}$, 称为方程组 (3.8) 的**解空间**.

引理 3.2.1 设 $\boldsymbol{A}: J \to \mathbb{R}^{n \times n}$ 和 $\boldsymbol{f}: J \to \mathbb{R}^n$ 均连续，区间 $J = [a, b]$，则 $\mathcal{S} \subset C^1(J, \mathbb{R}^n)$ 为一 n 维线性子空间. 更确切地说，固定 $t_0 \in J$，映射

$$H: \boldsymbol{x}_0 \mapsto \boldsymbol{x}(\cdot, t_0, \boldsymbol{x}_0)$$

定义了 $\mathbb{R}^n$ 到 $\mathcal{S}$ 的一个线性同构，其中 $\boldsymbol{x}(\cdot, t_0, \boldsymbol{x}_0)$ 为方程 (3.8) 满足初值条件 $\boldsymbol{x}(t_0) = \boldsymbol{x}(t_0, t_0, \boldsymbol{x}_0) = \boldsymbol{x}_0$ 的唯一解.

证明 对于任意 $c_1, c_2 \in \mathbb{R}$, $\boldsymbol{x}_1, \boldsymbol{x}_2 \in \mathcal{S}$, $\boldsymbol{x} = c_1 \boldsymbol{x}_1 + c_2 \boldsymbol{x}_2$，于是

$$\boldsymbol{x}' = c_1 \boldsymbol{x}'_1 + c_2 \boldsymbol{x}'_2 = c_1 \boldsymbol{A}(t) \boldsymbol{x}_1 + c_2 \boldsymbol{A}(t) \boldsymbol{x}_2$$
$$= \boldsymbol{A}(t)(c_1 \boldsymbol{x}_1 + c_2 \boldsymbol{x}_2) = \boldsymbol{A}(t) \boldsymbol{x}.$$

故 $\mathcal{S} \subset C^1(J, \mathbb{R}^n)$ 为一线性子空间.

由解的存在唯一性，映射 $H: \mathbb{R}^n \to \mathcal{S}$ 有定义且为双射. 下面我们来验证 H 为线性映射. 设 $\boldsymbol{x}_1, \boldsymbol{x}_2 \in \mathcal{S}$ 分别为方程 (3.8) 满足初值条件 $\boldsymbol{x}_1(t_0) = \boldsymbol{x}_1^0$, $\boldsymbol{x}_2(t_0) = \boldsymbol{x}_2^0$ 的解，则由解的存在唯一性，$c_1 \boldsymbol{x}_1 + c_2 \boldsymbol{x}_2 \in \mathcal{S}$ 为方程 (3.8) 满足初值条件 $c_1 \boldsymbol{x}_1^0 + c_2 \boldsymbol{x}_2^0$ 的解. 因此

$$H(c_1 \boldsymbol{x}_1^0 + c_2 \boldsymbol{x}_2^0) = c_1 \boldsymbol{x}_1 + c_2 \boldsymbol{x}_2 = c_1 H(\boldsymbol{x}_1^0) + c_2 H(\boldsymbol{x}_2^0).$$

这就证明了 H 为一线性同构. □

上述线性同构表明，初值向量组 $\{\boldsymbol{x}_k^0\}_{k=1}^m$ 的线性相关性等价于 $\mathcal{S}$ 中相应的解组 $\{\boldsymbol{x}_k(t)\}_{k=1}^m$ 的线性相关性. 解组 $\{\boldsymbol{x}_1(t), \boldsymbol{x}_2(t), \cdots, \boldsymbol{x}_m(t)\} \subset \mathcal{S}$ 称为线性无关 (或线性独立) 是指

$$c_1 \boldsymbol{x}_1(t) + c_2 \boldsymbol{x}_2(t) + \cdots + c_m \boldsymbol{x}_m(t) = \boldsymbol{0}, \quad c_1, c_2, \cdots, c_m \in \mathbb{R}$$

蕴涵了 $c_1 = c_2 = \cdots = c_m = 0$. 引理 3.2.1 表明，$\mathcal{S}$ 存在由 n 个线性独立的解组构成的 $\mathcal{S}$ 的基，称为齐次方程 (3.8) 的**基础解系**.

3.2.2 基解矩阵与 Wronski 行列式

任给齐次方程 (3.8) 的 n 个解

$$\boldsymbol{x}_1(t), \boldsymbol{x}_2(t), \cdots, \boldsymbol{x}_n(t).$$

其向量形式为

$$\boldsymbol{x}_1(t) = \begin{pmatrix} x_{11}(t) \\ x_{21}(t) \\ \vdots \\ x_{n1}(t) \end{pmatrix}, \boldsymbol{x}_2(t) = \begin{pmatrix} x_{12}(t) \\ x_{22}(t) \\ \vdots \\ x_{n2}(t) \end{pmatrix}, \cdots, \boldsymbol{x}_n(t) = \begin{pmatrix} x_{1n}(t) \\ x_{2n}(t) \\ \vdots \\ x_{nn}(t) \end{pmatrix}.$$

我们称行列式

$$W(t) \stackrel{\text{def}}{=} \det\begin{pmatrix} x_{11}(t) & x_{12}(t) & \cdots & x_{1n}(t) \\ x_{21}(t) & x_{22}(t) & \cdots & x_{2n}(t) \\ \vdots & \vdots & & \vdots \\ x_{n1}(t) & x_{n2}(t) & \cdots & x_{nn}(t) \end{pmatrix} = \det(\boldsymbol{x}_1(t), \boldsymbol{x}_2(t), \cdots, \boldsymbol{x}_n(t))$$

为解组 $(\boldsymbol{x}_1, \boldsymbol{x}_2, \cdots, \boldsymbol{x}_n)$ 的 Wronski 行列式.

若记矩阵函数

$$\boldsymbol{X}(t) = (\boldsymbol{x}_1(t), \boldsymbol{x}_2(t), \cdots, \boldsymbol{x}_n(t)),$$

则我们有

$$\begin{aligned} \boldsymbol{X}'(t) &= (\boldsymbol{x}_1'(t), \boldsymbol{x}_2'(t), \cdots, \boldsymbol{x}_n'(t)) \\ &= (\boldsymbol{A}(t)\boldsymbol{x}_1(t), \boldsymbol{A}(t)\boldsymbol{x}_2(t), \cdots, \boldsymbol{A}(t)\boldsymbol{x}_n(t)) \\ &= \boldsymbol{A}(t)\boldsymbol{X}(t). \end{aligned} \quad (3.9)$$

方程 (3.9) 是一个 n^2 阶线性方程组, 其解由初值条件 $\boldsymbol{Y}(t_0) = \boldsymbol{C} = (\boldsymbol{y}_1, \boldsymbol{y}_2 \cdots, \boldsymbol{y}_n)$ 决定. 其中一个特殊的解组 $\boldsymbol{X}(t) = (\boldsymbol{x}_1(t), \boldsymbol{x}_2(t), \cdots, \boldsymbol{x}_n(t))$ 满足方程

$$\begin{cases} \boldsymbol{X}' = \boldsymbol{A}(t)\boldsymbol{X}, \\ \boldsymbol{X}(t_0) = \boldsymbol{I}. \end{cases} \quad (3.10)$$

若记 $\{\boldsymbol{e}_i\}_{i=1}^n$ 为 $\mathbb{R}^n$ 的一组自然基, 则

$$\begin{cases} \boldsymbol{x}_i' = \boldsymbol{A}(t)\boldsymbol{x}_i, \\ \boldsymbol{x}_i(t_0) = \boldsymbol{e}_i. \end{cases} \quad i = 1, 2, \cdots, n.$$

若 $(\boldsymbol{y}_1(t), \boldsymbol{y}_2(t), \cdots, \boldsymbol{y}_n(t))$ 为方程 (3.8) 解空间的一组基, 则 $\boldsymbol{Y}(t) = (\boldsymbol{y}_1(t), \boldsymbol{y}_2(t), \cdots, \boldsymbol{y}_n(t))$ 称为方程 (3.8) 的基解矩阵.

下面我们来讨论方程 (3.9)、(3.10) 的解与齐次方程一般初值问题解的关系.

引理 3.2.2　假设 $\boldsymbol{X}(t)$ 为方程 (3.10) 的解, 则有如下性质:

(1) $\boldsymbol{y}(t)$ 满足方程 $\boldsymbol{y}' = \boldsymbol{A}(t)\boldsymbol{y}, \boldsymbol{y}(t_0) = \boldsymbol{y}_0$ 当且仅当 $\boldsymbol{y}(t) = \boldsymbol{X}(t)\boldsymbol{y}_0$.

(2) 若 $\boldsymbol{Y}(t)$ 为方程 (3.9) 的解, $\boldsymbol{C}$ 为常数矩阵, 则 $\boldsymbol{Z}(t) = \boldsymbol{Y}(t)\boldsymbol{C}$ 仍为方程 (3.9) 的解.

(3) 若 $\boldsymbol{Y}(t)$ 为方程 (3.8) 的基解矩阵, 则对任意非奇异常数矩阵 $\boldsymbol{C}$, $\boldsymbol{Z}(t) = \boldsymbol{Y}(t)\boldsymbol{C}$ 亦为方程 (3.8) 的基解矩阵.

(4) 若 $\boldsymbol{Y}(t)$ 为方程 (3.8) 的基解矩阵, 则方程 (3.8) 的任意基解矩阵均可写成 $\boldsymbol{Y}(t)\boldsymbol{C}$, 其中 $\boldsymbol{C}$ 为非奇异常数矩阵.

(5) 方程 (3.9) 的任一解具有形式 $\boldsymbol{Y}(t) = \boldsymbol{X}(t)\boldsymbol{Y}(t_0)$.

证明 若 $\boldsymbol{y}(t) = \boldsymbol{X}(t)\boldsymbol{y}_0$, 则 $\boldsymbol{y}(t_0) = \boldsymbol{I}\boldsymbol{y}_0 = \boldsymbol{y}_0$, 且

$$\boldsymbol{y}'(t) = \boldsymbol{X}'(t)\boldsymbol{y}_0 = \boldsymbol{A}(t)\boldsymbol{X}(t)\boldsymbol{y}_0 = \boldsymbol{A}(t)\boldsymbol{y}(t).$$

反之, 若 $\boldsymbol{y}(t)$ 为初值问题 $\boldsymbol{y}' = \boldsymbol{A}(t)\boldsymbol{y}, \boldsymbol{y}(t_0) = \boldsymbol{y}_0$ 的解, 且 $\boldsymbol{y}_0 = \sum_{i=1}^{n} c_i \boldsymbol{e}_i$, 则 $\boldsymbol{y}(t) = \sum_{i=1}^{n} c_i \boldsymbol{x}_i(t)$. 因此, $\boldsymbol{y}(t) = \boldsymbol{X}(t)\boldsymbol{y}_0$. 这就证明了性质 (1).

性质 (2) 可直接验证得到.

下面证明性质 (3). 设 $\boldsymbol{Z}(t) = (\boldsymbol{z}_1(t), \boldsymbol{z}_2(t), \cdots, \boldsymbol{z}_n(t))$. 任给 $\lambda_1, \lambda_2, \cdots, \lambda_n \in \mathbb{R}$, 由

$$\boldsymbol{0} = \sum_{i=1}^{n} \lambda_i \boldsymbol{z}_i(t) = \boldsymbol{Y}(t)\boldsymbol{C}\begin{pmatrix} \lambda_1 \\ \lambda_2 \\ \vdots \\ \lambda_n \end{pmatrix}$$

可推出

$$\boldsymbol{C}\begin{pmatrix} \lambda_1 \\ \lambda_2 \\ \vdots \\ \lambda_n \end{pmatrix} = \boldsymbol{0}.$$

因为 $\boldsymbol{C}$ 是非奇异矩阵, 故 $\lambda_1 = \lambda_2 = \cdots = \lambda_n = 0$. 从而 $(\boldsymbol{z}_1(t), \boldsymbol{z}_2(t), \cdots, \boldsymbol{z}_n(t))$ 线性独立. 故 $\boldsymbol{Z}(t)$ 为方程 (3.8) 的基解矩阵.

下面证明性质 (4). 假设 $\boldsymbol{Z}(t) = (\boldsymbol{z}_1(t), \boldsymbol{z}_2(t), \cdots, \boldsymbol{z}_n(t))$ 为方程 (3.8) 的基解矩阵, $\boldsymbol{z}_i(t_0) = \boldsymbol{z}_i, i = 1, 2, \cdots, n$. 设 $\boldsymbol{Y}(t) = (\boldsymbol{y}_1(t), \boldsymbol{y}_2(t), \cdots, \boldsymbol{y}_n(t))$, $\boldsymbol{y}_i(t_0) = \boldsymbol{y}_i, i = 1, 2, \cdots, n$. 则 $\{\boldsymbol{y}_i\}$ 线性独立. 故 $\boldsymbol{z}_i = \sum_{j=1}^{n} c_{ij}\boldsymbol{y}_j$, $\boldsymbol{C} = (c_{ji})$ 是非奇异矩阵, 且

$$\boldsymbol{z}_i(t) = \sum_{j=1}^{n} c_{ij}\boldsymbol{y}_j(t).$$

因此

$$\boldsymbol{Z}(t) = (\boldsymbol{z}_1(t), \boldsymbol{z}_2(t), \cdots, \boldsymbol{z}_n(t)) = (\boldsymbol{y}_1(t), \boldsymbol{y}_2(t), \cdots, \boldsymbol{y}_n(t))\boldsymbol{C} = \boldsymbol{Y}(t)\boldsymbol{C}.$$

这就证明了性质 (4).

性质 (5) 是性质 (4) 的直接推论. □

引理 3.2.3 (Liouville) 设 $\boldsymbol{A}(t)$ 在 J 上连续, 则 Wronski 行列式 $W(t)$ 满足微分方程

$$W'(t) = \operatorname{tr}(\boldsymbol{A}(t))W(t), \qquad t \in J. \tag{3.11}$$

特别地,

$$W(t) = W(t_0)\mathrm{e}^{\int_{t_0}^t \operatorname{tr}(\boldsymbol{A}(s))\mathrm{d}s}. \tag{3.12}$$

证明 设 $\boldsymbol{X}(t) = (\boldsymbol{x}_1, \boldsymbol{x}_2, \cdots, \boldsymbol{x}_n)$ 为方程 (3.10) 决定的方程 (3.8) 的基解矩阵.

$$(\det \boldsymbol{X}(t))' = \sum_{i=1}^n \det(\boldsymbol{x}_1, \boldsymbol{x}_2, \cdots, \boldsymbol{x}_{i-1}, \boldsymbol{x}_i', \boldsymbol{x}_{i+1}, \cdots, \boldsymbol{x}_n).$$

因为 $\boldsymbol{x}_i(t_0) = \boldsymbol{e}_i$, $\boldsymbol{x}_i' = \boldsymbol{A}(t_0)\boldsymbol{e}_i$, 故

$$(\det \boldsymbol{X}(t_0))' = \sum_{i=1}^n \det(\boldsymbol{e}_1, \boldsymbol{e}_2, \cdots, \boldsymbol{e}_{i-1}, \boldsymbol{A}(t_0)\boldsymbol{e}_i, \boldsymbol{e}_{i+1}, \cdots, \boldsymbol{e}_n)$$

$$= \sum_{i=1}^n a_{ii}(t_0) = \operatorname{tr}(\boldsymbol{A}(t_0)).$$

因为 $W(t) = \det \boldsymbol{Y}(t)$, 由引理 3.2.2 性质 (5), $W(t) = W(t_0)\det \boldsymbol{X}(t)$. 故

$$W'(t) = W(t_0)(\det \boldsymbol{X}(t))'.$$

特别地,

$$W'(t_0) = W(t_0)(\det \boldsymbol{X}(t_0))' = W(t_0)\operatorname{tr}(\boldsymbol{A}(t_0)).$$

由 t_0 的任意性, 我们得到方程 (3.11), 而式 (3.12) 直接由方程 (3.11) 解得. □

推论 3.2.1 Wronski 行列式 $W(t)$ 在 J 上只能恒等于 0 或处处不为 0. $W(t) \neq 0$ 当且仅当 $\boldsymbol{Y}(t)$ 为方程 (3.8) 的基解矩阵.

3.2.3 d'Alembert 降阶法

接下来我们来讨论 d'Alembert 降阶法. 考虑齐次方程

$$\boldsymbol{y}' = \boldsymbol{A}(t)\boldsymbol{y}. \tag{3.13}$$

我们假设方程 (3.13) 有解 $\boldsymbol{x}(t)$, 余下的解具有形式

$$\boldsymbol{y}(t) = \phi(t)\boldsymbol{x}(t) + \boldsymbol{z}(t), \qquad \boldsymbol{z}(t) = \begin{pmatrix} 0 \\ z_2(t) \\ \vdots \\ z_n(t) \end{pmatrix}. \tag{3.14}$$

故若 $\boldsymbol{y}(t)$ 为方程 (3.13) 的解, 则
$$\boldsymbol{y}'(t) = \phi'\boldsymbol{x} + \phi\boldsymbol{x}' + \boldsymbol{z}' = \phi\boldsymbol{A}\boldsymbol{x} + \boldsymbol{A}\boldsymbol{z}.$$

从而
$$\boldsymbol{z}' = \boldsymbol{A}\boldsymbol{z} - \phi'\boldsymbol{x}.$$

上述方程的第一个分量满足
$$\sum_{j=2}^n a_{1j}z_j = \phi' x_1,$$

其余分量满足
$$z_i' = \sum_{j=2}^n a_{ij}z_j - \phi' x_i, \quad i = 2, 3, \cdots, n.$$

第一个等式解出 ϕ' 代入第二个等式, 得到
$$z_i' = \sum_{j=2}^n (a_{ij} - \frac{x_i}{x_1} a_{1j}) z_j, \quad i = 2, 3, \cdots, n. \tag{3.15}$$

注意到方程 (3.15) 为 $n-1$ 维齐次线性方程组. 不失一般性, 我们可以假设 $x_1 \neq 0$(不然我们选取其他的 $\boldsymbol{z}(t)$, 使其某分量为 0).

若方程 (3.15) 有解 $(z_2(t), z_3(t), \cdots, z_n(t))$, 则
$$\phi(t) = \int \frac{1}{x_1} \sum_{j=2}^n a_{1j}z_j \, \mathrm{d}t$$

决定了形如 (3.14) 的方程 (3.13) 的解 $\boldsymbol{y}(t)$.

如果 $n-1$ 维方程 (3.15) 可以完全解出, 即存在由 $n-1$ 个线性独立的向量 $(\boldsymbol{z}_1, \boldsymbol{z}_2, \cdots, \boldsymbol{z}_{n-1})$ 组成的解, 则由 (3.14) 决定的 $(\boldsymbol{y}_1, \boldsymbol{y}_2, \cdots, \boldsymbol{y}_{n-1})$ 给出了原方程 (3.13) 的 $n-1$ 个解. 我们断言: $(\boldsymbol{x}, \boldsymbol{y}_1, \cdots, \boldsymbol{y}_{n-1})$ 亦线性独立, 从而构成方程 (3.13) 的基础解系. 事实上, 设
$$\boldsymbol{y}_i = \phi_i \boldsymbol{x} + \boldsymbol{z}_i, \quad i = 1, 2, \cdots, n-1.$$

若对 $\lambda, \lambda_1, \cdots, \lambda_{n-1} \in \mathbb{R}$ 有
$$\lambda \boldsymbol{x} + \lambda_1 \boldsymbol{y}_1 + \cdots + \lambda_{n-1} \boldsymbol{y}_{n-1} = \boldsymbol{0}, \tag{3.16}$$

则由于 $\boldsymbol{z}_i$ 的第一个分量为 0, 故
$$\lambda x_1 + \lambda_1 \phi_1 x_1 + \cdots + \lambda_{n-1} \phi_{n-1} x_1 = 0.$$

回忆 $x_1 \neq 0$, 从而

$$\lambda + \lambda_1 \phi_1 + \cdots + \lambda_{n-1} \phi_{n-1} = 0.$$

因此

$$\lambda \boldsymbol{x} + \lambda_1 \phi_1 \boldsymbol{x} + \cdots + \lambda_{n-1} \phi_{n-1} \boldsymbol{x} = \boldsymbol{0}. \tag{3.17}$$

式 (3.17) 与 (3.16) 相减得到

$$\lambda_1 \boldsymbol{z}_1 + \lambda_2 \boldsymbol{z}_2 + \cdots + \lambda_{n-1} \boldsymbol{z}_{n-1} = 0.$$

这表明 $\lambda_1 = \lambda_2 = \cdots = \lambda_{n-1} = 0, \lambda = 0$。

例 3.2.1 解方程组

$$\begin{cases} y_1' = \dfrac{1}{t} y_1 - y_2, \\ y_2' = \dfrac{1}{t^2} + \dfrac{2}{t} y_2. \end{cases}$$

解 此时 $\boldsymbol{A}(t) = \begin{pmatrix} \dfrac{1}{t} & -1 \\ \dfrac{1}{t^2} & \dfrac{2}{t} \end{pmatrix}$。观察得到方程一解 $\boldsymbol{x}(t) = \begin{pmatrix} t^2 \\ -t \end{pmatrix}$。由方程 (3.15),

$$z_2' = \left(\dfrac{2}{t} - \dfrac{t}{t^2} \right) z_2 = \dfrac{1}{t} z_2.$$

从而得到一个解 $z_2(t) = t$, 故

$$\phi(t) = \int \dfrac{1}{t^2} \cdot (-t) \mathrm{d}t = -\ln t.$$

因此

$$\boldsymbol{y}(t) = \phi(t) \boldsymbol{x}(t) + \boldsymbol{z}(t) = -\ln t \, \boldsymbol{x}(t) + \begin{pmatrix} 0 \\ t \end{pmatrix} = \begin{pmatrix} -t^2 \ln t \\ t + t \ln t \end{pmatrix}.$$

从而

$$\boldsymbol{Y}(t) = (\boldsymbol{x}(t), \boldsymbol{y}(t)) = \begin{pmatrix} t^2 & -t^2 \ln t \\ -t & t + t \ln t \end{pmatrix}, \quad \boldsymbol{Y}(1) = \begin{pmatrix} 1 & 0 \\ -1 & 1 \end{pmatrix}$$

为方程的基解矩阵. 特别地, 满足方程 (3.10) 的基解矩阵 $\boldsymbol{X}(t)$ 为

$$\boldsymbol{X}(t) = (\boldsymbol{x}(t) + \boldsymbol{y}(t), \boldsymbol{y}(t)) = \begin{pmatrix} t^2(1 - \ln t) & -t^2 \ln t \\ t \ln t & t(1 + \ln t) \end{pmatrix}, \quad \boldsymbol{X}(1) = \boldsymbol{I}. \quad \square$$

3.2.4 非齐次线性方程组与常数变易法

接下来我们先来考虑非齐次方程组 (3.1).

引理 3.2.4 假设 $Y(t)$ 为方程组 (3.1) 的齐次部分的基解矩阵, $y^*(t)$ 为方程组 (3.1) 的一个特解, 则方程组 (3.1) 的任一解 $y(t)$ 可以表示为

$$y(t) = Y(t)c + y^*(t),$$

其中 c 为常列向量.

证明 容易验证 $y(t) - y^*(t)$ 为齐次方程 (3.8) 的解. 结论由引理 3.2.2(1) 得到. □

下面介绍一个重要的方法, 已知齐次方程 (3.8) 的基解矩阵 $Y(t)$, 寻找方程组 (3.1) 特解的办法, 称为**常数变易法**. 我们在前述章节 §2.2.2 和 §2.2.4 中已经运用过这个方法.

假设寻找的特解 y^* 具有形式

$$y^*(t) = Y(t)c(t), \tag{3.18}$$

其中 $c: J \to \mathbb{R}^n$. 将 (3.18) 代入方程组 (3.1) 得到

$$Y'(t)c(t) + Y(t)c'(t) = A(t)Y(t)c(t) + f(t),$$

结合 $Y'(t) = A(t)Y(t)$, 我们有

$$Y(t)c'(t) = f(t).$$

因为 Wronski 行列式 $\det Y(t) \neq 0$, 故 $Y(t)$ 可逆, 从而

$$c'(t) = Y^{-1}(t)f(t).$$

故

$$c(t) = \int_{t_0}^{t} Y^{-1}(s)f(s)\mathrm{d}s.$$

再代回 (3.18), 我们得到

$$y^*(t) = Y(t)\int_{t_0}^{t} Y^{-1}(s)f(s)\mathrm{d}s.$$

综上讨论, 我们有如下结论.

定理 3.2.2 设 $Y(t)$ 为齐次方程 (3.8) 的基解矩阵, 则非齐次方程组 (3.1) 的通解为

$$y(t) = Y(t)\left(c + \int_{t_0}^{t} Y^{-1}(s)f(s)\mathrm{d}s\right),$$

其中 c 为常列向量. 特别地, 方程组 (3.1) 满足初值条件 $y(t_0) = y_0$ 的解为

$$y(t) = Y(t)Y^{-1}(t_0)y_0 + Y(t)\int_{t_0}^t Y^{-1}(s)f(s)\mathrm{d}s.$$

定理 3.2.2 利用常数变易法给出了一般非齐次线性方程组 (3.1) 解的结构. 但是需要指出, 一般而言相应的齐次方程 (3.8) 的基解矩阵并非容易确定, 即便我们运用 d'Alembert 降阶法, 仅能在已知一个解的前提下, 将问题转化为一个求低阶方程组解的问题. 因此我们并不能利用定理 3.2.2中的表达式, 封闭地给出方程组 (3.1) 的解. 这一实质问题, 对于后面的常系数线性方程组而言, 是相对容易处理的.

例 3.2.2 求解非齐次方程组的初值问题 $\begin{cases} y'(t) = A(t)y + b(t), \\ y(1) = 0, \end{cases}$ 其中

$$A(t) = \begin{pmatrix} \dfrac{1}{t} & -1 \\ \dfrac{1}{t^2} & \dfrac{2}{t} \end{pmatrix}, \quad b(t) = \begin{pmatrix} t \\ -t^2 \end{pmatrix}.$$

解 在例 3.2.1中, 我们已经求得齐次方程的一个基解矩阵为

$$Y(t) = (x(t), y(t)) = \begin{pmatrix} t^2 & -t^2\ln t \\ -t & t + t\ln t \end{pmatrix}.$$

对于矩阵

$$B = \begin{pmatrix} a & b \\ c & d \end{pmatrix},$$

其逆矩阵为

$$B^{-1} = \frac{1}{ad - bc}\begin{pmatrix} d & -b \\ -c & a \end{pmatrix}.$$

从而

$$Y^{-1}(t) = \frac{1}{t^3}\begin{pmatrix} t(1 + \ln t) & t^2\ln t \\ t & t^2 \end{pmatrix},$$

$$Y^{-1}(t)b(t) = \frac{1}{t}\begin{pmatrix} \ln t + 1 - t^2\ln t \\ 1 - t^2 \end{pmatrix},$$

$$\int_1^t Y^{-1}(s)b(s)\mathrm{d}s = \frac{1}{4}\begin{pmatrix} t^2 - 1 + (4 - 2t^2 + 2\ln t)\ln t \\ 4\ln t - 2t^2 + 2 \end{pmatrix}.$$

根据定理 3.2.2 可得该方程的解为

$$\boldsymbol{y}(t) = \boldsymbol{Y}(t)\int_1^t \boldsymbol{Y}^{-1}(s)\boldsymbol{b}(s)\mathrm{d}s = \frac{1}{4}\begin{pmatrix} t^2(t^2-1+2\ln t-2\ln^2 t) \\ t(3-3t^2+2\ln t+2\ln^2 t) \end{pmatrix}. \qquad \square$$

习题 3.2

1. 对于一般的 $k\times m$ 矩阵值函数

$$\boldsymbol{B}(t) = \begin{pmatrix} b_{11}(t) & b_{12}(t) & \cdots & b_{1m}(t) \\ b_{21}(t) & b_{22}(t) & \cdots & b_{2m}(t) \\ \vdots & \vdots & & \vdots \\ b_{k1}(t) & b_{k2}(t) & \cdots & b_{km}(t) \end{pmatrix}$$

分别定义其导数和积分为

$$\frac{\mathrm{d}\boldsymbol{B}(t)}{\mathrm{d}t} = \begin{pmatrix} \dfrac{\mathrm{d}}{\mathrm{d}t}b_{11}(t) & \dfrac{\mathrm{d}}{\mathrm{d}t}b_{12}(t) & \cdots & \dfrac{\mathrm{d}}{\mathrm{d}t}b_{1m}(t) \\ \dfrac{\mathrm{d}}{\mathrm{d}t}b_{21}(t) & \dfrac{\mathrm{d}}{\mathrm{d}t}b_{22}(t) & \cdots & \dfrac{\mathrm{d}}{\mathrm{d}t}b_{2m}(t) \\ \vdots & \vdots & & \vdots \\ \dfrac{\mathrm{d}}{\mathrm{d}t}b_{k1}(t) & \dfrac{\mathrm{d}}{\mathrm{d}t}b_{k2}(t) & \cdots & \dfrac{\mathrm{d}}{\mathrm{d}t}b_{km}(t) \end{pmatrix},$$

$$\int_a^b \boldsymbol{B}(t)\,\mathrm{d}t = \begin{pmatrix} \int_a^b b_{11}(t)\,\mathrm{d}t & \int_a^b b_{12}(t)\,\mathrm{d}t & \cdots & \int_a^b b_{1m}(t)\,\mathrm{d}t \\ \int_a^b b_{21}(t)\,\mathrm{d}t & \int_a^b b_{22}(t)\,\mathrm{d}t & \cdots & \int_a^b b_{2m}(t)\,\mathrm{d}t \\ \vdots & \vdots & & \vdots \\ \int_a^b b_{k1}(t)\,\mathrm{d}t & \int_a^b b_{k2}(t)\,\mathrm{d}t & \cdots & \int_a^b b_{km}(t)\,\mathrm{d}t \end{pmatrix}.$$

现设 $\boldsymbol{A}(t)$, $\boldsymbol{B}(t)$ 分别为区间 (a,b) 上 $n\times n$ 和 $k\times m$ 矩阵值函数, $\boldsymbol{x}(t)$ 为 (a,b) 上 n 维的向量值函数.

(1) 试写出矩阵 (向量) 值函数导数四则运算和数乘的性质;

(2) 证明: $\dfrac{\mathrm{d}\boldsymbol{B}(t)}{\mathrm{d}t} \equiv 0$ 的充要条件是 $\boldsymbol{B}(t) \equiv \boldsymbol{B}$ 为常值矩阵;

(3) 叙述关于矩阵 (向量) 值函数积分的 Newton-Leibniz 公式;

(4) 设 $\boldsymbol{A}(t)$ 在 (a,b) 内可逆且可导, 证明: $\boldsymbol{A}(t)$ 的逆矩阵也可导且

$$\frac{\mathrm{d}\boldsymbol{A}^{-1}(t)}{\mathrm{d}t} = -\boldsymbol{A}^{-1}(t)\frac{\mathrm{d}\boldsymbol{A}(t)}{\mathrm{d}t}\boldsymbol{A}^{-1}(t);$$

(5) 设 $\boldsymbol{A}(t), \boldsymbol{x}(t)$ 在 $[a,b]$ 上可积, 则

$$\left\| \int_a^b \boldsymbol{x}(t) \, \mathrm{d}t \right\| \leqslant \int_a^b \|\boldsymbol{x}(t)\| \, \mathrm{d}t, \quad \left\| \int_a^b \boldsymbol{A}(t) \, \mathrm{d}t \right\| \leqslant \int_a^b \|\boldsymbol{A}(t)\| \, \mathrm{d}t.$$

2. 设 $\boldsymbol{A}$ 和 $\boldsymbol{B}$ 是两个乘法可交换的 n 阶方阵, 即 $\boldsymbol{AB} = \boldsymbol{BA}$, 求证: $\mathrm{e}^{\boldsymbol{A}+\boldsymbol{B}} = \mathrm{e}^{\boldsymbol{A}} \mathrm{e}^{\boldsymbol{B}} = \mathrm{e}^{\boldsymbol{B}} \mathrm{e}^{\boldsymbol{A}}$.

3. 设 $\boldsymbol{A} = \begin{pmatrix} \alpha & -\beta \\ \beta & \alpha \end{pmatrix}$, 计算 $\mathrm{e}^{\boldsymbol{A}t}$.

4. 设 $\boldsymbol{A} = \begin{pmatrix} \boldsymbol{A}_1 & \boldsymbol{0} \\ \boldsymbol{0} & \boldsymbol{A}_2 \end{pmatrix}$, 且 $\boldsymbol{A}_1, \boldsymbol{A}_2$ 是方阵, 试证

$$\mathrm{e}^{\boldsymbol{A}t} = \begin{pmatrix} \mathrm{e}^{\boldsymbol{A}_1 t} & \boldsymbol{0} \\ \boldsymbol{0} & \mathrm{e}^{\boldsymbol{A}_2 t} \end{pmatrix}.$$

5. 若记

$$\mathrm{e}^{\boldsymbol{A}t} = (\boldsymbol{\varphi}_1(t), \quad \boldsymbol{\varphi}_2(t), \quad \cdots, \quad \boldsymbol{\varphi}_n(t)),$$

其中 $\boldsymbol{\varphi}_j(t)$ (对于 $j = 1, 2, \cdots, n$) 是 $\mathrm{e}^{\boldsymbol{A}t}$ 的列向量, 试证 $\boldsymbol{\varphi}_j(t)$ 是常微分方程组

$$\frac{\mathrm{d}\boldsymbol{x}}{\mathrm{d}t} = \boldsymbol{A}\boldsymbol{x}$$

的解.

6. 试讨论常系数差分方程组

$$\boldsymbol{x}(k+1) = \boldsymbol{A}\boldsymbol{x}(k), \quad k = 0, 1, 2, \cdots$$

的求解方法, 并给出它的通解表达式.

3.3 常系数线性方程组

我们首先假设 $\boldsymbol{A} = (a_{ij})$ 为一 $n \times n$ 复矩阵, 即 $a_{ij} \in \mathbb{C}, i, j = 1, 2, \cdots, n$. 对齐次方程

$$\boldsymbol{y}' = \boldsymbol{A}\boldsymbol{y}, \tag{3.19}$$

我们自然考虑形如

$$\boldsymbol{y}(t) = \boldsymbol{c}\mathrm{e}^{\lambda t}$$

的解. 由
$$y' = \lambda c e^{\lambda t} = A c e^{\lambda t},$$
则 $y(t)$ 为方程 (3.19) 的解当且仅当
$$Ac = \lambda c.$$
这表明, $\lambda \in \mathbb{C}$ 为 A 的特征值, c 为特征值 λ 相应的特征向量.

回到实的情形, 若 A 为实矩阵, $\lambda = \mu + \mathrm{i}\nu$ 为 A 的复特征值, 相应的特征向量为 $c = a + \mathrm{i}b$. 此时方程 (3.19) 的解
$$y(t) = c e^{\lambda t} = (a + \mathrm{i}b) e^{(\mu + \mathrm{i}\nu)t} = (a + \mathrm{i}b) e^{\mu t}(\cos \nu t + \mathrm{i} \sin \nu t)$$
$$= \left[e^{\mu t}(a \cos \nu t - b \sin \nu t)\right] + \mathrm{i}\left[e^{\mu t}(a \sin \nu t + b \cos \nu t)\right]$$

的实部 $u(t) = \mathrm{Re}\{y(t)\}$ 和虚部 $v(t) = \mathrm{Im}\{y(t)\}$ 为方程 (3.19) 的两个实解. 注意, 此时 λ 的共轭 $\bar{\lambda} = \mu - \mathrm{i}\nu$ 亦为 A 的特征值, 相应的 $\bar{c} = a - \mathrm{i}b$ 为 $\bar{\lambda}$ 对应的特征向量. 方程 (3.19) 的另一个解 $\bar{y}(t) = \bar{c} e^{\bar{\lambda} t}$ 也给出了两个实解 $u(t)$ 和 $v(t)$.

例 3.3.1 讨论常系数线性方程 $y' = Ay$, 其中 $A = \begin{pmatrix} 1 & -2 & 0 \\ 2 & 0 & -1 \\ 4 & -2 & -1 \end{pmatrix}$.

解 此时特征多项式
$$P_3(\lambda) = \det \begin{pmatrix} 1-\lambda & -2 & 0 \\ 2 & -\lambda & -1 \\ 4 & -2 & -1-\lambda \end{pmatrix} = (1-\lambda)(\lambda^2 + \lambda + 2).$$

特征值为
$$\lambda_{1,2} = -\frac{1}{2} \pm \mathrm{i}\frac{\sqrt{7}}{2}, \qquad \lambda_3 = 1.$$

对特征值 $\lambda_1 = -\frac{1}{2} + \mathrm{i}\frac{\sqrt{7}}{2}$, 解线性方程组

$$\begin{pmatrix} \frac{3}{2} - \mathrm{i}\frac{\sqrt{7}}{2} & -2 & 0 \\ 2 & \frac{1}{2} - \mathrm{i}\frac{\sqrt{7}}{2} & -1 \\ 4 & -2 & -\frac{1}{2} - \mathrm{i}\frac{\sqrt{7}}{2} \end{pmatrix} \begin{pmatrix} x \\ y \\ z \end{pmatrix} = \begin{pmatrix} 0 \\ 0 \\ 0 \end{pmatrix}$$

得到 λ_1 对应的特征向量为
$$c_1 = \left(\frac{3}{2} + \mathrm{i}\frac{\sqrt{7}}{2}, 2, 4\right)^{\mathrm{T}}.$$

类似地, 特征值 $\lambda_2 = -\dfrac{1}{2} - \mathrm{i}\dfrac{\sqrt{7}}{2}$ 对应的特征向量

$$\boldsymbol{c}_2 = \bar{\boldsymbol{c}}_1 = \Big(\dfrac{3}{2} - \mathrm{i}\dfrac{\sqrt{7}}{2}, 2, 4\Big)^{\mathrm{T}},$$

而特征值 $\lambda_3 = 1$ 对应的特征向量为

$$\boldsymbol{c}_3 = (1, 0, 2)^{\mathrm{T}}.$$

此时复解 $\boldsymbol{y}_1(t) = \boldsymbol{c}_1 \mathrm{e}^{\lambda_1 t}$ 分离出实部与虚部得到

$$\boldsymbol{u}(t) = \mathrm{e}^{-\frac{1}{2}t} \left(\begin{pmatrix} \dfrac{3}{2} \\ 2 \\ 4 \end{pmatrix} \cos \dfrac{\sqrt{7}}{2} t - \begin{pmatrix} \dfrac{\sqrt{7}}{2} \\ 0 \\ 0 \end{pmatrix} \sin \dfrac{\sqrt{7}}{2} t \right),$$

$$\boldsymbol{v}(t) = \mathrm{e}^{-\frac{1}{2}t} \left(\begin{pmatrix} \dfrac{\sqrt{7}}{2} \\ 0 \\ 0 \end{pmatrix} \cos \dfrac{\sqrt{7}}{2} t + \begin{pmatrix} \dfrac{3}{2} \\ 2 \\ 4 \end{pmatrix} \sin \dfrac{\sqrt{7}}{2} t \right).$$

$\boldsymbol{u}(t)$ 和 $\boldsymbol{v}(t)$ 均为原方程的解. 此外 $\lambda_3, \boldsymbol{c}_3$ 给出了原方程另一个实解

$$\boldsymbol{y}_3(t) = \begin{pmatrix} 1 \\ 0 \\ 2 \end{pmatrix} \mathrm{e}^t.$$

$\square$

设 $\boldsymbol{C}$ 为一 $n \times n$ 非奇异矩阵, 我们引入坐标变换

$$\boldsymbol{y} = \boldsymbol{C}\boldsymbol{z}. \tag{3.20}$$

则方程 (3.19) 变为

$$\boldsymbol{z}' = \boldsymbol{B}\boldsymbol{z}, \tag{3.21}$$

其中 $\boldsymbol{B} = \boldsymbol{C}^{-1}\boldsymbol{A}\boldsymbol{C}$. 事实上, 由变换 (3.20) 我们有 $\boldsymbol{z} = \boldsymbol{C}^{-1}\boldsymbol{y}$. 从而

$$\boldsymbol{z}' = \boldsymbol{C}^{-1}\boldsymbol{y}' = \boldsymbol{C}^{-1}\boldsymbol{A}\boldsymbol{y} = \boldsymbol{C}^{-1}\boldsymbol{A}\boldsymbol{C}\boldsymbol{z} = \boldsymbol{B}\boldsymbol{z}.$$

方程 (3.21) 和方程 (3.19) 等价, 矩阵 $\boldsymbol{A}$ 和 $\boldsymbol{B}$ 相似. 由代数学的知识可知, 存在非奇异矩阵 $\boldsymbol{C}$, 使得 $\boldsymbol{B}$ 具有 Jordan 标准形

$$\boldsymbol{B} = \begin{pmatrix} \boldsymbol{J}_1 & & & \\ & \boldsymbol{J}_2 & & \\ & & \ddots & \\ & & & \boldsymbol{J}_k \end{pmatrix},$$

其中

$$J_i = \begin{pmatrix} \lambda_i & 1 & 0 & \cdots & 0 & 0 \\ 0 & \lambda_i & 1 & \cdots & 0 & 0 \\ 0 & 0 & \lambda_i & \cdots & 0 & 0 \\ \vdots & \vdots & \vdots & & \vdots & \vdots \\ 0 & 0 & 0 & \cdots & \lambda_i & 1 \\ 0 & 0 & 0 & \cdots & 0 & \lambda_i \end{pmatrix}_{r_i \times r_i}.$$

在 Jordan 块之外, B 中的元素均为 0, 并且 $r_1 + r_2 + \cdots + r_k = n$.

我们知道, 如果 J_i 为如上 Jordan 块, 则 λ_i 为矩阵 A 的 r_i 重特征值. 但是如果 λ 为 A 的 k 重特征值, 其对应的 Jordan 块并非一定是如上形式的.

我们回忆, 若 A 的特征多项式有 r 重根 λ, 则称特征值 λ 的代数重数为 $m(\lambda) = r$, 称特征值 λ 对应的线性无关的特征向量的极大个数 $m'(\lambda)$ 为特征值 λ 的几何重数. 一般而言, $1 \leqslant m'(\lambda) \leqslant m(\lambda) \leqslant n$. 若 $m'(\lambda) = m(\lambda) = r$, 此时 λ 对应的所有 Jordan 块为

$$\begin{pmatrix} \lambda & & & \\ & \lambda & & \\ & & \ddots & \\ & & & \lambda \end{pmatrix}_{r \times r}.$$

假设 J 为一 $r \times r$ Jordan 块, 对角线为 λ, 则相应的方程为

$$x' = Jx,$$

即

$$\begin{cases} x_1' = \lambda x_1 + x_2, \\ x_2' = \lambda x_2 + x_3, \\ \quad \cdots\cdots\cdots\cdots \\ x_{r-1}' = \lambda x_{r-1} + x_r, \\ x_r' = \lambda x_r. \end{cases}$$

从最后一个方程开始解方程, 满足 $X(0) = I$ 的基解矩阵为

$$\boldsymbol{X}(t) = \begin{pmatrix} \mathrm{e}^{\lambda t} & t\mathrm{e}^{\lambda t} & \dfrac{1}{2}t^2\mathrm{e}^{\lambda t} & \cdots & \dfrac{1}{(r-1)!}t^{r-1}\mathrm{e}^{\lambda t} \\ 0 & \mathrm{e}^{\lambda t} & t\mathrm{e}^{\lambda t} & \cdots & \dfrac{1}{(r-2)!}t^{r-2}\mathrm{e}^{\lambda t} \\ 0 & 0 & \mathrm{e}^{\lambda t} & \cdots & \dfrac{1}{(r-3)!}t^{r-3}\mathrm{e}^{\lambda t} \\ \vdots & \vdots & \vdots & & \vdots \\ 0 & 0 & 0 & \cdots & \mathrm{e}^{\lambda t} \end{pmatrix}. \tag{3.22}$$

例如，若

$$\boldsymbol{B} = \begin{pmatrix} \lambda & 1 & 0 & & & \\ 0 & \lambda & 1 & & & \\ 0 & 0 & \lambda & & & \\ & & & \mu & & \\ & & & & \nu & 1 \\ & & & & 0 & \nu \end{pmatrix}_{6\times 6},$$

则相应的满足 $\boldsymbol{Z}(0) = \boldsymbol{I}$ 的基解矩阵为

$$\begin{pmatrix} \mathrm{e}^{\lambda t} & t\mathrm{e}^{\lambda t} & \dfrac{1}{2}t^2\mathrm{e}^{\lambda t} & & & \\ 0 & \mathrm{e}^{\lambda t} & t\mathrm{e}^{\lambda t} & & & \\ 0 & 0 & \mathrm{e}^{\lambda t} & & & \\ & & & \mathrm{e}^{\mu t} & & \\ & & & & \mathrm{e}^{\nu t} & t\mathrm{e}^{\nu t} \\ & & & & 0 & \mathrm{e}^{\nu t} \end{pmatrix}.$$

因此，若 $\boldsymbol{B} = \boldsymbol{C}^{-1}\boldsymbol{A}\boldsymbol{C}$ 为 Jordan 标准形，$\boldsymbol{Z}(t)$ 的每一列具有形式

$$\boldsymbol{z}(t) = \left(0, \cdots, 0, \dfrac{t^m}{m!}\mathrm{e}^{\lambda t}, \cdots, t\mathrm{e}^{\lambda t}, \mathrm{e}^{\lambda t}, 0, \cdots, 0\right)^{\mathrm{T}},$$

其中 λ 为 $\boldsymbol{A}$ 的特征值. 从而 $\boldsymbol{y} = \boldsymbol{C}\boldsymbol{z}$ 具有形式

$$\boldsymbol{y}(t) = \boldsymbol{p}_m(t)\mathrm{e}^{\lambda t},$$

其中 $\boldsymbol{p}_m(t) = (p_1^m(t), p_2^m(t), \cdots, p_n^m(t))^{\mathrm{T}}$, $p_i^m(t)$ 为阶数不超过 m 的多项式.

综上，我们有

定理 3.3.1 对常系数齐次线性方程组 $\boldsymbol{y}' = \boldsymbol{A}\boldsymbol{y}$,

(1) 对 $\boldsymbol{A}$ 的 k 重特征值 λ, 存在 k 个线性独立的解

$$\boldsymbol{y}_1 = \boldsymbol{p}_0(t)\mathrm{e}^{\lambda t}, \boldsymbol{y}_2 = \boldsymbol{p}_1(t)\mathrm{e}^{\lambda t}, \cdots, \boldsymbol{y}_k(t) = \boldsymbol{p}_{k-1}(t)\mathrm{e}^{\lambda t},$$

其中
$$\boldsymbol{p}_m(t) = (p_1^m(t), p_2^m(t), \cdots, p_n^m(t))^{\mathrm{T}}, \quad m = 0, 1, \cdots, k-1,$$
且 $p_i^m(t)$ 均为阶数不超过 m 的多项式.

(2) 对 $\boldsymbol{A}$ 的所有不同的特征值, 上述所有线性独立的解构成了 n 个原方程的独立解, 组成了原方程的基解矩阵.

(3) 若 $\boldsymbol{A}$ 为实矩阵, 则可以得到实的基解矩阵. 若 (1) 中 λ 非实数, 则存在两组实解 $\boldsymbol{u}_i = \mathrm{Re}\,\{\boldsymbol{y}_i\}$, $\boldsymbol{v}_i = \mathrm{Im}\,\{\boldsymbol{y}_i\}$. 它们给出了 $2k$ 个独立的实解. 共轭的特征值 $\bar{\lambda}$ 给出相同的 $2k$ 个独立的实解.

在实际计算中, 若 $\boldsymbol{J}$ 为关于特征值 λ 的 Jordan 块, 我们可以首先确定其特征向量 $\boldsymbol{c}$ 及解 $\boldsymbol{y}(t) = \boldsymbol{c} \mathrm{e}^{\lambda t}$, 余下的解可以用待定系数法得到, 即逐个确定形如
$$\boldsymbol{y}(t) = (a + bt)\mathrm{e}^{\lambda t}, \quad \boldsymbol{y}(t) = (a + bt + ct^2)\mathrm{e}^{\lambda t}$$
的线性独立的解.

例 3.3.2　求解方程组 $\begin{cases} x' = x - y, \\ y' = 4x - 3y, \end{cases}$ 这里 $\boldsymbol{A} = \begin{pmatrix} 1 & -1 \\ 4 & -3 \end{pmatrix}$.

解　因为
$$\det(\boldsymbol{A} - \lambda \boldsymbol{I}) = \lambda^2 + 2\lambda + 1 = (\lambda + 1)^2,$$
故 $\lambda = -1$ 为 $\boldsymbol{A}$ 的 2 重特征值, $m(\lambda) = 2$. 此时
$$\boldsymbol{A} - \lambda \boldsymbol{I} = \boldsymbol{A} + \boldsymbol{I} = \begin{pmatrix} 2 & -1 \\ 4 & -2 \end{pmatrix}$$

决定了 $\boldsymbol{A}$ 唯一的特征向量 $\boldsymbol{c} = \begin{pmatrix} 1 \\ 2 \end{pmatrix}$. 因此 $m'(\lambda) = 1$. 该特征向量决定的解为
$$\begin{pmatrix} x(t) \\ y(t) \end{pmatrix} = \begin{pmatrix} 1 \\ 2 \end{pmatrix} \mathrm{e}^{-t}.$$

我们设另一个解具有形式
$$\begin{pmatrix} x(t) \\ y(t) \end{pmatrix} = \begin{pmatrix} a + bt \\ c + dt \end{pmatrix} \mathrm{e}^{-t}.$$

计算
$$\begin{pmatrix} x'(t) \\ y'(t) \end{pmatrix} = \begin{pmatrix} b - a - bt \\ d - c - dt \end{pmatrix} \mathrm{e}^{-t} = \boldsymbol{A} \begin{pmatrix} a + bt \\ c + dt \end{pmatrix} \mathrm{e}^{-t}.$$

从而

$$\boldsymbol{A}\begin{pmatrix} b \\ d \end{pmatrix} = -\begin{pmatrix} b \\ d \end{pmatrix}, \quad \boldsymbol{A}\begin{pmatrix} a \\ c \end{pmatrix} = \begin{pmatrix} b-a \\ d-c \end{pmatrix}.$$

由第一个方程得到 $b=1, d=2$. 在第二个方程中取 $a=0, c=-1$, 则相应的解为

$$\begin{pmatrix} x(t) \\ y(t) \end{pmatrix} = \begin{pmatrix} t \\ -1+2t \end{pmatrix} \mathrm{e}^{-t}.$$

这就得到了第二个独立的解. □

习题 3.3

1. 求常系数齐次线性方程组 $\dfrac{\mathrm{d}}{\mathrm{d}t}\boldsymbol{x}(t) = \boldsymbol{A}\boldsymbol{x}(t)$ 的通解, 其中矩阵 $\boldsymbol{A}$ 分别为:

(1) $\begin{pmatrix} 3 & 4 \\ 5 & 2 \end{pmatrix}$;

(2) $\begin{pmatrix} 0 & a \\ -a & 0 \end{pmatrix}$;

(3) $\begin{pmatrix} -1 & 1 & 0 \\ 0 & -1 & 0 \\ 1 & 0 & -4 \end{pmatrix}$;

(4) $\begin{pmatrix} -5 & -10 & -20 \\ 5 & 5 & 10 \\ 2 & 4 & 9 \end{pmatrix}$;

(5) $\begin{pmatrix} 1 & \frac{2}{3} & -\frac{2}{3} \\ 0 & \frac{2}{3} & \frac{1}{3} \\ 0 & -\frac{1}{3} & \frac{4}{3} \end{pmatrix}$;

(6) $\begin{pmatrix} -11 & 0 & 0 & -18 \\ -3 & -2 & 0 & -6 \\ -3 & 2 & -2 & -5 \\ 6 & 0 & 0 & 10 \end{pmatrix}$.

2. 求常系数线性方程组

$$\frac{\mathrm{d}}{\mathrm{d}t}\boldsymbol{x}(t) = \boldsymbol{A}\boldsymbol{x}(t) + \boldsymbol{f}(t)$$

的通解, 其中 $\boldsymbol{A}$ 和 $\boldsymbol{f}(t)$ 分别为:

(1) $\boldsymbol{A} = \begin{pmatrix} 2 & 1 \\ 0 & 2 \end{pmatrix}, \quad \boldsymbol{f}(t) = \begin{pmatrix} 1 \\ 0 \end{pmatrix}$;

(2) $\boldsymbol{A} = \begin{pmatrix} 0 & -n^2 \\ -n^2 & 0 \end{pmatrix}, \quad \boldsymbol{f}(t) = \begin{pmatrix} \cos nt \\ \sin nt \end{pmatrix}$;

(3) $\boldsymbol{A} = \begin{pmatrix} 2 & -1 \\ 1 & 0 \end{pmatrix}, \quad \boldsymbol{f}(t) = \begin{pmatrix} 0 \\ 2\mathrm{e}^{2t} \end{pmatrix}$;

(4) $\boldsymbol{A} = \begin{pmatrix} 2 & 1 & -2 \\ -1 & 0 & 0 \\ 1 & 1 & -1 \end{pmatrix}$, $\boldsymbol{f}(t) = \begin{pmatrix} 2-t \\ 0 \\ 1-t \end{pmatrix}$;

(5) $\boldsymbol{A} = \begin{pmatrix} -1 & -1 & 0 \\ 0 & -1 & -1 \\ 0 & 0 & -1 \end{pmatrix}$, $\boldsymbol{f}(t) = \begin{pmatrix} t^2 \\ 2t \\ t \end{pmatrix}$.

3. 求常系数线性方程组

$$\frac{\mathrm{d}}{\mathrm{d}t}\boldsymbol{x}(t) = \boldsymbol{A}\boldsymbol{x}(t) + \boldsymbol{f}(t)$$

满足初值条件 $\boldsymbol{x}(0) = \boldsymbol{x}_0$ 的通解, 其中 $\boldsymbol{A}, \boldsymbol{f}(t), \boldsymbol{x}_0$ 分别为:

(1) $\boldsymbol{A} = \begin{pmatrix} -5 & -1 \\ 1 & -3 \end{pmatrix}$, $\boldsymbol{f}(t) = \begin{pmatrix} \mathrm{e}^t \\ \mathrm{e}^{2t} \end{pmatrix}$, $\boldsymbol{x}_0 = \begin{pmatrix} 1 \\ 0 \end{pmatrix}$;

(2) $\boldsymbol{A} = \begin{pmatrix} 0 & -2 \\ 2 & 0 \end{pmatrix}$, $\boldsymbol{f}(t) = \begin{pmatrix} 3t \\ 4 \end{pmatrix}$, $\boldsymbol{x}_0 = \begin{pmatrix} 2 \\ 3 \end{pmatrix}$;

(3) $\boldsymbol{A} = \begin{pmatrix} 4 & -3 \\ 2 & -1 \end{pmatrix}$, $\boldsymbol{f}(t) = \begin{pmatrix} \sin t \\ -2\cos t \end{pmatrix}$, $\boldsymbol{x}_0 = \begin{pmatrix} 0 \\ 0 \end{pmatrix}$;

(4) $\boldsymbol{A} = \begin{pmatrix} 16 & 14 & 38 \\ -9 & -7 & -18 \\ -4 & -4 & -11 \end{pmatrix}$, $\boldsymbol{f}(t) = \begin{pmatrix} -2\mathrm{e}^{-t} \\ -3\mathrm{e}^{-t} \\ 2\mathrm{e}^{-t} \end{pmatrix}$, $\boldsymbol{x}_0 = \begin{pmatrix} 0 \\ 0 \\ 0 \end{pmatrix}$.

4. 证明: 常系数齐次线性微分方程组 $\frac{\mathrm{d}}{\mathrm{d}t}\boldsymbol{x}(t) = \boldsymbol{A}\boldsymbol{x}(t)$ 的任何解当 $t \to +\infty$ 时都趋于零, 当且仅当 $\boldsymbol{A}$ 的所有特征值都具有负的实部.

5. 求解微分方程 $\frac{\mathrm{d}z}{\mathrm{d}t} = z^2 + \mathrm{i}z$, 其中 $z \in \mathbb{C}$. 由此导出如下微分方程组的解:

$$\begin{cases} \dfrac{\mathrm{d}x}{\mathrm{d}t} = -y + x^2 - y^2, \\ \dfrac{\mathrm{d}y}{\mathrm{d}t} = x + 2xy. \end{cases}$$

提示: 令 $z = x + \mathrm{i}y$, 则 $z^2 = (x^2 - y^2) + 2\mathrm{i}xy$, $\mathrm{i}z = -y + \mathrm{i}x$. 将 z 的表达式代入原方程, 得到

$$\frac{\mathrm{d}z}{\mathrm{d}t} = (x^2 - y^2) + 2\mathrm{i}xy + (-y + \mathrm{i}x) = z^2 + \mathrm{i}z.$$

通过解这个复方程, 可以得到 $x(t)$ 和 $y(t)$.

6. 设复值函数 $z(t)$ 和 $\Gamma(t)$ 在区间 $[a,b]$ 内是可微的, 试证:

(1) $\dfrac{\mathrm{d}}{\mathrm{d}t}\overline{z(t)} = \overline{\dfrac{\mathrm{d}z(t)}{\mathrm{d}t}}$;

(2) $\dfrac{\mathrm{d}}{\mathrm{d}t}(z^n(t)) = nz^{n-1}(t)\dfrac{\mathrm{d}z(t)}{\mathrm{d}t}$;

(3) $\dfrac{\mathrm{d}}{\mathrm{d}t}|z(t)|^2 = 2\operatorname{Re}\left\{\dfrac{\mathrm{d}z(t)}{\mathrm{d}t}\overline{z(t)}\right\}$;

(4) $\dfrac{\mathrm{d}}{\mathrm{d}t}\left[\dfrac{z(t)}{\varGamma(t)}\right] = \dfrac{\dfrac{\mathrm{d}z(t)}{\mathrm{d}t}\varGamma(t) - z(t)\dfrac{\mathrm{d}\varGamma(t)}{\mathrm{d}t}}{\varGamma^2(t)}$ (假设 $\varGamma(t) \neq 0$).

7. 设 t 是实值变量, λ 是一复值常数, $p(t)$ 是 t 的复系数多项式, 试证:

(1) 当且仅当 $\operatorname{Re}\{\lambda\} < 0$ 时, 有 $\lim\limits_{t\to+\infty}|p(t)\mathrm{e}^{\lambda t}| = 0$;

(2) 当 $\operatorname{Re}\{\lambda\} > 0$ 时, $\lim\limits_{t\to+\infty}|p(t)\mathrm{e}^{\lambda t}| = +\infty$;

(3) 当且仅当 $\operatorname{Re}\{\lambda\} \leqslant 0$ 时, $\mathrm{e}^{\lambda t}$ 在 $0 \leqslant t < +\infty$ 上是有界的.

3.4 矩阵函数

设 $p(s)$ 为一多项式并有如下形式:

$$p(s) = c_0 + c_1 s + \cdots + c_k s^k,$$

$\boldsymbol{B}$ 为一 $n \times n$ 矩阵 (实系数或复系数), 定义矩阵函数

$$p(\boldsymbol{B}) \stackrel{\mathrm{def}}{=\!=} c_0 \boldsymbol{I} + c_1 \boldsymbol{B} + \cdots + c_k \boldsymbol{B}^k.$$

特别地, 当 $\boldsymbol{B} = \boldsymbol{A}t$, 即 $b_{ij} = a_{ij}t$ 时,

$$p(\boldsymbol{A}t) = c_0 \boldsymbol{I} + c_1 \boldsymbol{A}t + \cdots + c_k \boldsymbol{A}^k t^k.$$

上式对 t 求导得到

$$\dfrac{\mathrm{d}}{\mathrm{d}t}p(\boldsymbol{A}t) = \boldsymbol{A}p'(\boldsymbol{A}t).$$

这表明此时链式法则成立.

下面我们讨论无穷级数

$$\boldsymbol{C} = \sum_{k=0}^{+\infty}\boldsymbol{C}_k. \tag{3.23}$$

级数 (3.23) 的收敛性是通常矩阵作为 $\mathbb{R}^{n^2}$ 或 $\mathbb{C}^{n^2}$ 中向量的收敛性. 确切地说, 级数 (3.23) 收敛当且仅当其部分和 $\boldsymbol{S}_N = \sum\limits_{k=0}^{N}\boldsymbol{C}_k$ 收敛, 即

$$\lim_{N\to+\infty}\|\boldsymbol{S}_N - \boldsymbol{C}\| = 0,$$

其中 $\|\cdot\|$ 为定义 3.1.2 中所述矩阵范数.

因此, 若记 $\boldsymbol{C}=(c_{ij})$, $\boldsymbol{C}_k=(c_{ij}^k)$, 我们给出关于矩阵级数收敛和绝对收敛的定义.

定义 3.4.1 称 $\boldsymbol{C}=\sum\limits_{k=0}^{+\infty}\boldsymbol{C}_k$ 收敛当且仅当对任意 $i,j=1,2,\cdots,n$, 级数 $\sum\limits_{k=0}^{+\infty}c_{ij}^k=c_{ij}$ 均收敛.

定义 3.4.2 称级数 $\sum\limits_{k=0}^{+\infty}\boldsymbol{C}_k$ 绝对收敛当且仅当对任意 $i,j=1,2,\cdots,n$, 级数 $\sum\limits_{k=0}^{+\infty}|c_{ij}^k|$ 收敛.

根据定理 3.1.1, $\boldsymbol{C}=\sum\limits_{k=0}^{+\infty}\boldsymbol{C}_k$ 绝对收敛等价于 $\sum\limits_{k=0}^{+\infty}\|\boldsymbol{C}_k\|$ 收敛, 这里 $\|\cdot\|$ 为 $\mathbb{R}^{n^2}$ 上的任一范数.

我们考虑幂级数

$$f(s)=\sum_{k=0}^{+\infty}c_k s^k,\quad |s|<r,$$

其中 $r>0$ 为其收敛半径. 对矩阵 $\boldsymbol{B}$, 我们定义

$$f(\boldsymbol{B})\stackrel{\text{def}}{=}\sum_{k=0}^{+\infty}c_k \boldsymbol{B}^k.$$

若 $\|\boldsymbol{B}\|=s<r$, 由 $\|\boldsymbol{B}\boldsymbol{C}\|\leqslant\|\boldsymbol{B}\|\|\boldsymbol{C}\|$, 得到

$$\|\boldsymbol{B}^2\|\leqslant\|\boldsymbol{B}\|^2=s^2,\cdots,\|\boldsymbol{B}^k\|\leqslant s^k.$$

因此当 $\|\boldsymbol{B}\|<r$ 时, 级数 $\sum\limits_{k=0}^{+\infty}c_k\boldsymbol{B}^k$ 绝对收敛.

特别地, 级数

$$f(\boldsymbol{A}t)=\sum_{k=0}^{+\infty}c_k \boldsymbol{A}^k t^k$$

当 $|t|<r/\|\boldsymbol{A}\|=t_0$ 时绝对收敛, 且在 $(-t_0,t_0)$ 的任意闭子区间上一致收敛. 因此,

$$\frac{\mathrm{d}}{\mathrm{d}t}f(\boldsymbol{A}t)=\boldsymbol{A}f'(\boldsymbol{A}t).$$

下面我们考虑特殊的幂级数 $\mathrm{e}^s=\sum\limits_{k=0}^{+\infty}\dfrac{s^k}{k!}$.

矩阵的指数函数定义为

$$\mathrm{e}^{\boldsymbol{B}}\stackrel{\text{def}}{=}\boldsymbol{I}+\boldsymbol{B}+\frac{1}{2!}\boldsymbol{B}^2+\frac{1}{3!}\boldsymbol{B}^3+\cdots$$

对任意 B 均为绝对收敛. 因此

$$\frac{\mathrm{d}}{\mathrm{d}t}\mathrm{e}^{At} = A\mathrm{e}^{At}.$$

这表明 $X(t) = \mathrm{e}^{At}$, $X(0) = I$ 满足方程

$$X' = AX.$$

并且 $X(t)$ 满足积分方程

$$X(t) = I + \int_0^t AX(s)\mathrm{d}s.$$

若用逐次逼近法解上述积分方程, 则逼近序列为

$$X_0 = I, \quad X_{k+1} = I + \int_0^t AX_k(s)\mathrm{d}s, \quad k = 0, 1, \cdots.$$

简单地计算表明

$$X_k = I + At + \cdots + \frac{1}{k!}A^k t^k.$$

引理 3.4.1 矩阵指数满足下面的性质:

(1) 若 $BC = CB$, 则 $\mathrm{e}^{B+C} = \mathrm{e}^B \mathrm{e}^C$;
(2) 若 C 是非奇异矩阵, 则 $\mathrm{e}^{C^{-1}BC} = C^{-1}\mathrm{e}^B C$;
(3) $\mathrm{e}^{\mathrm{diag}(\lambda_1,\lambda_2,\cdots,\lambda_n)} = \mathrm{diag}(\mathrm{e}^{\lambda_1},\mathrm{e}^{\lambda_2},\cdots,\mathrm{e}^{\lambda_n})$.
(4) $(\mathrm{e}^A)^{-1} = \mathrm{e}^{-A}$.
(5) $\mathrm{e}^{A(s+t)} = \mathrm{e}^{As}\mathrm{e}^{At}$.
(6) $\mathrm{e}^{A+\lambda I} = \mathrm{e}^\lambda \mathrm{e}^A$.

证明 由于 e^B 与 e^C 均绝对收敛, 故可逐项乘积

$$\mathrm{e}^{B+C} = \sum_{n=0}^{+\infty}\frac{(B+C)^n}{n!} = \sum_{n=0}^{+\infty}\sum_{k=0}^{n}\frac{B^k C^{n-k}}{k!(n-k)!} = \sum_{p=0}^{+\infty}\frac{B^p}{p!}\cdot\sum_{q=0}^{+\infty}\frac{C^q}{q!} = \mathrm{e}^B \mathrm{e}^C.$$

这就证明了性质 (1). 注意这里用到的二项式定理需要 $BC = CB$ 的条件.

注意到

$$(C^{-1}BC)^k = C^{-1}B^k C, \quad k = 0, 1, \cdots,$$

从而

$$\sum_{k=0}^{n}\frac{1}{k!}(C^{-1}BC)^k = C^{-1}\Big(\sum_{k=0}^{n}\frac{1}{k!}B^k\Big)C.$$

令 $n \to +\infty$ 得到了性质 (2).

性质 (3) 可由等式

$$[\operatorname{diag}(\lambda_1, \lambda_2, \cdots, \lambda_n)]^k = \operatorname{diag}(\lambda_1^k, \lambda_2^k, \cdots, \lambda_n^k)$$

及矩阵指数函数的定义得到.

由性质 (1),

$$e^{\boldsymbol{A}} e^{-\boldsymbol{A}} = \boldsymbol{I} = e^{-\boldsymbol{A}} e^{\boldsymbol{A}}.$$

这就证明了性质 (4).

性质 (5) 是性质 (1) 直接推论.

性质 (6) 由性质 (1) 和性质 (3) 得到. □

注 3.4.1 我们给出引理 3.4.1性质 (1) 的另一个证明.

设 $\boldsymbol{U}(t) = e^{(\boldsymbol{B}+\boldsymbol{C})t}, \boldsymbol{V}(t) = e^{\boldsymbol{B}t} e^{\boldsymbol{C}t}$. 则

$$\boldsymbol{U}' = (\boldsymbol{B}+\boldsymbol{C})\boldsymbol{U}, \quad \boldsymbol{U}(0) = \boldsymbol{I}.$$

由于 $\boldsymbol{C} e^{\boldsymbol{B}t} = e^{\boldsymbol{B}t} \boldsymbol{C}$, 故

$$\boldsymbol{V}' = \boldsymbol{B} e^{\boldsymbol{B}t} e^{\boldsymbol{C}t} + e^{\boldsymbol{B}t} \boldsymbol{C} e^{\boldsymbol{C}t} = (\boldsymbol{B}+\boldsymbol{C})\boldsymbol{V}, \quad \boldsymbol{V}(0) = \boldsymbol{I}.$$

故 $\boldsymbol{U}$ 和 $\boldsymbol{V}$ 为相同线性方程初值问题的解. 因此 $\boldsymbol{U} \equiv \boldsymbol{V}$.

若 $\boldsymbol{A}$ 为一对应特征值为 λ 的 $r \times r$ Jordan 块, 则 $\boldsymbol{A} = \lambda \boldsymbol{I} + \boldsymbol{B}$, 其中

$$\boldsymbol{B} = \begin{pmatrix} 0 & 1 & 0 & \cdots & 0 \\ 0 & 0 & 1 & \cdots & 0 \\ \vdots & \vdots & \vdots & & \vdots \\ 0 & 0 & 0 & \cdots & 1 \\ 0 & 0 & 0 & \cdots & 0 \end{pmatrix}.$$

矩阵 $\boldsymbol{B}$ 为一幂零矩阵, $\boldsymbol{B}^k = \boldsymbol{0}, k \geqslant r$. 并且 $\boldsymbol{B}^k$ 每迭代一次, 其中 1 所在的西北—东南走向的斜线往东北方向平移一行一列. 因此

$$e^{\boldsymbol{B}t} = \sum_{k=0}^{+\infty} \frac{1}{k!} t^k \boldsymbol{B}^k = \sum_{k=0}^{r-1} \frac{1}{k!} t^k \boldsymbol{B}^k = \begin{pmatrix} 1 & t & \frac{1}{2}t^2 & \cdots & \frac{1}{(r-1)!}t^{r-1} \\ 0 & 1 & t & \cdots & \frac{1}{(r-2)!}t^{r-2} \\ 0 & 0 & 1 & \cdots & \frac{1}{(r-3)!}t^{r-3} \\ \vdots & \vdots & \vdots & & \vdots \\ 0 & 0 & 0 & \cdots & 1 \end{pmatrix}.$$

结合引理 3.4.1 性质 (6), 若 $\boldsymbol{A} = \lambda \boldsymbol{I} + \boldsymbol{B}$, 则

$$\mathrm{e}^{\boldsymbol{A}t} = \mathrm{e}^{\lambda t}\mathrm{e}^{\boldsymbol{B}t}.$$

这就同样得到了 (3.22).

最后来讨论非齐次方程

$$\begin{cases} \boldsymbol{y}' = \boldsymbol{A}\boldsymbol{y} + \boldsymbol{b}(t), \\ \boldsymbol{y}(t_0) = \boldsymbol{y}_0. \end{cases}$$

该方程齐次部分的基解矩阵 $\boldsymbol{X}(t) = \mathrm{e}^{\boldsymbol{A}(t-t_0)}$, $\boldsymbol{X}(t_0) = \boldsymbol{I}$, 从而其解为

$$\boldsymbol{y}(t) = \mathrm{e}^{\boldsymbol{A}(t-t_0)}\boldsymbol{y}_0 + \int_{t_0}^{t}\mathrm{e}^{\boldsymbol{A}(t-s)}\boldsymbol{b}(s)\mathrm{d}s.$$

注意此时 $\boldsymbol{X}^{-1}(t) = \mathrm{e}^{-\boldsymbol{A}(t-t_0)}$. 可以比较上面的公式与定理 3.2.2.

3.5 高阶线性方程

对 $n \geqslant 1$, 定义 n 阶 (常) 微分算子

$$Lu = u^{(n)} + a_{n-1}(t)u^{(n-1)} + \cdots + a_0(t)u,$$

其中 $a_k : J \to \mathbb{R}$, $k = 0, 1, \cdots, n-1$ 为连续函数. 所谓 n 阶线性方程是指方程

$$(Lu)(t) = b(t), \tag{3.24}$$

其中 $b : J \to \mathbb{R}$ 连续. 易知方程 (3.24) 等价于线性方程组

$$\begin{cases} y_1' = y_2, \\ \quad \cdots\cdots\cdots \\ y_{n-1}' = y_n, \\ y_n' = -(a_0(t)y_1 + a_1(t)y_2 + \cdots + a_{n-1}(t)y_n) + b(t), \end{cases} \tag{3.25}$$

并且方程 (3.25) 可以写成

$$\boldsymbol{y}' = \boldsymbol{A}(t)\boldsymbol{y} + \boldsymbol{b}(t), \tag{3.26}$$

其中

$$\boldsymbol{y} = \begin{pmatrix} y_1 \\ y_2 \\ \vdots \\ y_{n-1} \\ y_n \end{pmatrix} = \begin{pmatrix} u \\ u' \\ \vdots \\ u^{(n-2)} \\ u^{(n-1)} \end{pmatrix}, \quad \boldsymbol{b}(t) = \begin{pmatrix} 0 \\ 0 \\ \vdots \\ 0 \\ b(t) \end{pmatrix},$$

$$\boldsymbol{A}(t) = \begin{pmatrix} 0 & 1 & 0 & \cdots & 0 & 0 \\ 0 & 0 & 1 & \cdots & 0 & 0 \\ \vdots & \vdots & \vdots & & \vdots & \vdots \\ 0 & 0 & 0 & \cdots & 1 & 0 \\ 0 & 0 & 0 & \cdots & 0 & 1 \\ -a_0(t) & -a_1(t) & -a_2(t) & \cdots & -a_{n-2}(t) & -a_{n-1}(t) \end{pmatrix}.$$

利用方程组 (3.26) 与方程 (3.24) 的对应关系, 关于方程组解的适定性蕴含了高阶方程 (3.24) 的解的适定性.

定理 3.5.1 若 $a_i(t)$, $b(t)$ ($i = 0, 1, \cdots, n-1$) 在区间 J 上连续, $t_0 \in J$, 则初值问题

$$(Lu)(t) = b(t), \quad u^{(k)}(t_0) = y_0^k, \quad k = 0, 1, \cdots, n-1 \tag{3.27}$$

在整个区间 J 上存在唯一解 $y(t, t_0, y_0^0, y_0^1, \cdots, y_0^{n-1})$, 并且对 $k = 0, 1, \cdots, n-1$, $\dfrac{\partial^k y(t, t_0, y_0^0, y_0^1, \cdots, y_0^{n-1})}{\partial t^k}$ 均为关于变元 $(t_0, y_0^0, y_0^1, \cdots, y_0^{n-1})$ 连续的向量值函数.

在 §2.5.2 节中, 我们已经研究过当方程 (3.24) 为常系数 (即 $a_i(t) \equiv a_i$) 时的求解方法, 这里我们将聚焦于更一般情形下该方程的解的性质.

3.5.1 齐次方程

我们先来考虑齐次方程

$$Lu = 0. \tag{3.28}$$

类似于引理 3.2.1, 初值向量 $(y_0^0, y_0^1, \cdots, y_0^{n-1}) \in \mathbb{R}^n$ 与初值问题 (3.27) 的解之间存在一线性同构. 这说明方程 (3.24) 的解空间为 n 维线性空间, 它存在 n 个线性独立的解 $u_1(t), u_2(t), \cdots, u_n(t)$, 称为方程 (3.24) 的基础解系. 方程 (3.24) 的任一解均为 $u_1(t), u_2(t), \cdots, u_n(t)$ 的线性组合.

从方程 (3.24) 的解到方程组 (3.25) 的解, 方程 (3.24) 的解 $u(t)$ 对应方程组 (3.25) 的解 $\boldsymbol{y}(t) = (u(t), u'(t), \cdots, u^{(n-1)}(t))^{\mathrm{T}}$. 因此 n 个 (3.24) 的线性独立解 $u_1(t), u_2(t), \cdots,$

$u_n(t)$ 对应方程组 (3.25) 的基解矩阵. 其 Wronski 行列式

$$W(t) = \det \begin{pmatrix} u_1 & u_2 & \cdots & u_n \\ u_1' & u_2' & \cdots & u_n' \\ \vdots & \vdots & & \vdots \\ u_1^{(n-1)} & u_2^{(n-1)} & \cdots & u_n^{(n-1)} \end{pmatrix}.$$

由 Liouville 公式 (引理 3.2.3), $W(t)$ 满足方程

$$W' = -a_{n-1}(t)W.$$

因此

$$W(t) = W(t_0) e^{-\int_{t_0}^t a_{n-1}(s) \mathrm{d}s}.$$

反之, 若 $\boldsymbol{X}(t)$ 为相应齐次方程组的基解矩阵, $\boldsymbol{X}(0) = \boldsymbol{I}$, 则 $\boldsymbol{X}(t)$ 决定了方程 (3.28) 一组独立解 $u_1(t), u_2(t), \cdots, u_n(t)$, 它们由初值问题

$$Lu_i = 0, \qquad u_i^{(j)} = \begin{cases} 1, & j = i-1, \\ 0, & j \neq i-1 \end{cases}$$

决定.

3.5.2 d'Alembert 降阶法

虽然我们可以对方程组 (3.25) 使用前面讨论过的降阶法, 但是我们无法保证降阶得到的 $n-1$ 维方程组仍然对应 n 阶方程 (3.24). 为此, 我们下面考虑一种新的降阶法.

设 $v(t) \not\equiv 0$ 为 $Lv = 0$ 的解. 我们考虑形如

$$u(t) = v(t)w(t)$$

的解. 下面我们来确定函数 $w : J \to \mathbb{R}$. 结合二项式定理

$$Lu = \sum_{i=0}^n a_i(t) \sum_{j=0}^i \binom{i}{j} w^{(j)} v^{(i-j)} = \sum_{j=0}^n w^{(j)} \sum_{i=j}^n \binom{i}{j} a_i(t) v^{(i-j)}.$$

由于当 $j = 0$ 时, 和式中的项为 $wLv = 0$, 故

$$Lu = \sum_{j=0}^n w^{(j)} b_j(t),$$

其中 $b_j(t) = \sum_{i=j}^{n} \binom{i}{j} a_i(t) v^{(i-j)}$. 故 $Lu = 0$ 当且仅当

$$L^* w = \sum_{j=1}^{n} b_j(t) w^{(j)} = 0. \tag{3.29}$$

对 w', 方程 (3.29) 为一 $n-1$ 阶方程. 若方程 (3.29) 有 $n-1$ 个线性独立的解 $w_1', w_2', \cdots,$ w_{n-1}', 则

$$v, vw_1, \cdots, vw_{n-1}$$

为原方程 n 个线性独立的解. 事实上, 若

$$c_0 v + c_1 v w_1 + \cdots + c_{n-1} v w_{n-1} = 0,$$

因为 $v \not\equiv 0$, 故

$$c_1 w_1' + c_2 w_2' + \cdots + c_{n-1} w_{n-1}' = 0.$$

从而 $c_1 = c_2 = \cdots = c_{n-1} = 0$. 特别地, $c_0 = 0$.

推论 3.5.1 若 $v(t)$ 为二阶方程

$$u'' + a_1(t) u' + a_0(t) = 0$$

的一个解, 则另一个线性独立的解具有形式 $u = vw$, 其中 w 满足方程

$$w' \left(a_1 + 2 \frac{v'}{v} \right) + w'' = 0.$$

例 3.5.1 解方程 $u'' - u' \cos t + u \sin t = 0$.

解 方程的一个解为 $v(t) = e^{\sin t}$, 另一个解为 $u = vw$, 其中 w 满足

$$w'' + w' \cos t = 0.$$

解得 $w'(t) = e^{-\sin t}$. 从而第二个线性独立的解为

$$u(t) = e^{\sin t} \int_0^t e^{-\sin s} ds. \qquad \square$$

3.5.3 非齐次方程与常数变易法

易知, 非齐次方程

$$Lw = b(t), \tag{3.30}$$

其通解具有形式
$$w = w^* + u,$$

其中 w^* 为方程 (3.30) 的一个特解, u 为齐次方程 (3.28) 的通解.

类似于方程组的情形, 我们也可以用常数变易法来寻找方程 (3.30) 的特解. 设 $u_1(t)$, $u_2(t), \cdots, u_n(t)$ 为齐次方程 (3.28) 的 n 个线性独立解, $c_1(t), c_2(t), \cdots, c_n(t)$ 为待定的未知函数. 假设所寻求方程 (3.30) 的解具有形式

$$w(t) = c_1(t)u_1(t) + c_2(t)u_2(t) + \cdots + c_n(t)u_n(t).$$

运用前面关于方程组的讨论, 则

$$\boldsymbol{z}(t) = \boldsymbol{Y}(t) \int_{t_0}^t \boldsymbol{Y}^{-1}(s)\boldsymbol{b}(s)\mathrm{d}s$$

为非齐次方程组

$$\boldsymbol{z}' = \boldsymbol{A}(t)\boldsymbol{z} + \boldsymbol{b}(t)$$

的一个特解. 回到方程 (3.30), 定义

$$\boldsymbol{z} = \begin{pmatrix} w \\ w' \\ \vdots \\ w^{(n-1)} \end{pmatrix}, \quad \boldsymbol{Y}(t) = \begin{pmatrix} u_1 & u_2 & \cdots & u_n \\ u_1' & u_2' & \cdots & u_n' \\ \vdots & \vdots & & \vdots \\ u_1^{(n-1)} & u_2^{(n-1)} & \cdots & u_n^{(n-1)} \end{pmatrix}, \quad \boldsymbol{b}(t) = \begin{pmatrix} 0 \\ 0 \\ \vdots \\ b(t) \end{pmatrix}.$$

因为 $\boldsymbol{b}(t)$ 的特殊形式, 计算 $\boldsymbol{Y}^{-1}(t)\boldsymbol{b}(t) = \boldsymbol{a}(t)$ 比较简单. 因为 $\boldsymbol{a}(t)$ 满足

$$\boldsymbol{Y}(t)\boldsymbol{a}(t) = \boldsymbol{b}(t),$$

由 Cramer 法则, 对 $\boldsymbol{a}(t) = (a_1(t), a_2(t), \cdots, a_n(t))^\mathrm{T}$ 有

$$a_i(t) = \frac{V_i(t)}{W(t)}, \qquad i = 1, 2, \cdots, n,$$

其中 $W(t) = \det \boldsymbol{Y}(t)$, 且

$$V_i(t) = \det \begin{pmatrix} u_1 & \cdots & u_{i-1} & 0 & u_{i+1} & \cdots & u_n \\ u_1' & \cdots & u_{i-1}' & 0 & u_{i+1}' & \cdots & u_n' \\ \vdots & & \vdots & \vdots & \vdots & & \vdots \\ u_1^{(n-1)} & \cdots & u_{i-1}^{(n-1)} & b(t) & u_{i+1}^{(n-1)} & \cdots & u_n^{(n-1)} \end{pmatrix}.$$

上述行列式按照第 i 列展开得到

$$V_i(t) = (-1)^{n+i} b(t) W_i(t),$$

其中 $W_i(t)$ 为上述行列式中 $b(t)$ 所对应的余子式. 综上, 非齐次方程 (3.30) 的一个特解为

$$w(t) = \sum_{i=1}^{n} u_i(t)(-1)^{n+i} \int_{t_0}^{t} \frac{b(s)}{W(s)} W_i(s) \mathrm{d}s.$$

推论 3.5.2   当 $n = 2$ 时, 若 $u_1(t), u_2(t)$ 为齐次方程 $Lu = 0$ 的线性独立的解, 则

$$w(t) = -u_1(t) \int_{t_0}^{t} \frac{b(s) u_2(s)}{W(s)} \mathrm{d}s + u_2(t) \int_{t_0}^{t} \frac{b(s) u_1(s)}{W(s)} \mathrm{d}s$$

为非齐次方程 (3.30) 的一个特解.

例 3.5.2   解方程 $w'' - w' \cos t + w \sin t = \sin t$.

解   由例 3.5.1, 相应齐次方程有两个线性独立的解

$$v = \mathrm{e}^{\sin t}, \qquad u = \phi v,$$

其中 $\phi(t) = \int_{0}^{t} \mathrm{e}^{-\sin s} \mathrm{d}s$. 从而

$$W(t) = \det \begin{pmatrix} \mathrm{e}^{\sin t} & \mathrm{e}^{\sin t} \phi(t) \\ \mathrm{e}^{\sin t} \cos t & 1 + \mathrm{e}^{\sin t} \phi(t) \cos t \end{pmatrix} = \mathrm{e}^{\sin t}.$$

从而方程的一个特解为

$$w(t) = -\mathrm{e}^{\sin t} \int_{0}^{t} \sin r \Big(\int_{0}^{r} \mathrm{e}^{-\sin s} \mathrm{d}s \Big) \mathrm{d}r + \mathrm{e}^{\sin t} \phi(t) \int_{0}^{t} \sin r \mathrm{d}r.$$

计算并运用 Fubini 定理 (运用于集合 $\{(r,s) : r \in [0,t], s \in [0,r]\}$)

$$\int_{0}^{t} \sin r \Big(\int_{0}^{r} \mathrm{e}^{-\sin s} \mathrm{d}s \Big) \mathrm{d}r = \int_{0}^{t} \mathrm{e}^{-\sin s} \Big(\int_{s}^{t} \sin r \mathrm{d}r \Big) \mathrm{d}s$$

$$= - \int_{0}^{t} \mathrm{e}^{-\sin s} (\cos t - \cos s) \mathrm{d}s$$

$$= - \phi(t) \cos t - \mathrm{e}^{-\sin s} \Big|_{0}^{t}$$

$$= - \phi(t) \cos t - \mathrm{e}^{-\sin t} + 1,$$

从而

$$w(t) = \mathrm{e}^{\sin t} \phi(t)(-\cos r) \Big|_{0}^{t} + \mathrm{e}^{\sin t} \phi(t) \cos t - \mathrm{e}^{\sin t} + 1$$

$$= \phi(t)v(t) + 1 - v(t) = u(t) - v(t) + 1$$

为所求特解. 注意 $w_1(t) \equiv 1$ 也是原方程的特解. □

习题 3.5

1. 求下列方程的实值通解和复值通解：

(1) $\dfrac{d^2 x}{dt^2} - x = 0$;

(2) $\dfrac{d^2 x}{dt^2} - 2\dfrac{dx}{dt} = 0$;

(3) $\dfrac{d^2 x}{dt^2} - 4\dfrac{dx}{dt} + 4x = 0$;

(4) $\dfrac{d^2 x}{dt^2} - 6\dfrac{dx}{dt} + 8x = 0$;

(5) $4\dfrac{d^2 x}{dt^2} + 4\dfrac{dx}{dt} + x = 0$;

(6) $\dfrac{d^2 x}{dt^2} + \dfrac{dx}{dt} + x = 0$;

(7) $4\dfrac{d^2 x}{dt^2} + 5x = 1$;

(8) $-2\dfrac{d^2 x}{dt^2} + 2\dfrac{dx}{dt} - x = 0$;

(9) $\dfrac{d^2 x}{dt^2} + ix = 0$.

2. 设 a_0, a_1, a_2, x_0 和 $\dot{x}_0$ 都是实数，$a_0 \neq 0$，试证：初值问题

$$\begin{cases} a_0 \ddot{x} + a_1 \dot{x} + a_2 x = 0, \\ x(t_0) = x_0, \quad \dot{x}(t_0) = \dot{x}_0 \end{cases}$$

的解存在且唯一，这里 t_0 是给定的任一实数. 试求第 1 题中第 (1)、(3)、(8) 小题满足初值条件 $x(1) = 0$, $\dot{x}(1) = 1$ 的解.

3. 求解下列微分方程：

(1) $\dfrac{d^3 y}{dx^3} - 2\dfrac{d^2 y}{dx^2} + \dfrac{dy}{dx} = 0$;

(2) $\left(\dfrac{d^2 x}{dt^2}\right)^2 - x^2 = 0$;

(3) $\left(\dfrac{d^2 x}{dt^2}\right)^2 + 2x\dfrac{d^2 x}{dt^2} - \left(\dfrac{dx}{dt}\right)^2 + x^2 = 0$;

(4) $\dfrac{d^2 y}{dx^2} + \left(\dfrac{dy}{dx}\right)^2 + \dfrac{dy}{dx} + 3 = 0$ (提示：设 $x = e^y$);

(5) $\dfrac{d^2 y}{dx^2} \cos y - \left(\dfrac{dy}{dx}\right)^2 \sin y + \sin y = 0$ (提示：设 $x = \sin y$);

(6) $2t^2\dfrac{\mathrm{d}^2 x}{\mathrm{d}t^2} - t\dfrac{\mathrm{d}x}{\mathrm{d}t} + x = 0$ (提示: 设 $t = \mathrm{e}^\tau$);

(7) $\dfrac{\mathrm{d}^3 x}{\mathrm{d}t^3} - 2\dfrac{\mathrm{d}^2 x}{\mathrm{d}t^2} - \dfrac{\mathrm{d}x}{\mathrm{d}t} + 2x = 0.$

4. 试给出二阶齐次线性微分方程 $\dfrac{\mathrm{d}^2 x}{\mathrm{d}t^2}a_0 + \dfrac{\mathrm{d}x}{\mathrm{d}t}a_1 + a_2 x = 0$ 的每一解当 $t \to +\infty$ 时都趋于零的充要条件.

5. 设实系数的二次代数方程 $a_0\lambda^2 + a_1\lambda + a_2 = 0$ 的两个根的实部都小于 0, 又设二阶连续可微函数 $x(t)$ 满足

$$\lim_{t\to+\infty}\left(a_0\dfrac{\mathrm{d}^2 x}{\mathrm{d}t^2} + a_1\dfrac{\mathrm{d}x}{\mathrm{d}t} + a_2 x\right) = 0.$$

证明: $\lim\limits_{t\to+\infty} x(t) = 0.$

6. 求下列微分方程的通解:

(1) $\dfrac{\mathrm{d}^4 x}{\mathrm{d}t^4} + 4\dfrac{\mathrm{d}^3 x}{\mathrm{d}t^3} + 8\dfrac{\mathrm{d}^2 x}{\mathrm{d}t^2} + 8\dfrac{\mathrm{d}x}{\mathrm{d}t} + 4x = 0;$

(2) $\dfrac{\mathrm{d}^2 x}{\mathrm{d}t^2} + x = 0;$

(3) $\dfrac{\mathrm{d}^5 x}{\mathrm{d}t^5} + 8\dfrac{\mathrm{d}^3 x}{\mathrm{d}t^3} + 16\dfrac{\mathrm{d}x}{\mathrm{d}t} = 0;$

(4) $\dfrac{\mathrm{d}^4 x}{\mathrm{d}t^4} - 4\dfrac{\mathrm{d}^3 x}{\mathrm{d}t^3} + 6\dfrac{\mathrm{d}^2 x}{\mathrm{d}t^2} - 4\dfrac{\mathrm{d}x}{\mathrm{d}t} + x = 0;$

(5) $\dfrac{\mathrm{d}^n x}{\mathrm{d}t^n} + a^n x = 0.$

7. 求方程 $\dfrac{\mathrm{d}^4 x}{\mathrm{d}t^4} - x = 0$ 满足初值条件 $x(0) = 2$, $x'(0) = -1$, $x''(0) = -2$, $x^{(3)}(0) = 1$ 的解.

8. 构造常系数齐次线性微分方程, 使下列函数是它的解, 并且方程的阶数最低:

(1) $\mathrm{e}^{-t},\ \cos t,\ \sin t;$

(2) $\mathrm{e}^{2t},\ \mathrm{e}^{-2t},\ t\cos t,\ t\sin t,\ \mathrm{e}^{-t}\sin t,\ \mathrm{e}^{-t}\cos t;$

(3) $\mathrm{e}^t,\ t\mathrm{e}^t,\cdots,\ t^{n-1}\mathrm{e}^t;$

(4) $\mathrm{e}^{-t},\ t\mathrm{e}^{-t},\cdots,\ t^{l-1}\mathrm{e}^{-t},\ \mathrm{e}^t,\ t\mathrm{e}^t,\cdots,\ t^{l-1}\mathrm{e}^t.$

9. 设 $x = \varphi_j(t)\ (j = 1, 2, \cdots, k)$ 是微分方程 $a_0\dfrac{\mathrm{d}^n x}{\mathrm{d}t^n} + a_1\dfrac{\mathrm{d}^{n-1} x}{\mathrm{d}t^{n-1}} + \cdots + a_n x = f_j(t)$ 的解, 试证 $x = \sum\limits_{j=1}^{k} C_j\varphi_j(t)$ 是微分方程

$$a_0\dfrac{\mathrm{d}^n x}{\mathrm{d}t^n} + a_1\dfrac{\mathrm{d}^{n-1} x}{\mathrm{d}t^{n-1}} + \cdots + a_n x = \sum_{j=1}^{k} C_j f_j(t)$$

的解.

3.6　二阶线性方程边值问题

对一般的 n 阶常微分方程

$$u^{(n)} = f(t, u, \cdots, u^{(n-1)})$$

的边值问题, 我们通常对 $J = [a, b]$ 的两个端点 a 和 b 处赋予 n 个独立的条件, 使得上述方程有解. 我们主要的目标是研究二阶方程

$$u'' + a_1(t)u' + a_0(t)u = g(t), \qquad t \in J. \tag{3.31}$$

常见的边值条件有

(1) $u(a) = y_1$, $u(b) = y_2$;

(2) $u'(a) = y_1$, $u'(b) = y_2$;

(3) $\alpha_1 u(a) + \alpha_2 u'(a) = y_1$, $\beta_1 u(b) + \beta_2 u'(b) = y_2$.

上面的条件 (3) 称为 Sturm 边值条件, 条件 (1) 和条件 (2) 是条件 (3) 的特例. 除去条件 (1)、条件 (2) 和条件 (3), 条件

$$u(a) - u(b) = y_1, \qquad u'(a) - u'(b) = y_2 \tag{3.32}$$

亦为边值条件. 若上述进一步 $y_1 = y_2 = 0$, 则称 (3.32) 为周期边值条件.

与初值问题不同, 一般边值问题没有通常解的存在唯一性. 比如考虑最简单的方程 $u'' = 0$, 其通解为 $u(t) = a + bt$. 此时在条件 (1) 下总有解, 但是对条件 (2), 若 $y_1 \neq y_2$, 则相应的边值问题无解.

为方便起见, 我们考虑自伴形式的边值问题

$$Lu = (p(t)u')' + q(t)u = g(t), \qquad t \in J \tag{3.33}$$

及边值条件

$$\begin{cases} R_1 u = \alpha_1 u(a) + \alpha_2 p(a) u'(a) = y_1, \\ R_2 u = \beta_1 u(b) + \beta_2 p(b) u'(b) = y_2. \end{cases} \tag{3.34}$$

这里我们假设

$$p \in C^1(J),\ q, g \in C(J),\ p(t) > 0\ (t \in J), \quad \alpha_1^2 + \alpha_2^2 > 0,\ \beta_1^2 + \beta_2^2 > 0. \tag{S}$$

所谓齐次边值问题是指

$$Lu = 0, \qquad R_1 u = R_2 u = 0. \tag{3.35}$$

注 3.6.1 自伴形式 (3.33) 与一般形式 (3.31) 在一定条件下是等价的.

$(3.31) \Rightarrow (3.33)$ 设 $p(t) = e^{\int a_1(s)ds}$, 则

$$p(u'' + a_1 u' + a_0 u) = (pu')' + pa_0 u.$$

$(3.33) \Rightarrow (3.31)$ 若 $p > 0, p \in C^1$, 则方程 (3.33) 为

$$(pu')' + qu = pu'' + p'u' + qu.$$

引理 3.6.1 (Lagrange 恒等式) 对 (3.33) 定义的算子 L, $u, v \in C^2(J)$, 有恒等式

$$vLu - uLv = [p(t)(u'v - v'u)]'.$$

因此若 $R_i u = R_i v = 0$, $i = 1, 2$, 则有

$$\int_a^b (vLu - uLv) dt = 0,$$

证明 直接计算

$$\begin{aligned} vLu - uLv &= v[(pu')' + qu] - u[(pv')' + qv] \\ &= v(p'u' + pu'') - u(p'v' + pv'') \\ &= p'(vu' - uv') + p(vu'' - uv'') \\ &= [p(vu' - uv')]', \end{aligned}$$

再由条件 $R_i u = R_i v = 0$, $i = 1, 2$, 积分得到 $\int_a^b (vLu - uLv) dt = 0$. □

注 3.6.2 由 Lagrange 恒等式有 $\langle Lu, v \rangle = \langle u, Lv \rangle$, 故称算子 L 为自伴的.

因为边值问题 (3.35) 为线性的, 故有以下简单的推论:
(1) 边值问题 (3.35) 的解的线性组合仍为边值问题 (3.35) 的解;
(2) 非齐次方程 (3.33)—(3.34) 若有解 v_1, v_2, 则 $v_1 - v_2$ 为齐次方程 (3.35) 的解;
(3) 若 u 为齐次方程 (3.35) 的解, v 为非齐次方程 (3.33)—(3.34) 的解, 则 $v + u$ 仍为非齐次方程 (3.33)—(3.34) 的解;
(4) 若 v^* 为非齐次方程 (3.33)—(3.34) 的一个特解, 则

$$v = v^* + u$$

为非齐次方程 (3.33)—(3.34) 的通解, 其中 u 为齐次方程 (3.35) 的所有解.

定理 3.6.1 设 u_1, u_2 为齐次方程 $Lu = 0$ 的独立解, 则非齐次边值问题 (3.33)—(3.34) 有唯一解当且仅当齐次方程有唯一解 $u \equiv 0$, 即当且仅当

$$\det \begin{pmatrix} R_1 u_1 & R_1 u_2 \\ R_2 u_1 & R_2 u_2 \end{pmatrix} \neq 0. \tag{3.36}$$

这表明条件 (3.36) 与 u_1, u_2 选取无关.

证明 第一个结论是前面性质 (4) 的直接推论. 现在假设 v^* 为方程 (3.33)—(3.34) 的一个特解, 则方程 (3.33)—(3.34) 的通解为

$$v = v^* + c_1 u_1 + c_2 u_2, \qquad c_1, c_2 \in \mathbb{R}.$$

由边值条件 (3.34),

$$R_i v = R_i v^* + c_1 R_i u_1 + c_2 R_i u_2 = y_i, \qquad i = 1, 2.$$

故 v 为方程 (3.33)—(3.34) 的唯一解当且仅当上述关于 c_1, c_2 的线性方程组有唯一解, 即条件 (3.36) 成立. □

例 3.6.1 考虑方程 $u'' + u = g(t), t \in [0, \pi]$.

(1) $R_1 u = u(0) + u'(0) = y_1, R_2 u = u(\pi) = y_2$.

取齐次方程的基础解系 $u_1 = \cos t, u_2 = \sin t$. 由于

$$\det \begin{pmatrix} R_1(\cos t) & R_1(\sin t) \\ R_2(\cos t) & R_2(\sin t) \end{pmatrix} = \det \begin{pmatrix} 1 & 1 \\ -1 & 0 \end{pmatrix} = 1.$$

由定理 3.6.1, 我们知道对任意 y_1, y_2 及 $g(t)$, 边值问题有唯一解.

(2) 取 $g(t) \equiv 1$, 则 $v^* = 1$ 为边值问题 (可能) 的解, 通解为

$$v(t) = 1 + c_1 \cos t + c_2 \sin t.$$

若取 $y_1 = y_2 = 0$, 则

$$R_1 v = 1 + c_1 + c_2 = 0, \qquad R_2 v = 1 - c_1 = 0.$$

解得 $c_1 = 1, c_2 = -2$, 故边值问题的解为

$$v(t) = 1 + \cos t - 2 \sin t.$$

(3) 我们考虑新的边值问题 $R_1 u = u(0) = y_1, R_2 u = u(\pi) = y_2$. 由于

$$\det \begin{pmatrix} R_1(\cos t) & R_1(\sin t) \\ R_2(\cos t) & R_2(\sin t) \end{pmatrix} = \det \begin{pmatrix} 1 & 0 \\ -1 & 0 \end{pmatrix} = 0,$$

因此条件 (3.36) 不满足, 此时齐次边值问题 $(y_1 = y_2 = 0)$ 有无穷多解 $u = c\sin t$. 但非齐次问题

$$u'' + u = 0, \qquad u(0) = 0,\ u(\pi) = 1$$

无解.

习题 3.6

1. 设 $p(t)$, $q(t)$, $f(t)$ 连续, $\varphi(t)$ 是齐次方程 $x'' + p(t)x' + q(t)x = 0$ 的非零解. 证明: $\varphi(t)$ 的零点是离散的 (即没有聚点).

2. 设 $p(t)$, $q(t)$, $f(t)$ 连续, $\varphi(t)$, $\psi(t)$ 是齐次方程 $x'' + p(t)x' + q(t)x = 0$ 的两个非零解, $\varphi(a) = \varphi(b) = 0(a < b)$. 证明: $\psi(t)$ 在 $[a,b]$ 上一定有一个零点.

3. 为了使方程 $x'' + x = f(t)$ 的所有解当 $t \to +\infty$ 时都是有界的, 需要给函数 $f(t)$ 加上什么样的条件?

4. 设 $p(t)$, $q(t)$ 连续, 考虑方程 $x'' + p(t)x' + q(t) = 0$. 证明:

(1) 对于同一 t 值取极大值的方程的两个解一定线性相关;

(2) 方程的任意两个线性无关解不可能有正的极大值;

(3) 又若 $q(t) < 0$, 则方程的解不可能有正的极大值.

5. 设 $q(t)$ 是严格单增的连续函数, $q(t) > 0$. 设 t_1, t_2, $\cdots$ 是方程 $x'' + q(t)x = 0$ 的解按照增大的顺序依次排列的零点. 证明:

(1) $t_{n+1} - t_n < t_n - t_{n+1}$;

(2) 记 $C = \lim\limits_{t \to +\infty} q(t)$, 其中 C 可以为 $+\infty$, 则 $\lim\limits_{n \to +\infty} (t_{n+1} - t_n) = \dfrac{\pi}{\sqrt{C}}$.

3.7 基本解与 Green 函数

为了系统地研究和解决边值问题, 我们需要引入基本解和 Green 函数这两个重要工具. 基本解可以看作对单位冲激响应的一种描述, 而 Green 函数则是在给定边值条件下的特殊基本解. 利用 Green 函数, 我们能够把边值问题转化为积分方程, 从而求得显式解.

定义 3.7.1(基本解) 设 $J = [a,b]$, $Q = J \times J$ 位于 $tO\xi$ 平面. 定义

$$Q_1 = \{(t,\xi) | a \leqslant \xi \leqslant t \leqslant b\},$$

$$Q_2 = \{(t,\xi) | a \leqslant t \leqslant \xi \leqslant b\},$$

Q_1 与 Q_2 分别为 Q 中的三角形. $\gamma(t,\xi): Q \to \mathbb{R}$ 称为齐次方程 $Lu=0$ 的基本解, 如果下列条件成立:

(1) $\gamma(t,\xi)$ 在 Q 上连续;

(2) 偏导数 γ_t, γ_{tt} 存在且在 Q_1 和 Q_2 上连续 (在对角线 $t=\xi$ 上分别在各自三角形取单边导数);

(3) 固定 $\xi \in J$, 函数 $t \mapsto \gamma(t,\xi)$ 满足

$$L\gamma(\cdot,\xi) = 0, \quad t \neq \xi, \, t \in J;$$

(4) 在对角线 $t=\xi$ 上

$$\gamma_t(t+,t) - \gamma_t(t-,t) = \frac{1}{p(t)}, \quad t \in (a,b).$$

引理 3.7.1 在条件 (S) 下, 基本解存在, 但不一定唯一.

证明 设 $u(t,\xi)$ 为初值问题

$$Lu = 0, \quad u(\xi) = 0, \, u'(\xi) = \frac{1}{p(\xi)}, \quad \xi \in J$$

的解. 则

$$\gamma(t,\xi) = \begin{cases} 0, & a \leqslant t \leqslant \xi \leqslant b, \\ u(t,\xi), & a \leqslant \xi \leqslant t \leqslant b \end{cases}$$

为一基本解. 定义中的条件 (1)—(4) 容易验证.

设 $g \in C^2(J)$ 满足 $Lg = 0$, $h \in C(J)$, 则

$$\gamma_1(t,\xi) = \gamma(t,\xi) + g(t)h(\xi)$$

亦为基本解. $\square$

例 3.7.1 考虑以下两个简单的微分方程:

(1) 若 $u'' = 0$, 则 $\gamma(t,\xi) = (t-\xi)_+$, 其中 $a_+ \stackrel{\text{def}}{=} \max\{0,a\}$.

(2) 若 $u'' + \lambda^2 u = 0$, 则

$$\gamma(t,\xi) = \frac{1}{\lambda} \sin \lambda(t-\xi)_+, \quad 0 \neq \lambda \in \mathbb{R}$$

为基本解.

定理 3.7.1 假设条件 (S) 成立. 若 $\gamma(t,\xi)$ 为基本解, 则

$$v(t) = \int_a^b \gamma(t,\xi)g(\xi)\mathrm{d}\xi$$

为 C^2 函数, 且 $Lv = g$.

证明 因为

$$v(t) = \int_a^b \gamma(t,\xi)g(\xi)\mathrm{d}\xi = \int_a^t \gamma(t,\xi)g(\xi)\mathrm{d}\xi + \int_t^b \gamma(t,\xi)g(\xi)\mathrm{d}\xi,$$

故

$$v'(t) = \gamma(t,t)g(t) + \int_a^t \gamma_t(t,\xi)g(\xi)\mathrm{d}\xi - \gamma(t,t)g(t) + \int_t^b \gamma_t(t,\xi)g(\xi)\mathrm{d}\xi$$
$$= \int_a^b \gamma_t(t,\xi)g(\xi)\mathrm{d}\xi.$$

类似处理

$$v''(t) = \gamma_t(t+,t)g(t) + \int_a^t \gamma_{tt}(t,\xi)g(\xi)\mathrm{d}\xi - \gamma_t(t-,t)g(t) + \int_t^b \gamma_{tt}(t,\xi)g(\xi)\mathrm{d}\xi$$
$$= \int_a^b \gamma_{tt}(t,\xi)g(\xi)\mathrm{d}\xi + \frac{g(t)}{p(t)}.$$

由于 $L\gamma = 0$, 故

$$Lv = pv'' + p'v' + qv$$
$$= \left(p\int_a^b \gamma_{tt}(t,\xi)g(\xi)\mathrm{d}\xi + g(t)\right) + p'\int_a^b \gamma_t(t,\xi)g(\xi)\mathrm{d}\xi + q\int_a^b \gamma(t,\xi)g(\xi)\mathrm{d}\xi$$
$$= \int_a^b (L\gamma)(t,\xi)g(\xi)\mathrm{d}\xi + g(t) = g(t). \qquad \square$$

注 3.7.1 设 $\delta(t)$ 为 $\mathbb{R}$ 上的 Dirac 函数. 对任意 $\xi \in J$, 考虑函数 $\gamma(\cdot,\xi)$ 满足

$$L\gamma(t,\xi) = \delta(t-\xi), \tag{3.37}$$

则对定理中的 $v(t)$,

$$(Lv)(t) = \int_a^b (L\gamma)(t,\xi)g(\xi)\mathrm{d}\xi = \int_a^b \delta(t-\xi)g(\xi)\mathrm{d}\xi = g(t).$$

因此所谓基本解 $\gamma(t,\xi)$ 为方程 (3.37) 的解.

对齐次边值问题

$$Lu = 0, \qquad R_1u = R_2u = 0,$$

我们引入 Green 函数 $\Gamma(t,\xi)$. 它满足

(1) $\Gamma(t,\xi)$ 为 $Lu = 0$ 的基本解;

(2) $R_1\Gamma = R_2\Gamma = 0$ 对任给 $\xi \in (a,b)$ 成立.

下面我们尝试构造 Green 函数. 考虑齐次方程 $Lu = 0$. 我们需要找到两个解 u_1 和 u_2, 使它们分别满足以下边值条件: 在左端点, u_1 满足 $R_1u_1 = 0$, 在右端点, u_2 满足 $R_2u_2 = 0$. 解 u_1 通过方程 $Lu = 0$ 以及初值条件 $u(a) = \lambda$, $p(a)u'(a) = \mu$ 来确定, 其中 $(\lambda,\mu) \neq 0$ 满足 $\alpha_1\lambda + \alpha_2\mu = 0$. 类似地, 解 u_2 由终值条件来确定. 若 u_1 和 u_2 线性相关, 即存在常数 γ 使 $u_1 = \gamma u_2$, 则齐次方程的边值问题将出现非平凡解. 因此我们需要排除这种情况. 我们假设 (u_1, u_2) 构成了方程 $Lu = 0$ 的基础解系.

由 Lagrange 恒等式

$$p(u_1 u_2' - u_1' u_2) = 常数.$$

记该常数为 c. 另一方面, $u_1 u_2' - u_1' u_2$ 为 Wronski 行列式且 $p > 0$, 故 $c \neq 0$. 设

$$\Gamma(t,\xi) = \begin{cases} \dfrac{1}{c} u_1(\xi) u_2(t), & a \leqslant \xi \leqslant t \leqslant b, \\ \dfrac{1}{c} u_1(t) u_2(\xi), & a \leqslant t \leqslant \xi \leqslant b. \end{cases} \tag{3.38}$$

基本解定义中的条件 (1)—(3) 是显然的. 由 $\Gamma(t,\xi)$ 的定义, 则

$$c\Gamma_t(t+,t) = u_1(t) u_2'(t), \qquad c\Gamma_t(t-,t) = u_1'(t) u_2(t).$$

故

$$\Gamma_t(t+,t) - \Gamma_t(t-,t) = \frac{1}{p(t)}.$$

从而 $\Gamma(t,\xi)$ 为 $Lu = 0$ 的基本解. 条件 $R_1\Gamma = R_2\Gamma = 0$ 是明显的.

定理 3.7.2 假设条件 (S) 成立. 若齐次方程的边值问题

$$Lu = 0, \qquad R_1u = R_2u = 0,$$

仅有零解, 则相应的 Green 函数存在唯一, 由式 (3.38) 决定, 并且

$$\Gamma(t,\xi) = \Gamma(\xi,t).$$

边值问题

$$Lv = g, \qquad R_1v = R_2v = 0 \tag{3.39}$$

的解唯一, 且其解 v 有表示

$$v(t) = \int_a^b \Gamma(t,\xi) g(\xi) \mathrm{d}\xi. \tag{3.40}$$

证明 式 (3.40) 定义的函数 $v(x)$ 为方程 (3.39) 的解. 事实上, 首先由定理 3.7.1, $Lv = g$. 在由定理 3.7.1的证明, 因为 Γ 满足齐次边值条件, 故 v 亦然. 从而

$$R_i \int_a^b \Gamma g \mathrm{d}\xi = \int_a^b R_i \Gamma g \mathrm{d}\xi = 0.$$

下面我们证明 Γ 的唯一性. 假设有另一个 Green 函数 Γ'. 设

$$v(t) = \int_a^b \Gamma(t,\xi) g(\xi) \mathrm{d}\xi, \qquad w(t) = \int_a^b \Gamma'(t,\xi) h(\xi) \mathrm{d}\xi,$$

其中 g, h 为连续函数. 因为 $R_i v = R_i w (i = 1, 2)$, 由 Lagrange 恒等式

$$\int_a^b (vLw - wLv) \mathrm{d}t = 0.$$

因为 $Lv = g, Lw = h$, 故

$$\int_a^b \int_a^b h(t) \Gamma(t,\xi) g(\xi) \mathrm{d}t \mathrm{d}\xi = \int_a^b \int_a^b g(t) \Gamma'(t,\xi) h(\xi) \mathrm{d}\xi \mathrm{d}t.$$

上式右端的积分交换 t 和 ξ, 则

$$\int_a^b \int_a^b \left(\Gamma(t,\xi) - \Gamma'(\xi,t) \right) g(\xi) h(t) \mathrm{d}\xi \mathrm{d}t = 0.$$

因为上式对任意连续函数 g, h 成立, 故

$$\Gamma(t,\xi) = \Gamma'(\xi,t).$$

特别地, 令 $\Gamma = \Gamma'$, 则上面的关系表明 Γ 是关于 t 和 ξ 是对称的. □

例 3.7.2 考虑 $Lu = u'' = 0, t \in [0, 1], R_1 u = u(0) = 0, R_2 u = u(1) = 0$.

解 我们寻求 u_1, u_2 满足 $R_1 u_1 = 0, R_2 u_2 = 0$, 且 u_1, u_2 线性独立. 不难看出, $u_1 = t, u_2 = t - 1$ 满足上述条件. 此时

$$c = p(u_1 u_2' - u_1' u_2) = 1.$$

故

$$\Gamma(t,\xi) = \begin{cases} \xi(t-1), & 0 \leqslant \xi \leqslant t \leqslant 1, \\ t(\xi-1), & 0 \leqslant x \leqslant \xi \leqslant 1 \end{cases}$$

为该边值问题的 Green 函数. 显然该问题仅有零解. □

下面我们来看看 Green 函数的一些应用.

1. 非齐次边值问题

考虑非齐次边值问题, 我们首先寻找 $\varphi \in C^2(J)$ 满足 $R_i\varphi = y_i, i = 1,2$. 这是容易办到的. 我们假设 $u = v + \varphi$ 为非齐次方程的解, 则

$$Lu = L\varphi + Lv = g, \qquad R_i u = R_i \varphi + R_i v = y_i, \ i = 1,2.$$

因此我们只需解边值问题

$$Lv = h, \qquad R_1 v = R_2 v = 0, \qquad h = g - L\varphi.$$

若条件 (3.36) 成立, 则 v 可解. 最后, $u = v + \varphi$ 为原问题的解.

2. 非线性边值问题

考虑

$$Lu = f(t,u),\ t \in J, \qquad R_1 u = R_2 u = 0, \tag{3.41}$$

其中 $f: J \times \mathbb{R} \to \mathbb{R}$ 连续. 取 $g(t) = f(t, u(t))$, 则 $u \in C^2(J)$ 为方程 (3.41) 的解当且仅当 u 连续且满足积分方程

$$u(t) = \int_a^b \Gamma(t, \xi) f(\xi, u(\xi)) \mathrm{d}\xi, \qquad t \in J.$$

习题 3.7

1. 求边值问题

$$\begin{cases} \dfrac{\mathrm{d}^2 y}{\mathrm{d}x^2} - \lambda y = 0, \\ y'(0) = y'(\pi) = 0 \end{cases}$$

的特征值和特征函数.

2. 利用 Green 函数求解边值问题

$$\begin{cases} \dfrac{\mathrm{d}^2 y}{\mathrm{d}x^2} - y = x^2, \\ y(0) = y(1) = 0. \end{cases}$$

3. 如果 λ 不是齐次边值问题

$$\begin{cases} \dfrac{\mathrm{d}^2 y}{\mathrm{d}x^2} + \lambda y = 0, \\ y(0) = y(\pi) = 0 \end{cases} \tag{3.42}$$

的特征值, 试证: 边值问题

$$\begin{cases} \dfrac{\mathrm{d}^2 y}{\mathrm{d}x^2} + \lambda y = f(x), \\ y(0) = y(\pi) = 0 \end{cases} \tag{3.43}$$

的解存在且唯一.

4. 如果 λ 是齐次边值问题 (3.42) 的特征值, 试问 $f(x)$ 适合什么条件时边值问题 (3.43) 的解存在? 解是否唯一?

3.8 Sturm-Liouville 特征值问题

所谓 Sturm-Liouville 特征值问题是如下的边值问题:

$$\begin{cases} Lu + \lambda r(t)u = 0, & t \in J, \\ R_1 u = R_2 u = 0, \end{cases} \tag{S-L}$$

其中

$$Lu = (p(t)u')' + q(t)u,$$
$$R_1 u = \alpha_1 u(a) + \alpha_2 p(a)u'(a),$$
$$R_2 u = \beta_1 u(b) + \beta_2 p(b)u'(b).$$

换句话说, 问题 (S-L) 相当于方程

$$(pu')' + (q + \lambda r)u = 0 \tag{3.44}$$

的边值问题.

例 3.8.1 求解方程 $u'' + \lambda u = 0, u(0) = u(\pi) = 0$.

解 分以下两类情况讨论:

(1) 若 $\lambda = 0, u = c_1 + c_2 t$. 若 $\lambda = -\mu^2 < 0, u = c_1 e^{\mu t} + c_2 e^{-\mu t}$. 因此, 对这两种情形的边值问题仅有零解, 即平凡解.

(2) 若 $\lambda = \mu^2 > 0, u = c_1 \sin \mu t + c_2 \cos \mu t$. 若满足边值条件, 则 $c_2 = 0$ 且 $\sin \mu \pi = 0$. 因此对 $\lambda_n = n^2$, 边值问题有 $\lambda = \lambda_n$ 相应的非平凡解 $u_n(t) = c_1 \sin nt, n \in \mathbb{N}_+$. 这里我们称 λ_n 为特征值, u_n 为 λ_n 对应的特征函数. 任给 $\phi \in C^1(J), \phi(0) = \phi(\pi)$, 由 Fourier 级数理论, 函数 ϕ 有展开

$$\phi(t) = \sum_{n=1}^{+\infty} a_n \sin nt.$$

这里可以将 ϕ 奇延拓至 $[-\pi, \pi]$, 从而 ϕ 的 Fourier 展开仅有 sin 项.

$\square$

Sturm-Liouville 理论有以下两个基本问题:

1. 特征值的存在性

在何种条件下存在特征值? 是否有无穷多的特征值? 如果有, 特征值的渐进性质是什么?

2. 依赖特征函数的展开

在何种条件下任意函数可以按照特征函数 $\{u_n\}$ 展开为

$$\phi(t) = \sum a_n u_n(t)?$$

为回答这些问题, 我们需要假设

$$\begin{aligned} &p(t) \in C^1(J), \ q(t), r(t) \in C(J), \\ &p(t) > 0, r(t) > 0, \ \forall t \in J \\ &\alpha_1^2 + \alpha_2^2 > 0, \ \beta_1^2 + \beta_2^2 > 0. \end{aligned} \tag{3.45}$$

假设 λ^* 不是特征值, 将算子 L 定义中的 $q(t)$ 换成 $q^*(t) = q(t) + \lambda^* r(t)$, 则若 (λ_n, u_n) 为原问题的特征值和特征函数, 则对应的新问题的特征值和特征函数为 $(\lambda_n - \lambda^*, u_n)$. 因此 0 不为新问题的特征值. 不失一般性, 我们假设 $\lambda = 0$ 不是原问题的特征值, 即 $Lu = 0, R_i u = 0, i = 1, 2$ 仅有零解.

设 $g(t) = -\lambda r(t) u(t)$, 则方程 (S-L) 可以写成

$$\begin{cases} Lu = g(t), \\ R_1 u = R_2 u = 0. \end{cases}$$

利用 Green 函数 $\Gamma(t, \xi)$, 方程 (S-L) 的解满足 Fredholm 积分方程

$$u(t) = -\lambda \int_a^b \Gamma(t, \xi) r(\xi) u(\xi) \mathrm{d}\xi. \tag{3.46}$$

定义算子

$$(Tf)(t) \stackrel{\text{def}}{=} -\int_a^b \Gamma(t, \xi) r(\xi) f(\xi) \mathrm{d}\xi.$$

则

$$v = Tf \tag{3.47}$$

等价于

$$Lv + rf = 0, \ R_1 u = R_2 u = 0. \tag{3.48}$$

因此 Fredholm 积分方程 (3.46) 变成

$$Tu = \mu u, \qquad \mu = \frac{1}{\lambda}. \tag{3.49}$$

算子 T 定义于实内积空间 $C(J)$, $T: C(J) \to C(J)$. 由 (3.47), 若 $Tf = 0$, 则 $f = 0$, 即 $\mu = 0$ 不是 T 的特征值. 因为 $\lambda = 0$ 不是 Sturm-Liouville 问题的特征值, 故 $\lambda = \dfrac{1}{\mu}$ 建立了 (3.49) 的特征值与 Sturm-Liouville 问题特征值的一一对应.

为简化讨论, 我们引入新的内积

$$\langle f, g \rangle_r = \int_a^b r(t) f(t) g(t) \mathrm{d}t.$$

由条件 (3.45), 存在 $\alpha, \beta > 0$ 使得

$$0 < \alpha \leqslant r(t) \leqslant \beta, \qquad t \in J.$$

内积 $\langle \cdot, \cdot \rangle_r$ 定义了范数

$$\|f\|_r = \langle f, f \rangle_r^{\frac{1}{2}} = \left(\int_a^b r(t) f^2(t) \mathrm{d}t \right)^{\frac{1}{2}}.$$

故对通常的范数 $\|f\| = \left(\int_a^b f^2(t) \mathrm{d}t \right)^{\frac{1}{2}}$, 我们有

$$\alpha \|f\| \leqslant \|f\|_r \leqslant \beta \|f\|.$$

因此 $\|\cdot\|_r$ 与 $\|\cdot\|$ 等价. 记 $H_r = (C(J), \langle \cdot, \cdot \rangle_r)$, 它是一个内积空间, 但不完备. 其完备化为 $L^2(J)$.

由 Green 函数的对称性及 Fubini 定理

$$\langle Tf, g \rangle_r = -\int_a^b r(t) g(t) \left(\int_a^b \Gamma(t, \xi) r(\xi) f(\xi) \mathrm{d}\xi \right) \mathrm{d}t = \langle f, Tg \rangle_r.$$

因此 T 为 H_r 上的自伴算子. 事实上, T 为一紧算子.

定理 3.8.1 设 T 为实内积空间 H 上的 (线性) 自伴紧算子, $\dim H = +\infty$. 则 T 由可数无穷多的实特征值 $\mu_0, \mu_1, \cdots$ 满足

$$|\mu_0| \geqslant |\mu_1| \geqslant |\mu_2| \geqslant \cdots, \qquad \lim_{n \to \infty} \mu_n = 0.$$

设 u_n 为 μ_n 相应的特征向量, $Tu_n = \mu_n u_n$, 则 $\{u_n\}$ 构成 H 一正交基, 可单位化满足

$$\langle u_n, u_m \rangle = \delta_{nm}, \qquad n, m = 0, 1, \cdots,$$

其中 δ_{nm} 为 Kronecker 符号.

习题 3.8

1. 考虑非齐次边值问题

$$u'' + u = e^t, \qquad u(0) = u(1) = 0.$$

按照以下两种思路解上述问题: (1) 利用齐次方程的基础解系和非齐次方程特解; (2) 利用 Green 函数.

2. 确定边值问题

$$u'' + \frac{1}{4t^2}u = 0,\ t \in [1,2], \qquad u(1) = u(2) = 0$$

的 Green 函数.

3. 证明边值问题

$$u'' = g(t)\sin u,\ t \in [0,1], \qquad u(0) = u(1) = 0$$

当 $g \in C([0,1])$ 满足 $|g(t)| < \pi^2, t \in [0,1]$ 时有唯一解.

4. 给出边值问题

$$u'' = 0,\ t \in [0,1], \qquad u'(0) = u(1) = 0$$

的 Green 函数.

第四章

常微分方程的基本理论

在第二章中我们已经看到，虽然能够利用初等积分法求解很多一阶常微分方程，然而，即使对于形式上非常简单的 Riccati 方程

$$\frac{\mathrm{d}y}{\mathrm{d}x} = x^2 + y^2,$$

我们也不能采用初等积分法来求解它. 因此，一个自然的问题是：是否每个常微分方程都有解，无论它是否能用初等积分法求解？进一步，对于给定的初值条件，如果方程有解的话，解是否唯一，或者说，是否有多个不同的解满足一个共同的初值条件？

这显然是常微分方程理论里首先要被解决的问题. 与之有关的重要结果首先是由 Cauchy 在 19 世纪 20 年代给出的. 当分析常微分方程

$$\frac{\mathrm{d}y}{\mathrm{d}x} = f(x,y) \tag{4.1}$$

时，Cauchy 分别对连续可微情形的 $f(x,y)$ 和解析情形的 $f(x,y)$ 研究了方程解的存在性和解的唯一性. 随后，Lipschitz 在 1876 年对存在唯一性定理减弱了 Cauchy 的条件，即减弱成将在 4.1 节中介绍的鼎鼎大名的 Lipschitz 条件，Picard 在 1893 年利用逐次迭代法在 Lipschitz 条件下对存在唯一性定理给出了一个新证明. 另外，在不考虑解的唯一性的前提下，Peano 针对最一般的条件在 1886 年提出了解的存在性定理，这个结论的正确证明则是四年后由他自己于 1890 年给出的.

本章介绍常微分方程的基本理论. 为方便计，除非特别声明，在本章中常微分方程 (4.1) 考虑的都是一维情形的实值函数 y. 注意到高维情形下方程 (4.1) 仍有意义，且本章的很多结论对于高维情形下的方程 (4.1) 也成立，例如解的存在唯一性定理、解关于初值和参数的连续依赖性和连续可微性等.

4.1 初值问题解的存在唯一性定理

在本节中，我们将利用 Picard 的逐次迭代法，通过逐次逼近来证明常微分方程 (4.1) 其初值问题解的存在唯一性定理，因此我们有时称之为 Picard 存在唯一性定理.

在 Picard 存在唯一性定理的证明过程中，一个关键的想法就是：先利用逐次迭代构造逼近序列，然后通过逐次逼近来证明解的存在唯一性. 事实上，这一想法最早可以追溯到数学分析中的 Newton 迭代法 (也称为 Newton 切线法). 为了使得大家更好地理解 Picard 存在唯一性定理的证明，让我们首先来回忆一下 Newton 迭代法.

大致说来，Newton 迭代法希望对于一元连续函数 F 分析方程

$$x = F(x) \tag{4.2}$$

的根. 其操作手法在于: 首先取一个适当的初值 x_0, 我们可以由

$$x_{k+1} = F(x_k), \quad k = 0, 1, 2, \cdots \tag{4.3}$$

产生点列 $\{x_k | k = 0, 1, 2, \cdots\}$ (这里需要每个 x_k 都属于 F 的定义域); 如果可以证明点列 $\{x_k | k = 0, 1, 2, \cdots\}$ 收敛到 $\hat{x}$, 那么由函数 F 的连续性知 $\hat{x}$ 为方程 (4.2) 的根, 由此我们可以将上述过程中某个合适的 x_k 作为原方程的一个近似解. 为了从理论上证明迭代点列的收敛性, 这就要求我们能够控制 $|x_k - \hat{x}|$: 虽然通过迭代过程 (4.3) 能知道 x_k 的具体信息, 然而 $\hat{x}$ 是未知的, 我们转而试图比较相邻两次的迭代值 $|x_{k+1} - x_k|$.

为了能够理论上保证迭代点列的收敛性, 我们赋予一元函数 F 较好的分析性质. 假设在某个有限区间 $[a, b]$ 上,

$$f(x) = x - F(x)$$

二阶连续可微且 $f'(x)$ 恒不为零. 当区间 $[a, b]$ 包含了方程 (4.2) 的某个根 $\hat{x}$ 时, 利用带 Lagrange 余项的 Taylor 定理知

$$0 = f(\hat{x}) = f(x) + f'(x)(\hat{x} - x) + f''(\xi)\frac{(\hat{x} - x)^2}{2},$$

其中 ξ 取值介于 x 和 $\hat{x}$ 之间. 将上式等价地改写成

$$\hat{x} = x - \frac{f(x)}{f'(x)} - \frac{f''(\xi)}{f'(x)} \cdot \frac{(\hat{x} - x)^2}{2}.$$

下面的结论指出这一过程是可以实现的. 利用上述分析不难得到其证明, 故这里略去细节.

根据 f 的假设知有限区间 $[a, b]$ 上 $\dfrac{f''(\xi)}{f'(x)}$ 有界, 从而当 x 充分靠近 $\hat{x}$ 时我们可以近似地认为

$$\hat{x} = x - \frac{f(x)}{f'(x)}.$$

或者说, 我们将上面的函数作为逐次逼近的迭代函数, 由此得到迭代公式

$$x_{k+1} = x_k - \frac{f(x_k)}{f'(x_k)}, \quad k = 0, 1, 2, \cdots.$$

事实上这一想法具有很自然的几何意义 (如图 4.1 所示):

(1) 求解方程 (4.2) 等价于求解 $f(x) = 0$, 即求曲线 $y = f(x)$ 与 x 轴的交点的横坐标;

(2) 曲线 $y = f(x)$ 在 x_k 点处的切线方程为

$$y = f'(x_k)(x - x_k) + f(x_k),$$

从而它与 x 轴的交点的横坐标恰为

$$x_k - \frac{f(x_k)}{f'(x_k)};$$

(3) 我们取 x_{k+1} 为上面的横坐标, 期望这样不断产生的切线与 x 轴的交点的横坐标可以逼近曲线与 x 轴的交点的横坐标.

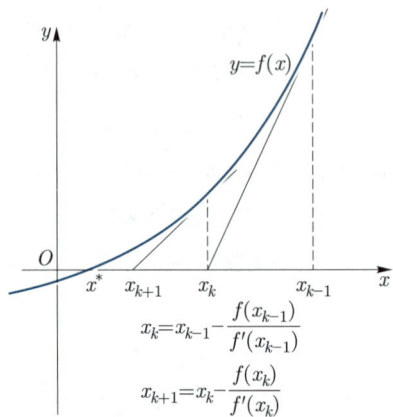

图 4.1　Newton 迭代法示意图

命题 4.1.1　设一元函数 $f(x)$ 在有限区间 $[a,b]$ 上二阶连续可微, 满足 $f(a)f(b)<0$ 且 $f'(x)$ 和 $f''(x)$ 都在 (a,b) 上保号. 任取 $x_0 \in [a,b]$ 使得 $f(x_0)f''(x_0)>0$, 那么由 Newton 迭代公式

$$x_{k+1} = x_k - \frac{f(x_k)}{f'(x_k)}, \quad k=0,1,2,\cdots$$

产生的点列 $\{x_k \mid k=0,1,2,\cdots\}$ 单调收敛于 $f(x)=0$ 在 $[a,b]$ 中的唯一解.

Picard 存在唯一性定理对方程 (4.1) 中的 $f(x,y)$ 有一定的限制, 即 Lipschitz 条件. 如果函数 $f(x,y)$ 在集合 D 内满足: 存在常数 $L>0$, 使得

$$|f(x,y_1) - f(x,y_2)| \leqslant L|y_1 - y_2|, \quad \forall (x,y_1), (x,y_2) \in D,$$

则称函数 $f(x,y)$ 在集合 D 内对 y 满足 Lipschitz 条件, 此时也称 L 为函数 $f(x,y)$ 在集合 D 内关于 y 的一个 Lipschitz 常数.

下面让我们来陈述并证明 Picard 存在唯一性定理, 其证明的想法与 Newton 迭代法类似.

定理 4.1.1　给定初值点 (x_0,y_0) 及实常数 $a>0, b>0$. 设二元函数 $f(x,y)$ 在矩形区域

$$R \stackrel{\text{def}}{=} \{(x,y) \in \mathbb{R}^2 \mid |x-x_0| \leqslant a, |y-y_0| \leqslant b\}$$

上连续, 且对 y 满足 Lipschitz 条件. 则初值问题

$$\frac{\mathrm{d}y}{\mathrm{d}x} = f(x,y), \quad y(x_0) = y_0 \tag{4.4}$$

在区间 $I = [x_0-h, x_0+h]$ 上有并且只有一个解, 这里的 h 定义如下:

$$h \stackrel{\text{def}}{=} \begin{cases} \min\left\{a, \dfrac{b}{M}\right\}, & M > 0, \\ a, & M = 0, \end{cases}$$

其中 $M \stackrel{\text{def}}{=} \max\limits_{(x,y)\in R} |f(x,y)|$.

证明 一般情况下直接计算一个函数的导函数并不容易, 因此: 在具体证明存在性和唯一性之前, 我们将初值问题 (4.4) 的解转化为一个积分方程. 直接利用 Newton-Leibniz 公式可以得到: 给定 I 上的连续函数 $y(x)$ (其中 I 为一个包含了 x_0 点的区间), 那么 $y(x), x \in I$ 为初值问题 (4.4) 的解当且仅当积分方程

$$y(x) = y_0 + \int_{x_0}^{x} f(s, y(s))\, \mathrm{d}s, \quad \forall x \in I \tag{4.5}$$

成立. 取 L 为函数 $f(x, y)$ 在区域 R 上关于 y 的一个 Lipschitz 常数.

(唯一性) 我们首先用反复迭代法来证明相对容易的部分, 即解的唯一性. 设积分方程 (4.5) 有两个解 $u(x)$ 和 $v(x)$, 并设 $J = [x_0 - d, x_0 + d]$ 为它们的共同存在区间, 这里 $d > 0$ 为某个常数且 $d \leqslant h$. 则对于所有的 $x \in J$,

$$u(x) - v(x) = \int_{x_0}^{x} (f(s, u(s)) - f(s, v(s)))\, \mathrm{d}s. \tag{4.6}$$

注意到对于所有的 $x \in J$, $|u(x) - y_0| \leqslant b$ 进而 $(x, u(x)) \in R$. 这是因为, 反设存在 $x^* \in J$ 使得 $|u(x^*) - y_0| > b$, 不妨 $x^* > x_0$, 从而存在 $x_* \in (x_0, x^*)$ 使得 $|u(x_*) - y_0| = b$ 且 $|u(x) - y_0| \leqslant b$ (进而 $(x, u(x)) \in R$) 对所有的 $x_0 \leqslant x \leqslant x_*$ 成立. 特别地, 对 $u(x)$ 运用 (4.5) 并结合 M 和 h 的构造知, 当 $M > 0$ 时,

$$b = |u(x_*) - y_0| = \left| \int_{x_0}^{x_*} f(s, u(s))\, \mathrm{d}s \right|$$

$$\leqslant \int_{x_0}^{x_*} |f(s, u(s))|\, \mathrm{d}s$$

$$\leqslant M(x_* - x_0) < Md \leqslant Mh \leqslant b,$$

矛盾; 当 $M = 0$ 时, 我们可以类似地得到矛盾. 因此, $|u(x) - y_0| \leqslant b$ 对于所有的 $x \in J$ 都成立.

同样地, 对于所有的 $x \in J$, $(x, v(x)) \in R$ 也成立, 进而对 (4.6) 运用 Lipschitz 条件知

$$|u(x) - v(x)| \leqslant L \left| \int_{x_0}^{x} |u(s) - v(s)|\, \mathrm{d}s \right|. \tag{4.7}$$

由有限闭区间 J 上 $|u(x) - v(x)|$ 的连续性知, 可以取有限常数 K 为它的上界. 由 (4.7) 知

$$|u(x) - v(x)| \leqslant LK |x - x_0|, \quad \forall x \in J.$$

将上式代入 (4.7) 的右边得到

$$|u(x) - v(x)| \leqslant K \frac{(L|x-x_0|)^2}{2}, \quad \forall x \in J.$$

类似地进行下去, 由归纳法可知, 对于任意的自然数 n,

$$|u(x) - v(x)| \leqslant K \frac{(L|x-x_0|)^n}{n!}, \quad \forall x \in J.$$

让 $n \to +\infty$, 我们得到 $u(x) = v(x)$ 对所有的 $x \in J$ 成立. 这就证明了积分方程 (4.5) 解的唯一性, 即初值问题 (4.4) 的解是唯一的.

(存在性) 以下我们利用逐次迭代法, 通过逐次逼近来证明初值问题 (4.4) 的解的存在性. 下面我们固定参数 h, M 以及区间 $I = [x_0 - h, x_0 + h]$ 如题设. 显然只用考虑 $M > 0$ 的情形.

如同 Newton 迭代法中的操作, 我们需要取一个适当的初值 ξ_0, 并由此构造合适的迭代序列 $\{\xi_k \,|\, k = 0, 1, 2, \cdots\}$, 这里的每个 ξ_{k+1} 取决于其前一项 ξ_k. 我们用逐次迭代法构造 Picard 函数序列如下: 对所有的 $x \in I$, 定义

$$\begin{aligned} y_0(x) &\stackrel{\mathrm{def}}{=\!\!=} y_0, \\ y_{n+1}(x) &\stackrel{\mathrm{def}}{=\!\!=} y_0 + \int_{x_0}^x f(s, y_n(s)) \,\mathrm{d}s, \quad n = 0, 1, 2, \cdots. \end{aligned} \tag{4.8}$$

注意到利用归纳法和 Lipschitz 条件很容易直接验证: 对于每个自然数 n, 如上构造的 Picard 函数序列 $y_n(x)$ 在 I 上是连续可微的, 且

$$|y_n(x) - y_0| \leqslant M|x - x_0| \tag{4.9}$$

对所有的 $x \in I$ 成立, 进而得到 $(x, y_n(x)) \in R$. 特别地, 上述构造 (4.8) 是良构造的.

再次类似于 Newton 迭代法, 我们来证明: 如上构造的 Picard 函数序列 $y_n(x)$ 在某种意义下收敛到积分方程 (4.5) 的某个解.

事实上, 我们将证明这里的收敛是有限闭区间上函数序列的一致收敛. 注意到函数序列 $y_n(x)$ 的收敛性等价于函数级数 $\sum_{n=1}^{+\infty}(y_{n+1}(x) - y_n(x))$ 的收敛性. 为此, 我们可以用归纳法证明下面的估计: 对于任意自然数 n,

$$|y_{n+1}(x) - y_n(x)| \leqslant \frac{M}{L} \cdot \frac{(L|x-x_0|)^{n+1}}{(n+1)!}, \quad \forall x \in I. \tag{4.10}$$

由 (4.9) 立知 (4.10) 对于 $n = 0$ 成立. 以下我们假设 (4.10) 对于 $n = k$ 成立 (这里 k 是任意一个给定的正整数). 首先, 利用我们的迭代构造 (4.8) 知

$$|y_{k+2}(x) - y_{k+1}(x)| = \left| \int_{x_0}^x (f(s, y_{k+1}(s)) - f(s, y_k(s))) \,\mathrm{d}s \right|, \quad \forall x \in I.$$

然后利用 Lipschitz 条件和归纳假设, 在 I 上成立

$$|y_{k+2}(x) - y_{k+1}(x)| \leqslant \left| \int_{x_0}^{x} L|y_{k+1}(s) - y_k(s)| \mathrm{d}s \right|$$

$$\leqslant M \left| \int_{x_0}^{x} \frac{(L|s-x_0|)^{k+1}}{(k+1)!} \mathrm{d}s \right| = \frac{M}{L} \cdot \frac{(L|x-x_0|)^{k+2}}{(k+2)!},$$

即 (4.10) 对于 $n = k+1$ 也成立. 因此, (4.10) 恒成立, 从而 Picard 函数序列 $y_n(x)$ 在有限闭区间 I 上是一致收敛的.

由上我们可以假设: Picard 函数序列 $y_n(x)$ 在有限闭区间 I 上一致收敛到极限函数 $\varphi(x)$ (显然 $\varphi(x)$ 为 I 上的连续函数). 注意到由 (4.9) 知, 对所有的 $x \in I$, $(x, y_n(x)) \in R$ 都成立, 进而 $(x, \varphi(x)) \in R$, 且利用有界闭矩形区域 R 上 f 的连续性 (进而一致连续) 以及 Picard 函数序列 $y_n(x)$ 在 I 上的一致收敛性, 对 (4.8) 的两边取 $n \to +\infty$ 我们得到: 对所有的 $x \in I$,

$$\varphi(x) = y_0 + \int_{x_0}^{x} f(s, \varphi(s)) \mathrm{d}s.$$

即我们逐次迭代构造的 I 上的函数序列 $y_n(x)$, 经过逐次逼近一致收敛到 I 上的连续函数 $\varphi(x)$, 它使得积分方程 (4.5) 成立, 从而 $\varphi(x), x \in I$ 为初值问题 (4.4) 的解. □

注 4.1.1 定理 4.1.1 中引入的 h 具有很自然的几何意义: 由 M 的构造知, $\dfrac{\mathrm{d}y}{\mathrm{d}x} = f(x,y)$ 的解的函数图像在矩形区域 R 内任意一点的切线斜率都介于 $-M$ 和 M 之间. 特别地, 如果过初值点 (x_0, y_0) 引斜率为 $-M$ 和 M 的两条直线 l_1 和 l_2, 那么初值问题 (4.4) 的解的函数图像一定被 l_1 和 l_2 夹在中间. 具体说来: 设直线 l_1 和 l_2 和矩形区域 R 的边界交于 P, Q_1 和 P_1, Q 四个点, 那么初值问题 (4.4) 的解的函数图像一定被角状区域 $P_1 A Q_1$ 和角状区域 PAQ 的并覆盖, 这里的 A 记为初值点 (x_0, y_0) (如图 4.2 所示).

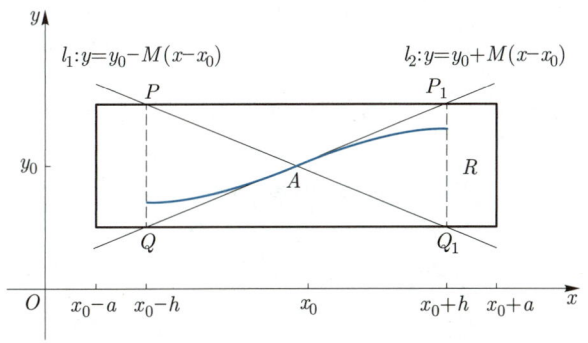

图 4.2 函数图像所在的矩形区域

注 4.1.2 如果函数 $f(x,y)$ 在某个凸形区域 D 上对 y 有连续的偏导数,那么由 Lagrange 定理显然知道此时 $f(x,y)$ 在区域 D 上对 y 满足 Lipschitz 条件. 事实上, 这就是 Cauchy 建立常微分方程初值问题解的存在唯一性定理时所采用的假设.

注 4.1.3 当函数 $f(x,y)$ 关于 y 不满足 Lipschitz 条件时, 初值问题 (4.4) 可能有多个解存在. 例如, 分析实平面上的二元函数 $f(x,y) = y^{\frac{2}{3}}$ (此时 f 关于 y 不满足 Lipschitz 条件), 取 $(x_0, y_0) = (0,0)$, 显然 $y \equiv 0$ 和 $y = \dfrac{1}{27}x^3$ 都是初值问题 (4.4) 的解.

注 4.1.4 采用与估计式 (4.10) 完全一样的证明过程, 不难得到: 如果 L 为函数 $f(x,y)$ 在区域 R 上关于 y 的一个 Lipschitz 常数, 那么对于在定理 4.1.1 的证明中逐次迭代构造的 I 上的函数序列 $y_n(x)$ 及其一致收敛的极限函数 $\varphi(x)$,

$$|\varphi(x) - y_k(x)| \leqslant \frac{M}{L} \cdot \frac{(L|x - x_0|)^{k+1}}{(k+1)!} \qquad (4.11)$$

对于任意自然数 k 以及每个 $x \in I$ 都成立.

我们已经在第二章中指出, 不能用初等积分法求解如下形式的 Riccati 方程:

$$\frac{\mathrm{d}y}{\mathrm{d}x} = x^2 + y^2, \qquad (4.12)$$

然而 Picard 存在唯一性定理 (即定理 4.1.1) 告诉我们, 经过平面内的任意点 (x,y) 方程 (4.12) 有且只有一个解. 虽然我们不能精确地求出这个解, 下面的例 4.1.1 告诉我们, 利用注 4.1.4, 我们可以近似地估计 (4.12) 的解.

例 4.1.1 试在矩形区域 $R = \left\{ (x,y) \in \mathbb{R}^2 \ \bigg| \ |x| \leqslant \dfrac{\sqrt{2}}{2}, |y| \leqslant \dfrac{\sqrt{2}}{2} \right\}$ 上近似求解初值问题

$$\frac{\mathrm{d}y}{\mathrm{d}x} = x^2 + y^2, \qquad y(0) = 0. \qquad (4.13)$$

解 对应于定理 4.1.1 中的参数, 我们有 $a = b = \dfrac{\sqrt{2}}{2}, x_0 = y_0 = 0$, 进而可取

$$M = \max_{(x,y) \in R} (x^2 + y^2) = 1,$$

从而 $h = \dfrac{\sqrt{2}}{2}$,

$$L = \sup_{\substack{(x, y_1), (x, y_2) \in R \\ y_1 \neq y_2}} \frac{|x^2 + y_1^2 - (x^2 + y_2^2)|}{|y_1 - y_2|} = \sup_{\substack{(x, y_1), (x, y_2) \in R \\ y_1 \neq y_2}} |y_1 + y_2| = \sqrt{2}.$$

由定理 4.1.1 知初值问题 (4.13) 在 $I = \left[-\dfrac{\sqrt{2}}{2}, \dfrac{\sqrt{2}}{2}\right]$ 上存在唯一的解, 设这个解为 $\varphi(x), |x| \leqslant \dfrac{\sqrt{2}}{2}$.

以下我们利用逐次迭代法构造 I 上的迭代函数序列 $y_n(x)$ 如下 (这里仅具体构造迭代列中的前几项): 对每个 $|x| \leqslant \dfrac{\sqrt{2}}{2}$,

$$y_0(x) = 0,$$

$$y_1(x) = \int_0^x \left(s^2 + y_0^2(s)\right) \mathrm{d}s = \frac{1}{3}x^3,$$

$$y_2(x) = \int_0^x \left(s^2 + \frac{1}{9}s^6\right) \mathrm{d}s = \frac{1}{3}x^3 + \frac{1}{63}x^7,$$

$$y_3(x) = \int_0^x \left(s^2 + \frac{1}{9}s^6 + \frac{2}{189}s^{10} + \frac{1}{3\,969}s^{14}\right) \mathrm{d}s$$

$$= \frac{1}{3}x^3 + \frac{1}{63}x^7 + \frac{2}{2\,079}x^{11} + \frac{1}{59\,535}x^{15}.$$

从而利用 (4.11) 知, 对每个 $|x| \leqslant \dfrac{\sqrt{2}}{2}$,

$$|\varphi(x)| = |\varphi(x) - y_0(x)| \leqslant \frac{M}{L}\frac{(L|x-x_0|)^1}{1!} = |x| \leqslant \frac{\sqrt{2}}{2}, \tag{4.14}$$

$$|\varphi(x) - y_1(x)| \leqslant \frac{M}{L}\frac{(L|x-x_0|)^2}{2!} = \frac{1}{\sqrt{2}}\frac{\left(\sqrt{2}|x|\right)^2}{2!} = \frac{\sqrt{2}}{2}|x|^2, \tag{4.15}$$

$$|\varphi(x) - y_2(x)| \leqslant \frac{M}{L}\frac{(L|x-x_0|)^3}{3!} = \frac{1}{\sqrt{2}}\frac{\left(\sqrt{2}|x|\right)^3}{3!} = \frac{1}{3}|x|^3, \tag{4.16}$$

$$|\varphi(x) - y_3(x)| \leqslant \frac{M}{L}\frac{(L|x-x_0|)^4}{4!} = \frac{1}{\sqrt{2}}\frac{\left(\sqrt{2}|x|\right)^4}{4!} = \frac{\sqrt{2}}{12}|x|^4. \tag{4.17}$$

显然估计式 (4.14) 提供的信息量很少; 由 (4.15) 和 (4.16) 分别知

$$\left|\varphi(x) - \frac{1}{3}x^3\right| \leqslant \frac{\sqrt{2}}{4}, \qquad \left|\varphi(x) - \frac{1}{3}x^3 - \frac{1}{63}x^7\right| \leqslant \frac{\sqrt{2}}{12}; \tag{4.18}$$

由 (4.17) 知

$$\left|\varphi(x) - \frac{1}{3}x^3 - \frac{1}{63}x^7 - \frac{2}{2\,079}x^{11} - \frac{1}{59\,535}x^{15}\right| \leqslant \frac{\sqrt{2}}{48} < 0.029\,5. \tag{4.19}$$

由此可见, 当计算到第 3 步 (即当 $k=3$ 时), 用

$$y_3(x) = \frac{1}{3}x^3 + \frac{1}{63}x^7 + \frac{2}{2\,079}x^{11} + \frac{1}{59\,535}x^{15}$$

来作为初值问题 (4.13) 的近似解, 误差可以控制在一个很小的范围之内. $\square$

注 4.1.5 事实上, 我们可以利用 (4.18) 中的第二个估计式来改进 (4.18) 中的第一个估计式如下:

$$\left|\varphi(x)-\frac{1}{3}x^3\right|\leqslant \left|\varphi(x)-\frac{1}{3}x^3-\frac{1}{63}x^7\right|+\left|\frac{1}{63}x^7\right|<\frac{\sqrt{2}}{11}; \quad (4.20)$$

类似地, 利用 (4.19) 可以进一步改进估计式 (4.20) 如下:

$$\left|\varphi(x)-\frac{1}{3}x^3\right|\leqslant |\varphi(x)-y_3(x)|+\left|y_3(x)-\frac{1}{3}x^3\right|$$

$$<0.029\,5+\frac{1}{63}\left(\frac{\sqrt{2}}{2}\right)^7+\frac{2}{2\,079}\left(\frac{\sqrt{2}}{2}\right)^{11}+\frac{1}{59\,535}\left(\frac{\sqrt{2}}{2}\right)^{15}$$

$$<0.031.$$

利用下一节开始部分中介绍的定理 4.2.1, 我们可以看出: 即使适当减弱函数 $f(x,y)$ 关于 y 满足 Lipschitz 条件这个假设, 我们也可以保证初值问题 (4.4) 的解的唯一性. 在定理 4.1.1 的证明过程中, 函数 $f(x,y)$ 关于 y 的 Lipschitz 条件对于保证其证明中逐次迭代构造的函数序列 $y_n(x)$ 在 I 上的一致收敛性十分重要. 下面的著名例子是由 Müller 于 1926 年给出的.

例 4.1.2 分析初值问题

$$\frac{\mathrm{d}y}{\mathrm{d}x}=F(x,y), \quad y(0)=0, \quad (4.21)$$

其中函数

$$F(x,y)=\begin{cases} 0, & x=0, -\infty<y<+\infty, \\ 2x, & 0<x\leqslant 1, -\infty<y<0, \\ 2x-\dfrac{4y}{x}, & 0<x\leqslant 1, 0\leqslant y<x^2, \\ -2x, & 0<x\leqslant 1, x^2\leqslant y<+\infty. \end{cases}$$

那么

(1) 函数 $F(x,y)$ 在条形区域

$$S\stackrel{\text{def}}{=\!=}\{(x,y)\in\mathbb{R}^2\,|\,0\leqslant x\leqslant 1,\ -\infty<y<+\infty\}$$

上连续, 但是对 y 不满足 Lipschitz 条件.

(2) 利用定理 4.1.1 的证明过程中逐次迭代构造的函数序列 $y_n(x)$ 不是一致收敛的. 事实上, 迭代函数序列 $y_n(x)$ 的任意一致收敛子列的极限函数都不是初值问题 (4.21) 的解.

证明 (1) 直接验证即可. 以下我们来证明 (2).

对于初值问题 (4.21), 根据定理 4.1.1 的证明过程, 由逐次迭代法构造 Picard 函数序列 $y_n(x)$ 如下: 对于任意的自然数 n 和每个 $0 \leqslant x \leqslant 1$, 定义

$$y_0(x) = 0, \quad y_{n+1}(x) = \int_0^x F(s, y_n(s))\,\mathrm{d}s,$$

进而利用归纳法不难验证

$$y_{n+1}(x) = (-1)^n x^2,$$

从而 Picard 函数序列 $y_n(x)$ 不是一致收敛的. 进一步, 显然, 函数 $x^2 (0 \leqslant x \leqslant 1)$ 和 $-x^2 (0 \leqslant x \leqslant 1)$ 都不是初值问题 (4.21) 的解 (虽然它们都经过题设中的初值点); 然而另一方面, Picard 函数序列 $y_n(x)$ 的任意一致收敛子列的极限函数要么是函数 $x^2, 0 \leqslant x \leqslant 1$, 要么是函数 $-x^2, 0 \leqslant x \leqslant 1$. 即迭代函数序列 $y_n(x)$ 的任意一致收敛子列的极限函数都不是初值问题 (4.21) 的解. □

注 4.1.6 分析方程 $\dfrac{\mathrm{d}y}{\mathrm{d}x} = 2x - \dfrac{4y}{x}$, 即

$$\frac{\mathrm{d}y}{4x^3\mathrm{d}x} = \frac{2x - \dfrac{4y}{x}}{4x^3} = \frac{1}{2x^2} - \frac{y}{x^4},$$

在所分析区域 $x \neq 0$ 上其等价于

$$x^4 \mathrm{d}y = \frac{x^2}{2}\mathrm{d}(x^4) - y\mathrm{d}(x^4),$$

解出

$$y = \frac{x^2}{3} + \frac{C}{x^4},$$

其中 C 为任意实常数. 由此不难求出初值问题 (4.21) 的解为 $y = \dfrac{x^2}{3}, 0 \leqslant x \leqslant 1$.

习题 4.1

1. 对二元函数 $f(x, y) = xy^2$, 证明:

(1) 在任意矩形区域 $[a,b] \times [c,d]$ 上关于 y 满足 Lipschitz 条件;

(2) 在任意条形区域 $[a,b] \times (-\infty, +\infty)$ 上关于 y 不满足 Lipschitz 条件,

这里 a, b, c, d 都是有限的实常数.

2. 设定义在实轴上的一元连续函数 $g(x)$, 使得当 $x \neq x_0$ 时, $\dfrac{\mathrm{d}g}{\mathrm{d}x}(x)$ 存在且 $\lim\limits_{x \to x_0} \dfrac{\mathrm{d}g}{\mathrm{d}x}(x) = \infty$. 试证明: 对于含有 x_0 的任何闭区间, $g(x)$ 在其上都不满足 Lipschitz 条件.

3. 证明注 4.1.4.

4. 利用 Picard 逐次迭代法求初值问题
$$\frac{\mathrm{d}y}{\mathrm{d}x} = y^2 - x^2, \quad y(0) = 1$$
的近似解 $\varphi_0(x), \varphi_1(x), \varphi_2(x)$.

5. 利用 Picard 逐次迭代法求初值问题
$$\frac{\mathrm{d}x}{\mathrm{d}t} = t - x^2, \quad x(0) = 0$$
的近似解 $\varphi_1(t), \varphi_2(t), \varphi_3(t)$; 并且估算在 $t = \dfrac{1}{2}$ 和 $t = 1$ 时它们的误差.

6. 给定 $[0, +\infty)$ 上的一元连续函数 $f(t)$ 和 $\{(s,t) \in \mathbb{R}^2 \,|\, 0 \leqslant s \leqslant t\}$ 上连续的二元函数 $K(t,s)$, 试用 Picard 逐次迭代法证明 Volterra 积分方程
$$x(t) = f(t) + \int_0^t K(t,s) x(s) \mathrm{d}s$$
的解在 $[0, +\infty)$ 上存在且唯一.

7. 给定有限闭区间 $[a,b]$ 上的一元连续函数 $u(t)$ 和 $v(t)$, 其中 v 非负, 且
$$u(t) \leqslant u_0 + \int_a^t u(s) v(s) \mathrm{d}s, \quad a \leqslant t \leqslant b.$$
试利用逐次逼近法证明:
$$u(t) \leqslant u_0 \exp\left(\int_a^t v(s) \mathrm{d}s\right), \quad \forall a \leqslant t \leqslant b.$$

8. 试利用 Picard 逐次迭代法并取极限求解初值问题
$$\frac{\mathrm{d}y}{\mathrm{d}x} = x + y + 1, \quad y(0) = 0.$$

9. 试利用 Picard 逐次迭代法求出初值问题
$$y'' + y'^2 - 2y = 0, \quad y(0) = 1,\ y'(0) = 0$$
的二次近似解.

10. 对初值问题
$$\frac{\mathrm{d}y}{\mathrm{d}x} = y|y|, \quad y(x_0) = y_0$$
确定使得其解存在且唯一的点 (x_0, y_0) 的范围.

11. 试判断: 利用 Picard 逐次迭代法对初值问题
$$\frac{\mathrm{d}x}{\mathrm{d}t} = 2t - 2\sqrt{\max\{0, x\}}, \quad x(0) = 0$$
构造的 Picard 函数序列是否收敛?

12. 通过具体求解对方程

$$\frac{\mathrm{d}x}{\mathrm{d}t} = \begin{cases} x\ln x, & x > 0, \\ 0, & x = 0 \end{cases}$$

讨论其初值问题解的存在唯一性.

13. 试用 Picard 逐次迭代法证明隐函数定理: 在条形区域 $[a,b] \times \mathbb{R}$ 上, 如果二元函数 $f(x,y)$ 连续, $\dfrac{\partial f}{\partial y}(x,y)$ 处处存在, 且满足关系式

$$0 < m \leqslant \frac{\partial f}{\partial y}(x,y) \leqslant M,$$

其中 m 和 M 都是实常数, 那么方程 $f(x,y) = 0$ 在 $[a,b]$ 上有且只有一个连续的解.

14. 给定矩形区域 $[0,a] \times [-b,b]$ (其中 a 和 b 都是实常数) 上连续的二元函数 $f(x,y)$, 使得当 $y_1 \leqslant y_2$ 时 $f(x,y_1) \leqslant f(x,y_2)$, 且 $f(x,0) \geqslant 0$ 对所有的 $0 \leqslant x \leqslant a$ 成立. 试用逐步逼近法证明: 在区间 $[0,h]$ 上, 初值问题

$$\frac{\mathrm{d}y}{\mathrm{d}x} = f(x,y), \ y(0) = 0$$

的解是存在的, 其中参数 h 的取法类似于定理 4.1.1.

4.2 存在唯一性定理的进一步讨论

从上节定理 4.1.1 的证明过程可以看到, 当考虑初值问题 (4.4) 时, 函数 $f(x,y)$ 关于 y 的 Lipschitz 条件对于定理 4.1.1 中的存在性和唯一性都起到了重要作用. 自然地, 人们会问: 当仅考虑常微分方程解的存在性或者唯一性时, 是否可以减弱甚至去掉 Lipschitz 条件? 注 4.1.3 告诉我们, 直接去掉 Lipschitz 条件 (或者说, 除了连续性以外不加任何其他条件) 很有可能会破坏解的唯一性.

以下我们致力于减弱 Lipschitz 条件, 但仍保持解的唯一性.

给定在区域 G 上连续的二元函数 $f(x,y)$. 如果存在常数 $r_1 > 0$ 以及 $(0, r_1]$ 上严格正的连续函数 F, 使得只要 $(x,y_1), (x,y_2) \in G$ 且两者不同, 有

$$|f(x,y_1) - f(x,y_2)| \leqslant F(|y_1 - y_2|)$$

且

$$\int_0^{r_1} \frac{\mathrm{d}r}{F(r)} = +\infty,$$

则称函数 $f(x,y)$ 在区域 G 上对 y 满足 Osgood 条件. 注意到上式的后半部分蕴涵了: 对于任意的 $r_1 \geqslant r_2 > 0$, $\int_0^{r_2} \dfrac{\mathrm{d}r}{F(r)} = +\infty$ 都成立. 显然, 当函数 $f(x,y)$ 在区域 G 上对 y 满足 Lipschitz 条件时, 通过取 $F(r) = Lr$, 这里 $L > 0$ 为 $f(x,y)$ 在区域 G 上关于 y 的一个 Lipschitz 常数, 我们知道 f 在区域 G 上对 y 也满足 Osgood 条件.

下面的结论是由美国数学家 Osgood 在 1898 年给出的.

定理 4.2.1 设函数 $f(x,y)$ 在区域 G 上对 y 满足 Osgood 条件, 那么常微分方程 (4.1) 在区域 G 上经过每一点的解都是唯一的.

证明 任取 $(x_0, y_0) \in G$. 我们需要证明的是: 如果 $\varphi(x), \psi(x)$ 都是方程 (4.1) 定义在 $[x_0 - \delta, x_0 + \delta]$ 上的解, 其中 $\delta > 0$ 为常数, 且 $\varphi(x_0) = \psi(x_0) = y_0$, 那么 $\varphi(x) = \psi(x)$ 对每个 $x \in [x_0 - \delta, x_0 + \delta]$ 都成立.

反设上述结论不成立, 则存在 $\xi \in [x_0 - \delta, x_0 + \delta]$, 使得 $\varphi(\xi) \neq \psi(\xi)$. 不妨设 $\xi > x_0$ 且 $\varphi(\xi) > \psi(\xi)$. 引入
$$\eta \stackrel{\mathrm{def}}{=} \sup\{x \in [x_0, \xi] \mid \varphi(x) = \psi(x)\},$$
则 η 为良定义的, 且 $x_0 \leqslant \eta < \xi$. 进一步, 由函数 $\varphi(x), \psi(x)$ 的连续性知,
$$\varphi(\eta) = \psi(\eta), \text{ 且 } \varphi(x) > \psi(x) \text{ 对每个 } x \in (\eta, \xi] \text{ 成立}.$$

由于 $\varphi(x), \psi(x)$ 都是方程 (4.1) 在 $[x_0 - \delta, x_0 + \delta]$ 上的解, 特别地, 对于任意的 $x \in (\eta, \xi]$, 成立
$$\frac{\mathrm{d}}{\mathrm{d}x}(\varphi(x) - \psi(x)) = f(x, \varphi(x)) - f(x, \psi(x)) \leqslant F(\varphi(x) - \psi(x)),$$
等价地,
$$1 \geqslant \frac{\dfrac{\mathrm{d}}{\mathrm{d}x}(\varphi(x) - \psi(x))}{F(\varphi(x) - \psi(x))}.$$

将上式两边在 $(\eta, \xi]$ 上积分得到
$$+\infty > \xi - \eta \geqslant \int_\eta^\xi \frac{\dfrac{\mathrm{d}}{\mathrm{d}x}(\varphi(x) - \psi(x))}{F(\varphi(x) - \psi(x))} \mathrm{d}x \geqslant \int_0^{\varphi(\xi) - \psi(\xi)} \frac{\mathrm{d}r}{F(r)} = +\infty,$$

矛盾. 注意到由于当 x 从 η 递增至 ξ 时, $\varphi(x) - \psi(x)$ 未必是从 0 递增至 $\varphi(\xi) - \psi(\xi)$, 因此上估计式的倒数第二项一般情况下只能得到不等号 "$\geqslant$", 不能得到等号 "$=$". 从而 $\varphi(x) = \psi(x)$ 对每个 $x \in [x_0 - \delta, x_0 + \delta]$ 都成立, 这就完成了我们的证明. □

本节的剩余部分致力于减弱 Lipschitz 条件, 但仍保持解的存在性.

注意到著名的 Darboux 定理告诉我们, 所有的实值函数的导函数都具有介值性质 (即实值函数的导函数关于任意区间的值域仍是区间或者独点集). 特别地, 常微分方程 (4.1) 中的二元函数 $f(x,y)$ 需要满足一定的性质. 例如, 如果让二元函数 $f(x,y)$ 在实平

面的有理格点 (即 x 和 y 都取有理点) 上都取值为 0, 其余都取值为 1, 那么此时对应的方程 (4.1) 没有解 (留作习题). 基于此, 要想在一般情况下保证方程 (4.1) 有解, 我们假设二元函数 $f(x,y)$ 在所分析区域上连续, 这是一个一定程度上合理的要求.

事实上, 我们将在本节证明: 直接去掉 Lipschitz 条件, 只用二元函数 $f(x,y)$ 在所分析区域上连续这个基本假设, 就可以保证初值问题 (4.4) 的解的存在性. 这就是著名的 Peano 存在定理 (即定理 4.2.3). 需要指出的是, 从后面的习题可以看到: 二元函数 $f(x,y)$ 在所分析区域上连续只是初值问题 (4.4) 解存在的充分条件, 并不是必要条件.

为了介绍 Peano 存在定理, 我们需要引入著名的 Euler 折线和 Arzelà-Ascoli 定理 (有时也被人们称为 Arzelà-Ascoli 引理).

早在 18 世纪, 根据常微分方程解的几何解释 (即线素场的几何意义), Euler 就提出用简单的折线来近似地描绘常微分方程的解, 这是微分方程近似计算方法的开端. 后人称这种方法为 Euler 折线法.

给定初值点 (x_0, y_0), 实常数 $a > 0, b > 0$ 以及在矩形区域

$$R = \left\{ (x,y) \in \mathbb{R}^2 \mid |x - x_0| \leqslant a, |y - y_0| \leqslant b \right\}$$

上连续的二元函数 $f(x,y)$. 分析初值问题

$$\frac{\mathrm{d}y}{\mathrm{d}x} = f(x,y), \quad y(x_0) = y_0. \tag{4.22}$$

如同定理 4.1.1 中的陈述一样引入参数 M 和 h.

固定任意正整数 n. 现在把区间 $|x - x_0| \leqslant h$ 分成 $2n$ 等份, 则每等份的长度为 $h_n = \dfrac{h}{n}$, 对应的 $2n + 1$ 个等分点为

$$x_k = x_0 + k h_n, \quad k = 0, \pm 1, \cdots, \pm n.$$

我们从初值点 (x_0, y_0) (记为 P_0) 出发先向右以 $f(x_0, y_0)$ 为斜率作直线 (如图 4.3 所示), 使得它与垂线 $x = x_1$ 交于点 $P_1(x_1, y_1)$, 特别地,

$$y_1 = y_0 + f(x_0, y_0)(x_1 - x_0).$$

再从 P_1 出发向右以 $f(x_1, y_1)$ 为斜率作直线, 使得它与垂线 $x = x_2$ 交于点 $P_2(x_2, y_2)$, 故

$$y_2 = y_1 + f(x_1, y_1)(x_2 - x_1).$$

继续进行下去, 我们在 P_0 点的右侧作出了一条从左到右的节点依次为 $P_0, P_1, P_2, \cdots, P_n$ 的折线. 利用完全相同的方法, 我们可以从 P_0 点出发在 P_0 点的左侧作出一条从左到右的节点依次为 $P_{-n}, \cdots, P_{-2}, P_{-1}, P_0$ 的折线. 将两条折线连在一起, 我们得到了一条从左到右的节点依次为 $P_{-n}, \cdots, P_{-2}, P_{-1}, P_0, P_1, P_2, \cdots, P_n$ 的折线 (我们用 γ_n 来记这条折线), 它被一个包含在区域 R 上的角形区域

$$\Delta_h : |x - x_0| \leqslant h, \quad |y - y_0| \leqslant M|x - x_0|$$

所覆盖,对每个 $k = 1, 2, \cdots, n$,节点 P_k 和 P_{-k} 的坐标分别为 (x_k, y_k) 和 (x_{-k}, y_{-k}),其中

$$y_k = y_{k-1} + f(x_{k-1}, y_{k-1})(x_k - x_{k-1}),$$
$$y_{-k} = y_{-k+1} + f(x_{-k+1}, y_{-k+1})(x_{-k} - x_{-k+1}).$$

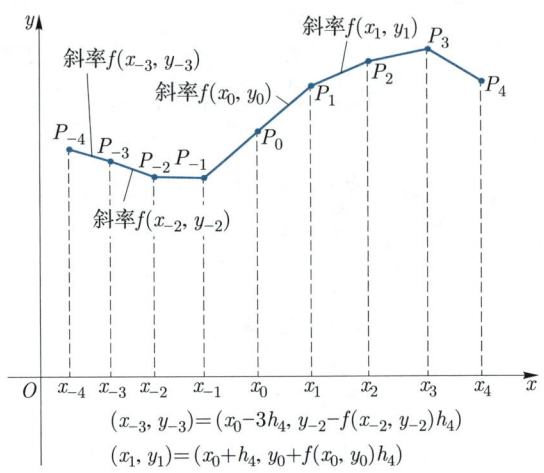

图 4.3 Euler 折线函数示意图

需要指出的是,上述节点的坐标

$$(x_{-n}, y_{-n}), \cdots, (x_{-1}, y_{-1}), (x_1, y_1), \cdots, (x_n, y_n)$$

均与事先给定的正整数 n 有关. 我们称 γ_n 为初值问题 (4.22) 的第 n 步 Euler 折线. 特别地,如果设第 n 步 Euler 折线 γ_n 的表达式为 $\varphi_n(x), |x - x_0| \leqslant h$,那么 γ_n 上每个点的坐标表示如下:

(1) 当 $x_0 < x \leqslant x_0 + h$ 时,可取非负整数 s 使得 $x_s < x \leqslant x_{s+1}$,由此通过直接计算得到

$$\varphi_n(x) = y_0 + \sum_{k=0}^{s-1} f(x_k, y_k)(x_{k+1} - x_k) + f(x_s, y_s)(x - x_s), \tag{4.23}$$

其中当 $s = 0$ 时,上面的求和符号 $\sum\limits_{k=0}^{s-1}$ 取为空.

(2) 当 $x_0 - h \leqslant x < x_0$ 时,可取负整数 s 使得 $x_s \leqslant x < x_{s+1}$,由此通过直接计算得到

$$\varphi_n(x) = y_0 + \sum_{k=s+2}^{0} f(x_k, y_k)(x_{k-1} - x_k) + f(x_{s+1}, y_{s+1})(x - x_{s+1}), \tag{4.24}$$

其中当 $s = -1$ 时,上面的求和符号 $\sum\limits_{k=s+2}^{0}$ 取为空.

根据微分方程解的几何解释, 将上述的 Euler 折线作为初值问题 (4.22) 的一个近似解, 虽然貌似是合理的, 然而尚不清楚理论上是否可行, 即利用数学上的严格分析是否可以证明, 将上述的第 n 步 Euler 折线与初值问题 (4.22) 的解 (如果存在的话) 相比, 两者之间的误差是否一定足够小. 从后面的 Peano 存在定理 (定理 4.2.3) 的证明可以看出: 虽然可能某些步 Euler 折线与初值问题 (4.22) 的解相差较大, 然而一定存在另外一些步数, 使得这时候的 Euler 折线与初值问题 (4.22) 的解两者的误差充分小.

为了详细地证明 Euler 折线法在理论上是切实可行的, 接下来我们介绍 Arzelà-Ascoli 定理.

给定区间 I 上的一个函数序列 $\{f_n(x) \,|\, n = 1, 2, \cdots\}$.

(1) 如果存在常数 $K > 0$ 使得 $|f_n(x)| < K$ 对所有的正整数 n 和每个 $x \in I$ 都成立, 则称函数序列 $\{f_n(x) \,|\, n = 1, 2, \cdots\}$ 在区间 I 上是一致有界的.

(2) 如果对任意的 $\varepsilon > 0$, 存在正数 $\delta = \delta(\varepsilon) > 0$ (即依赖于 ε), 使得

$$|f_n(x_1) - f_n(x_2)| < \varepsilon,$$

对每个正整数 n 和所有的满足 $|x_1 - x_2| < \delta$ 的 $x_1, x_2 \in I$ 都成立, 则称函数序列 $\{f_n(x) \,|\, n = 1, 2, \cdots\}$ 在区间 I 上是等度连续的.

下面就是著名的 Arzelà-Ascoli 定理, 它有着很广的应用范围. 我们将会看到, 利用 Euler 折线来证明常微分方程解的 Peano 存在定理时, Arzelà-Ascoli 定理是不可或缺的一环. 事实上, Arzelà-Ascoli 定理也是复分析中的 Montel 定理等著名结论的证明的重要组成部分.

定理 4.2.2 设定义在有界闭区间 $[a, b]$ 上的函数序列 $\{f_n(x) \,|\, n = 1, 2, \cdots\}$ 一致有界且等度连续, 那么存在一个在 $[a, b]$ 上一致收敛的函数序列的子列 $\{f_{n_k}(x) \,|\, k = 1, 2, \cdots\}$.

证明 下面我们用两种不同的方法来证明结论.

证法 1 该定理的结论可以看成是著名的 Weierstrass 定理 (即实轴上的任意有界无穷点集必有收敛子列) 在函数形式下的推广. 我们采用的第一种证明方法强烈地依赖于 Weierstrass 定理.

取 $[a, b]$ 的稠密点列 $\{x_n \,|\, n \in \mathbb{N}_+\}$ (即集合 $\{x_n \,|\, n \in \mathbb{N}_+\}$ 的闭包等于 $[a, b]$). 由题设的一致有界性知, $\{f_n(x_1) \,|\, n \in \mathbb{N}_+\}$ 是实轴上的有界点列, 从而由 Weierstrass 定理知: 点列 $\{f_n(x_1) \,|\, n \in \mathbb{N}_+\}$ 有收敛子列 $\{f_{1,k}(x_1) \,|\, k \in \mathbb{N}_+\}$. 类似地, 点列 $\{f_{1,k}(x_2) \,|\, k \in \mathbb{N}_+\}$ 有收敛子列 $\{f_{2,k}(x_2) \,|\, k \in \mathbb{N}_+\}$; 一般地, 对于每个 $j \in \mathbb{N}_+$, 点列 $\{f_{j,k}(x_{j+1}) \,|\, k \in \mathbb{N}_+\}$ 有收敛子列 $\{f_{j+1,k}(x_{j+1}) \,|\, k \in \mathbb{N}_+\}$.

下面我们来证明 $[a, b]$ 上的函数序列 $\{f_{k,k}(x) \,|\, k \in \mathbb{N}_+\}$ (显然是函数序列 $\{f_n(x) \,|\, n \in \mathbb{N}_+\}$ 的子列) 是一致收敛的, 等价地, $[a, b]$ 上的函数序列 $\{f_{k,k}(x) \,|\, k \in \mathbb{N}_+\}$ 是一致收敛意义下的 Cauchy 基本列. 即对于任意给定的 $\varepsilon > 0$ (固定), 存在正整数 K, 使得只要

$m \geqslant K$ 且 $n \geqslant K$, 则

$$|f_{m,m}(x) - f_{n,n}(x)| < 3\varepsilon$$

对所有的 $x \in [a,b]$ 都成立.

对每个正整数 j, 由构造知 $\{f_{k,k}(x) \mid k = j, j+1, \cdots\}$ 是 $\{f_{j,k}(x) \mid k \in \mathbb{N}_+\}$ 的子列. 特别地, $\{f_{k,k}(x) \mid k \in \mathbb{N}_+\}$ 在点 x_j 处收敛. 由题设的等度连续性知, 存在 $\delta = \delta(\varepsilon) > 0$, 使得

$$|f_n(\hat{x}_1) - f_n(\hat{x}_2)| < \varepsilon$$

对每个正整数 n 和所有的满足 $|\hat{x}_1 - \hat{x}_2| < \delta$ 的 $\hat{x}_1, \hat{x}_2 \in [a,b]$ 都成立. 同时, 由稠密点列 $\{x_n \mid n \in \mathbb{N}_+\}$ 的选取知, 存在 $N \in \mathbb{N}_+$, 使得对于任意的 $y \in [a,b]$, 可选取 $k(y) \in \{1, 2, \cdots, N\}$, 使得 $|y - x_{k(y)}| < \delta$. 对于每个 $j \in \{1, 2, \cdots, N\}$, 由前述讨论知, 存在 $p_j \in \mathbb{N}_+$, 使得当 $m \geqslant p_j$ 且 $n \geqslant p_j$ 时,

$$|f_{m,m}(x_j) - f_{n,n}(x_j)| < \varepsilon.$$

引入 $K = \max\{p_1, p_2, \cdots, p_N\}$. 现在任取 $x \in [a,b]$ 且 $m \geqslant K, n \geqslant K$ 固定. 由 N 的构造知, 存在 $k^* \in \{1, 2, \cdots, N\}$, 使得 $|x - x_{k^*}| < \delta$, 进而由 $\delta > 0$ 的构造可知

$$|f_{m,m}(x) - f_{m,m}(x_{k^*})| < \varepsilon \quad \text{且} \quad |f_{n,n}(x) - f_{n,n}(x_{k^*})| < \varepsilon.$$

由于 $m \geqslant K \geqslant p_{k^*}, n \geqslant K \geqslant p_{k^*}$, 由上面的分析知

$$|f_{m,m}(x_{k^*}) - f_{n,n}(x_{k^*})| < \varepsilon.$$

从而我们得到

$$\begin{aligned}
&|f_{m,m}(x) - f_{n,n}(x)| \\
&\leqslant |f_{m,m}(x) - f_{m,m}(x_{k^*})| + |f_{m,m}(x_{k^*}) - f_{n,n}(x_{k^*})| + |f_{n,n}(x_{k^*}) - f_{n,n}(x)| \\
&< \varepsilon + \varepsilon + \varepsilon = 3\varepsilon,
\end{aligned}$$

即 $[a,b]$ 上的函数序列 $\{f_{k,k}(x) \mid k \in \mathbb{N}_+\}$ 是一致收敛意义下的 Cauchy 基本列. 这就证明了结论.

证法 2 下面我们给出第二种证明方法, 它的想法具有鲜明的几何直观性.

由函数序列的一致有界性, 知存在常数 $M > 0$, 使得 $|f_n(x)| \leqslant M$ 对所有的 $n \in \mathbb{N}_+$ 和每个 $x \in [a,b]$ 都成立. 特别地, 对于高为 $2M$ 的闭矩形区域 $R_0 = [a,b] \times [-M, M]$ 成立

$$\{(x, f_n(x)) \mid n \in \mathbb{N}_+, x \in [a,b]\} \subset R_0.$$

对于任意的正整数 $p \geqslant 2$, 由函数序列的等度连续性知, 如果存在正整数 $q \geqslant 2$, 使得只要 $x_1, x_2 \in [a,b]$, 有 $|x_1 - x_2| \leqslant \dfrac{b-a}{q}$, 那么 $|f_n(x_1) - f_n(x_2)| \leqslant \dfrac{M}{p}$ 对每个 $n \in \mathbb{N}_+$

都成立. 特别地, 对于任意的 $n \in \mathbb{N}_+$, 函数 f_n 的图像 $\{(x, f_n(x)) \,|\, x \in [a,b]\}$ 一定包含在图 4.4 中的某个高为 $\dfrac{2M}{p}$ 的闭阴影区域内.

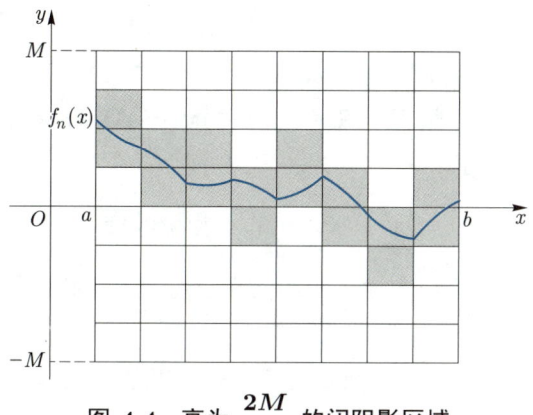

图 4.4　高为 $\dfrac{2M}{p}$ 的闭阴影区域

由鸽笼原理知: 存在函数序列 $\{f_n(x) \,|\, n \in \mathbb{N}_+\}$ 的某个子列 $\{f_{n_i}(x) \,|\, i \in \mathbb{N}_+\}$, 使得对于某个高为 $\dfrac{2M}{p}$ 的与上闭阴影区域类似的闭区域 $R^* \subset R_0$ 成立

$$\{(x, f_{n_i}(x)) \,|\, i \in \mathbb{N}_+, x \in [a,b]\} \subset R^*.$$

按照这个过程一直操作下来: 对于每个正整数 $k \in \mathbb{N}_+$, 存在函数序列 $\{f_{k-1,n}(x) \,|\, n \in \mathbb{N}_+\}$ 的某个子列 $\{f_{k,n}(x) \,|\, n \in \mathbb{N}_+\}$, 使得对于某个高为 $\dfrac{M}{2^{k-1}}$ 的闭区域 $R_k \subset R_{k-1}$ 成立

$$\{(x, f_{k,n}(x)) \,|\, n \in \mathbb{N}_+, x \in [a,b]\} \subset R_k.$$

这里对于每个 $n \in \mathbb{N}_+$ 取 $f_{0,n} = f_n$. 由此不难证明: $[a,b]$ 上的函数序列 $\{f_{k,k}(x) \,|\, k \in \mathbb{N}_+\}$ (显然是函数序列 $\{f_n(x) \,|\, n \in \mathbb{N}_+\}$ 的子列) 是一致收敛的. 这是因为: 根据构造易见, 对每个 $j \in \mathbb{N}_+$, 函数序列 $\{f_{k,k}(x) \,|\, k \geqslant j\}$ 是函数序列 $\{f_{j,n}(x) \,|\, n \in \mathbb{N}_+\}$ 的子列. 特别地, 只要 $m \geqslant j$ 且 $n \geqslant j$,

$$|f_{m,m}(x) - f_{n,n}(x)| \leqslant \dfrac{M}{2^{j-1}}$$

对所有的 $x \in [a,b]$ 都成立. □

著名的 Peano 存在定理陈述如下.

定理 4.2.3　给定初值点 (x_0, y_0), 实常数 $a > 0, b > 0$ 以及在矩形区域

$$R \overset{\text{def}}{=\!=} \{(x,y) \in \mathbb{R}^2 \,\mid\, |x - x_0| \leqslant a, \quad |y - y_0| \leqslant b\}$$

上连续的二元函数 $f(x,y)$. 如同定理 4.1.1 中的陈述一样引入参数 M 和 h. 那么初值问题 (4.22) 在 $[x_0 - h, x_0 + h]$ 上有解.

证明 沿用前面的记号. 我们将证明: Euler 折线序列 γ_n 的任一子列具有收敛的子子列, 且其极限函数为初值问题 (4.22) 在 $[x_0 - h, x_0 + h]$ 上的解.

首先, 很容易证明 Euler 折线序列 γ_n 在 $|x - x_0| \leqslant h$ 上一致有界且等度连续. 事实上这是显然的: 利用参数 M 和 h 的构造不难得到, 所有的 Euler 折线 γ_n 都包含在矩形区域 R 内, 从而一致有界; 同时, γ_n 是由一些折线组成的, 这些用以构造 γ_n 的折线的斜率为 $f(x_k, y_k)$. 特别地, 这些斜率的取值介于 $-M$ 和 M 之间, 由此易见 γ_n 的任何割线的斜率也全都介于 $-M$ 和 M 之间, 从而

$$|\varphi_n(r) - \varphi_n(t)| \leqslant M|r - t| \tag{4.25}$$

对所有的 $r, t \in [x_0 - h, x_0 + h]$ 都成立. 这也就是说, Euler 折线序列在 $|x - x_0| \leqslant h$ 上等度连续.

根据上面的分析知: 可以对 Euler 折线序列运用 Arzelà-Ascoli 定理 (定理 4.2.2). 为了能够分析 Euler 折线序列的一致收敛子列的极限函数, 我们改写 Euler 折线的表达式如下:

断言 4.2.1 具有区间 $|x - x_0| \leqslant h$ 上一致趋于 0 的连续函数序列 $\delta_n(x)$, 使得

$$\varphi_n(x) = y_0 + \int_{x_0}^{x} f(r, \varphi_n(r))\,\mathrm{d}r + \delta_n(x). \tag{4.26}$$

证明 我们仅对 $[x_0, x_0 + h]$ 证明, 可以对 $[x_0 - h, x_0]$ 进行类似地证明.

回忆此时 Euler 折线的表达式 (4.23) 如下: 当 $x_0 < x \leqslant x_0 + h$ 时, 可取非负整数 s 使得 $x_s < x \leqslant x_{s+1}$, 则

$$\varphi_n(x) = y_0 + \sum_{k=0}^{s-1} f(x_k, y_k)(x_{k+1} - x_k) + f(x_s, y_s)(x - x_s).$$

注意到对每个 $k = 0, 1, \cdots, s-1$ (当 $s > 0$ 时) 及 $x \in (x_s, x_{s+1}]$, 我们有

$$f(x_k, y_k)(x_{k+1} - x_k) = \int_{x_k}^{x_{k+1}} f(x_k, y_k)\,\mathrm{d}\tau = \int_{x_k}^{x_{k+1}} f(\tau, \varphi_n(\tau))\,\mathrm{d}\tau + d_n(k),$$

$$f(x_s, y_s)(x - x_s) = \int_{x_s}^{x} f(x_s, y_s)\,\mathrm{d}\tau = \int_{x_s}^{x} f(\tau, \varphi_n(\tau))\,\mathrm{d}\tau + d_n^*(x),$$

其中

$$d_n(k) = \int_{x_k}^{x_{k+1}} \left(f(x_k, y_k) - f(\tau, \varphi_n(\tau))\right)\,\mathrm{d}\tau,$$

$$d_n^*(x) = \int_{x_s}^{x} \left(f(x_s, y_s) - f(\tau, \varphi_n(\tau))\right)\,\mathrm{d}\tau.$$

因此, 当在 $[x_0, x_0 + h]$ 上引入

$$\delta_n(x) = \sum_{k=0}^{s-1} d_n(k) + d_n^*(x)$$

时, 改写形式 (4.26) 成立.

以下我们只用证明: 函数序列 $\delta_n(x)$ 在 $[x_0, x_0 + h]$ 上一致趋于 0. 任取 $\varepsilon > 0$ 并固定. 由于在有界闭区域 R 上连续的二元函数 $f(x, y)$ 一致连续, 存在 $\delta > 0$, 使得对于任意的 $(\xi_1, \eta_1), (\xi_2, \eta_2) \in R$, 当 $|\xi_1 - \xi_2| + |\eta_1 - \eta_2| < \delta$ 时,

$$|f(\xi_1, \eta_1) - f(\xi_2, \eta_2)| \leqslant \frac{\varepsilon}{h}.$$

取 $N \in \mathbb{N}_+$ 使得 $N > \dfrac{(M+1)h}{\delta}$. 那么对于任意的 $n \geqslant N$ 和每个 $k = 0, 1, \cdots, s-1$, 只要 $\tau \in [x_k, x_{k+1}]$, 则由估计式 (4.25) 可知

$$|x_k - \tau| + |y_k - \varphi_n(\tau)| = |x_k - \tau| + |\varphi_n(x_k) - \varphi_n(\tau)|$$
$$\leqslant (M+1)|x_k - \tau| \leqslant \frac{(M+1)h}{n} < \delta,$$

进而由 $\delta > 0$ 的选取和 $d_n(k)$ 的定义知, 由

$$|f(x_k, y_k) - f(\tau, \varphi_n(\tau))| \leqslant \frac{\varepsilon}{h}$$

可推出

$$d_n(k) \leqslant \frac{\varepsilon}{n}.$$

可以类似地证明 $d_n^*(x) \leqslant \dfrac{\varepsilon}{n}$ 对所有的 $x \in (x_s, x_{s+1}]$ 都成立, 因此由 $\delta_n(x)$ 的构造知

$$\delta_n(x) \leqslant \sum_{k=0}^{s-1} \frac{\varepsilon}{n} + \frac{\varepsilon}{n} = (s+1)\frac{\varepsilon}{n} \leqslant \varepsilon.$$

换句话说, 只要 $n \geqslant N$, 那么 $\delta_n(x) \leqslant \varepsilon$ 对所有的 $x_0 < x \leqslant x_0 + h$ 都成立, 即函数序列 $\delta_n(x)$ 在 $[x_0, x_0 + h]$ 上一致趋于 0. 这就完成了证明. □

我们继续定理 4.2.3 的证明如下. 由于 Euler 折线序列 $\{\varphi_n(x) \mid n \in \mathbb{N}_+\}$ 在 $[x_0 - h, x_0 + h]$ 上一致有界且等度连续, 由定理 4.2.2 知, 可以选取 Euler 折线序列的子列 $\varphi_{n_1}(x), \varphi_{n_2}(x), \cdots$, 使得它在区间 $[x_0 - h, x_0 + h]$ 上一致收敛, 并取其极限函数为 $\varphi(x)$. 由断言 4.2.1 知, 具有区间 $|x - x_0| \leqslant h$ 上一致趋于 0 的连续函数序列 $\delta_{n_k}(x)$ 使得

$$\varphi_{n_k}(x) = y_0 + \int_{x_0}^{x} f(r, \varphi_{n_k}(r)) \, \mathrm{d}r + \delta_{n_k}(x)$$

对每个 $k \in \mathbb{N}_+$ 都成立. 进而, 利用函数序列 $\varphi_{n_k}(x)$ 在 $|x - x_0| \leqslant h$ 上的一致收敛性和二元函数 $f(x, y)$ 在闭区域 R 上的连续性 (从而一致连续) 知, 对每个 $x \in [x_0 - h, x_0 + h]$,

$$\varphi(x) = y_0 + \int_{x_0}^{x} f(r, \varphi(r)) \, \mathrm{d}r,$$

即 $\varphi(x)$ 为初值问题 (4.22) 在 $[x_0 - h, x_0 + h]$ 上的解. □

注 4.2.1 从定理 4.2.3 的证明过程可知，对于初值问题 (4.22) 的 Euler 折线序列，在它的任一子列中都具有一致收敛的子子列，且由公式 (4.26)

$$\varphi_n(x) = y_0 + \int_{x_0}^{x} f(r, \varphi_n(r)) \, \mathrm{d}r + \delta_n(x)$$

知其任意一致收敛子列的极限函数都是初值问题 (4.22) 的某个解. 进一步，我们有

(1) 一方面, Müller 的例 4.1.2 告诉我们，一般情况下初值问题 (4.22) 的 Picard 迭代函数序列没有任一子列中都具有一致收敛的子子列这样的性质. 根据初值问题 (4.22) 的 Picard 迭代函数序列的递归定义公式 (4.8)

$$y_{n+1}(x) = y_0 + \int_{x_0}^{x} f(r, y_n(r)) \, \mathrm{d}r,$$

其子列 $\{f_{n_k} \mid k = 1, 2, \cdots\}$ 是否一致收敛不仅依赖自身的极限性态，也依赖其前序序列 $\{f_{n_k-1} \mid k = 1, 2, \cdots\}$ 的极限性态；而且即使子列 $\{f_{n_k} \mid k = 1, 2, \cdots\}$ 及其前序序列 $\{f_{n_k-1} \mid k = 1, 2, \cdots\}$ 都一致收敛，它们的极限函数也可能都不是初值问题 (4.22) 的解. 一旦这两个序列具有公共的一致收敛的极限函数，那么这个公共的极限函数就是初值问题 (4.22) 的某个解. 因此，某种意义上看来，作为初值问题 (4.22) 的近似解，其 Euler 折线序列比 Picard 迭代函数序列可能更合理.

(2) 另一方面，如果初值问题 (4.22) 的解是唯一的，那么作为函数序列，初值问题 (4.22) 的 Euler 折线序列是一致收敛的. 然而一般情况下初值问题 (4.22) 的 Euler 折线序列未必一致收敛，可参见下面的注 4.2.2 或者本节的最后一道习题.

注 4.2.2 二元函数 $f(x, y)$ 的连续性仅能保证初值问题解的存在性，不能保证唯一性. 苏联数学家 Lavrentyev 在 1925 年构造了一个定义在某矩形区域 R 上的连续函数 $f(x, y)$，使得对应的常微分方程 $\dfrac{\mathrm{d}y}{\mathrm{d}x} = f(x, y)$ 在 R 内经过每一点都至少有两个不同的解. 这就是著名的 Lavrentyev 现象.

习题 4.2

1. 利用 Osgood 条件讨论以下常微分方程满足初值条件 $y(0) = 0$ 的解的唯一性：

(1) $\dfrac{\mathrm{d}y}{\mathrm{d}x} = |y|^{\alpha}$，其中实常数 $\alpha > 0$；

(2) $\dfrac{\mathrm{d}y}{\mathrm{d}x} = \begin{cases} 0, & y = 0, \\ y \ln |y|, & y \neq 0. \end{cases}$

2. 给定有界闭区间 $[a,b]$ 上等度连续的函数族 Ω. 证明: 如果存在实常数 $M > 0$ 使得 $|f(a)| \leqslant M$ 对所有的 $f \in \Omega$ 都成立, 那么函数族 Ω 是一致有界的.

3. 试举例说明: 当 I 是无限区间时, I 上一致有界且等度连续的函数族未必包含一致收敛的函数子列.

4. 设二元函数 $f(x,y)$ 在条形区域 $[0,a] \times \mathbb{R}$ (其中实常数 $a > 0$) 上连续且满足 Rosenblatt 条件:
$$|f(x,y) - f(x,z)| \leqslant \frac{q}{x}|y - z|, \quad 0 < x \leqslant a \text{ 且 } y, z \in \mathbb{R},$$
其中 $q < 1$. 证明: 初值问题
$$\frac{\mathrm{d}y}{\mathrm{d}x} = f(x,y), \; y(0) = \eta$$
在 $[0,a]$ 上有且只有一个解.

5. 给定矩形区域 $[x_0 - a, x_0 + a] \times [y_0 - b, y_0 + b]$ (其中 a 和 b 都是实常数) 上连续的二元函数 $f(x,y)$, 满足 $f(x,y)$ 对 y 递减.

(1) 证明: 初值问题 $y' = f(x,y), y(x_0) = y_0$ 的解在 $x \geqslant x_0$ 上是唯一的.

(2) 试问: 初值问题 $y' = f(x,y), y(x_0) = y_0$ 的解在 $x \leqslant x_0$ 上是否唯一? 如果是, 请给出证明; 如果不是, 请给出反例.

6. (1) 试证明: 如果二元函数 $f(x,y)$ 在实平面的有理格点上都取值为 0, 其余都取值为 1, 那么方程 (4.1) 没有解.

(2) 如果要求二元函数 $f(x,y)$ 在实平面的有理格点上都取值为 1, 其余都取值为 0, 结论如何?

7. 试利用 Tonelli 函数序列和 Arzelà-Ascoli 定理对 Peano 存在定理 (定理 4.2.3) 给出新的证明, 其中 Tonelli 函数序列构造如下:

我们仅在区间 $I = [x_0, x_0 + h]$ 上构造 Tonelli 函数序列 $\{y_n(x) \,|\, n \in \mathbb{N}_+\}$ (完全一样的方法也适用于 $[x_0 - h, x_0]$). 任给 $n \in \mathbb{N}_+$, 令
$$x_k = x_0 + kd_n, \quad d_n = \frac{h}{n}, k = 0, 1, \cdots, n.$$
从 $[x_0, x_1]$ 到 $[x_1, x_2]$, 再从 $[x_1, x_2]$ 到 $[x_2, x_3], \cdots$, 最后从 $[x_{n-2}, x_{n-1}]$ 到 $[x_{n-1}, x_n]$ 即 $[x_{n-1}, x_0 + h]$, 我们递推定义 Tonelli 函数序列为
$$y_n(x) = \begin{cases} y_0, & x \in [x_0, x_1], \\ y_0 + \displaystyle\int_{x_0}^{x - d_n} f(s, y_n(s)) \, \mathrm{d}s, & x \in [x_1, x_0 + h]. \end{cases}$$

8. 我们规定 $\alpha(0) = 0$, 并在 $(0, 1]$ 上定义函数
$$\alpha(x) = \int_0^x \mathrm{e}^{-s^{-2}} \mathrm{d}s.$$

由此我们在条形区域 $[0,1] \times \mathbb{R}$ 上定义一个二元连续函数

$$f^*(x,y) = \begin{cases} x, & 0 \leqslant x \leqslant 1, y > \alpha(x), \\ x\cos\dfrac{\pi}{x}, & 0 \leqslant x \leqslant 1, y = 0, \\ -x, & 0 \leqslant x \leqslant 1, y < -\alpha(x). \end{cases}$$

现在考虑初值问题

$$\frac{\mathrm{d}y}{\mathrm{d}x} = f^*(x,y), \quad y(0) = 0.$$

同上述分析, 我们将区间 $0 \leqslant x \leqslant 1$ 分成 n 等份, 仿照本节的手法, 我们构造出 Euler 折线序列

$$y = \varphi_n^*(x), \quad 0 \leqslant x \leqslant 1,$$

则当 $\dfrac{2}{n} \leqslant x \leqslant 1$ 时, 我们有下述结论:

(1) 当 n 是偶数时, $\varphi_n^*(x) \geqslant \alpha(x)$;

(2) 当 n 是奇数时, $\varphi_n^*(x) \leqslant -\alpha(x)$.

特别地, 这种情况下 Euler 折线序列 $y = \varphi_n^*(x)$ 在 $[0,1]$ 上是不收敛的.

4.3 解的延拓

回忆第二章中一阶线性常微分方程 (2.10)

$$\frac{\mathrm{d}y}{\mathrm{d}x} + p(x)y = q(x)$$

的求解过程以及最终的求解公式 (2.11)

$$y = \mathrm{e}^{-\int p(x)\mathrm{d}x} \left(\int q(x)\mathrm{e}^{\int p(x)\mathrm{d}x}\mathrm{d}x + C \right),$$

不难发现, 当连续的一元函数 $p(x)$ 和 $q(x)$ 都在实轴上有定义时 (或者认为 (x,y) 的定义范围为整个实平面), 方程 (2.10) 的每个解 (2.11) 都是定义在整个实轴上的. 然而, 对于一般的初值问题这种情况并不会永远发生. 例如, 考虑初值问题

$$\frac{\mathrm{d}y}{\mathrm{d}x} = 1 + y^2, \quad y(0) = 0. \tag{4.27}$$

一方面, 二元函数 $f(x,y)$ 关于 (x,y) 的定义范围为整个实平面; 然而另一方面, 我们容易得到, 初值问题 (4.27) 的解为 $y(x) = \tan x$, 其定义域为 $\left(-\dfrac{\pi}{2}, \dfrac{\pi}{2}\right)$. 因此, 从解的定义域这个角度来说, (2.10) 和 (4.27) 是两个类型完全不同的方程. 但是, 如果利用

Picard 存在唯一性定理 (定理 4.1.1) 来分析这两个方程, 则完全看不到两者之间的区别: 对于实平面内任意给定的点 (x_0, y_0), 存在常数 $h > 0$ 以及常数 $h^* > 0$, 使得经过初值点 (x_0, y_0), 方程 (2.10) 在 $[x_0-h, x_0+h]$ 上具有解, 对应地, 方程 (4.27) 在 $[x_0-h^*, x_0+h^*]$ 上具有解.

以下均假设二元函数 $f(x, y)$ 在区域 G 上连续, 我们分析常微分方程 (4.1)

$$\frac{\mathrm{d}y}{\mathrm{d}x} = f(x, y).$$

由定理 4.2.3 知, 经过区域 G 内的任意一点 (x_0, y_0) 都存在常数 $h_1 > 0, h_2 > 0$, 使得方程 (4.1) 至少有一个定义于 $[x_0 - h_1, x_0 + h_2]$ 上的解 $\varphi(x)$ 满足 $\varphi(x_0) = y_0$ (这里的 h_1, h_2 同时依赖于函数 $f(x, y)$ 和初值 (x_0, y_0)). 因此, 一个自然的问题是: 如何让 h_1 和 h_2 的取值尽可能的大?

为了解决这个问题, 下面我们引入解的延拓和解的最大存在区间的概念.

给定方程 (4.1) 的两个解 $\varphi_1(x), x \in I_1$ 和 $\varphi_2(x), x \in I_2$, 这里的 I_1 和 I_2 分别是对应的定义区间 (可以是开区间, 也可以是闭区间, 还可以是半开半闭区间). 如果区间 I_1 真包含 I_2 (即 $I_1 \supsetneq I_2$), 且 $\varphi_1(x) = \varphi_2(x)$ 对每个 $x \in I_2$ 成立, 那么我们称方程 (4.1) 的解 $\varphi_1(x), x \in I_1$ 是其解 $\varphi_2(x), x \in I_2$ 的延拓, 或者称方程 (4.1) 的解 $\varphi_2(x), x \in I_2$ 的存在区间可延拓到 I_1 上.

如同定理 4.1.1 的证明过程所揭示的, 方程 (4.4) 的解与积分方程 (4.5) 一一对应. 由此很容易证明下面的基本事实.

引理 4.3.1 设方程 (4.1) 具有解 $\varphi_1(x), x \in [x_0-h_1, x_0]$ 和解 $\varphi_2(x), x \in [x_0, x_0+h_2]$, 满足 $\varphi_1(x_0) = \varphi_2(x_0)$. 引入

$$\varphi(x) = \begin{cases} \varphi_1(x), & x \in [x_0 - h_1, x_0], \\ \varphi_2(x), & x \in [x_0, x_0 + h_2], \end{cases}$$

那么 $\varphi(x), x \in [x_0 - h_1, x_0 + h_2]$ 也为方程 (4.1) 的解.

给定方程 (4.1) 的解 $\varphi(x), x \in I$ (这里的 I 是 φ 的定义区间). 如果方程 (4.1) 不具有其他的解为它的延拓, 则称 (4.1) 的解 $\varphi(x)$ 的最大存在区间为 I.

我们将会用到 Zorn 引理, 它是集合论中的重要定理.

引理 4.3.2 在任何一个非空偏序集中, 如果每个全序的子集都有上界, 那么此偏序集内必然至少存在一个极大元.

下面的结论告诉我们, 最大存在区间一定存在且为开区间. 为了在最一般的情形下证明最大存在区间的存在性, 我们在这里用到了 Zorn 引理.

定理 4.3.1 经过任意给定的点 $(x_0, y_0) \in G$, 方程 (4.1) 一定具有一个解 $\varphi(x)$, $x \in I$, 使得方程 (4.1) 不具有其他的解为它的延拓. 此时, I 一定为开区间.

证明 如果对于方程 (4.1) 的解 $\varphi(x), x \in I$ (经过给定的点 $(x_0, y_0) \in G$), 方程 (4.1) 不具有其他的解为它的延拓, 那么很容易证明 I 一定为开区间. 我们先来证明 I 是一个右开区间. 反设结论不成立, 即 $I \cap [x_0, +\infty) = [x_0, x_0 + h^*]$ 对某个常数 $h^* > 0$ 成立. 然而, 由定理 4.2.3 知, 存在常数 $h_2^* > 0$ 使得方程 (4.1) 具有定义在 $[x_0 + h^*, x_0 + h^* + h_2^*]$ 上的解 $\varphi^*(x)$ 满足 $\varphi^*(x_0 + h^*) = \varphi(x_0 + h^*)$. 进而由引理 4.3.1 知方程 (4.1) 具有定义在 $I \cup [x_0 + h^*, x_0 + h^* + h_2^*] \supsetneq I$ 的解, 且它是方程 (4.1) 的解 $\varphi(x), x \in I$ 的延拓, 这与假设矛盾. 类似地, 我们可以证明 I 也是一个左开区间. 即 I 是开区间.

以下我们证明这样的解一定存在. 记 $\mathcal{S}$ 为满足如下性质的偶对 (ψ, J) 的全体: J 为开区间, ψ 定义在区间 J 上, $\psi(x_0) = y_0$ 且 $\psi(x), x \in J$ 为方程 (4.1) 的解. 由定理 4.2.3 知, 存在常数 $h_1 > 0, h_2 > 0$, 使得方程 (4.1) 至少有一个定义在 $(x_0 - h_1, x_0 + h_2)$ 上的解 $\varphi(x)$ 满足 $\varphi(x_0) = y_0$. 特别地, $\mathcal{S} \neq \varnothing$. 引入 $\mathcal{S}$ 上的偏序 $\succeq$ 如下: 对于 $(\psi_1, J_1), (\psi_2, J_2) \in \mathcal{S}$,

$$(\psi_1, J_1) \succeq (\psi_2, J_2) \iff J_1 \supset J_2 \text{ 且 } \psi_1(x) = \psi_2(x), \quad \forall x \in J_2.$$

类似于引理 4.3.1, 容易发现: $\mathcal{S}$ 的每个全序子集都有上界. 进而由引理 4.3.2 知, 在偏序 $\succeq$ 下, 集合 $\mathcal{S}$ 必然存在极大元, 记为 (φ, I). 特别地, I 是开区间.

显然 $\varphi(x), x \in I$ 为方程 (4.1) 的解. 为完成证明, 以下我们只用证明: 方程 (4.1) 不具有其他的解, 使得它为 $\varphi(x), x \in I$ 的延拓. 反设结论不成立, 即方程 (4.1) 具有解 $\varphi^*(x), x \in I^*$, 使得它为 $\varphi(x), x \in I$ 的延拓. 特别地, $I \subsetneq I^*$. 注意到 I 是开区间, 且 I^* 是区间. 首先考虑 $I = (-\infty, a)$ 对某个实数 a 成立的情形. 因此 $(-\infty, a] \subset I^*$, 进而类似于本证明的第一段论述知存在实数 $b > a$, 使得方程 (4.1) 具有定义在 $(-\infty, b)$ 上的解 $\hat{\varphi}(x)$, 使得它为 $\varphi(x), x \in I$ 的延拓. 这与 (φ, I) 为集合 $\mathcal{S}$ 的极大元相矛盾. 当 I 为其他情形时可以类似地得到结论. $\square$

注 4.3.1 当假设经过任意给定的点 $(x_0, y_0) \in G$, 方程 (4.1) 都存在唯一的解时, 可以不用 Zorn 引理直接证明上述结论. 证明留给读者思考.

下面我们对一些常微分方程讨论解的最大存在区间.

例 4.3.1 在区域 $y < 1$ 上讨论 $\dfrac{dy}{dx} = y^2$ 解的最大存在区间以及性态.

解 显然原方程具有特解 $y \equiv 0$, 其最大存在区间为 $(-\infty, +\infty)$. 容易求出原方程的其他所有解恰为 $y = -\dfrac{1}{x + C}$, 其中 C 为任意实常数. 特别地, 对于 $y_0 \neq 0$, 满足初值条件 $y(0) = y_0$ 的解恰为

$$y(x) = -\dfrac{1}{x - \dfrac{1}{y_0}} = \dfrac{y_0}{1 - y_0 x},$$

其为定义域上的递增函数: 当 $y_0 < 0$ 时, 方程解的最大存在区间为 $\left(\dfrac{1}{y_0}, +\infty\right)$, 且当

$x \to \dfrac{1}{y_0}+$ 时, $y(x)$ 递减趋于 $-\infty$, 当 $x \to +\infty$ 时, $y(x)$ 递增趋于 0; 当 $0 < y_0 < 1$ 时, 解的最大存在区间为 $\left(-\infty, \dfrac{1}{y_0} - 1\right)$, 且当 $x \to \dfrac{1}{y_0} - 1-$ 时, $y(x)$ 递增趋于 1, 当 $x \to -\infty$ 时, $y(x)$ 递减趋于 0. □

例 4.3.2 试证常微分方程 $\dfrac{\mathrm{d}y}{\mathrm{d}x} = x^2 + y^2$ 任一解的最大存在区间都是有界的.

证明 设 $y(x), x \in J$ 是方程满足初值条件 $y(x_0) = y_0$ 的解, 其中 J 为其最大存在区间.

由定理 4.3.1 知 J 为开区间, 从而存在 $\beta > x_0$ (取值实数或者 $+\infty$), 使得 $J \cap [x_0, +\infty) = [x_0, \beta)$. 以下我们证明 $\beta < +\infty$, 从而 J 的右侧有限 (类似地可以证明 J 的左侧也有限). 如果 $\beta \leqslant 0$, 那么得证. 现在假设 $\beta > 0$, 取 $\max\{0, x_0\} < x_1 < \beta$. 对于任意的 $x_1 \leqslant x < \beta$,
$$\frac{\mathrm{d}y}{\mathrm{d}x}(x) = x^2 + y^2(x) \geqslant x_1^2 + y^2(x),$$
等价地,
$$\frac{\dfrac{\mathrm{d}y}{\mathrm{d}x}(x)}{x_1^2 + y^2(x)} \geqslant 1.$$
对其两边进行积分, 我们得到
$$\frac{1}{x_1}\left(\arctan \frac{y(x)}{x_1} - \arctan \frac{y(x_1)}{x_1}\right) \geqslant x - x_1,$$
进而 $x - x_1 \leqslant \dfrac{\pi}{x_1}$. 由 $x_1 \leqslant x < \beta$ 的任意性知 $\beta \leqslant x_1 + \dfrac{\pi}{x_1}$. □

本节的主要结果为下述解的延拓定理 (如图 4.5 所示).

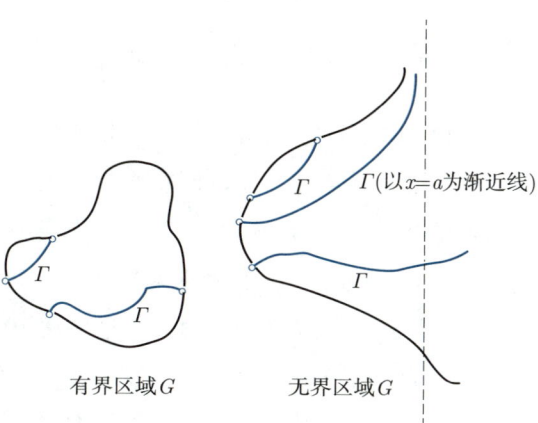

图 4.5 延拓定理 (定理 4.3.2) 的示意图

定理 4.3.2 任意给定的点 $P_0(x_0, y_0) \in G$, 设 $\varphi(x), x \in J$ 为方程 (4.1) 经过 P_0 的解且 J 为其最大存在区间, 则 G 内的曲线 $\Gamma = \{(x, \varphi(x)) \,|\, x \in J\}$ 从两端分别延拓

到 G 的边界. 换句话说, 对于任意包含点 P_0 的有界闭区域 $Q \subset G$,
$$\Gamma_+ = \{(x, \varphi(x)) \mid x \in J, x \geq x_0\} \nsubseteq Q,$$
$$\Gamma_- = \{(x, \varphi(x)) \mid x \in J, x \leq x_0\} \nsubseteq Q.$$

证明 固定事先任意取定的包含点 P_0 的有界闭区域 $Q \subset G$, 我们仅证明 $\Gamma_+ \nsubseteq Q$ (可以完全一样地证明 $\Gamma_- \nsubseteq Q$).

反设结论不成立, 则存在实常数 $x_1 > x_0$ 使得 $J \cap [x_0, +\infty) = [x_0, x_1]$ (注意到由定理 4.3.1 知 J 为开区间). 否则, 由定理 4.2.3 知 $J \cap [x_0, +\infty) = [x_0, +\infty)$, 故对任意有界闭区域 $Q \subset G$ 都成立 $\Gamma_+ \nsubseteq Q$.

由题设 $\varphi(x)$ 为方程 (4.1) 经过 P_0 的解, 等价地写成积分方程知
$$\varphi(x) = y_0 + \int_{x_0}^x f(s, \varphi(s)) \mathrm{d}s, \quad x \in [x_0, x_1]. \tag{4.28}$$

由于二元函数 $f(x, y)$ 在有界闭区域 Q 上连续, 进而一致连续, 因此存在有限常数 $K > 0$, 使得它为 $|f(x, y)|$ 在 Q 上的上界, 故由表达式 (4.28) 知, 对于任意的 $\xi_1, \xi_2 \in [x_0, x_1]$,
$$|\varphi(\xi_1) - \varphi(\xi_2)| \leq K |\xi_1 - \xi_2|.$$

由此易见 $\lim\limits_{x \to x_1-} \varphi(x)$ 存在. 引入
$$\bar{\varphi}(x) = \begin{cases} \varphi(x), & x_0 \leq x < x_1, \\ \lim\limits_{x \to x_1-} \varphi(x), & x = x_1, \end{cases}$$

显然 $\bar{\varphi}(x)$ 是 $[x_0, x_1]$ 上的连续函数, 且对于任意的 $x_0 \leq x \leq x_1$, 成立
$$\bar{\varphi}(x) = y_0 + \int_{x_0}^x f(s, \bar{\varphi}(s)) \mathrm{d}s,$$

即 $\bar{\varphi}(x), x \in [x_0, x_1]$ 为方程 (4.1) 经过 P_0 的解. 这与方程 (4.1) 不具有其他的解为其解 $\varphi(x), x \in J$ 的延拓矛盾, 即与 J 为其最大存在区间矛盾. $\square$

注 4.3.2 在数学分析中, 一般情况下, 只要未加特别说明所提到的区域均指开区域, 我们在定理 4.3.2 中提到的区域就指的是开区域. 如果不要求 G 为开区域, 那么利用与定理 4.3.2 的证明完全一样的手法可以得到如下结论:

任意给定的点 $P_0(x_0, y_0) \in G$, 设 $\varphi(x), x \in J$ 为方程 (4.1) 经过 P_0 的解且 J 为其最大存在区间, 则对于任意包含点 P_0 的有界闭区域 $Q \subset G$, G 内的曲线 $\Gamma = \{(x, \varphi(x)) \mid x \in J\}$ 从两端都触碰到 Q 的边界.

对于前述提及的不能用初等积分法求解的 Riccati 方程, 我们在例 4.3.2 中已经证明了, 它的每个解的最大存在区间都是有界的. 任取它的一个解 $y(x)$, 设其最大存在区

间为 (α, β), 其中 $-\infty < \alpha < \beta < +\infty$. 根据定理 4.1.1 和定理 4.3.2, $y(x)$ 从两端都延拓到实平面的边界 (或者说延拓到无穷远), 即当 $x \to \alpha+$ 时, $y(x) \to -\infty$, 当 $x \to \beta-$ 时, $y(x) \to +\infty$. 下面我们再举一个例子, 进一步展示如何利用定理 4.1.1 和定理 4.3.2 来分析解的最大存在区间等性态.

例 4.3.3 给定 (a, b) 上连续的恒不为 0 的一元函数 $g(y)$ (这里容许 $a = -\infty$ 或者 $b = +\infty$). 设 $\lim\limits_{y \to a+} g(y) = \lim\limits_{y \to b-} g(y) = 0$. 试讨论常微分方程 $\dfrac{\mathrm{d}y}{\mathrm{d}x} = g(y)$ 的解 $\varphi(x)$ 的性态.

解 设 $\varphi(x), \alpha < x < \beta$ 为原方程的解, 其中 (α, β) 为解 $\varphi(x)$ 的最大存在区间 (这里容许 $\alpha = -\infty$ 或 $\beta = +\infty$). 由于连续函数 $g(y)$ 恒不为 0, 不妨设 $g(y) > 0$ 恒成立, 从而 $\dfrac{\mathrm{d}\varphi}{\mathrm{d}x}(x) > 0$ 也恒成立. 故存在 $\gamma < \delta$ 使得 (当 $a = -\infty$ 时, 容许 $\gamma = -\infty$, 当 $b = +\infty$ 时, 容许 $\delta = +\infty$)

$$a \leqslant \gamma = \lim_{x \to \alpha+} \varphi(x) < \lim_{x \to \beta-} \varphi(x) = \delta \leqslant b.$$

注意到我们所分析的区域是 $G = (-\infty, +\infty) \times (a, b)$, 且任取 $\alpha < x_0 < \beta$.

首先证明 $\gamma = a$ 且 $\delta = b$. 我们仅证明 $\delta = b$, 类似地可证明 $\gamma = a$. 如果 $\beta < +\infty$, 则由延拓定理 (定理 4.3.2) 知 $\{(x, \varphi(x)) \,|\, \alpha < x < \beta\}$ 的右端延拓到 G 的边界, 进而显然知 $\delta = b$. 如果 $\beta = +\infty$, 反设 $\delta < b$, 则当 $x_0 \leqslant x < +\infty$ 时, $\varphi(x_0) \leqslant \varphi(x) \leqslant \delta < b$. 特别地,

$$m \stackrel{\mathrm{def}}{=\!=} \inf_{x_0 \leqslant x < +\infty} g(\varphi(x)) \geqslant \inf_{\varphi(x_0) \leqslant y \leqslant \delta} g(y) > 0,$$

从而对于任意的 $x_0 \leqslant x < +\infty$, 成立

$$\frac{\mathrm{d}\varphi}{\mathrm{d}x}(x) \geqslant m > 0,$$

进而 $\varphi(x) \geqslant \varphi(x_0) + m(x - x_0)$. 由此

$$\delta = \lim_{x \to +\infty} \varphi(x) = +\infty.$$

这与 $\delta < b$ (特别地 $\delta < +\infty$) 相矛盾. 这就证明了当 $\beta = +\infty$ 时也成立 $\delta = b$.

接下来我们证明 (这里容许为反常积分)

$$\alpha = -\int_a^{\varphi(x_0)} \frac{1}{g(y)} \mathrm{d}y + x_0, \quad \beta = \int_{\varphi(x_0)}^b \frac{1}{g(y)} \mathrm{d}y + x_0. \tag{4.29}$$

事实上, 对于任意的 $\alpha < x < \beta$, 我们有

$$\frac{\mathrm{d}\varphi}{\mathrm{d}x}(x) = g(\varphi(x))$$

等价地,

$$\frac{\mathrm{d}\varphi(x)}{g(\varphi(x))} = \mathrm{d}x,$$

进而 (注意到 $g(\varphi(x))$ 关于 x 是递增的)

$$x - x_0 = \int_{\varphi(x_0)}^{\varphi(x)} \frac{1}{g(y)} \, dy.$$

我们分别让 $x \to \alpha+$ 和 $x \to \beta-$ 即知结论 (4.29) 成立. □

习题 4.3

1. 讨论下列常微分方程解的最大存在区间:

(1) $\dfrac{dy}{dx} = \dfrac{1}{x^2 + y^2}$;

(2) $\dfrac{dy}{dx} = y(y - 1)$;

(3) $\dfrac{dy}{dx} = y\sin(xy)$;

(4) $\dfrac{dy}{dx} = 1 + y^2$.

2. 给定开区间 I 上连续的一元函数 $a(x)$ 和 $b(x)$. 证明:

$$\frac{dy}{dx} + a(x)y = b(x), \quad x \in I$$

每个解的最大存在区间都是 I.

3. 证明常微分方程

$$\frac{dy}{dx} = \frac{\sin y}{x^2 + y^2 + 1}$$

每个解的最大存在区间都是 $(-\infty, +\infty)$.

4. 任意取定 $(x_0, y_0) \in \mathbb{R}^2$, 证明初值问题

$$\frac{dy}{dx} = (x - y)e^{xy^2}, \quad y(x_0) = y_0$$

的右行解 (即从 (x_0, y_0) 点出发向右延拓的解) 都在区间 $[x_0, +\infty)$ 上存在.

5. 设二元函数 $f(t, x)$ 在实平面上连续有界, 且 $\dfrac{\partial f}{\partial x}$ 连续. 试证常微分方程 $\dfrac{dx}{dt} = f(t, x)$ 每个解的最大存在区间都是 $(-\infty, +\infty)$.

6. 设二元函数 $f(t, x)$ 和 $\dfrac{\partial f}{\partial x}$ 都在 $(\alpha, \beta) \times \mathbb{R}$ 内连续 (这里容许 $\alpha = -\infty$ 或者 $\beta = +\infty$), 并且对于任何有限闭区间 $[a, b] \subset (\alpha, \beta)$ 都存在实常数 $N > 0$, 使得

$$\left| \frac{\partial f(t, x)}{\partial x} \right| \leqslant N, \quad a \leqslant t \leqslant b, \; -\infty < x < +\infty.$$

试证常微分方程 $\dfrac{dx}{dt} = f(t, x)$ 每个解的最大存在区间都是 (α, β).

7. 试分析常微分方程 $\dfrac{dx}{dt} = (1 - x^2)e^{tx^2}$ 每个解的最大存在区间, 以及当 t 趋于该区间两端点时解的性态.

8. 设 $f(x,y)$ 是平面上的二元连续函数. 如果存在实常数 $N>0$, 使得

$$|f(x,y) - f(x,\bar{y})| \leqslant N|y - \bar{y}|.$$

试证明: 对每个正整数 n, 初值问题

$$\frac{\mathrm{d}y}{\mathrm{d}x} = f(x,y)\sin\frac{x}{n}, \quad y(0) = 0$$

的解 $y_n(x)$ 在 $(-\infty, +\infty)$ 上都存在, 且 $\lim_{n \to +\infty} y_n(x) = 0$.

9. 在 $G = \mathbb{R}^2 \setminus \{(0,0)\}$ 上考虑对称形式的微分方程

$$x\mathrm{d}x + y\mathrm{d}y = 0,$$

其通解为 $x^2 + y^2 \equiv C$, 其中 $C > 0$ 是任意的实常数. 特别地, 解曲线并没有从两头延拓到 G 的边界, 这是否与上述解的延拓定理 (定理 4.3.2) 相矛盾? 为什么?

10. 证明初值问题

$$\frac{\mathrm{d}y}{\mathrm{d}x} = (y^2 - 2y - 3)\mathrm{e}^{(x+y)^2}, \quad y(x_0) = y_0$$

解的最大存在区间为 (a, b), 那么或者 $a = -\infty$ 或者 $b = +\infty$.

11. 给定全平面上连续的且满足当 $y \neq 0$ 时 $yf(x,y) > 0$ 的二元函数 $f(x,y)$. 证明: 对于任意的 x_0, y_0, 当 $x_0 < 0$ 且 $|y_0|$ 适当小时, 初值问题

$$\frac{\mathrm{d}y}{\mathrm{d}x} = (x^2 - y^2)f(x,y), \quad y(x_0) = y_0$$

的解可延拓到 $-\infty < x < +\infty$.

4.4 比较定理和 Gronwall 不等式

在前述章节中, 对于常微分方程 (4.1)

$$\frac{\mathrm{d}y}{\mathrm{d}x} = f(x,y),$$

我们通过直接地具体分析二元函数 $f(x,y)$ 来推断方程 (4.1) 的解的某些特性. 但是, 有时候 $f(x,y)$ 非常复杂, 难以直接分析, 这时我们通过分析一个与之相关的简单一点的常微分方程, 来推断原方程较复杂的未知解的增长或衰减速率、存在范围以及变化性态等. 比较定理和 Gronwall 不等式就是常微分方程理论中这方面的重要工具.

4.4.1 比较定理

首先我们介绍第一比较定理.

定理 4.4.1 设二元函数 $f(x,y)$ 和 $g(x,y)$ 在区域 G 上都连续, 且

$$f(x,y) < g(x,y), \quad \forall (x,y) \in G.$$

给定 $(x_0, y_0) \in G$, 设 $\varphi(x)$ 和 $\psi(x)$ 分别是初值问题

$$\frac{\mathrm{d}y}{\mathrm{d}x} = f(x,y), \quad y(x_0) = y_0$$

和

$$\frac{\mathrm{d}y}{\mathrm{d}x} = g(x,y), \quad y(x_0) = y_0$$

在区间 (a,b) 上的解, 则

$$\begin{cases} \varphi(x) < \psi(x), & \forall x \in (x_0, b), \\ \varphi(x) > \psi(x), & \forall x \in (a, x_0). \end{cases}$$

证明 我们只证明 $\varphi(x) < \psi(x)$ 对所有的 $x \in (x_0, b)$ 都成立. 可以类似地证明另一部分. 由假设知 $\varphi(x_0) = y_0 = \psi(x_0)$ 且

$$\varphi'(x_0) = f(x_0, y_0) < g(x_0, y_0) = \psi'(x_0),$$

从而

$$\lim_{x \to x_0} \frac{\psi(x) - \varphi(x)}{x - x_0} = \psi'(x_0) - \varphi'(x_0) > 0.$$

由导数的定义知: 存在 $x^* > x_0$, 使得 $\psi(x) - \varphi(x) > 0$ 对所有的 $x_0 < x < x^*$ 成立. 现在反设结论不成立, 则存在 $\xi \in [x^*, b)$ 使得 $\varphi(\xi) \geqslant \psi(\xi)$. 于是由连续函数的介值定理, 知

$$E \overset{\text{def}}{=\!=} \{x \in [x^*, b) \mid \varphi(x) = \psi(x)\} \neq \varnothing.$$

取 $\bar{x} = \inf E$, 则 $\bar{x} \geqslant x^* > x_0, \varphi(\bar{x}) = \psi(\bar{x})$ 且 $\varphi(x) < \psi(x)$ 对所有的 $x \in (x_0, \bar{x})$ 都成立. 由此可得

$$\varphi'(\bar{x}) - \psi'(\bar{x}) = \lim_{x \to \bar{x}^-} \frac{\varphi(x) - \psi(x)}{x - \bar{x}} \geqslant 0,$$

这与

$$\varphi'(\bar{x}) - \psi'(\bar{x}) = f(\bar{x}, \bar{y}) - g(\bar{x}, \bar{y}) < 0$$

矛盾, 其中 $\bar{y} = \varphi(\bar{x}) = \psi(\bar{x})$. $\square$

注 4.4.1 定理 4.4.1具有鲜明的几何意义 (如图 4.6 所示).

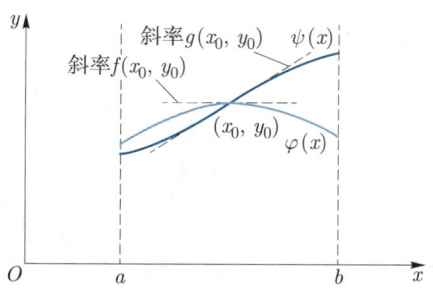

图 4.6 比较定理 4.4.1 的示意图

注 4.4.2 一个自然的想法是: 如果在定理 4.4.1 中将条件

$$f(x,y) < g(x,y), \quad \forall (x,y) \in G$$

改成

$$f(x,y) \leqslant g(x,y), \quad \forall (x,y) \in G,$$

那么是否可以对应地将结论改成

$$\begin{cases} \varphi(x) \leqslant \psi(x), & \forall x \in (x_0, b), \\ \varphi(x) \geqslant \psi(x), & \forall x \in (a, x_0). \end{cases}$$

显然这是不成立的. 利用注 4.2.2 中介绍的 Lavrentyev 的例子不难构造出反例. 自然地产生另一个问题, 如果进一步假设二元函数 $f(x,y)$ 和 $g(x,y)$ 对应的初值问题的解都是存在且唯一的, 那么结论会发生改变吗? 我们将在下面的定理 4.4.5 中讨论这个问题.

下面的结论是第一比较定理 (定理 4.4.1) 的变形形式, 证明留作练习.

定理 4.4.2 设 $(x_0, y_0), (x_0, y_1) \in G$ 且二元函数 $f(x,y)$ 和 $g(x,y)$ 在区域 G 上都连续, 满足

$$f(x,y) < g(x,y), \quad \forall (x,y) \in G$$

且 $y_0 \leqslant y_1$. 设 $\varphi(x)$ 和 $\psi(x)$ 分别是初值问题

$$\frac{\mathrm{d}y}{\mathrm{d}x} = f(x,y), \quad y(x_0) = y_0$$

和

$$\frac{\mathrm{d}y}{\mathrm{d}x} = g(x,y), \quad y(x_0) = y_1$$

在 $[x_0, b)$ 上的解, 则 $\varphi(x) < \psi(x)$ 对所有的 $x \in (x_0, b)$ 都成立.

作为定理 4.4.1 的应用, 我们引入常微分方程的最大解和最小解的概念.

给定初值点 (x_0, y_0), 实常数 $a > 0, b > 0$ 以及在矩形区域

$$R \stackrel{\text{def}}{=} \{(x, y) \in \mathbb{R}^2 \mid |x - x_0| \leqslant a, |y - y_0| \leqslant b\}$$

上连续的二元函数 $f(x, y)$. 分析初值问题 (4.22)

$$\frac{\mathrm{d}y}{\mathrm{d}x} = f(x, y), \quad y(x_0) = y_0.$$

如同定理 4.1.1 中的陈述一样引入参数 h 和 M, 我们帮助大家回忆如下:

$$h = \begin{cases} \min\left\{a, \dfrac{b}{M}\right\}, & M > 0, \\ a, & M = 0, \end{cases}$$

其中 $M \stackrel{\text{def}}{=} \max\limits_{(x,y) \in R} |f(x, y)|$.

根据解的延拓定理 (定理 4.3.2) 不难发现: 初值问题 (4.22) 的每个解都在 $[x_0 - h, x_0 + h]$ 上存在. 如果在区间 $|x - x_0| \leqslant h$ 上初值问题 (4.22) 有两个解 $Z(x)$ 和 $W(x)$, 使得初值问题 (4.22) 的任何解 $y(x)$ 都满足不等式

$$W(x) \leqslant y(x) \leqslant Z(x), \quad \forall x \in [x_0 - h, x_0 + h],$$

则分别称 $Z(x)$ 和 $W(x)$ 为初值问题 (4.22) 的最大解和最小解.

由定义容易看出: 初值问题 (4.22) 的最大解和最小解都是唯一的 (如果它们存在的话), 且初值问题 (4.22) 的解是唯一的当且仅当它的最大解和最小解是相等的.

下面我们利用 Peano 存在定理 (定理 4.2.3) 来证明初值问题 (4.22) 的最大解和最小解一定存在. 我们首先对于一个较小的定义区间来证明最大解和最小解的存在性 (此时最大解和最小解的定义也是显然的), 然后我们才对区间 $[x_0 - h, x_0 + h]$ 来证明最大解和最小解的存在性.

定理 4.4.3 对于每个正常数 $\sigma(0 < \sigma < h)$, 在区间 $|x - x_0| \leqslant \sigma$ 上初值问题 (4.22) 都具有最大解和最小解.

证明 任意固定正常数 $\sigma(0 < \sigma < h)$. 我们考虑与初值问题 (4.22) 相关的初值问题

$$\forall m \in \mathbb{N}_+, \quad (E_m): \quad \frac{\mathrm{d}y}{\mathrm{d}x} = f(x, y) + \frac{1}{m}, \quad y(x_0) = y_0.$$

运用 Peano 存在定理 (定理 4.2.3) 知, 存在 $h_m > 0$, 使得初值问题 (E_m) 在区间 $|x - x_0| \leqslant h_m$ 上有解 $\varphi_m(x)$, 即函数 $\varphi_m(x)$ 满足方程

$$\varphi_m(x) = y_0 + \int_{x_0}^{x} \left(f(s, \varphi_m(s)) + \frac{1}{m}\right) \mathrm{d}s \ \text{且} \ |\varphi_m(x) - y_0| \leqslant b. \tag{4.30}$$

利用 h_m 的构造知当 $m \to +\infty$ 时, h_m 趋于 h, 特别地, 当 m 充分大时 $h_m \geqslant \sigma$. 我们不妨设对于所有的正整数 m, 都有 $h_m \geqslant \sigma$, 进而方程 (4.30) 都在 $I = [x_0 - \sigma, x_0 + \sigma]$ 上成立. 因此, 对于每个正整数 m 和任意的 $x, x_1, x_2 \in I$, 都有 $|\varphi_m(x) - y_0| \leqslant b$ 且

$$|\varphi_m(x_1) - \varphi_m(x_2)| \leqslant \left| \int_{x_1}^{x_2} \left(f(s, \varphi_m(s)) + \frac{1}{m} \right) \mathrm{d}s \right| \leqslant (M+1)|x_1 - x_2|,$$

即 $\{\varphi_m(x) \mid m \in \mathbb{N}_+\}$ 在 I 上一致有界且等度连续. 根据 Arzelà-Ascoli 定理 (定理 4.2.2) 可知, $\{\varphi_m(x) \mid m \in \mathbb{N}_+\}$ 在区间 I 上有一致收敛的子列. 不失一般性, 设函数序列 $\{\varphi_m(x) \mid m \in \mathbb{N}_+\}$ 在 I 上一致收敛, 并取 $\Phi(x)$ 为对应的极限函数, 它在 I 上连续 (如图 4.7 所示). 事实上, 类似于定理 4.2.3 的证明末尾, 将 (4.30) 与闭区域 R 上二元函数 $f(x, y)$ 的一致连续性相结合知, $\Phi(x)$ 为初值问题 (4.22) 在区间 I 上的解.

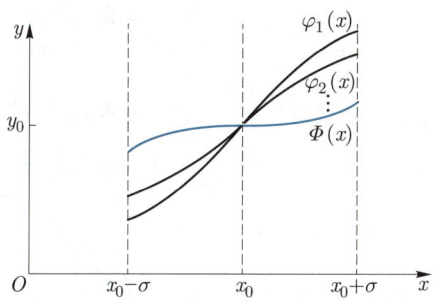

图 4.7 函数序列 $\varphi_m(x)$ 收敛到 $\Phi(x)$

以下我们来证明 $\Phi(x)$ 是初值问题 (4.22) 在区间 I 上的右行最大解和左行最小解 (右行最大解和左行最小解都是顾名思义的). 任取初值问题 (4.22) 的一个解 $y(x)$ (我们提到, 由解的延拓定理即定理 4.3.2 知 $y(x)$ 一定可以定义在 $|x - x_0| \leqslant h$ 上), 对于任意给定的正整数 m, 对初值问题 (4.22) 和初值问题 (E_m) 运用第一比较定理 (定理 4.4.1) 得到

$$\begin{cases} y(x) < \varphi_m(x), & \forall x_0 < x < x_0 + \sigma, \\ y(x) > \varphi_m(x), & \forall x_0 - \sigma < x < x_0. \end{cases}$$

在上面两式中引入 $m \to +\infty$, 通过取极限就得到 (在 $x_0 + \sigma$ 和 $x_0 - \sigma$ 处分别运用函数 $y(x)$ 和 $\Phi(x)$ 的连续性)

$$\begin{cases} y(x) \leqslant \Phi(x), & \forall x_0 < x < x_0 + \sigma, \\ y(x) \geqslant \Phi(x), & \forall x_0 - \sigma < x < x_0, \end{cases}$$

进而由 $y(x)$ 的任意性知, 在区间 I 上 $\Phi(x)$ 是右行最大解和左行最小解.

类似可证在区间 I 上初值问题 (4.22) 具有左行最大解和右行最小解. 然后由初值

问题的解与相应的积分方程一一对应, 将初值问题 (4.22) 的左行最大 (小) 解和右行最大 (小) 解分别进行拼接, 可以得到区间 I 上初值问题 (4.22) 的最大 (小) 解. □

由此我们可以进一步得到

定理 4.4.4 初值问题 (4.22) 在区间 $\{x \mid |x - x_0| \leqslant h\}$ 上具有最大解和最小解.

证明 我们仅证明初值问题 (4.22) 在区间 $|x - x_0| \leqslant h$ 上具有最大解 (最小解的证明完全一样). 取 $0 < h_1 < h_2 < \cdots$ 递增趋于 h. 由定理 4.4.3 知, 对于每个正整数 m 初值问题 (4.22) 在区间 $|x - x_0| \leqslant h_m$ 上具有最大解 $\Phi_m(x)$. 由最大解的定义知, 当 $m \leqslant n$ 时, 在 $|x - x_0| \leqslant h_m$ 上成立 $\Phi_m(x) = \Phi_n(x)$. 由此知, 当对某个正整数 m 成立 $|x - x_0| \leqslant h_m$ 时, 定义函数 $\Phi(x) = \Phi_m(x)$, 则它在 $|x - x_0| < h$ 上是良定义的, 且为初值问题 (4.22) 在区间 $|x - x_0| < h$ 上的最大解. 进一步, 同于解的延拓定理 (定理 4.3.2) 的证明过程知, 当 x 递增趋于 $x_0 + h$ 或者递减趋于 $x_0 - h$ 时, $\Phi(x)$ 的极限存在. 由此自然地将 Φ 延拓定义到 $|x - x_0| \leqslant h$ 上, 并根据 Φ 的连续性不难得到: Φ 是初值问题 (4.22) 在区间 $|x - x_0| \leqslant h$ 上的最大解. □

类似于定理 4.4.3 的证明, 我们给出第二比较定理如下.

定理 4.4.5 设二元函数 $f(x, y)$ 和 $g(x, y)$ 在区域 G 上都连续, 且

$$f(x, y) \leqslant g(x, y), \quad \forall (x, y) \in G.$$

给定 $(x_0, y_0) \in G$, 设 $\varphi(x)$ 和 $\psi(x)$ 分别是方程

$$(E_1): \frac{\mathrm{d}y}{\mathrm{d}x} = f(x, y), \quad y(x_0) = y_0$$

和

$$(E_2): \frac{\mathrm{d}y}{\mathrm{d}x} = g(x, y), \quad y(x_0) = y_0$$

在区间 (a, b) 上的解, 且 $\varphi(x)$ 是 (E_1) 的右行最小解和左行最大解 (或 $\psi(x)$ 是 (E_2) 的右行最大解和左行最小解), 则

$$\begin{cases} \varphi(x) \leqslant \psi(x), & \forall x \in (x_0, b), \\ \varphi(x) \geqslant \psi(x), & \forall x \in (a, x_0). \end{cases} \tag{4.31}$$

证明 我们仅对 $\psi(x)$ 是 (E_2) 的右行最大解和左行最小解的情形进行证明.

反设结论不成立, 则存在 $x_1^* \in (a, b)$ 使得 (4.31) 不成立. 不妨设 $x_1^* \in (x_0, b)$, 使得 $\varphi(x_1^*) > \psi(x_1^*)$, 注意到 $\varphi(x_0) = y_0 = \psi(x_0)$, 引入

$$E = \{x \in [x_0, x_1^*] \mid \varphi(x) = \psi(x)\} \neq \varnothing,$$

并取 $x_1 \stackrel{\text{def}}{=} \sup E$. 特别地, $\varphi(x_1) = \psi(x_1)$ (记为 y_1) 且 $\varphi(x) > \psi(x)$ 对所有的 $x_1 < x \leqslant x_1^*$ 成立.

显然可取正常数 a_1, b_1 ($x_1^* - x_1 > a_1 > 0, b_1 > 0$), 使得区域 G 包含有界闭区域

$$R = \{(x,y) \in \mathbb{R}^2 \mid |x - x_1| \leqslant a_1, |y - y_1| \leqslant b_1\}$$

注意到显然 (a,b) 上的函数 $\psi(x)$ 是初值问题

$$\frac{\mathrm{d}y}{\mathrm{d}x} = g(x,y), \quad y(x_1) = y_1 \tag{4.32}$$

的右行最大解, 我们考虑与初值问题 (4.32) 相关的初值问题

$$\forall m \in \mathbb{N}_+, \quad (E_{2,m}): \frac{\mathrm{d}y}{\mathrm{d}x} = g(x,y) + \frac{1}{m}, \quad y(x_1) = y_1.$$

类似于定理 4.4.3 的证明知, 存在正常数 $\sigma(0 < \sigma \leqslant a_1)$, 使得每个初值问题 $(E_{2,m})$ 在区间 $I = [x_1 - \sigma, x_1 + \sigma]$ 上都有解 $\psi_m(x)$, 且通过选取子列, 不妨设函数序列 $\{\psi_m(x) \mid m \in \mathbb{N}_+\}$ 在 I 上一致收敛到 $\psi^*(x)$. 因此 $\psi^*(x)$ 为初值问题 (4.32) 在区间 I 上的解.

由上面的构造知, (a,b) 上的函数 $\varphi(x)$ 是初值问题

$$\frac{\mathrm{d}y}{\mathrm{d}x} = f(x,y), \quad y(x_1) = y_1 \tag{4.33}$$

的解. 固定任意取值的正整数 m, 对初值问题 (4.33) 和 $(E_{2,m})$ 运用第一比较定理 (定理 4.4.1) 知, $\varphi(x) < \psi_m(x)$ 对所有的 $x \in (x_1, x_1 + \sigma)$ 都成立. 进而由 m 的任意性知 $\varphi(x) \leqslant \psi^*(x)$ 对所有的 $x \in (x_1, x_1 + \sigma)$ 都成立. 由于 $\psi(x)$ 是初值问题 (4.32) 的右行最大解, 我们有 $\psi^*(x) \leqslant \psi(x)$, 进而 $\varphi(x) \leqslant \psi(x)$ 对所有的 $x_1 \leqslant x < x_1 + \sigma$ 成立. 这与 $\varphi(x) > \psi(x)$ 对所有的 $x_1 < x \leqslant x_1^*$ 都成立矛盾. 故而结论成立. □

注 4.4.3 类似于定理 4.4.2, 我们也可以给出第二比较定理 (定理 4.4.5) 的变形形式, 即给定 $(x_0, y_0), (x_0, y_1) \in G$, 当 $y_0 \leqslant y_1$ 时分别分析初值问题

$$\frac{\mathrm{d}y}{\mathrm{d}x} = f(x,y), \quad y(x_0) = y_0$$

和

$$\frac{\mathrm{d}y}{\mathrm{d}x} = g(x,y), \quad y(x_0) = y_1$$

在不改变其他假设的情况下, 相同的结论仍然成立.

比较定理可以用来分析常微分方程解的最大存在区间. 作为应用, 首先我们来进一步分析例 4.3.2.

例 4.4.1 试讨论初值问题 $\dfrac{\mathrm{d}y}{\mathrm{d}x} = x^2 + y^2, y(0) = 0$ 解的最大存在区间.

解 注意到原初值问题以及下面讨论的初值问题其解都是存在且唯一的.

不难发现原初值问题解的最大存在区间是一个对称区间 $(-\alpha, \alpha)$, 这里容许 $\alpha = +\infty$, 且 $y(x) > 0$ 对所有的 $x \in (0, \alpha)$ 都成立. 任意取定 $L, l > 0$. 直接求解不难发现

$$\frac{\mathrm{d}\psi}{\mathrm{d}x} = L^2 + \psi^2, \qquad \psi(0) = 0$$

的解恰为 $\psi(x) = L\tan(Lx)$（最大存在区间为 $\left(-\frac{\pi}{2L}, \frac{\pi}{2L}\right)$），进而原初值问题在 $\left[0, \min\left\{L, \frac{\pi}{2L}\right\}\right)$ 上存在. 否则, 设

$$(-\alpha, \alpha) \cap \left[0, \min\left\{L, \frac{\pi}{2L}\right\}\right) = [0, \beta_1)$$

对某个 $0 < \beta_1 < \min\left\{L, \frac{\pi}{2L}\right\}$ 成立, 在 $[0, \beta_1)$ 上对原初值问题和上初值问题运用第二比较定理 (定理 4.4.5), 并注意到显然原初值问题的解为定义域内的递增函数, 知

$$0 \leqslant y(x) \leqslant \psi(x) = L\tan(Lx) \leqslant L\tan(L\beta_1) < +\infty, \quad \forall x \in [0, \beta_1).$$

这与解的延拓定理 (定理 4.3.2) 矛盾. 因此由

$$\min\left\{L, \frac{\pi}{2L}\right\} \leqslant \alpha, \quad \forall L > 0 \tag{4.34}$$

可推出 $\frac{\sqrt{2\pi}}{2} \leqslant \alpha$. 类似地, 直接求解容易发现: 当 $l \in (0, \alpha)$ 时, 初值问题

$$\frac{\mathrm{d}\varphi}{\mathrm{d}x} = l^2 + \varphi^2, \quad \varphi(l) = 0 \tag{4.35}$$

的解恰为 $\varphi(x) = l\tan(l(x-l))$, 其最大存在区间为 $\left(-\frac{\pi}{2l} + l, \frac{\pi}{2l} + l\right)$. 由题设知 $y(x)$ 满足 $y(l) > 0$ 且

$$\forall x \geqslant l, \quad \frac{\mathrm{d}y}{\mathrm{d}x} = x^2 + y^2 \geqslant l^2 + y^2, \tag{4.36}$$

对 (4.35) 和 (4.36) 运用定理 4.3.2 和第二比较定理的变形形式 (注 4.4.3) 知

$$\alpha \leqslant \frac{\pi}{2l} + l, \quad \forall l \in \left(0, \frac{\sqrt{2\pi}}{2}\right), \tag{4.37}$$

可得到 $\alpha \leqslant \sqrt{2\pi}$. 综合 (4.34) 和 (4.37) 得到 $\frac{\sqrt{2\pi}}{2} \leqslant \alpha \leqslant \sqrt{2\pi}$. □

例 4.4.2 设 (α, β) 为初值问题

$$\frac{\mathrm{d}y}{\mathrm{d}x} = x^2 + (y+1)^2, \quad y(0) = 0$$

解的最大存在区间 (这里容许 $\alpha = -\infty$ 或者 $\beta = +\infty$). 证明: $\frac{\pi}{4} < \beta < 1$.

证明 注意到原初值问题以及下面讨论的初值问题其解都是存在且唯一的, 完全同于上例, 我们运用解的延拓定理 (定理 4.3.2) 和第二比较定理 (定理 4.4.5). 这里略去部分细节.

我们设原初值问题的解为 $z(x)$, 存在区间为 (α, β). 直接求解不难发现, $-\frac{1}{x-1} - 1$ 为初值问题

$$\frac{\mathrm{d}y}{\mathrm{d}x} = (y+1)^2, \quad y(0) = 0$$

的解, 其最大存在区间为 $(-\infty, 1)$. 进而运用定理 4.3.2 和定理 4.4.5 知 $\beta \leqslant 1$.

类似地, 直接求解不难发现: 对于任意的 $0 < \lambda \leqslant 1$, 初值问题
$$\frac{\mathrm{d}y}{\mathrm{d}x} = \lambda^2 + (y+1)^2, \quad y(0) = 0$$
的解为 $\lambda \tan\left(\lambda\left(x + \frac{1}{\lambda}\arctan\frac{1}{\lambda}\right)\right) - 1$, 其最大存在区间为
$$\left(-\frac{\pi}{2\lambda} - \frac{1}{\lambda}\arctan\frac{1}{\lambda}, D(\lambda)\right),$$
其中 $D(\lambda) = \frac{\pi}{2\lambda} - \frac{1}{\lambda}\arctan\frac{1}{\lambda}$. 特别地, 由于 $\beta \leqslant 1$, 运用定理 4.3.2 和定理 4.4.5 于原初值问题和初值问题
$$\frac{\mathrm{d}y}{\mathrm{d}x} = 1 + (y+1)^2, \quad y(0) = 0,$$
知 $\beta \geqslant D(1) = \frac{\pi}{4}$. 因此 $\frac{\pi}{4} \leqslant \beta \leqslant 1$.

以下我们来进一步优化 β 的范围.

现在任取 $0 \leqslant \xi < \frac{\pi}{4}$. 由于 $\frac{\pi}{4} \leqslant \beta \leqslant 1$, 此时 $z(\xi)$ 一定存在, 且显然 $z(\xi) \geqslant 0$ ($z(\xi) = 0$ 仅当 $\xi = 0$). 直接求解知初值问题
$$\frac{\mathrm{d}y}{\mathrm{d}x} = (y+1)^2, \quad y(\xi) = z(\xi)$$
的解为
$$-\frac{1}{x - \xi - \dfrac{1}{z(\xi) + 1}} - 1,$$
其最大存在区间为 $(-\infty, C(\xi))$, 其中 $C(\xi) = \xi + \frac{1}{z(\xi) + 1}$ (注意到初始时刻为 ξ), 故运用定理 4.3.2 和定理 4.4.5 知 $\beta \leqslant C(\xi)$. 注意到 $C(0) = 1$ 且
$$\frac{\mathrm{d}C}{\mathrm{d}\xi}(\xi) = 1 - \frac{1}{(z(\xi)+1)^2}\frac{\mathrm{d}z}{\mathrm{d}\xi}(\xi) = 1 - \frac{\xi^2 + (z(\xi)+1)^2}{(z(\xi)+1)^2} < 0, \quad \forall 0 < \xi < \frac{\pi}{4}.$$
特别地, $C(\xi) < 1$ 对所有的 $0 < \xi < \frac{\pi}{4}$ 成立, 从而 $\beta < 1$. 另一方面, 注意到 $D(1) = \frac{\pi}{4}$ 且
$$\frac{\mathrm{d}D}{\mathrm{d}\lambda}(\lambda) = -\frac{1}{\lambda^2}\left(\frac{\pi}{2} - \arctan\frac{1}{\lambda} - \frac{\dfrac{1}{\lambda}}{1 + \dfrac{1}{\lambda^2}}\right)$$
$$\implies \left.\frac{\mathrm{d}D}{\mathrm{d}\lambda}(\lambda)\right|_{\lambda=1} = -\left(\frac{\pi}{4} - \frac{1}{2}\right) < 0,$$
从而存在 $\beta < \lambda_0 < 1$ 使得 $D(\lambda_0) > D(1) = \frac{\pi}{4}$. 运用定理 4.3.2 和定理 4.4.5 于原初值问题和初值问题
$$\frac{\mathrm{d}y}{\mathrm{d}x} = \lambda_0^2 + (y+1)^2, \quad y(0) = 0,$$

知 $\beta \geqslant D(\lambda_0) > \dfrac{\pi}{4}$. 因此 $\dfrac{\pi}{4} < \beta < 1$. □

例 4.4.3 设二元函数 $f(x,y)$ 在 $\mathbb{R}^2$ 上连续, 且关于 y 满足局部 Lipschitz 条件, 即对于任意的 $(x_0,y_0) \in \mathbb{R}^2$, 存在 (x_0,y_0) 的某个邻域 $U \subset \mathbb{R}^2$ 使得 $f(x,y)$ 在 U 内关于 y 满足 Lipschitz 条件. 进一步, 设定义在 $\mathbb{R}$ 上的一元连续函数 $g(x)$ 非负, 满足

$$|f(x,y)| \leqslant g(x)(2+|y|)\ln(2+|y|), \quad \forall (x,y) \in \mathbb{R}^2. \tag{4.38}$$

则初值问题 (4.4)

$$\frac{\mathrm{d}y}{\mathrm{d}x} = f(x,y), \quad y(x_0) = y_0$$

的解 $\varphi(x)$ 在 $(-\infty, +\infty)$ 上存在.

证明 设初值问题 (4.4) 的解 $\varphi(x)$ 的最大存在区间为 (α, β) (这里容许 $\alpha = -\infty$ 或者 $\beta = +\infty$). 注意到初值问题

$$\frac{\mathrm{d}\zeta}{\mathrm{d}x} = g(x)(2+|\zeta|)\ln(2+|\zeta|), \quad \zeta(x_0) = |y_0|$$

的解在 $[x_0, +\infty)$ 上存在且取值

$$\zeta(x) = (2+|y_0|)^{e^{\int_{x_0}^x g(s)\mathrm{d}s}} - 2,$$

同时由题设知, 原初值问题满足解的存在唯一性条件, 从而运用第二比较定理的变形形式 (注 4.4.3) 知

$$\varphi(x) \leqslant \zeta(x), \quad \forall x \in [x_0, \beta).$$

注意到引入新的二元函数 $h(x,z) = -f(x,-z)$, 利用 (4.38) 有

$$|h(x,z)| = |f(x,-z)| \leqslant g(x)(2+|z|)\ln(2+|z|), \quad \forall (x,z) \in \mathbb{R}^2,$$

由此, 前面的分析过程也适用于初值问题

$$\frac{\mathrm{d}z}{\mathrm{d}x} = h(x,z), \quad z(x_0) = -y_0, \tag{4.39}$$

从而 $z(x) \leqslant \zeta(x), \forall x \in [x_0, \beta)$. 然而, 通过变量代换 $z(x) = -y(x)$ 可知初值问题 (4.39) 与初值问题 (4.4) 完全等价, 从而 $-\varphi(x) \leqslant \zeta(x), \forall x \in [x_0, \beta)$, 进而 $|\varphi(x)| \leqslant \zeta(x), \forall x \in [x_0, \beta)$. 注意到 $g(x)$ 连续非负, 从而

$$0 \leqslant \int_{x_0}^x g(s)\mathrm{d}s < +\infty, \quad \forall x \geqslant x_0.$$

故由解的延拓定理 (定理 4.3.2) 知 $\beta = +\infty$. 类似地可以证明 $\alpha = -\infty$. □

4.4.2 Gronwall 不等式

下面我们介绍 Gronwall 不等式.

定理 4.4.6 设一元函数 $\varphi(t), \psi(t)$ 和 $\beta(t)$ 都在 $[t_0, T]$ 上连续, 且 $\psi(t)$ 在 $[t_0, T]$ 上非负. 如果

$$\varphi(t) \leqslant \alpha + \int_{t_0}^{t} (\psi(s)\varphi(s) + \beta(s))\mathrm{d}s, \qquad \forall t \in [t_0, T] \tag{4.40}$$

对于给定实常数 α 成立, 那么

$$\varphi(t) \leqslant \alpha \mathrm{e}^{\int_{t_0}^{t} \psi(s)\mathrm{d}s} + \int_{t_0}^{t} \mathrm{e}^{\int_{s}^{t} \psi(r)\mathrm{d}r} \beta(s)\mathrm{d}s, \qquad \forall t \in [t_0, T].$$

证明 我们将分别用常微分方程的简单理论和反复迭代法给出不同的证明.

证法 1 引入区间 $[t_0, T]$ 上的一元函数

$$\theta(t) = \alpha + \int_{t_0}^{t} (\psi(s)\varphi(s) + \beta(s))\mathrm{d}s.$$

由定义知在 $[t_0, T]$ 上 $\varphi(t) \leqslant \theta(t)$, 进而由 $[t_0, T]$ 上 $\psi(t)$ 的非负性知, 对于任意的 $t \in [t_0, T]$,

$$\frac{\mathrm{d}\theta}{\mathrm{d}t}(t) = \psi(t)\varphi(t) + \beta(t) \leqslant \psi(t)\theta(t) + \beta(t)$$

$$\implies \frac{\mathrm{d}}{\mathrm{d}t}\left(\mathrm{e}^{-\int_{t_0}^{t}\psi(r)\mathrm{d}r}\theta(t)\right) \leqslant \mathrm{e}^{-\int_{t_0}^{t}\psi(r)\mathrm{d}r}\beta(t)$$

$$\implies \mathrm{e}^{-\int_{t_0}^{t}\psi(r)\mathrm{d}r}\theta(t) - \alpha \leqslant \int_{t_0}^{t} \mathrm{e}^{-\int_{t_0}^{s}\psi(r)\mathrm{d}r}\beta(s)\mathrm{d}s$$

$$\implies \theta(t) \leqslant \alpha \mathrm{e}^{\int_{t_0}^{t}\psi(r)\mathrm{d}r} + \int_{t_0}^{t} \mathrm{e}^{\int_{s}^{t}\psi(r)\mathrm{d}r}\beta(s)\mathrm{d}s.$$

结合 $[t_0, T]$ 上 $\varphi(t) \leqslant \theta(t)$ 立得结论成立.

证法 2 下面我们利用反复迭代法来给出第二个证明. 记

$$M \stackrel{\text{def}}{=\!=} \max\{|\varphi(t)| \,|\, t \in [t_0, T]\}.$$

利用函数 ψ 的非负性可知, 对于任意的 $t \in [t_0, T]$,

$$\varphi(t) \leqslant \alpha + M\int_{t_0}^{t} \psi(s)\mathrm{d}s + \int_{t_0}^{t} \beta(s)\mathrm{d}s,$$

将上式回代到 (4.40), 并利用分部积分可有

$$\varphi(t) \leqslant \alpha + \int_{t_0}^{t} \beta(s)\mathrm{d}s + \int_{t_0}^{t} \psi(s)\left(\alpha + M\int_{t_0}^{s}\psi(r)\mathrm{d}r + \int_{t_0}^{s}\beta(r)\mathrm{d}r\right)\mathrm{d}s$$

$$= \alpha \left(1 + \int_{t_0}^t \psi(s)\mathrm{d}s\right) + M \int_{t_0}^t \psi(s) \int_{t_0}^s \psi(r)\mathrm{d}r\mathrm{d}s +$$
$$\int_{t_0}^t \beta(s)\mathrm{d}s + \int_{t_0}^t \psi(s) \int_{t_0}^s \beta(r)\mathrm{d}r\mathrm{d}s$$
$$= \alpha \left(1 + \int_{t_0}^t \psi(s)\mathrm{d}s\right) + \frac{M}{2}\left(\int_{t_0}^t \psi(s)\mathrm{d}s\right)^2 +$$
$$\int_{t_0}^t \beta(s)\mathrm{d}s + \int_{t_0}^t \psi(s)\mathrm{d}s \int_{t_0}^t \beta(r)\mathrm{d}r - \int_{t_0}^t \beta(s) \int_{t_0}^s \psi(r)\mathrm{d}r\mathrm{d}s$$
$$= \alpha\left(1 + \int_{t_0}^t \psi(s)\mathrm{d}s\right) + \frac{M}{2}\left(\int_{t_0}^t \psi(s)\mathrm{d}s\right)^2 + \int_{t_0}^t \beta(s)\left(1 + \int_s^t \psi(r)\mathrm{d}r\right)\mathrm{d}s.$$

一般地, 利用归纳法可以得到: 对于任意的自然数 $k \in \mathbb{N}$,

$$\varphi(t) \leqslant \alpha\left[1 + \int_{t_0}^t \psi(s)\mathrm{d}s + \cdots + \frac{1}{k!}\left(\int_{t_0}^t \psi(s)\mathrm{d}s\right)^k\right] + \frac{M}{(k+1)!}\left(\int_{t_0}^t \psi(s)\mathrm{d}s\right)^{k+1} +$$
$$\int_{t_0}^t \beta(s)\left[1 + \int_s^t \psi(r)\mathrm{d}r + \cdots + \left(\int_s^t \psi(r)\mathrm{d}r\right)^k\right]\mathrm{d}s.$$

对上式两边关于 k 取极限, 即得 Gronwall 不等式. $\square$

Gronwall 不等式可以用来证明初值问题解的唯一性. 事实上, 我们在下面证明一个比这稍微更强一点的结论.

命题 4.4.1 设 $x(t)$ 和 $y(t)$ 分别为初值问题

$$\frac{\mathrm{d}x}{\mathrm{d}t} = f(t,x), \quad x(t_0) = x_0$$

和

$$\frac{\mathrm{d}y}{\mathrm{d}t} = g(t,y), \quad y(t_0) = y_0$$

在 (α,β) 上的解, 这里容许 $\alpha = -\infty$ 或者 $\beta = +\infty$, 其中二元函数 $f(t,z), g(t,z)$ 在区域 $D = (\alpha,\beta) \times \mathbb{R}$ 上连续, 且 f 在 D 上关于 z 满足 Lipschitz 条件 (设 $L > 0$ 是一个对应的 Lipschitz 常数). 则

$$|x(t) - y(t)| \leqslant |x_0 - y_0|\mathrm{e}^{L|t-t_0|} + \frac{M}{L}\left(\mathrm{e}^{L|t-t_0|} - 1\right)$$

对所有的 $t \in [t_0,\beta)$ 都成立, 其中 $M \overset{\text{def}}{=} \sup\{|f(t,z) - g(t,z)| \,|\, (t,z) \in D\}$.

证明 通过将初值问题转化为积分方程, 容易得到, 对于任意的 $t \in [t_0,\beta)$,

$$|x(t) - y(t)| \leqslant |x_0 - y_0| + \int_{t_0}^t |f(s,x(s)) - g(s,y(s))|\mathrm{d}s.$$

注意到由题设的 $f(t,z)$ 关于 z 的 Lipschitz 条件知, 对于所有的 $s \in (\alpha, \beta)$,

$$|f(s,x(s)) - g(s,y(s))| \leqslant |f(s,x(s)) - f(s,y(s))| + |f(s,y(s)) - g(s,y(s))|$$
$$\leqslant L|x(s) - y(s)| + M.$$

将上面两个不等式相结合, 我们得到, 对于任意的 $t \in [t_0, \beta)$,

$$|x(t) - y(t)| \leqslant |x_0 - y_0| + \int_{t_0}^{t} (L|x(s) - y(s)| + M)\mathrm{d}s.$$

对上不等式利用 Gronwall 不等式 (定理 4.4.6), 并结合

$$\int_{t_0}^{t} M\mathrm{e}^{L(t-s)}\mathrm{d}s = \frac{M}{L}\left(\mathrm{e}^{L|t-t_0|} - 1\right),$$

立知结论成立. $\square$

一般情况下, 我们很难讨论常微分方程 (4.1)

$$\frac{\mathrm{d}y}{\mathrm{d}x} = f(x,y)$$

解的最大存在区间, 它可能依赖于具体的初值点. 下面对一大类特殊的常微分方程利用 Gronwall 不等式, 我们作出关于解的最大存在区间如下的先验断言.

例 4.4.4 设二元函数 $f(x,y)$ 在条形区域 $G = (\alpha, \beta) \times (-\infty, +\infty)$ 上连续, 这里容许 $\alpha = -\infty$ 或者 $\beta = +\infty$. 如果存在 (α, β) 上连续的非负一元函数 $A(x)$ 和 $B(x)$, 使得

$$|f(x,y)| \leqslant A(x)|y| + B(x) \tag{4.41}$$

对所有的 $(x,y) \in G$ 都成立, 那么对于任意的 $(x_0, y_0) \in G$, 初值问题

$$\frac{\mathrm{d}y}{\mathrm{d}x} = f(x,y), \quad y(x_0) = y_0 \tag{4.42}$$

的解都以 (α, β) 为最大存在区间.

证明 类似于例 4.4.3 中的处理方式 (4.39), 我们只用证明: 对于初值问题 (4.42) 任取的一个解 $\varphi(x)$ (固定), 它都在 $[x_0, \beta)$ 上存在.

假设结论不成立, 注意到我们分析的是条形区域 G, 由解的延拓定理 (定理 4.3.2) 知, 存在实常数 $b(x_0 < b < \beta)$, 使得 $\varphi(x)$ 在 $[x_0, b)$ 上无界. 然而对于任意的 $x_0 \leqslant x < b$, 我们有

$$\varphi(x) = y_0 + \int_{x_0}^{x} f(s, \varphi(s))\mathrm{d}s,$$

从而由题设 (4.41) 知

$$|\varphi(x)| \leqslant |y_0| + \int_{x_0}^{x} |f(s,\varphi(s))|\mathrm{d}s \leqslant |y_0| + \int_{x_0}^{x} \big(A(s)|\varphi(s)| + B(s)\big)\mathrm{d}s.$$

利用 Gronwall 不等式 (定理 4.4.6) 我们有, 对于任意的 $x_0 \leqslant x < b$,

$$|\varphi(x)| \leqslant |y_0| e^{\int_{x_0}^x A(s) \mathrm{d}s} + \int_{x_0}^x B(s) e^{\int_s^x A(r) \mathrm{d}r} \mathrm{d}s$$

$$\leqslant e^{\int_{x_0}^b A(s) \mathrm{d}s} \left(|y_0| + \int_{x_0}^b B(s) \mathrm{d}s \right) < +\infty.$$

这与 $\varphi(x)$ 在 $[x_0, b)$ 上无界矛盾, 即假设不成立, 从而 $\varphi(x)$ 在 $[x_0, \beta]$ 上存在. 这就完成了我们的证明. □

习题 4.4

1. 给定初值点 (x_0, y_0), 实常数 $a > 0, b > 0$ 以及在矩形区域 $[x_0 - a, x_0 + a] \times [y_0 - b, y_0 + b]$ 上连续的二元函数 $f(x, y)$. 分析初值问题 (4.22)

$$\frac{\mathrm{d}y}{\mathrm{d}x} = f(x, y), \quad y(x_0) = y_0.$$

如同定理 4.1.1 中的陈述一样引入参数 h 和 M. 试利用比较定理证明: 初值问题 (4.22) 的每个解都在 $[x_0 - h, x_0 + h]$ 上存在.

2. 证明定理 4.4.2.

3. 讨论初值问题 $\dfrac{\mathrm{d}y}{\mathrm{d}x} = x - y^2$, $y(0) = 0$ 解的最大存在区间.

4. 设定义在 $\mathbb{R} \times \mathbb{R}$ 上的二元函数 $f(t, x)$ 满足: 存在实常数 $R > 0$, 使得当 $|x| > R$ 时 $xf(t, x) < 0$. 证明: 常微分方程 $\dfrac{\mathrm{d}x}{\mathrm{d}t} = f(t, x)$ 的每个解都定义在 $(0, +\infty)$ 上.

5. 设 $f(x, y)$ 在开区域 D 上连续且关于 y 满足 Lipschitz 条件, 又设 $y = \varphi(x)$ 是初值问题

$$\frac{\mathrm{d}y}{\mathrm{d}x} = f(x, y), \quad y(x_0) = y_0$$

定义在 $[a, b]$ 上的解. 证明: 对任意的 $\varepsilon > 0$, 存在 $\delta(\varepsilon) > 0$, 使得对任何在 D 上满足 $|g(x, y)| < \delta(\varepsilon)$ 的连续函数 $g(x, y)$, 初值问题

$$\frac{\mathrm{d}y}{\mathrm{d}x} = f(x, y) + g(x, y), \quad y(x_0) = y_0$$

的解 $\bar{\varphi}(x)$ 在 $[a, b]$ 上有定义, 且 $|\bar{\varphi}(x) - \varphi(x)| < \varepsilon$.

6. 设 $y(x), f(x)$ 和 $g(x)$ 均为 $[a, b]$ 上的连续函数, 且 $f(x)$ 在 $[a, b]$ 上非负 (其中 a 为实常数, $b > a$ 可以为 $+\infty$). 证明: 若

$$y(x) \leqslant g(x) + \int_a^x f(s) y(s) \mathrm{d}s, \ x \in [a, b],$$

则

$$y(x) \leqslant g(x) + \int_a^x f(s) g(s) e^{\int_s^x f(\tau) \mathrm{d}\tau} \mathrm{d}s, \ x \in [a, b].$$

进而, 若 $g(x)$ 还是单调非减函数, 则有
$$y(x) \leqslant g(x) e^{\int_a^x f(s) ds}, \ x \in [a, b].$$

7. 给定初值点 (x_0, y_0) 及实常数 $a > 0, b > 0$. 设二元函数 $f(x, y)$ 在矩形区域 $[x_0 - a, x_0 + a] \times [y_0 - b, y_0 + b]$ 上连续. 证明: 在初值问题 (4.4) 的最大解 $Z(x)$ 和最小解 $W(x)$ 之间充满了初值问题 (4.4) 的其他解, 即如果任取一点 (x_1, y_1), 满足
$$|x_1 - x_0| \leqslant h, \quad W(x_1) \leqslant y_1 \leqslant Z(x_1),$$
其中参数 h 的取法同定理 4.1.1, 那么初值问题 (4.4) 在 $|x - x_0| \leqslant h$ 上至少有一个解 $y = u(x)$ 满足 $u(x_1) = y_1$.

8. 证明注 4.4.3.

4.5 不动点定理与解的存在唯一性定理

在本节我们利用不动点定理来研究常微分方程解的存在唯一性定理.

4.5.1 压缩映射原理及其在常微分方程理论中的应用

首先我们引入如下形式的不动点定理, 即函数论框架下的压缩映射原理. 事实上, 压缩映射原理对于更一般的抽象的完备度量空间也成立. 然而, 到目前为止, 在大部分院校的通常教学中, 尚未介绍抽象的完备度量空间及其相关性质. 因此, 为了加深大家对于压缩映射原理及其在常微分方程理论中应用的理解, 我们在本节中考虑的是函数论框架下的压缩映射原理.

定理 4.5.1 设 Ω 是在集合 $\mathcal{I}$ 上有定义的某一函数族, 满足下列条件:
(1) 对于每个 $\varphi \in \Omega$, 存在有限常数 $M_\varphi > 0$ 使得 $|\varphi(t)| \leqslant M_\varphi, \forall t \in \mathcal{I}$;
(2) 如果 Ω 中的函数序列 $\{\varphi_k\}$ 在 $\mathcal{I}$ 上一致收敛于 $\varphi^*(t)$, 那么 $\varphi^* \in \Omega$;
(3) 映射 $A: \Omega \to \Omega$ 满足: 存在正常数 $\theta \ (0 < \theta < 1)$, 使得当 $\varphi_1, \varphi_2 \in \Omega$ 时,
$$\|A(\varphi_1) - A(\varphi_2)\| \leqslant \theta \|\varphi_1 - \varphi_2\|,$$

其中 $\|\varphi_1 - \varphi_2\| \stackrel{\text{def}}{=} \sup\limits_{t \in \mathcal{I}} |\varphi_1(t) - \varphi_2(t)|$, 则存在唯一的 $\psi^* \in \Omega$ 满足 $A(\psi^*) = \psi^*$.

证明 任取 $\varphi_0 \in \Omega$. 对于任意的自然数 k 引入 $\varphi_k = A^k(\varphi_0)$, 这里 A^k 表示 A 的 k 次迭代, 即
$$\varphi_1 = A(\varphi_0), \varphi_2 = A(\varphi_1), \cdots, \varphi_k = A(\varphi_{k-1}), \cdots.$$

由条件,利用递推法容易得到
$$\|\varphi_{k+1} - \varphi_k\| \leqslant \theta^k \|\varphi_1 - \varphi_0\|$$

对每个自然数 k 都成立. 因此
$$\sum_{k=0}^{+\infty} \|\varphi_{k+1} - \varphi_k\| \leqslant \sum_{k=0}^{+\infty} \theta^k \|\varphi_1 - \varphi_0\| = \frac{\|\varphi_1 - \varphi_0\|}{1-\theta} < +\infty,$$

从而函数项级数
$$\varphi_0(t) + \sum_{k=0}^{+\infty} (\varphi_{k+1}(t) - \varphi_k(t))$$

在 $\mathcal{I}$ 上一致收敛, 设它的和函数为 $\varphi^*(t)$, 即函数序列 $\varphi_k(t)$ 在 $\mathcal{I}$ 上一致收敛于 $\varphi^*(t)$. 由题设知 $\varphi^* \in \Omega$, 且同于前面的分析知, 对于每个自然数 k 成立 (注意到 $A(\varphi_k) = \varphi_{k+1}$)

$$\|A(\varphi^*) - \varphi^*\| \leqslant \|A(\varphi^*) - A(\varphi_k)\| + \|\varphi_{k+1} - \varphi^*\|$$
$$\leqslant \theta\|\varphi^* - \varphi_k\| + \|\varphi_{k+1} - \varphi^*\|.$$

对上面的估计引入 $k \to +\infty$, 由于函数序列 $\varphi_k(t)$ 在 $\mathcal{I}$ 上一致收敛于 $\varphi^*(t)$, 立得 $\|A(\varphi^*) - \varphi^*\| = 0$, 即 $\varphi^* = A(\varphi^*)$, 故存在性成立.

下面我们证明唯一性. 设存在 $\psi_i \in \Omega$ 使得 $A(\psi_i) = \psi_i$, $i = 1, 2$. 由题设知
$$\|\psi_1 - \psi_2\| = \|A(\psi_1) - A(\psi_2)\| \leqslant \theta\|\psi_1 - \psi_2\|,$$

从而 $\|\psi_1 - \psi_2\| = 0$, 即 $\psi_1 = \psi_2$, 故唯一性也成立. □

下面我们来看如何利用压缩映射原理 (定理 4.5.1) 来研究常微分方程解的存在唯一性. 不难看到, 为了灵活运用它, 关键在于构造符合条件的函数族 Ω 和映射 $A: \Omega \to \Omega$.

例 4.5.1 给定初值点 (t_0, x_0) 及实常数 $a > 0, b > 0$. 设二元函数 $f(t,x)$ 在矩形区域
$$R \stackrel{\text{def}}{=} \{(x,y) \in \mathbb{R}^2 \mid |t - t_0| \leqslant a, |x - x_0| \leqslant b\}$$

上连续, 且关于 x 满足 Lipschitz 条件
$$|f(t, x_1) - f(t, x_2)| \leqslant N |x_1 - x_2|, \tag{4.43}$$

这里 $N > 0$ 为有限的实常数. 试用压缩映射原理在矩形区域 R 上讨论初值问题 (4.4)
$$\frac{\mathrm{d}x}{\mathrm{d}t} = f(t,x), \quad x(t_0) = x_0$$

的解的存在唯一性.

证明 设 $h>0$ 及 M 如定理 4.1.1 中所取, 任取并固定 $0<h^*\leqslant h$ 使得 $Nh^*<1$. 记 Ω 为 $|t-t_0|\leqslant h^*$ 上满足 $|\varphi(t)-x_0|\leqslant b$ 的连续函数 φ 的全体. 对每个 $\varphi\in\Omega$, 引入

$$(A\varphi)(t)=x_0+\int_{t_0}^t f(s,\varphi(s))\mathrm{d}s,\quad \forall |t-t_0|\leqslant h^*,$$

显然 $A\varphi$ 为 $|t-t_0|\leqslant h^*$ 上的连续函数. 事实上 $A:\Omega\to\Omega$ 为良定义的:

$$|(A\varphi)(t)-x_0|\leqslant M|t-t_0|\leqslant Mh\leqslant b,\quad \forall |t-t_0|\leqslant h^*.$$

注意到利用函数族 Ω 和映射 $A:\Omega\to\Omega$ 的构造知, 函数 ψ 为初值问题 (4.4) 在 $|t-t_0|\leqslant h^*$ 上的解当且仅当 $\psi\in\Omega$ 满足 $A\psi=\psi$. 因此初值问题 (4.4) (在 $|t-t_0|\leqslant h^*$ 上) 的解的存在唯一性等价于映射 $A:\Omega\to\Omega$ 的不动点的存在唯一性.

为了应用压缩映射原理 (定理 4.5.1), 我们只用验证条件 (3), 因为另外两条显然成立. 对于任给的 $\varphi_1,\varphi_2\in\Omega$ 和任意的 $|t-t_0|\leqslant h^*$, 利用 (4.43) 我们有

$$|(A\varphi_1)(t)-(A\varphi_2)(t)|=\left|\int_{t_0}^t \bigl(f(s,\varphi_1(s))-f(s,\varphi_2(s))\bigr)\mathrm{d}s\right|$$

$$\leqslant N\left|\int_{t_0}^t |\varphi_1(s)-\varphi_2(s)|\mathrm{d}s\right|\leqslant Nh^*\|\varphi_1-\varphi_2\|,$$

从而

$$\|A(\varphi_1)-A(\varphi_2)\|\leqslant Nh^*\|\varphi_1-\varphi_2\|.$$

因此, 由压缩映射原理 (定理 4.5.1) 知映射 $A:\Omega\to\Omega$ 的不动点是存在且唯一的. 这就完成了证明. □

注 4.5.1 根据上面的分析我们可以看到, 在例 4.5.1 的证明中, 条件 $Nh^*<1$ 是一个必要的基本假设. 一个自然的问题就是: 是否可以直接利用压缩映射原理在 $|t-t_0|\leqslant h$ 上来对初值问题 (4.4) 证明解的存在唯一性? 事实上, 这点是可以做到的:

(1) 给定实常数 $N>0$ 和初始时刻 t_0, 在定理 4.5.1 中, 如果所考虑的 $\mathcal{I}$ 是有界集, 且对于任给的 $\varphi_1,\varphi_2\in\Omega$ 我们用

$$\|\varphi_1-\varphi_2\|=\sup_{t\in\mathcal{I}}\mathrm{e}^{-N|t-t_0|}|\varphi_1(t)-\varphi_2(t)| \tag{4.44}$$

代替定理 4.5.1 中的 $\|\cdot\|$, 那么定理 4.5.1 的结论仍成立.

(2) 对于例 4.5.1, 考虑类似的函数族 Ω 和映射 $A:\Omega\to\Omega$ (即 Ω 为 $|t-t_0|\leqslant h$ 上满足 $|\varphi(t)-x_0|\leqslant b$ 的连续函数 φ 的全体, A 自然地引入), 并采用 (4.44) 中新引入的 $\|\cdot\|$, 则对于任给的 $\varphi_1,\varphi_2\in\Omega$ 和所有的 $|t-t_0|\leqslant h$,

$$\mathrm{e}^{-N|t-t_0|}|\varphi_1(t)-\varphi_2(t)|\leqslant N\left|\int_{t_0}^t \mathrm{e}^{-N|t-t_0|}|\varphi_1(s)-\varphi_2(s)|\mathrm{d}s\right|\quad (\text{利用 (4.43)})$$

$$= N\left|\int_{t_0}^{t} e^{-N|t-s|} e^{-N|s-t_0|} |\varphi_1(s) - \varphi_2(s)| ds\right|$$

$$\leqslant N\left|\int_{t_0}^{t} e^{-N|t-s|} \|\varphi_1 - \varphi_2\| ds\right| \quad (\text{利用 }(4.44))$$

$$= \left(1 - e^{-N|t-t_0|}\right) \|\varphi_1 - \varphi_2\|$$

$$\leqslant \left(1 - e^{-Nh}\right) \|\varphi_1 - \varphi_2\|.$$

我们这里仅提供了梗概, 具体细节留给读者做练习.

4.5.2 Schauder 不动点定理及其在常微分方程理论中的应用

本小节我们介绍 Schauder 不动点定理, 它是著名的 Brouwer 不动点定理的一般形式. 我们致力于利用不同的观点来看常微分方程解的存在性定理, 以增加读者的知识面. 这里会涉及一些点集拓扑和泛函分析的基本知识, 我们仅粗略且不加证明地介绍所必需的知识, 具体细节请读者参阅点集拓扑和泛函分析等基础课程的相关教材.

定义 4.5.1 给定非空集 X, 其上的度量 ρ 是指一个满足如下条件的二元函数 $\rho: X \times X \to [0, +\infty)$: 对于任意的 $x, y, z \in X$,

(1) 非负性: $\rho(x,y) \geqslant 0$, 且 $\rho(x,y) = 0$ 当且仅当 $x = y$;

(2) 对称性: $\rho(x,y) = \rho(y,x)$;

(3) 次可加性: $\rho(x,z) \leqslant \rho(x,y) + \rho(y,z)$ (三角不等式).

此时也称偶对 (X, ρ) 或者直接称 X 是一个度量空间. 如果 X 内的每个基本列都是收敛列, 我们就称 X 是完备的度量空间. 关于基本列和收敛列的定义见定义 4.5.2.

定义 4.5.2 以下我们均假设 X 是给定的度量空间. 给定 X 内的点列 $\{x_n \,|\, n \in \mathbb{N}_+\}$.

(1) 称点列 $\{x_n \,|\, n \in \mathbb{N}_+\}$ 收敛到 x_0, 其中 $x_0 \in X$, 如果 $\lim\limits_{n \to +\infty} \rho(x_n, x_0) = 0$. 此时也称点列 $\{x_n \,|\, n \in \mathbb{N}_+\}$ 是收敛列, x_0 是点列 $\{x_n \,|\, n \in \mathbb{N}_+\}$ 的极限点, 记为 $x_n \to x_0$.

(2) 称点列 $\{x_n \,|\, n \in \mathbb{N}_+\}$ 是基本列, 如果当 $n, m \to +\infty$ 时 $\rho(x_n, x_m) \to 0$. 也就是说, 对于任意的 $\varepsilon > 0$, 存在正整数 N_ε, 使得一旦 $m, n \geqslant N_\varepsilon$, 有 $\rho(x_n, x_m) < \varepsilon$.

(3) 称映射 $T: X \to X$ 是连续的, 如果当 $x_n \to x_0$ 时 $T(x_n) \to T(x_0)$.

定义 4.5.3 给定 X 的子集 E.

(1) E 是闭集, 是指一旦收敛列 $\{x_n \,|\, n \in \mathbb{N}_+\}$ 包含在 E 内, 那么它的极限点 x_0 也包含在 E 内.

(2) E 是开集, 是指 $X \setminus E$ 是闭集. 由此, 称开集族 $\{E_k \,|\, k \in \mathcal{K}\}$ (这里 $\mathcal{K}$ 是指标集) 为 E 的开覆盖, 如果 $\bigcup\limits_{k \in \mathcal{K}} E_k \supset E$. 进一步, 如果 $\mathcal{K}$ 是有限集, 则称它为 E 的有限开覆盖.

(3) E 的闭包是指包含 E 的最小闭集 (这样的集合一定存在, 即包含 E 的所有闭集的交).

(4) E 是紧集, 是指 E 的每个开覆盖 $\{E_k \mid k \in \mathcal{K}\}$ (这里 $\mathcal{K}$ 是指标集) 都具有开集子族为 E 的有限开覆盖, 即具有有限子集 $\mathcal{K}^* \subset \mathcal{K}$ 使得 $\bigcup_{k \in \mathcal{K}^*} E_k \supset E$.

(5) E 是相对紧集, 是指 E 的闭包是一个紧集.

注意到我们已经假设 X 是度量空间, 点集拓扑中熟知的结论告诉我们: $E \subset X$ 是相对紧集当且仅当任意的包含在 E 内的点列 $\{x_n \mid n \in \mathbb{N}_+\}$ 都具有收敛子列, 即具有子列 $\{x_{n_k} \mid k \in \mathbb{N}_+\}$ (其中 $n_1 < n_2 < \cdots$ 为正整数子列) 使得 $\{x_{n_k} \mid k \in \mathbb{N}_+\}$ 是 X 中的收敛列.

度量空间是赋标准欧氏度量的欧氏空间的抽象: 任给 $x = (x_1, x_2, \cdots, x_n)$, $y = (y_1, y_2, \cdots, y_n) \in \mathbb{R}^n$ (这里 n 为正整数), $\mathbb{R}^n$ 上的标准欧氏度量 ρ 定义如下:

$$\rho(x, y) \stackrel{\text{def}}{=\!=} \left[(x_1 - y_1)^2 + (x_2 - y_2)^2 + \cdots + (x_n - y_n)^2 \right]^{\frac{1}{2}}.$$

事实上, $(\mathbb{R}^n, \rho)$ 是一个完备的度量空间, 且子集 $E \subset \mathbb{R}^n$ 是紧集当且仅当 E 是有界闭集. 另外一个常用的度量空间是描述了一致收敛性的连续函数空间. 对于实常数 $a < b$, 考虑 $[a, b]$ 上实值连续函数的全体, 记为 $C([a, b])$, 其上如下的度量可以用来描述函数序列的一致收敛性: 对于任意的 $x, y \in C([a, b])$,

$$\rho(x, y) \stackrel{\text{def}}{=\!=} \max_{a \leqslant t \leqslant b} |x(t) - y(t)|.$$

我们已在 3.1 节中定义了 $\mathbb{R}^n$ 上的范数 (见定义 3.1.1), 实际上对于更一般的线性空间, 我们可以类似地定义范数, 此时称这个空间为线性赋范空间, 它是一类重要的度量空间.

定义 4.5.4 给定线性空间 V (可以是实线性的, 也可以是复线性的), 其上的范数 $\|\cdot\|$ 是指满足如下条件的一个一元函数 $\|\cdot\|: V \to [0, +\infty)$: 对于任意的 $x, y \in V$,

(1) 正定性: $\|x\| \geqslant 0$, 且 $\|x\| = 0$ 当且仅当 x 为零向量;

(2) 正齐次性: 对每个纯量 α (可以是实数或者复数) 成立 $\|\alpha x\| = |\alpha| \|x\|$;

(3) 次可加性: $\|x + y\| \leqslant \|x\| + \|y\|$ (三角不等式).

此时也称偶对 $(V, \|\cdot\|)$ 为一个线性赋范空间.

定义 4.5.5 给定一个非空集合 $E \subset V$, E 是凸集, 是指只要 $0 < p < 1$ 且 $x, y \in V$, 就有 $px + (1-p)y \in V$.

我们不加证明地陈述 Schauder 不动点定理如下 (需要指出的是, 它仅能保证不动点的存在性, 对唯一性没做任何判断):

定理 4.5.2 给定赋范线性空间 $(V, \|\cdot\|)$ 中的闭凸子集 E 和映射 $T: E \to E$.

假设 $(E, \|\cdot\|)$ 作为度量空间是完备的，映射 $T: E \to E$ 是连续的，且 $T(E)$ 是 V 中的相对紧集，那么 T 有不动点，即 $T(z) = z$ 对某个 $z \in E$ 成立.

利用 Schauder 不动点定理 (定理 4.5.2)，我们可以相对简单地证明 Peano 存在定理 (定理 4.2.3) 如下:

证明 (利用 Schauder 不动点定理证明 Peano 存在定理) 以下我们在 $C([x_0 - h, x_0 + h])$ 上引入范数

$$\|\varphi\| \stackrel{\text{def}}{=} \max_{x \in [x_0-h, x_0+h]} |\varphi(x)|, \quad \forall \varphi \in C([x_0-h, x_0+h]),$$

其中参数 x_0, y_0, h 同前. 易见 $(C([x_0 - h, x_0 + h]), \|\cdot\|)$ 是一个线性赋范空间. 将 $|t - t_0| \leqslant h$ 上满足 $|\varphi(t) - x_0| \leqslant b$ 的连续函数 φ 的全体记为 Ω，显然它是 $(C([x_0 - h, x_0 + h]), \|\cdot\|)$ 的闭凸子集.

引入映射 $A: \Omega \to \Omega$ 如下: 对每个 $\varphi \in \Omega$，定义

$$(A\varphi)(t) = x_0 + \int_{t_0}^{t} f(s, \varphi(s)) \mathrm{d}s, \quad \forall |t - t_0| \leqslant h.$$

容易发现映射 $A: \Omega \to \Omega$ 是连续的; 进一步, $A(\Omega)$ 是一致有界且等度连续的，从而由 Arzelà-Ascoli 定理 (定理 4.2.2) 知 $A(\Omega)$ 是 $C([x_0 - h, x_0 + h])$ 上的相对紧集. 利用 Schauder 不动点定理 (定理 4.5.2) 立知 A 具有不动点 $\varphi \in \Omega$，即为初值问题 (4.4) 在 $|x - x_0| \leqslant h$ 上的解. □

习题 4.5

1. 证明注 4.5.1.

2. 试用压缩映射原理推导求函数 $f(x)$ 零点的 Newton 迭代法.

3. 利用压缩映射原理证明: 当 $|\lambda|$ 充分小时，积分方程

$$\varphi(t) = \lambda \int_a^b K(t, s) \varphi(s) \mathrm{d}s, \quad \forall a \leqslant t \leqslant b$$

存在唯一的解，其中 $K(t, s)$ 为 $[a, b] \times [a, b]$ 上连续的二元函数.

4. 试用压缩映射原理证明隐函数定理: 在条形区域 $[a, b] \times \mathbb{R}$ 上，设二元函数 $f(x, y)$ 连续，$\dfrac{\partial f}{\partial y}(x, y)$ 处处存在，且满足关系式

$$0 < m \leqslant \frac{\partial f}{\partial y}(x, y) \leqslant M,$$

其中 m 和 M 都是实常数，那么方程 $f(x, y) = 0$ 在 $[a, b]$ 上有且只有一个连续的解.

4.6 解关于初值和参数的连续依赖性和连续可微性

在前面的章节中, 我们已经研究了微分方程解的存在性和唯一性. 然而, 在实际应用中, 初值和方程中的参数往往来自实验测量或经验估计, 这意味着它们可能存在误差. 因此, 一个自然且重要的问题是: 当初值或参数发生微小变化时, 解会发生怎样的变化? 解的变化是否是连续的, 甚至是可微的? 这些问题不仅具有重要的理论意义, 在数值计算和实际应用中也起着关键作用.

本节将系统地研究解关于初值和参数的依赖性. 我们将证明在适当的条件下, 解不仅连续依赖于初值和参数, 而且这种依赖关系是可微的. 我们分析带实值参数 $a > 0$ 的线性单摆方程的初值问题

$$\frac{\mathrm{d}^2 x}{\mathrm{d}t^2} + a^2 x = 0, \quad x(t_0) = x_0, \quad x'(t_0) = v_0, \tag{4.45}$$

其解恰为定义在整个实轴上的

$$\varphi(t, t_0, x_0, v_0, a) = x_0 \cos a(t - t_0) + \frac{v_0}{a} \sin a(t - t_0).$$

显然, 一旦固定给定的初值 t_0, x_0, v_0 和参数 a, $\varphi(t, t_0, x_0, v_0, a)$ 作为关于 t 的一元函数是连续可微的; 事实上, 它作为一个五元函数, $\varphi(t, t_0, x_0, v_0, a)$ 也是连续可微的.

更一般的, 我们考虑带参数 λ 的常微分方程的初值问题

$$\frac{\mathrm{d}y}{\mathrm{d}x} = f(x, y, \lambda), \quad y(x_0) = y_0 \tag{4.46}$$

的解 $\varphi(x, x_0, y_0, \lambda)$, 显然其取值不仅依赖于自变量 x, 同时依赖于初值 (x_0, y_0) 和参数 λ; 事实上, 设对应的解的最大存在区间为 $(\alpha_{x_0, y_0, \lambda}, \beta_{x_0, y_0, \lambda})$ (这里容许 $\alpha_{x_0, y_0, \lambda} = -\infty$ 或者 $\beta_{x_0, y_0, \lambda} = +\infty$), 不难发现两个端点也依赖于初值 (x_0, y_0) 和参数 λ. 注意到与 (4.46) 不同的是, 对于 (4.45) 的解的最大存在区间, 端点关于初值和参数的依赖性并没有体现出来, 因为这时候解定义在整个实轴上.

在本小节我们致力于理解这种解以及解的最大存在区间关于自变量、初值和参数的连续依赖性以及连续可微性.

以下我们对问题进行约化发现, 为了研究一般情况下关于自变量、初值和参数的依赖性, 我们只用研究一般情况下关于自变量和参数的依赖性. 为此, 我们引入变量代换

$$t = x - x_0, \quad u = y - y_0,$$

其中 t 是新的自变量, 而 $u = u(t)$ 是新的未知函数, 进而以 (x_0, y_0) 为初值和以 λ 为参数的初值问题 (4.46) 等价于以 $(0, 0)$ 为初值和以 (x_0, y_0, λ) 为参数的初值问题

$$\frac{\mathrm{d}u}{\mathrm{d}t} = g(t, u, x_0, y_0, \lambda), \quad u(0) = 0, \tag{4.47}$$

其中
$$g(t, u, x_0, y_0, \lambda) = f(t + x_0, u + y_0, \lambda).$$

注意到 (4.47) 的初值 (0,0) 是固定不变的. 具体说来: $\varphi(x, x_0, y_0, \lambda)$ 为以 (x_0, y_0) 为初值和以 λ 为参数的初值问题 (4.46) 的解, 当且仅当 $\varphi(t + x_0, x_0, y_0, \lambda) - y_0$ 为以 $(0,0)$ 为初值和以 (x_0, y_0, λ) 为参数的初值问题 (4.47) 的解.

我们分析形如
$$\frac{\mathrm{d}y}{\mathrm{d}x} = f(x, y, \lambda), \quad y(0) = 0 \tag{4.48}$$

的以 $(0,0)$ 为初值的、带一维参数 λ 的初值问题关于 λ 的依赖性. 虽然结论对于高维参数也成立, 为书写的方便, 在这里我们仅分析一维情形.

4.6.1 解关于初值和参数的连续依赖性

带参数的常微分方程其初值问题的解关于参数的连续依赖性如下:

定理 4.6.1 给定实参数 λ_0 及实常数 $a > 0, b > 0, c > 0$. 设三元函数 $f(x, y, \lambda)$ 在区域

$$G \stackrel{\text{def}}{=} \{(x, y, \lambda) \subset \mathbb{R}^3 \mid |x| \leqslant a, \ |y| \leqslant b, \ |\lambda - \lambda_0| \leqslant c\}$$

上连续, 且对 y 满足 Lipschitz 条件. 则初值问题 (4.48)

$$\frac{\mathrm{d}y}{\mathrm{d}x} = f(x, y, \lambda), \quad y(0) = 0$$

的解 $y = \varphi(x, \lambda)$ 在区域 $D = [-h, h] \times [\lambda_0 - c, \lambda_0 + c]$ 上存在且连续, 这里的 h 定义如下:

$$h = \begin{cases} \min\left\{a, \dfrac{b}{M}\right\}, & M > 0, \\ a, & M = 0, \end{cases}$$

其中 $M \stackrel{\text{def}}{=} \max\limits_{(x, y, \lambda) \in G} |f(x, y, \lambda)|$.

证明 我们将分别用 Picard 逐次迭代法和 Gronwall 不等式, 给出两种不同的证明. 取 L 为函数 $f(x, y, \lambda)$ 在区域 G 上关于 y 的一个 Lipschitz 常数.

证法 1 第一种方法完全仿照 Picard 存在唯一性定理 (定理 4.1.1) 的证明. 由于其证明完全类似, 这里我们仅列出梗概如下, 具体的细节留给读者做练习.

初值问题 (4.48) 显然与积分方程

$$y(x, \lambda) = \int_0^x f(s, y(s, \lambda), \lambda) \mathrm{d}s, \quad \forall (x, \lambda) \in D$$

等价. 我们利用逐次迭代法在 D 上构造 Picard 函数序列如下:

$$y_0(x,\lambda) = 0,$$
$$y_{n+1}(x,\lambda) = \int_0^x f(s, y_n(s,\lambda), \lambda)\,\mathrm{d}s, \quad n = 0, 1, 2, \cdots. \tag{4.49}$$

利用归纳法不难证明: 对每个 $n = 0, 1, 2, \cdots$, 函数 $y_n(x,\lambda)$ 在 D 上连续, 且

$$|y_{n+1}(x,\lambda) - y_n(x,\lambda)| \leqslant \frac{M}{L} \cdot \frac{(L|x|)^{n+1}}{(n+1)!}.$$

特别地, Picard 函数序列 $\{y_n(x,\lambda) \mid n \in \mathbb{N}\}$ 关于 $(x,\lambda) \in D$ 一致收敛. 设其极限函数为 $\varphi^*(x,\lambda)$. 同于定理 4.1.1 的证明, 我们有 $\varphi^*(x,\lambda)$ 在 D 上连续, 且

$$\varphi^*(x,\lambda) = \int_0^x f(s, \varphi^*(s,\lambda), \lambda)\mathrm{d}s, \quad \forall (x,\lambda) \in D,$$

则 $\varphi^*(x,\lambda)$ 为初值问题 (4.48) 的一个解.

注意到对题设运用定理 4.1.1 知, 对于任意取定的满足 $|\lambda - \lambda_0| \leqslant c$ 的参数 λ, 将 $\varphi^*(x,\lambda)$ 视为关于 x 的一元函数, 它是初值问题 (4.48) (对于固定的参数 λ) 的唯一解. 这也就是说, 初值问题 (4.48) 的每个解在 D 内都是连续的.

证法 2 下面我们利用 Gronwall 不等式来给出第二种证明.

由解的 Picard 存在唯一性定理 (定理 4.1.1) 知, 对于题设中的参数 h, 以及任意满足 $|\lambda - \lambda_0| \leqslant c$ 的固定的 λ, 初值问题 (4.48) 的解 $\varphi(x,\lambda)$ 在 $[-h, h]$ 上存在. 特别地, $\varphi(x,\lambda)$ 在区域 $D = [-h, h] \times [\lambda_0 - c, \lambda_0 + c]$ 上有定义, 且对于任意满足 $|\lambda - \lambda_0| \leqslant c$ 的固定的 λ, 一元函数 $\varphi(x,\lambda)$ 在 $[-h, h]$ 上连续.

我们继续分析 D 上的 $\varphi(x,\lambda)$ 如下: 对于任意的 $r \geqslant 0$, 引入

$$\omega(r) \stackrel{\mathrm{def}}{=} \max_{\substack{(x_1, y_1, \lambda_1), (x_2, y_2, \lambda_2) \in G \\ |x_1 - x_2| + |y_1 - y_2| + |\lambda_1 - \lambda_2| \leqslant r}} |f(x_1, y_1, \lambda_1) - f(x_2, y_2, \lambda_2)|.$$

由 f 在 G 上的一致连续性显然可知 $\omega(0) = 0$, 且当 r 递减趋于 0 时, $\omega(r)$ 也递减趋于 0. 注意到对于任意固定的 $|\alpha - \lambda_0| \leqslant c$ 和 $|\beta - \lambda_0| \leqslant c$, 我们有当 $\lambda = \alpha$ 或者 β 时, 只要 $|x| \leqslant h$, 就有

$$\varphi(x,\lambda) = \int_0^x f(s, \varphi(s,\lambda), \lambda)\mathrm{d}s,$$

进而运用题设的 Lipschitz 条件和上述引入的函数 ω 知

$$|\varphi(x,\alpha) - \varphi(x,\beta)| = \left|\int_0^x \bigl(f(s, \varphi(s,\alpha), \alpha) - f(s, \varphi(s,\beta), \beta)\bigr)\mathrm{d}s\right|$$
$$\leqslant \left|\int_0^x \bigl(f(s, \varphi(s,\alpha), \alpha) - f(s, \varphi(s,\beta), \alpha)\bigr)\mathrm{d}s\right| +$$

$$\left| \int_0^x \left(f(s, \varphi(s, \beta), \alpha) - f(s, \varphi(s, \beta), \beta) \right) \mathrm{d}s \right|$$
$$\leqslant \left| \int_0^x \left(L|\varphi(s, \alpha) - \varphi(s, \beta)| + \omega(|\alpha - \beta|) \right) \mathrm{d}s \right|.$$

对上式针对 $[0, h]$ 利用 Gronwall 不等式 (定理 4.4.6) 知, 对于任意的 $0 \leqslant x \leqslant h$,

$$|\varphi(x, \alpha) - \varphi(x, \beta)| \leqslant \omega(|\alpha - \beta|) \cdot \mathrm{e}^{Lx} \cdot \frac{\mathrm{e}^{-Lx} - 1}{-L} \leqslant \omega(|\alpha - \beta|) \cdot \frac{\mathrm{e}^{Lh}}{L}.$$

利用对偶性显然知, 上估计式对任意的 $-h \leqslant x \leqslant 0$ 也成立. 综合可得

$$|\varphi(x, \alpha) - \varphi(x, \beta)| \leqslant \omega(|\alpha - \beta|) \cdot \frac{\mathrm{e}^{Lh}}{L}, \qquad \forall |x| \leqslant h. \tag{4.50}$$

现在我们就可以证明二元函数 $\varphi(x, \lambda)$ 在区域 $D = [-h, h] \times [\lambda_0 - c, \lambda_0 + c]$ 上的连续性, 即任意给定 $(x^*, \lambda^*) \in D$, 二元函数 $\varphi(x, \lambda)$ 在点 (x^*, λ^*) 处连续. 任意给定 $\varepsilon > 0$, 由一元函数 $\varphi(x, \lambda^*)$ 关于 x 在 $[-h, h]$ 上的连续性知, 存在 $\delta_1 > 0$, 使得

$$|x| \leqslant h, \ |x - x^*| \leqslant \delta_1 \implies |\varphi(x, \lambda^*) - \varphi(x^*, \lambda^*)| \leqslant \varepsilon. \tag{4.51}$$

另外, 由 ω 的构造知, 存在 $0 < \delta \leqslant \delta_1$, 使得当 $0 \leqslant r \leqslant \delta$ 时,

$$\omega(r) \cdot \frac{\mathrm{e}^{Lh}}{L} \leqslant \varepsilon.$$

因此只要 $(x, \lambda) \in D$ 满足 $|x - x^*| + |\lambda - \lambda^*| \leqslant \delta$, 我们就有

$$|\varphi(x, \lambda) - \varphi(x^*, \lambda^*)| \leqslant |\varphi(x, \lambda) - \varphi(x, \lambda^*)| + |\varphi(x, \lambda^*) - \varphi(x^*, \lambda^*)|$$
$$\leqslant \omega(|\lambda - \lambda^*|) \cdot \frac{\mathrm{e}^{Lh}}{L} + \varepsilon \leqslant 2\varepsilon.$$

这里最后一个不等号的估计利用了 (4.50) 和 (4.51). 于是, 我们证明了二元函数 $\varphi(x, \lambda)$ 在点 (x^*, λ^*) 处的连续性. □

对于带参数的常微分方程其初值问题的解, 我们可以类似地得到如下形式的解的最大存在区间关于参数的连续依赖性. 其证明虽然比定理 4.6.1 的证明稍微烦琐一些, 但大体的想法几乎完全一致, 故这里省略, 留给读者思考.

定理 4.6.2 给定实参数 a, b, x_0, λ_0 满足 $a < b$ 且 $a \leqslant x_0 \leqslant b$. 设 $\varphi(x, \lambda_0)$ 是初值问题

$$\frac{\mathrm{d}y}{\mathrm{d}x} = f(x, y, \lambda_0), \quad y(x_0) = y_0$$

在 $[a, b]$ 上的解, 且设对实常数 $\delta_1 > 0, \delta_2 > 0$, 三元函数 $f(x, y, \lambda)$ 在区域

$$G \overset{\text{def}}{=\!=} \{(x, y, \lambda) \in \mathbb{R}^3 \mid a \leqslant x \leqslant b, |y - \varphi(x, \lambda_0)| \leqslant \delta_1, |\lambda - \lambda_0| \leqslant \delta_2\}$$

上连续, 并对 y 满足 Lipschitz 条件. 则存在 $\delta > 0$, 使得初值问题

$$\frac{\mathrm{d}y}{\mathrm{d}x} = f(x, y, \lambda), \quad y(x_0) = y_0$$

的解 $\varphi(x, \lambda)$ 在区域 $D = [a, b] \times [\lambda_0 - \delta, \lambda_0 + \delta]$ 上存在且连续.

由上, 我们得到初值问题的解关于初值的连续依赖性如下 (这里固定初始时刻 t_0 不变, 而是让 t_0 时刻对应的初值 y_0 发生变化, 我们来看初值问题的解关于 y_0 的连续依赖性):

定理 4.6.3 给定初值 (x_0, y_0^*) 及实常数 $a > 0, b > 0$. 设二元函数 $f(x, y)$ 在矩形区域

$$R \stackrel{\text{def}}{=} \{(x, y) \in \mathbb{R}^2 \mid |x - x_0| \leqslant a, |y - y_0^*| \leqslant b\}$$

上连续, 且对 y 满足 Lipschitz 条件. 则初值问题 (4.4)

$$\frac{\mathrm{d}y}{\mathrm{d}x} = f(x, y), \quad y(x_0) = y_0$$

的解 $\varphi(x, y_0)$ 在区域 $\left[x_0 - \dfrac{h}{2}, x_0 + \dfrac{h}{2}\right] \times \left[y_0^* - \dfrac{b}{2}, y_0^* + \dfrac{b}{2}\right]$ 上存在且连续, 这里的 h 定义如下:

$$h = \begin{cases} \min\left\{a, \dfrac{b}{M}\right\}, & M > 0, \\ a, & M = 0, \end{cases}$$

其中 $M \stackrel{\text{def}}{=} \max\limits_{(x,y) \in R} |f(x, y)|$.

证明 同前, 我们引入变量代换

$$\begin{cases} t = x - x_0, \\ u = y - y_0, \end{cases}$$

其中 t 是新的自变量, 而 $u = u(t)$ 是新的未知函数. 进而原初值问题 (4.4) 等价于以 $(0, 0)$ 为初值、以 t 为自变量和以 y_0 为参数的初值问题

$$\frac{\mathrm{d}u}{\mathrm{d}t} = g(t, u, y_0), \quad u(0) = 0, \tag{4.52}$$

其中

$$g(t, u, y_0) = f(t + x_0, u + y_0).$$

即 $\varphi(x, y_0)$ 初值问题为 (4.4) 的解当且仅当 $\varphi(t + x_0, y_0) - y_0$ 为 (4.52) 的解.

注意到由题设二元函数 $f(x, y)$ 在矩形区域 R 上连续且对 y 满足 Lipschitz 条件, 根据我们的变量代换

$$\begin{cases} t = x - x_0, \\ u = y - y_0, \end{cases}$$

可知三元函数 $g(t,u,y_0)$ 在区域

$$G \stackrel{\text{def}}{=} \left\{(t,u,y) \in \mathbb{R}^3 \,\Big|\, |t| \leqslant a, |u| \leqslant \frac{b}{2}, |y_0 - y_0^*| \leqslant \frac{b}{2}\right\}$$

上连续, 且对 u 满足 Lipschitz 条件. 故运用定理 4.6.1 知, 初值问题 (4.52) 的解 (显然我们可以形式上把它写成 $\varphi(t+x_0,y_0) - y_0$), 在区域 $[-h^*, h^*] \times \left[y_0^* - \frac{b}{2}, y_0^* + \frac{b}{2}\right]$ 上连续, 其中

$$M^* \stackrel{\text{def}}{=} \max_{(t,u,y_0) \in G} |g(t,u,y_0)| = \max_{(t,u,y_0) \in G} |f(t+x_0, u+y_0)|$$

$$\leqslant \max_{(x,y) \in R} |f(x,y)| = M,$$

从而

$$h^* = \begin{cases} \min\left\{a, \dfrac{\frac{b}{2}}{M^*}\right\} \geqslant \min\left\{a, \dfrac{\frac{b}{2}}{M}\right\} \geqslant \dfrac{h}{2}, & M^* > 0, \\ a \geqslant \dfrac{h}{2}, & M^* = 0. \end{cases}$$

特别地, $h^* \geqslant \dfrac{h}{2}$. 因此, 初值问题 (4.4) 的解 $\varphi(x,y_0)$ 使得 $\varphi(t+x_0, y_0) - y_0$ 关于 t 在区域 $\left[-\dfrac{h}{2}, \dfrac{h}{2}\right] \times \left[y_0^* - \dfrac{b}{2}, y_0^* + \dfrac{b}{2}\right]$ 上连续, 等价地, $\varphi(x,y_0)$ 关于 x 在区域 $\left[x_0 - \dfrac{h}{2}, x_0 + \dfrac{h}{2}\right] \times \left[y_0^* - \dfrac{b}{2}, y_0^* + \dfrac{b}{2}\right]$ 上连续. $\square$

我们可以类似地得到如下形式的初值问题解的最大存在区间关于初值的连续依赖性. 其证明与定理 4.6.3 的证明有很大的类似之处, 故我们仅大致列出梗概 (尤其是不同的地方), 具体细节留给读者思考.

定理 4.6.4 设定义在实平面某开区域 G 上的二元函数 $f(x,y)$ 连续且对 y 满足局部 Lipschitz 条件 (具体可参见例 4.4.3). 设定义在某有界闭区间 $a \leqslant x \leqslant b$ 上的一元函数 $\xi(x)$ 是

$$\frac{\mathrm{d}y}{\mathrm{d}x} = f(x,y)$$

的解. 则存在 $\delta > 0$, 使得初值问题 (4.4)

$$\frac{\mathrm{d}y}{\mathrm{d}x} = f(x,y), \quad y(x_0) = y_0$$

的解 $\varphi(x, x_0, y_0)$ 在有界闭区域

$$D_\delta = [a,b] \times [a,b] \times [\xi(x_0) - \delta, \xi(x_0) + \delta]$$

上存在且连续.

证明 注意到由定理 4.3.1 知, 常微分方程 $\dfrac{\mathrm{d}y}{\mathrm{d}x} = f(x,y)$ 的解 $\xi(x)$ 的最大存在区间是开区间. 这点在本证明中起到了关键作用. 对于开区域 G 上的有界闭集

$$\varGamma = \{(x, \xi(x)) \mid a \leqslant x \leqslant b\},$$

利用数学分析中的有限覆盖定理知, 存在 $\sigma > 0$, 使得以 $\varGamma$ 为中心线的闭管状邻域

$$\varSigma_\sigma: \quad a \leqslant x \leqslant b, \quad |y - \xi(x)| \leqslant \sigma$$

包含在 G 内, 且 $f(x,y)$ 在 $\varSigma_\sigma$ 内关于 y 满足 Lipschitz 条件 (设 $L > 0$ 是一个对应的 Lipschitz 常数).

我们将完全仿照 Picard 存在唯一性定理 (定理 4.1.1) 的证明.

利用逐次迭代法我们构造有界闭区域 D_δ 上的 Picard 函数序列如下:

$$\varphi_{k+1}(x, x_0, y_0) = y_0 + \int_{x_0}^x f(s, \varphi_k(s, x_0, y_0)) \, \mathrm{d}s,$$

这里的不同之处在于我们选取 $\varphi_0(x, x_0, y_0) = y_0 + \xi(x) - \xi(x_0)$.

我们选取 $\delta = \dfrac{1}{2}\mathrm{e}^{-L(b-a)}\sigma$, 特别地, $0 < \delta < \sigma$, 则利用数学归纳法可以证明:

(1) Picard 函数序列的每一项 $y = \varphi_k(x, x_0, y_0)$ 其图像都不超出区域 $\varSigma_\sigma$, 即

$$|\varphi_k(x, x_0, y_0) - \xi(x)| \leqslant \sigma, \quad \forall a \leqslant x \leqslant b.$$

(2) Picard 函数序列 $y = \varphi_k(x, x_0, y_0)$ 在有界闭区域 D_δ 上的一致收敛, 即对每个自然数 k,

$$|\varphi_{k+1}(x, x_0, y_0) - \varphi_k(x, x_0, y_0)| \leqslant \frac{(L|x - x_0|)^{k+1}}{(k+1)!} |y_0 - \xi(x_0)|.$$

由此可知: Picard 函数序列的极限函数 $\varphi(x, x_0, y_0)$ 在有界闭区域 D_δ 上存在且连续, 它为初值问题 (4.4) 的解. 注意到对题设运用定理 4.1.1 知, $\varphi(x, x_0, y_0)$ 视为关于 x 的一元函数 (固定参数 x_0, y_0), 它是初值问题 (4.4) 的唯一解. 这也就是说, 初值问题 (4.4) 的每个解在有界闭区域 D_δ 上都是存在且连续的. □

4.6.2 解关于初值和参数的连续可微性

带参数的常微分方程其初值问题的解关于参数的连续可微性如下:

定理 4.6.5 给定实参数 λ_0 及实常数 $a > 0, b > 0, c > 0$. 设三元函数 $f(x, y, \lambda)$ 在区域

$$G \stackrel{\text{def}}{=\joinrel=} \{(x, y, \lambda) \in \mathbb{R}^3 \mid |x| \leqslant a, |y| \leqslant b, |\lambda - \lambda_0| \leqslant c\}$$

上连续, 且对 y 和 λ 均有连续的偏导数. 则初值问题 (4.48)

$$\frac{\mathrm{d}y}{\mathrm{d}x} = f(x, y, \lambda), \quad y(0) = 0.$$

的解 $\varphi(x, \lambda)$ 在区域 $D = [-h, h] \times [\lambda_0 - c, \lambda_0 + c]$ 上连续可微, 这里 h 的取法如定理 4.6.1.

证明 由题设三元函数 $f(x, y, \lambda)$ 在区域 G 上对 y 具有连续的偏导数, 即存在有限的实常数 $L > 0$, 使得 $\left|\frac{\partial f}{\partial y}(x, y, \lambda)\right| \leqslant L$ 对所有的 $(x, y, \lambda) \in G$ 都成立. 利用 Lagrange 中值定理知 $f(x, y, \lambda)$ 在区域 G 上对 y 满足 Lipschitz 条件 (且 L 为一个对应的 Lipschitz 常数), 进而由 Picard 存在唯一性定理 (定理 4.1.1) 和定理 4.6.1 知, 初值问题 (4.48) 的解 $y = \varphi(x, \lambda)$ 在区域 $D = [-h, h] \times [\lambda_0 - c, \lambda_0 + c]$ 上唯一存在且连续.

利用数学分析中多元函数的微分理论知, 二元函数 $\varphi(x, \lambda)$ 在区域 D 上连续可微, 当且仅当 $\frac{\partial \varphi}{\partial x}(x, \lambda)$ 和 $\frac{\partial \varphi}{\partial \lambda}(x, \lambda)$ 都在区域 D 上存在且连续. 注意到由假设知 $\frac{\partial \varphi}{\partial x}(x, \lambda) = f(x, \varphi(x, \lambda), \lambda)$, 特别地, $\frac{\partial \varphi}{\partial x}(x, \lambda)$ 在区域 D 上存在且连续. 因此, 为了证明结论, 我们只用证明 $\frac{\partial \varphi}{\partial \lambda}(x, \lambda)$ 在区域 D 上存在且连续.

任取 $(x, \lambda) \in D$ 并固定, 以及充分小的 $\Delta\lambda \neq 0$ (使得 $(x, \lambda + \Delta\lambda) \in D$), 我们分析

$$Y(x, \lambda, \Delta\lambda) = \frac{\varphi(x, \lambda + \Delta\lambda) - \varphi(x, \lambda)}{\Delta\lambda}.$$

注意到由定理 4.6.1 中参数 h 的构造知, $|\varphi| \leqslant b$ 在区域 D 上恒成立. 因此

$$(x, \varphi(x, \lambda) + \theta(\varphi(x, \lambda + \Delta\lambda) - \varphi(x, \lambda)), \lambda + \theta\Delta\lambda) \in G$$

对任意的 $\theta \in [0, 1]$ 都成立. 定义 $[0, 1]$ 上的一元函数 $\xi(\theta)$ 如下:

$$\xi(\theta) = f(x, \varphi(x, \lambda) + \theta(\varphi(x, \lambda + \Delta\lambda) - \varphi(x, \lambda)), \lambda + \theta\Delta\lambda).$$

由于三元函数 $f(x, y, \lambda)$ 在区域 G 上连续, 且对 y 和 λ 均有连续的偏导数, 故

$$\begin{aligned}\frac{\mathrm{d}\xi}{\mathrm{d}\theta}(\theta) =& \frac{\partial f}{\partial y}(x, \varphi(x, \lambda) + \theta(\varphi(x, \lambda + \Delta\lambda) - \varphi(x, \lambda)), \lambda + \theta\Delta\lambda) Y(x, \lambda, \Delta\lambda)\Delta\lambda + \\ & \frac{\partial f}{\partial \lambda}(x, \varphi(x, \lambda) + \theta(\varphi(x, \lambda + \Delta\lambda) - \varphi(x, \lambda)), \lambda + \theta\Delta\lambda)\Delta\lambda.\end{aligned} \quad (4.53)$$

由于 $y = \varphi(x, \lambda)$ 为初值问题 (4.48) 在区域 D 上的解, 得到

$$\begin{aligned}\frac{\mathrm{d}}{\mathrm{d}x} Y(x, \lambda, \Delta\lambda) &= \frac{f(x, \varphi(x, \lambda + \Delta\lambda), \lambda + \Delta\lambda) - f(x, \varphi(x, \lambda), \lambda)}{\Delta\lambda} \\ &= \frac{\xi(1) - \xi(0)}{\Delta\lambda} = \frac{1}{\Delta\lambda} \int_0^1 \frac{\mathrm{d}\xi}{\mathrm{d}\theta}(\theta) \mathrm{d}\theta \\ &= g(x, \lambda, \Delta\lambda) Y(x, \lambda, \Delta\lambda) + h(x, \lambda, \Delta\lambda) \text{ (利用 (4.53))},\end{aligned}$$

其中

$$g(x,\lambda,\Delta\lambda) = \int_0^1 \frac{\partial f}{\partial y}(x,\varphi(x,\lambda) + \theta(\varphi(x,\lambda+\Delta\lambda) - \varphi(x,\lambda)),\lambda + \theta\Delta\lambda)\mathrm{d}\theta,$$

$$h(x,\lambda,\Delta\lambda) = \int_0^1 \frac{\partial f}{\partial \lambda}(x,\varphi(x,\lambda) + \theta(\varphi(x,\lambda+\Delta\lambda) - \varphi(x,\lambda)),\lambda + \theta\Delta\lambda)\mathrm{d}\theta.$$

由于 φ 在区域 D 上连续 (进而一致连续), 且三元函数 f 在区域 G 上连续且对 y 和 λ 均有连续偏导数 $\left(\text{进而 } \dfrac{\partial f}{\partial y} \text{ 和 } \dfrac{\partial f}{\partial \lambda} \text{ 在 } G \text{ 上一致连续}\right)$, 不难得到 $g(x,\lambda,\Delta\lambda)$ 和 $h(x,\lambda,\Delta\lambda)$ 关于 $(x,\lambda,\Delta\lambda)$ 连续. 注意到 $Y(x_0,\lambda,\Delta\lambda) = 0$, 因此

$$Y(x,\lambda,\Delta\lambda) = \int_{x_0}^x h(s,\lambda,\Delta\lambda)\mathrm{e}^{\int_s^x g(\tau,\lambda,\Delta\lambda)\mathrm{d}\tau}\mathrm{d}s,$$

进而

$$\lim_{\Delta\lambda \to 0} Y(x,\lambda,\Delta\lambda) = \lim_{\Delta\lambda \to 0} \int_{x_0}^x h(s,\lambda,\Delta\lambda)\mathrm{e}^{\int_s^x g(\tau,\lambda,\Delta\lambda)\mathrm{d}\tau}\mathrm{d}s$$

$$= \int_{x_0}^x h(s,\lambda,0)\mathrm{e}^{\int_s^x g(\tau,\lambda,0)\mathrm{d}\tau}\mathrm{d}s$$

$$= \int_{x_0}^x \frac{\partial f}{\partial \lambda}(s,\varphi(s,\lambda),\lambda)\mathrm{e}^{\int_s^x \frac{\partial f}{\partial y}(\tau,\varphi(\tau,\lambda),\lambda)\mathrm{d}\tau}\mathrm{d}s,$$

即

$$\frac{\partial \varphi}{\partial \lambda}(x,\lambda) = \int_{x_0}^x \frac{\partial f}{\partial \lambda}(s,\varphi(s,\lambda),\lambda)\mathrm{e}^{\int_s^x \frac{\partial f}{\partial y}(\tau,\varphi(\tau,\lambda),\lambda)\mathrm{d}\tau}\mathrm{d}s. \tag{4.54}$$

类似于 $g(x,\lambda,\Delta\lambda)$ 和 $h(x,\lambda,\Delta\lambda)$ 关于 $(x,\lambda,\Delta\lambda)$ 的连续性, 由上式我们不难得到 $\dfrac{\partial}{\partial \lambda}\varphi(x,\lambda)$ 在区域 D 上存在且连续.

事实上, 利用关系式 (4.54) 知, 函数 $\dfrac{\partial \varphi}{\partial \lambda}(x,\lambda)$ 为初值问题

$$\frac{\mathrm{d}z}{\mathrm{d}x} = \frac{\partial f}{\partial y}(x,\varphi(x,\lambda),\lambda)z + \frac{\partial f}{\partial \lambda}(x,\varphi(x,\lambda),\lambda), \quad z(x_0) = 0 \tag{4.55}$$

的解. 因此, 由带参数的常微分方程其初值问题的解关于参数的连续依赖性 (定理 4.6.1), 我们也可以马上得到其解 $\dfrac{\partial \varphi}{\partial \lambda}(x,\lambda)$ 关于自变量 x 和参数 λ 的连续依赖性. 这就完成了我们的证明. □

完全一样的方法可以得到

定理 4.6.6 给定实参数 a,b,x_0,λ_0 满足 $a < b$ 且 $a \leqslant x_0 \leqslant b$. 设 $\varphi(x,\lambda_0)$ 是初值问题

$$\frac{\mathrm{d}y}{\mathrm{d}x} = f(x,y,\lambda_0), \quad y(x_0) = y_0$$

在 $[a,b]$ 上的解, 且设对实常数 $\delta_1 > 0, \delta_2 > 0$, 三元函数 $f(x,y,\lambda)$ 在区域

$$G \stackrel{\text{def}}{=} \{(x,y,\lambda) \in \mathbb{R}^3 \mid a \leqslant x \leqslant b, |y - \varphi(x,\lambda_0)| \leqslant \delta_1, |\lambda - \lambda_0| \leqslant \delta_2\}$$

上连续, 并对 y 和 λ 均有连续的偏导数. 则存在 $\delta > 0$, 使得初值问题

$$\frac{\mathrm{d}y}{\mathrm{d}x} = f(x,y,\lambda), \quad y(x_0) = y_0$$

的解 $\varphi(x,\lambda)$ 在区域 $D = [a,b] \times [\lambda_0 - \delta, \lambda_0 + \delta]$ 上连续可微.

类似于定理 4.6.3 的证明, 我们可以由上得到初值问题的解关于初值的连续可微性.

定理 4.6.7 给定初值 (x_0, y_0^*) 及实常数 $a > 0, b > 0$. 设二元函数 $f(x,y)$ 在矩形区域

$$R \stackrel{\text{def}}{=} \{(x,y) \in \mathbb{R}^2 \mid |x - x_0| \leqslant a, |y - y_0^*| \leqslant b\}$$

上连续, 且对 y 有连续的偏导数. 如同定理 4.6.3 一样引入参数 $h > 0$. 则初值问题 (4.4)

$$\frac{\mathrm{d}y}{\mathrm{d}x} = f(x,y), \quad y(x_0) = y_0$$

的解 $\varphi(x, y_0)$ 在区域 $\left[x_0 - \dfrac{h}{2}, x_0 + \dfrac{h}{2}\right] \times \left[y_0^* - \dfrac{b}{2}, y_0^* + \dfrac{b}{2}\right]$ 上连续可微.

定理 4.6.5 告诉我们: 在一些基本假设下, 初值问题 (4.48)

$$\frac{\mathrm{d}y}{\mathrm{d}x} = f(x,y,\lambda), \quad y(0) = 0.$$

的解 $\varphi(x,\lambda)$ 关于 (x,λ) 是连续可微的. 显然

$$\frac{\partial \varphi}{\partial x}(x,\lambda) = f(x, \varphi(x,\lambda), \lambda).$$

且我们在定理 4.6.5 的证明的末尾指出: $\dfrac{\partial \varphi}{\partial \lambda}(x,\lambda)$ 为初值问题 (4.55)

$$\frac{\mathrm{d}z}{\mathrm{d}x} = \frac{\partial f}{\partial y}(x, \varphi(x,\lambda), \lambda) z + \frac{\partial f}{\partial \lambda}(x, \varphi(x,\lambda), \lambda), \quad z(x_0) = 0$$

的解.

对于更一般的初值问题 (4.46)

$$\frac{\mathrm{d}y}{\mathrm{d}x} = f(x,y,\lambda), \quad y(x_0) = y_0,$$

利用本节开头的将 (4.46) 等价转化为 (4.47) 的约化过程以及上述结论知, 在一些基本假设下, 初值问题 (4.46) 的解 $\varphi(x, x_0, y_0, \lambda)$ 关于 (x, x_0, y_0, λ) 是连续可微的. 事实上, 我们也可以对函数 $\dfrac{\partial \varphi}{\partial x}, \dfrac{\partial \varphi}{\partial x_0}, \dfrac{\partial \varphi}{\partial y_0}$ 和 $\dfrac{\partial \varphi}{\partial \lambda}$ 给出一定的信息量如下: 显然成立

$$\frac{\partial \varphi}{\partial x}(x, x_0, y_0, \lambda) = f(x, \varphi(x, x_0, y_0, \lambda), \lambda).$$

注意到初值问题 (4.46) 与积分方程

$$\varphi(x, x_0, y_0, \lambda) = y_0 + \int_{x_0}^{x} f(s, \varphi(s, x_0, y_0, \lambda), \lambda) \, \mathrm{d}s \tag{4.56}$$

等价. 在 (4.56) 的两边分别对 x_0, y_0 和 λ 求偏导数, 我们得到

$$\frac{\partial \varphi}{\partial x_0} = -f(x_0, y_0, \lambda) + \int_{x_0}^{x} A(s, x_0, y_0, \lambda) \frac{\partial \varphi}{\partial x_0} \mathrm{d}s,$$

$$\frac{\partial \varphi}{\partial y_0} = 1 + \int_{x_0}^{x} A(s, x_0, y_0, \lambda) \frac{\partial \varphi}{\partial y_0} \mathrm{d}s,$$

$$\frac{\partial \varphi}{\partial \lambda} = \int_{x_0}^{x} \left(A(s, x_0, y_0, \lambda) \frac{\partial \varphi}{\partial \lambda} + B(s, x_0, y_0, \lambda) \right) \mathrm{d}s,$$

其中

$$A(x, x_0, y_0, \lambda) = \frac{\partial f}{\partial y}(x, \varphi(x, x_0, y_0, \lambda), \lambda),$$

$$B(x, x_0, y_0, \lambda) = \frac{\partial f}{\partial \lambda}(x, \varphi(x, x_0, y_0, \lambda), \lambda).$$

等价地, 函数 $\dfrac{\partial \varphi}{\partial x_0}, \dfrac{\partial \varphi}{\partial y_0}$ 和 $\dfrac{\partial \varphi}{\partial \lambda}$ 分别为如下三个初值问题的解:

$$\frac{\mathrm{d}z}{\mathrm{d}x} = A(x, x_0, y_0, \lambda) z, \quad z(x_0) = -f(x_0, y_0, \lambda); \tag{4.57}$$

$$\frac{\mathrm{d}z}{\mathrm{d}x} = A(x, x_0, y_0, \lambda) z, \quad z(x_0) = 1; \tag{4.58}$$

$$\frac{\mathrm{d}z}{\mathrm{d}x} = A(x, x_0, y_0, \lambda) z + B(x, x_0, y_0, \lambda), \quad z(x_0) = 0. \tag{4.59}$$

通常, 上述三个一阶线性方程的初值问题 (4.57), (4.58) 和 (4.59) 分别被称为初值问题 (4.46) 关于初值 x_0, y_0 和参数 λ 的变分方程.

例 4.6.1 设 $p(x)$ 和 $q(x)$ 都是 (a, b) 上连续的一元函数 (这里容许 $a = -\infty$ 或者 $b = +\infty$), 我们分析初值问题

$$\frac{\mathrm{d}y}{\mathrm{d}x} + p(x)y = q(x), \quad y(x_0) = y_0$$

的解 $\varphi(x, x_0, y_0)$. 试利用变分方程 (4.57) 和 (4.58) 来求解偏导数 $\dfrac{\partial \varphi}{\partial x_0}$ 和 $\dfrac{\partial \varphi}{\partial y_0}$.

解 利用变分方程 (4.57) 可知, $\dfrac{\partial \varphi}{\partial x_0}$ 满足初值问题

$$\frac{\mathrm{d}z}{\mathrm{d}x} = -p(x)z, \quad z(x_0) = p(x_0)y_0 - q(x_0),$$

因此

$$\frac{\partial \varphi}{\partial x_0} = (p(x_0)y_0 - q(x_0)) \mathrm{e}^{-\int_{x_0}^{x} p(t) \mathrm{d}t}.$$

利用变分方程 (4.58), 可以类似地求出 $\dfrac{\partial \varphi}{\partial y_0} = e^{-\int_{x_0}^{x} p(t)dt}$. □

注意到例 4.6.1 处理的是特殊的初值问题

$$\frac{dy}{dx} + p(x)y = q(x), \quad y(x_0) = y_0$$

的解 $\varphi(x, x_0, y_0)$, 这时我们能够完全求出函数 $\dfrac{\partial \varphi}{\partial x_0}$ 和 $\dfrac{\partial \varphi}{\partial y_0}$. 然而, 一般情况下, 对于初值问题 (4.46)

$$\frac{dy}{dx} = f(x, y, \lambda), \quad y(x_0) = y_0,$$

的解 $\varphi(x, x_0, y_0, \lambda)$, 函数 $\dfrac{\partial \varphi}{\partial x_0}, \dfrac{\partial \varphi}{\partial y_0}$ 和 $\dfrac{\partial \varphi}{\partial \lambda}$ 强烈依赖于具体的解 $\varphi(x, x_0, y_0, \lambda)$.

习题 4.6

1. 通过具体求解下列实方程讨论解关于初值的连续依赖性:

(1) $\dfrac{dx}{dt} = 3x + e^t$, $x(t_0) = x_0$;

(2) $\dfrac{dx}{dt} = 3t^2 e^x$, $x(t_0) = x_0$.

2. 通过求解如下实方程讨论解关于参数 μ 的连续依赖性和连续可微性:

(1) $\dfrac{dx}{dt} = 1 - \mu x$, $x(0) = 0$;

(2) $\dfrac{dx}{dt} = (1 + x)\sqrt{1 - \mu^2 t^2}$, $x(0) = 0$.

3. 设 $x = \varphi(t, x_0, y_0), y = \psi(t, x_0, y_0)$ 是常微分方程组

$$\begin{cases} \dfrac{dx}{dt} = xy + t^2, \\ 2\dfrac{dy}{dt} = -y^2, \\ \varphi(1, x_0, y_0) = x_0, \\ \psi(1, x_0, y_0) = y_0 \end{cases}$$

的解. 试通过直接求解体会解关于初值的连续可微性, 并计算 $\dfrac{\partial \varphi}{\partial y_0}(t, 3, 2)$.

4. 设函数 $y = \varphi(x, x_0, y_0, \lambda)$ 是初值问题

$$\frac{dy}{dx} = \sin(\lambda xy), \ y(x_0) = y_0$$

的解. 试利用变分方程计算

$$\left.\frac{\partial \varphi}{\partial x_0}\right|_{x_0 = y_0 = 0}, \quad \left.\frac{\partial \varphi}{\partial y_0}\right|_{x_0 = y_0 = 0}, \quad \left.\frac{\partial \varphi}{\partial \lambda}\right|_{x_0 = y_0 = 0}.$$

5. 设函数 $\varphi(x, x_0, y_0)$ 是初值问题

$$xy' - x\sin\frac{y}{x} - y = 0, \quad \varphi(x_0, x_0, y_0) = y_0$$

的解. 试利用变分方程计算

$$\left.\frac{\partial \varphi(x, x_0, y_0)}{\partial x_0}\right|_{x=x_0}, \quad \left.\frac{\partial \varphi(x, x_0, y_0)}{\partial y_0}\right|_{x=x_0}.$$

6. 设 $\varphi_n(t)$ 是初值问题

$$\frac{\mathrm{d}x}{\mathrm{d}t} = 1 + x^2, \quad x\left(\frac{1}{n}\right) = \frac{1}{n^2}$$

的解. 试证明: 对于给定的 $\varepsilon > 0$, 存在正整数 N, 使得当 $n \geqslant N$ 时 $\varphi_n(t)$ 在闭区间 $\left[-\frac{\pi}{2} + \varepsilon, \frac{\pi}{2} - \varepsilon\right]$ 上存在, 且满足 $|\varphi_n(t) - \tan t| < \varepsilon$.

7. 给定有限闭区间 $I = [a, b]$, 其中 $a < b$. 试证明: 当 $|\varepsilon|$ 充分小时, 初值问题

$$\frac{\mathrm{d}y}{\mathrm{d}x} = \cos(x(y-x)), \quad y(a) = a + \varepsilon$$

在 I 上有唯一的解 $y = \phi(x, \varepsilon)$, 且在 I 上一致成立 $\lim_{\varepsilon \to 0} \phi(x, \varepsilon) = x$.

8. (1) 求解常微分方程 $\dfrac{\mathrm{d}y}{\mathrm{d}x} + x(y-x) + x^3(y-x)^2 = 1$;

(2) 设 $\varphi_n(x)$ 是初值问题

$$\frac{\mathrm{d}y}{\mathrm{d}x} + x\left(y - n\sin\frac{x}{n}\right) + x^3\left(y - n\sin\frac{x}{n}\right)^2 = 1, \quad y(0) = 1$$

的解. 证明: 当 $n \to +\infty$ 时, $\varphi_n(x)$ 的极限存在, 并求出这个极限.

9. 请详细给出定理 4.6.1 的第一种证明.

10. 试分别利用 Picard 逐次迭代法和 Gronwall 不等式, 对定理 4.6.2 给出两种不同的证明.

11. 请详细证明定理 4.6.4.

12. 请详细证明定理 4.6.6.

13. 请详细证明定理 4.6.7.

第五章

定性理论初步

微分方程在对实际问题的刻画和分析中有着十分广泛的应用. 凡是与变化率有关的自然现象、社会现象以及工程技术问题, 往往可以用微分方程模型来进行描述. 为了能够揭示这些现象的演化规律以及许多问题的形成机制, 就需要深入研究和分析相应微分方程模型解的性态. 通常涉及的解的分析方法主要有三类: 第一类是直接计算方程的解析解 (包括级数形式的解), 这在本书的前面章节中已作了介绍; 第二类是求方程的数值解, 这在微分方程数值计算的相关教程中可以找到; 第三类是对解的性态作定性分析, 这将在本章中作初步的介绍.

19 世纪末, 法国数学家 J. H. Poincaré 在研究描述三个天体在万有引力作用下运动规律的常微分方程时, 提出了相空间 (相平面)、奇点和极限圈等一系列的概念和方法, 讨论了方程定义的积分曲线的几何性状, 从而创立了常微分方程定性理论. 与 Poincaré 同时期的俄国数学家 A. M. Lyapunov 创立了常微分方程的稳定性理论. 自 20 世纪 30 年代以来, 定性理论和稳定性理论, 不仅在自动控制、生物生态、医学医药、经济金融等研究领域, 还在与脑科学相关的神经网络等人工智能和复杂性科学的研究进程中, 都有着十分广泛而深入的应用. 而这些应用一方面促使在相应研究领域中取得了丰富的研究成果, 另一方面也推动了定性理论、稳定性理论自身体系的发展和完备.

本章介绍定性理论的基本知识和性质, 同时介绍稳定性理论所涉及的基本概念和基本定理.

5.1 自治系统

5.1.1 相空间、轨线与奇点

若 $\mathbb{T} \subset \mathbb{R}$ 为一区间, $\mathcal{D} \subset \mathbb{R}^n$ 为一区域. 在时刻 $t \in \mathbb{T}$, 设某一个质点 Q 的坐标为 $\boldsymbol{x} = (x_1, x_2, \cdots, x_n)^{\mathrm{T}} \in \mathcal{D}$, 其速度向量为

$$\boldsymbol{f}(t, \boldsymbol{x}) = \left(f_1(t, \boldsymbol{x}), f_2(t, \boldsymbol{x}), \cdots, f_n(t, \boldsymbol{x})\right)^{\mathrm{T}} \in C(\mathbb{T} \times \mathcal{D}, \mathbb{R}^n).$$

由此, 在区域 $\mathcal{D}$ 上定义了一个向量场或速度场. 于是, 质点 Q 的运动可以用常微分方程

$$\frac{\mathrm{d}\boldsymbol{x}}{\mathrm{d}t} = \boldsymbol{f}(t, \boldsymbol{x}) \tag{5.1}$$

来描述. 方程 (5.1) 的解 $\boldsymbol{x} = \boldsymbol{x}(t)$ 即为质点 Q 的运动方程. 标志质点 Q 运动位置的空间 $\mathbb{R}^n$ 称为相空间 (对于二维情形, $\mathbb{R}^2$ 平面称为相平面). 若将 t 视为参数, 则方程 (5.1) 的积分曲线 $(t, \boldsymbol{x}(t))$ 在相空间中的图形, 即质点 Q 运动的轨迹称为方程 (5.1) 的轨线或相轨线. 显然, 轨线是 $\mathbb{R} \times \mathbb{R}^n$ 中的积分曲线 $(t, \boldsymbol{x}(t))$ 在相空间 $\mathbb{R}^n$ 中的投影. 此外, 随

着时间 t 的增大, 质点 Q 沿着轨线在相空间中运动. 我们往往在轨线上标注箭头以指示该运动方向, 这一运动方向也称为轨线的方向.

例 5.1.1 初值问题

$$\begin{cases} \dfrac{\mathrm{d}x_1}{\mathrm{d}t} = x_2, \dfrac{\mathrm{d}x_2}{\mathrm{d}t} = -x_1, \\ x_1(0) = 0, \quad x_2(0) = 1 \end{cases} \tag{5.2}$$

的解为

$$x_1(t) = \sin t, \quad x_2(t) = \cos t.$$

在空间 Otx_1x_2 中 (如图 5.1 所示), 以上初值问题 (5.2) 的积分曲线是过点 $(0,0,1)$ 的空间螺旋线 $\mathcal{L}$, 而相应的相平面 x_1Ox_2 中的轨线是一个圆心在原点、半径为 1 的圆 $\mathcal{C}$: $x_1^2 + x_2^2 = 1$. 显然, 圆 $\mathcal{C}$ 是空间螺旋线 $\mathcal{L}$ 在相平面 x_1Ox_2 中的投影. 随着时间 t 的增大, 初值问题 (5.2) 描述的质点沿着轨线作顺时针运动, 即轨线的方向是顺时针方向. 注意到轨线圆 $\mathcal{C}$ 的方程还可以由 (5.2) 消去 $\mathrm{d}t$ 后得到的

$$\frac{\mathrm{d}x_2}{\mathrm{d}x_1} = -\frac{x_1}{x_2}$$

结合初值条件解得. 但仅这样运算会导致轨线的方向无法标记. 事实上, 轨线的方向可以直接利用 (5.2) 来得到.

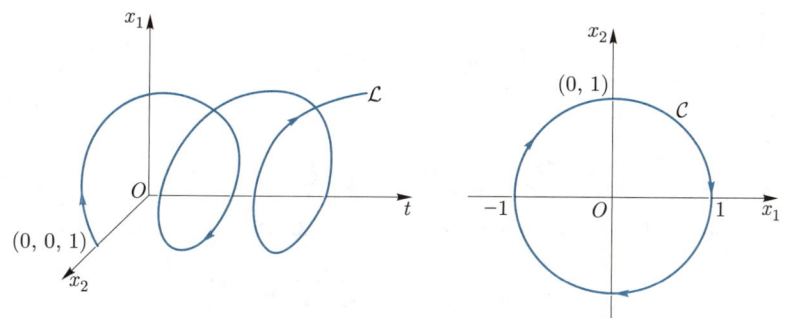

图 5.1 方程 (5.2) 的轨线图

如果方程 (5.1) 中的向量场 $\boldsymbol{f}(t,\boldsymbol{x})$ 所确定的速度向量仅仅与质点 Q 的位置有关而与时间 t 无关, 即过区域 $\mathcal{D}$ 内的任意一点 $\boldsymbol{x}$ 确定着唯一的方向 $\boldsymbol{f}(\boldsymbol{x})$, 则方程 (5.1) 的右端向量场可以写为不显含时间 t 的形式:

$$\frac{\mathrm{d}\boldsymbol{x}}{\mathrm{d}t} = \boldsymbol{f}(\boldsymbol{x}), \tag{5.3}$$

称方程 (5.3) 为 **自治系统** 或 **定常系统**. 又如果 $\boldsymbol{f}(t,\boldsymbol{x})$ 所确定的速度向量不仅与质点 Q 的位置有关而且与时间 t 有关, 即过区域 $\mathcal{D}$ 内的一点 $\boldsymbol{x}$ 能确定多个甚至无穷多个方向, 则称这样的方程 (5.1) 为非自治系统或非定常系统. 当满足解的存在唯一性条件时, 无

论是自治系统还是非自治系统, 方程任意两条不同的积分曲线在空间 $\mathbb{R} \times \mathbb{R}^n$ 中是不可能相交的, 那么在相空间 $\mathbb{R}^n$ 中的任意两条不同的轨线是否可能相交呢? 事实上, 对于这一问题的回答给出了自治系统和非自治系统最为本质的差异, 我们将在下一小节中对该问题作出回答.

若在相空间中的点 $\boldsymbol{x}^* \in \mathcal{D}$ 处, 质点 Q 的速度恒为 $\boldsymbol{0}$, 从而该质点静止不动, 即 $\boldsymbol{f}(t, \boldsymbol{x}^*) \equiv \boldsymbol{0}$, 则称点 $\boldsymbol{x}^*$ 为方程 (5.1) 的平衡点. 平衡点 $\boldsymbol{x} = \boldsymbol{x}^*$ 亦是方程 (5.1) 的解, 相应的积分曲线在相空间中的投影是一个点, 因此平衡点是一条特殊的轨线. 又若 $\boldsymbol{f}(\boldsymbol{x}^*) = \boldsymbol{0}$, 则平衡点 $\boldsymbol{x}^*$ 也可称为自治系统 (5.3) 的奇点.

例 5.1.2 20 世纪 60 年代, 在描述一个理想环境中黏性流的运动规律时, 得到了著名的 Lorenz 方程:
$$\begin{cases} \dfrac{\mathrm{d}x}{\mathrm{d}t} = -\sigma x + \sigma y, \\ \dfrac{\mathrm{d}y}{\mathrm{d}t} = -xz + rx - y, \\ \dfrac{\mathrm{d}z}{\mathrm{d}t} = xy - bz, \end{cases} \tag{5.4}$$

其中参数 σ, b 和 r 均为正实数.

显然, Lorenz 方程 (5.4) 的右端向量场不显含时间 t, 是一个三维自治系统. 若令
$$\begin{cases} -\sigma x + \sigma y = 0, \\ -xz + rx - y = 0, \\ xy - bz = 0, \end{cases}$$

则可以解得

(1) 当参数 $0 < r \leqslant 1$ 时, 在相空间中方程 (5.4) 有唯一的奇点 $O(0, 0, 0)$;

(2) 当参数 $r > 1$ 时, 方程 (5.4) 的奇点除了点 $O(0, 0, 0)$ 外, 还有
$$P_+\left(\sqrt{b(r-1)}, \sqrt{b(r-1)}, r-1\right)$$

和
$$P_-\left(-\sqrt{b(r-1)}, -\sqrt{b(r-1)}, r-1\right).$$

由例 5.1.2 可见, 自治系统奇点的个数往往有多个, 甚至有无穷多个. 但是, 我们总是对各个不同类别的奇点逐类进行讨论. 设 $\boldsymbol{x}^*$ 是自治系统 (5.3) 的奇点, 作变换 $\widetilde{\boldsymbol{x}} = \boldsymbol{x} - \boldsymbol{x}^*$, 那么系统 (5.3) 化为
$$\dfrac{\mathrm{d}\widetilde{\boldsymbol{x}}}{\mathrm{d}t} = \boldsymbol{f}(\widetilde{\boldsymbol{x}} + \boldsymbol{x}^*) \stackrel{\text{def}}{=\!=} \widetilde{\boldsymbol{f}}(\widetilde{\boldsymbol{x}}). \tag{5.5}$$

可见, 方程 (5.5) 仍然是一个自治系统, 并且拥有奇点 $\boldsymbol{x} = \boldsymbol{0}$. 因此, 我们往往可以假设奇点为 $\boldsymbol{x} = \boldsymbol{0}$, 而不会妨碍讨论的一般性.

5.1.2 自治系统的基本性质

考虑自治系统 (5.3), 设 $f(x)$ 在区域 $\mathcal{D}$ 上连续并且在 $\mathcal{D}$ 的任意一有界闭子域上满足 Lipschitz 条件 (即所谓的局部 Lipschitz 条件). 过初始点 (t_0, x_0) 系统 (5.3) 的解记为 $x(t; t_0, x_0)$, 并设它的最大存在区间是 $\mathcal{I} = (-\infty, +\infty)$. 特别地, 过初始点 $(0, x_0)$ 系统 (5.3) 的解记为 $x(t; 0, x_0)$, 简记为 $x(t, x_0)$.

此外, 由系统 (5.3) 解的唯一性可知, 解 $x(t; t_0, x_0)$ 亦可以记为 $x(t - t_0, x_0)$ 或者 $x(t - t_0 + \tau; \tau, x_0)$, 其中 τ 为任意的常数.

性质 5.1.1 如果 $x(t; t_0, x_0)$ 是自治系统 (5.3) 的解, 那么对于任意的时刻 t 和常数 τ, $x(t + \tau; t_0, x_0)$ 是自治系统 (5.3) 过初始点 $(t_0 - \tau, x_0)$ 的解.

证明 如果 $x(t + \tau; t_0, x_0)$ 是系统 (5.3) 的解, 则由解的唯一性可以断定其是系统 (5.3) 过初始点 $(t_0 - \tau, x_0)$ 的解. 因此, 以下只需证明 $x(t + \tau; t_0, x_0)$ 是系统 (5.3) 的解即可.

令 $T = t + \tau$, 则有

$$\frac{\mathrm{d}}{\mathrm{d}t} x(t+\tau; t_0, x_0) = \frac{\mathrm{d}x(T; t_0, x_0)}{\mathrm{d}T} \cdot \frac{\mathrm{d}T}{\mathrm{d}t} = \frac{\mathrm{d}x(T; t_0, x_0)}{\mathrm{d}T}.$$

又由已知条件 $x(T; t_0, x_0)$ 是系统 (5.3) 的解, 即

$$\frac{\mathrm{d}x(T; t_0, x_0)}{\mathrm{d}T} = f(x(T; t_0, x_0)).$$

因此,

$$\frac{\mathrm{d}x(t+\tau; t_0, x_0)}{\mathrm{d}t} = f(x(t+\tau; t_0, x_0)).$$

从而得证. □

性质 5.1.1 表明将自治系统的任意一积分曲线沿着时间轴 t 作适当平移后得到的曲线一定还是该自治系统的积分曲线, 而非自治系统一般不具有这一性质.

性质 5.1.2 在相空间中, 自治系统 (5.3) 的任何两条不同的轨线都不可能相交.

证明 记系统 (5.3) 的两条轨线分别为

$$\gamma_1 : x = x(t; t_1, x_1), \quad \gamma_2 : x = x(t; t_2, x_2).$$

不妨假设 γ_1 和 γ_2 相交于相空间中的一点 y, 即存在时刻 τ_1 和 τ_2 满足

$$x(\tau_1; t_1, x_1) = x(\tau_2; t_2, x_2) = y.$$

由于 $x(t; t_1, x_1)$ 是系统 (5.3) 的解, 因此由性质 5.1.1 可知 $x(t + \tau_1 - \tau_2; t_1, x_1)$ 亦是系统 (5.3) 的解. 又

$$x(t + \tau_1 - \tau_2; t_1, x_1)\bigg|_{t=\tau_2} = y = x(t; t_2, x_2)\bigg|_{t=\tau_2},$$

所以由解的唯一性可知
$$\boldsymbol{x}(t+\tau_1-\tau_2;t_1,\boldsymbol{x}_1)\equiv \boldsymbol{x}(t;t_2,\boldsymbol{x}_2).$$
而 $\boldsymbol{x}(t+\tau_1-\tau_2;t_1,\boldsymbol{x}_1)$ 和 $\boldsymbol{x}(t;t_1,\boldsymbol{x}_1)$ 表示同一条轨线 γ_1, 因此 $\gamma_1 \equiv \gamma_2$, 即自治系统 (5.3) 的两条轨线若相交即重合. □

性质 5.1.3 设自治系统 (5.3) 过初始点 $(0,\boldsymbol{x}_0)$ 的解为 $\boldsymbol{x}(t,\boldsymbol{x}_0)$, 则对于任意的 t_1 和 t_2 成立
$$\boldsymbol{x}(t_2,\boldsymbol{x}(t_1,\boldsymbol{x}_0))=\boldsymbol{x}(t_1+t_2,\boldsymbol{x}_0).$$

性质 5.1.3 表明: 对于自治系统的解, 在 $t=0$ 时刻从 $\boldsymbol{x}_0$ 出发在 $t=t_1$ 时刻到达 $\boldsymbol{x}(t_1,\boldsymbol{x}_0)$, 然后在 $t=0$ 时刻从 $\boldsymbol{x}(t_1,\boldsymbol{x}_0)$ 出发在 $t=t_2$ 时刻到达 $\boldsymbol{x}(t_2,\boldsymbol{x}(t_1,\boldsymbol{x}_0))$, 与直接在 $t=0$ 时刻从 $\boldsymbol{x}_0$ 出发在 $t=t_1+t_2$ 时刻最终到达的位置是完全相同的 (如图 5.2 所示). 称这一性质为群的性质, 性质 5.1.3 的证明请读者自行完成 (习题 5.1.4[①]).

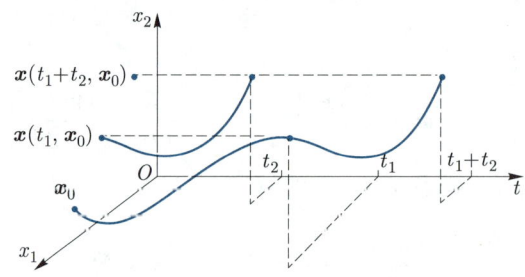

图 5.2 群的性质示意图

事实上, 对于给定的 $t\in\mathbb{R}$, 定义从 $\mathbb{R}^n$ 到 $\mathbb{R}^n$ 的变换:
$$\boldsymbol{\phi}_t(\boldsymbol{x}_0)=\boldsymbol{x}(t,\boldsymbol{x}_0),\quad \boldsymbol{x}_0\in\mathbb{R}^n.$$
在集合 $\mathcal{S}=\{\boldsymbol{\phi}_t\mid t\in\mathbb{R}\}$ 中引入乘法运算 "$\circ$":
$$\boldsymbol{\phi}_{t_1}\circ\boldsymbol{\phi}_{t_2}(\boldsymbol{x}_0)\overset{\text{def}}{=\!=}\boldsymbol{\phi}_{t_1}(\boldsymbol{\phi}_{t_2}(\boldsymbol{x}_0)).$$
由性质 5.1.3 知, $\boldsymbol{\phi}_{t_1}\circ\boldsymbol{\phi}_{t_2}=\boldsymbol{\phi}_{t_1+t_2}$, 所以乘法运算 "$\circ$" 在集合 $\mathcal{S}$ 中是封闭的, 且满足结合律, 单位元为 $\boldsymbol{\phi}_0$, 而 $\boldsymbol{\phi}_t$ 的逆元为 $\boldsymbol{\phi}_{-t}$. 故而二元组 $(\mathcal{S},\circ)$ 构成一个群, 这就是 "群的性质" 名称之由来. 这个变换群也称为由系统 (5.3) 所生成的动力系统. 由此展开的研究工作发展出一个重要的研究方向: 动力系统.

在本小节的开始处, 我们假设了自治系统 (5.3) 的右端向量场 $\boldsymbol{f}(\boldsymbol{x})$ 满足局部 Lipschitz 条件, 并且其解的最大存在区间设为 $\mathcal{I}=(-\infty,+\infty)$. 事实上, 即使这一给定的自治系统解的最大存在区间是有限的, 也可以找到与该系统轨线形状完全相同 (轨线方向可以不同) 的等价自治系统, 而这一新的自治系统的最大存在区间恰为 $\mathcal{I}$ (参看习题 5.1.6).

[①] 习题 5.1.4 表示习题 5.1 第 4 题. 下文同.

习题 5.1

1. 求解下列初值问题, 并在相平面或相空间中画出相应的轨线及其方向:

(1) $\begin{cases} \dfrac{\mathrm{d}x_1}{\mathrm{d}t} = -2x_2, \\ \dfrac{\mathrm{d}x_2}{\mathrm{d}t} = 2x_1, \\ x_1(0) = 2, \quad x_2(0) = 0; \end{cases}$

(2) $\begin{cases} \dfrac{\mathrm{d}x_1}{\mathrm{d}t} = x_2 + x_3, \\ \dfrac{\mathrm{d}x_2}{\mathrm{d}t} = x_1 + x_2 - x_3, \\ \dfrac{\mathrm{d}x_3}{\mathrm{d}t} = x_2 + x_3, \\ x_1(0) = -1, \quad x_2(0) = 0, \quad x_3(0) = 1; \end{cases}$

(3) LRC 电路中的电流方程 $\begin{cases} L\dfrac{\mathrm{d}^2 i}{\mathrm{d}t^2} + R\dfrac{\mathrm{d}i}{\mathrm{d}t} + \dfrac{1}{C}i = 0, \\ i(0) = 1, \quad i'(0) = 0, \end{cases}$ 其中电感 $L > 0$, 电阻 $R \leqslant 0$, 电容 $C > 0$.

2. 求出下列系统的奇点或平衡点:

(1) $\begin{cases} \dfrac{\mathrm{d}x}{\mathrm{d}t} = (x-1)(y-1), \\ \dfrac{\mathrm{d}y}{\mathrm{d}t} = xy - 2; \end{cases}$

(2) $\begin{cases} \dfrac{\mathrm{d}x}{\mathrm{d}t} = (a\cos^2 t - 1)x + (-a\sin t \cos t + 1)y, \\ \dfrac{\mathrm{d}y}{\mathrm{d}t} = (-a\sin t \cos t - 1)x + (a\sin^2 t - 1)y; \end{cases}$

(3) 具有阻尼的单摆运动方程 $\dfrac{\mathrm{d}^2 \varphi}{\mathrm{d}t^2} + b\dfrac{\mathrm{d}\varphi}{\mathrm{d}t} + \dfrac{g}{l}\sin\varphi = 0$, 其中 φ 是摆角, l 是摆长, b 是阻尼系数, g 是重力加速度.

3. 命题: 设 $\boldsymbol{x}(t; t_0, \boldsymbol{x}_0)$ 是非自治系统 (5.1) 的解, 那么对于任意的时刻 t 和某个常数 c, $\boldsymbol{x}(t + c; t_0, \boldsymbol{x}_0)$ 是系统 (5.1) 过初始点 $(t_0 - c, \boldsymbol{x}_0)$ 的解. 此命题是否一定正确或者一定不正确, 为什么?

4. 证明性质 5.1.3.

5. 设自治系统 (5.3) 的右端向量场 $\boldsymbol{f}(\boldsymbol{x})$ 满足局部 Lipschitz 条件, 证明:

(1) 如果 $\boldsymbol{x}^*$ 是该系统的奇点, $\boldsymbol{x}^* \neq \boldsymbol{x}_0$, 并且 $\lim\limits_{t \to \beta} \boldsymbol{x}(t; t_0, \boldsymbol{x}_0) = \boldsymbol{x}^*$, 则要么 $\beta = +\infty$, 要么 $\beta = -\infty$.

(2) 如果 $\lim\limits_{\substack{t \to +\infty \\ (t \to -\infty)}} \boldsymbol{x}(t; t_0, \boldsymbol{x}_0) = \boldsymbol{x}^*$, 则 $\boldsymbol{f}(\boldsymbol{x}^*) = \boldsymbol{0}$.

6. 自治系统 (5.3) 的右端向量场 $\boldsymbol{f}(\boldsymbol{x})$ 满足局部 Lipschitz 条件, 证明:

(1) 如果 $\mathcal{D} = \mathbb{R}^n$, 则系统
$$\frac{\mathrm{d}\boldsymbol{x}}{\mathrm{d}t} = \frac{\boldsymbol{f}(\boldsymbol{x})}{\|\boldsymbol{f}(\boldsymbol{x})\| + 1}$$
的最大存在区间是 $\mathcal{I} = (-\infty, +\infty)$;

(2) 如果 $\mathcal{D} \subset \mathbb{R}^n$, 则系统
$$\frac{\mathrm{d}\boldsymbol{x}}{\mathrm{d}t} = \frac{\rho \boldsymbol{f}(\boldsymbol{x})}{(\rho + 1)(\|\boldsymbol{f}(\boldsymbol{x})\| + 1)}$$
的最大存在区间是 $\mathcal{I} = (-\infty, +\infty)$, 其中 ρ 表示点 $\boldsymbol{x}$ 与集合 $\partial \mathcal{D}$ 的距离;

(3) 以上两种情形下构造的两个系统在区域 $\mathcal{D}$ 上的轨线与自治系统 (5.3) 的轨线之形状完全相同.

5.2 平面自治系统的奇点

考虑平面非线性自治系统
$$\begin{cases} \dfrac{\mathrm{d}x_1}{\mathrm{d}t} = f_1(x_1, x_2), \\ \dfrac{\mathrm{d}x_2}{\mathrm{d}t} = f_2(x_1, x_2), \end{cases} \tag{5.6}$$

其中 $f_1, f_2 \in C^1(\mathcal{D} \subset \mathbb{R}^2)$. 若设 $O(0,0)$ 是 (5.6) 的奇点, 并记
$$a = \frac{\partial f_1(0,0)}{\partial x_1}, \quad b = \frac{\partial f_1(0,0)}{\partial x_2},$$
$$c = \frac{\partial f_2(0,0)}{\partial x_1}, \quad d = \frac{\partial f_2(0,0)}{\partial x_2},$$

则系统 (5.6) 在点 O 附近可以改写成
$$\begin{cases} \dfrac{\mathrm{d}x_1}{\mathrm{d}t} = ax_1 + bx_2 + g_1(x_1, x_2), \\ \dfrac{\mathrm{d}x_2}{\mathrm{d}t} = cx_1 + dx_2 + g_2(x_1, x_2), \end{cases} \tag{5.7}$$

其中 $g_1(x_1, x_2), g_2(x_1, x_2)$ 连续可微, 并且当 $(x_1, x_2) \to (0,0)$ 时, 成立
$$g_1(x_1, x_2) = o(r), \quad g_2(x_1, x_2) = o(r), \quad r = \sqrt{x_1^2 + x_2^2}.$$

若记系数矩阵
$$\boldsymbol{A} = \begin{pmatrix} a & b \\ c & d \end{pmatrix},$$

则当行列式 $\det \boldsymbol{A} = ad - bc \neq 0$ 时, 称点 O 是系统 (5.7) 的初等奇点; 否则称其为高阶奇点.

为了分析非线性系统 (5.7) 在初等奇点 O 附近轨线的性状, 我们将先讨论系统 (5.7) 的一次近似系统, 即研究线性系统

$$\frac{\mathrm{d}\boldsymbol{x}}{\mathrm{d}t} = \boldsymbol{A}\boldsymbol{x} \quad \text{或} \quad \begin{cases} \dfrac{\mathrm{d}x_1}{\mathrm{d}t} = ax_1 + bx_2, \\ \dfrac{\mathrm{d}x_2}{\mathrm{d}t} = cx_1 + dx_2 \end{cases} \tag{5.8}$$

的奇点 $O(0,0)$ 及相应轨线的性状.

此外, 当行列式 $\det \boldsymbol{A} \neq 0$ 时, 系统 (5.8) 具有唯一的孤立的奇点 O; 当 $\det \boldsymbol{A} = 0$ 但 a, b, c, d 不全为零时, 例如 $a \neq 0$, 则在直线 $ax_1 + bx_2 = 0$ 上的点都是奇点, 该直线称为奇线; 当 a, b, c, d 全为零时, 则相平面上的点都是奇点. 容易验证, 自治系统 (5.7) 的初等奇点 O 亦是孤立的. 本节中的讨论均假设 $\det \boldsymbol{A} \neq 0$.

5.2.1 平面线性系统的奇点分类

事实上, 研究平面线性系统 (5.8) 轨线的性状, 可以直接借助于系统解的表达式来进行讨论. 从第二章对常系数线性微分方程组的讨论可以知道, 系统的解的表示取决于系数矩阵 $\boldsymbol{A}$ 的特征值的情况. $\boldsymbol{A}$ 的特征方程是

$$\det(\boldsymbol{A} - \lambda \boldsymbol{I}) = \lambda^2 + \alpha\lambda + \beta = 0,$$

其中 $\alpha = -\mathrm{tr}(\boldsymbol{A})$, $\beta = \det \boldsymbol{A}$, 对应的两个特征值记为 λ_1, λ_2.

情形一 $\alpha^2 - 4\beta > 0$ 且 $\beta > 0$ (两特征值为同号的不同实数)

不妨设 $\lambda_2 < \lambda_1$, 并设 $\boldsymbol{h}_1$ 与 $\boldsymbol{h}_2$ 分别是特征值 λ_1 与 λ_2 对应的特征向量, 则系统 (5.8) 的通解可以表示为

$$\boldsymbol{x}(t) = c_1 \mathrm{e}^{\lambda_1 t} \boldsymbol{h}_1 + c_2 \mathrm{e}^{\lambda_2 t} \boldsymbol{h}_2,$$

其中 c_1, c_2 为任意常数. 在相平面 $x_1 O x_2$ 中, 过奇点 O 作四条半直线 l_1, l_1' 和 l_2, l_2' (如图 5.3 所示). 半直线 l_1, l_2 分别平行于向量 $\boldsymbol{h}_1, \boldsymbol{h}_2$, 半直线 l_1', l_2' 分别平行于向量 $-\boldsymbol{h}_1$, $-\boldsymbol{h}_2$.

事实上, $\boldsymbol{x}(t) = c_1 \mathrm{e}^{\lambda_1 t} \boldsymbol{h}_1$ 亦是系统 (5.8) 的解. 当 $c_1 > 0$ 时, 这个解在相平面中对应的轨线是半直线 l_1; 当 $c_1 < 0$ 时, 其对应的轨线是半直线 l_1'. 类似地, 当 $c_2 > 0$ 时, 解 $\boldsymbol{x}(t) = c_2 \mathrm{e}^{\lambda_2 t} \boldsymbol{h}_2$ 对应的轨线是半直线 l_2; 当 $c_2 < 0$ 时, 其对应的轨线是半直线 l_2'.

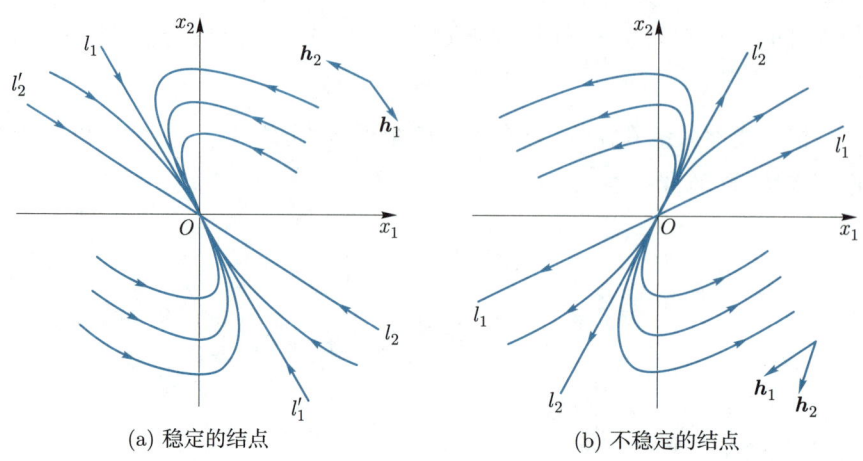

(a) 稳定的结点   (b) 不稳定的结点

图 **5.3**

一般地, 若 c_1, c_2 都不为零, 则系统 (5.8) 轨线的切向可以表示为

$$\frac{\boldsymbol{x}'(t)}{\|\boldsymbol{x}'(t)\|} = \frac{c_1\lambda_1 e^{\lambda_1 t}\boldsymbol{h}_1 + c_2\lambda_2 e^{\lambda_2 t}\boldsymbol{h}_2}{\|c_1\lambda_1 e^{\lambda_1 t}\boldsymbol{h}_1 + c_2\lambda_2 e^{\lambda_2 t}\boldsymbol{h}_2\|}$$
$$= \frac{c_1\lambda_1\boldsymbol{h}_1 + c_2\lambda_2 e^{(\lambda_2-\lambda_1)t}\boldsymbol{h}_2}{\|c_1\lambda_1\boldsymbol{h}_1 + c_2\lambda_2 e^{(\lambda_2-\lambda_1)t}\boldsymbol{h}_2\|}.$$

由于 $\lambda_2 - \lambda_1 < 0$, 则当 $t \to +\infty$ 时,

$$\frac{\boldsymbol{x}'(t)}{\|\boldsymbol{x}'(t)\|} \to \pm\frac{\boldsymbol{h}_1}{\|\boldsymbol{h}_1\|},$$

即轨线的切向趋于与向量 $\boldsymbol{h}_1$ 或者 $-\boldsymbol{h}_1$ 的方向一致 (其中 "$\pm$" 由 $c_1\lambda_1$ 的符号确定). 类似地, 当 $t \to -\infty$ 时, 轨线的切向趋于与向量 $\boldsymbol{h}_2$ 或者 $-\boldsymbol{h}_2$ 的方向一致.

于是根据以上分析, 在 c_1, c_2 不全为零时进一步分如下情形讨论:

1° $\alpha > 0$ 即 $\lambda_2 < \lambda_1 < 0$ (如图 5.3(a) 所示)

当 $t \to +\infty$ 时, 系统 (5.8) 的解 $\boldsymbol{x}(t)$ 都趋于 $\boldsymbol{0}$, 这些解对应的轨线的方向因此趋于点 O, 并且非半直线的轨线在 O 处与半直线 l_1 或者 l_1' 相切.

当 $t \to -\infty$ 时, 系统 (5.8) 的解 $\boldsymbol{x}(t)$ 都趋于无穷远, 且非半直线的轨线的切向趋于与半直线 l_2 或者 l_2' 平行.

这时, 称奇点 O 为稳定的结点.

2° $\alpha < 0$ 即 $0 < \lambda_2 < \lambda_1$ (如图 5.3(b) 所示)

当 $t \to +\infty$ 时, 系统 (5.8) 的解 $\boldsymbol{x}(t)$ 都趋于无穷远, 对应的轨线的方向因此远离点 O, 并且非半直线的轨线的切向趋于与半直线 l_1 或者 l_1' 平行.

当 $t \to -\infty$ 时, 系统 (5.8) 的解 $\boldsymbol{x}(t)$ 都趋于 $\boldsymbol{0}$, 且非半直线的轨线在奇点 O 处与半直线 l_2 或者 l_2' 相切.

这时, 称奇点 O 为不稳定的结点.

情形二 $\alpha^2 - 4\beta = 0$ 且 $\beta > 0$ (两特征值相等 $\lambda_1 = \lambda_2 = \lambda$)

1° A 相应于特征值 λ 具有完全特征向量系 (如图 5.4 所示)

设 h_1 与 h_2 是特征值 λ 对应的线性无关的特征向量, 则系统 (5.8) 的通解可以表示为

$$x(t) = e^{\lambda t}(c_1 h_1 + c_2 h_2),$$

其中 c_1, c_2 为任意常数. 若 $c_1^2 + c_2^2 \neq 0$, 则对于一切 t, 系统 (5.8) 轨线的切向

$$\frac{x'(t)}{\|x'(t)\|} = \pm \frac{c_1 h_1 + c_2 h_2}{\|c_1 h_1 + c_2 h_2\|}.$$

由于相平面中的任意一个向量可以由 h_1 与 h_2 线性表出, 所以此时除奇点 O 外系统 (5.8) 的所有轨线是任何远离或者趋于奇点 O 的半直线.

特别地, 当 $\lambda < 0$ 且 $t \to +\infty$ 时, 除点 O 外轨线的方向都沿半直线趋于 O, 则称奇点 O 为稳定的临界结点; 当 $\lambda > 0$ 且 $t \to +\infty$ 时, 除点 O 外轨线的方向都沿半直线远离 O, 则称奇点 O 为不稳定的临界结点.

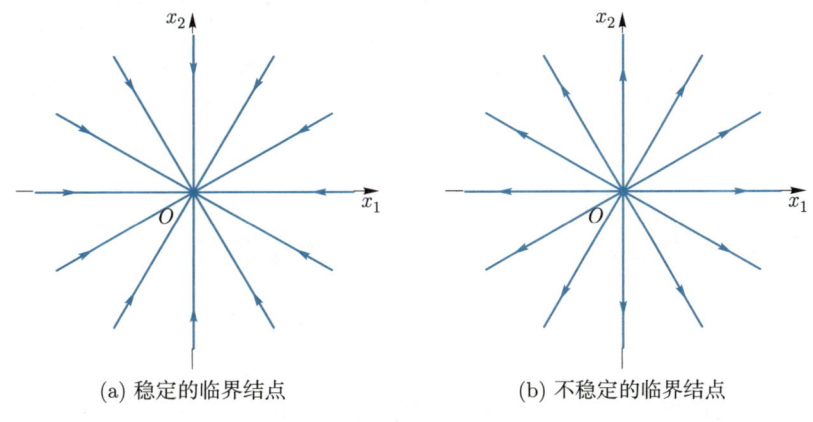

(a) 稳定的临界结点   (b) 不稳定的临界结点

图 5.4

2° A 相应于特征值 λ 不具有完全特征向量系 (如图 5.5 所示)

设 a_0 是特征值 λ 对应的特征向量, a_1 是相应的广义特征向量, 则系统 (5.8) 的通解可以表示为

$$x(t) = c_1 e^{\lambda t}(a_0 t + a_1) + c_2 e^{\lambda t} a_0,$$

其中 c_1, c_2 为任意常数. 记半直线 $l, \hat{l}$ 分别为解 $x(t) = c_2 e^{\lambda t} a_0$ 在 $c_2 > 0$ 与 $c_2 < 0$ 时对应的轨线. 若 c_1, c_2 都不为零, 则系统 (5.8) 轨线的切向可以表示为

$$\frac{x'(t)}{\|x'(t)\|} = \frac{c_1 a_0 + c_1 \lambda(a_0 t + a_1) + c_2 \lambda a_0}{\|c_1 a_0 + c_1 \lambda(a_0 t + a_1) + c_2 \lambda a_0\|}.$$

当 $t \to \pm\infty$ 时,

$$\frac{x'(t)}{\|x'(t)\|} \to \pm \frac{a_0}{\|a_0\|},$$

即轨线的切向趋于与向量 a_0 或者 $-a_0$ 的方向一致. 由此, 对于 c_1, c_2 不全为零, 若 $\lambda < 0$, 当 $t \to +\infty$ 时, 系统 (5.8) 的解 $x(t)$ 都趋于 $\mathbf{0}$, 轨线的方向因此趋于点 O, 并且非半直线的轨线在 O 处与半直线 l 或者 $\hat{l}$ 相切; 而当 $t \to -\infty$ 时, 系统 (5.8) 的解 $x(t)$ 都趋于无穷远, 非半直线的轨线的切向趋于与半直线 l 或者 $\hat{l}$ 平行. 这时, 称奇点 O 为稳定的退化结点.

反之, 若 $\lambda > 0$, 轨线的方向远离点 O. 这时, 称奇点 O 为不稳定的退化结点.

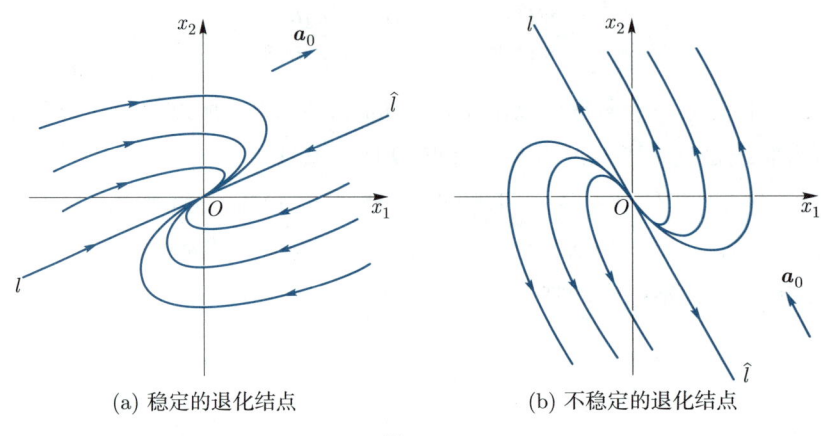

(a) 稳定的退化结点　　　(b) 不稳定的退化结点

图 5.5

情形三　$\beta < 0$ (两特征值为异号实数)

不妨设 $\lambda_2 < 0 < \lambda_1$, 则系统 (5.8) 的通解可以表示为

$$x(t) = c_1 e^{\lambda_1 t} h_1 + c_2 e^{\lambda_2 t} h_2,$$

其中 h_1 与 h_2 分别是特征值 λ_1 与 λ_2 对应的特征向量, c_1 与 c_2 为任意常数.

解 $x(t) = c_1 e^{\lambda_1 t} h_1 \to \pm \infty \ (t \to +\infty)$, 对应的轨线的方向远离奇点 O, 且当 $c_1 > 0$ 时, 对应的轨线记为半直线 ζ_1; 当 $c_1 < 0$ 时, 对应的轨线记为半直线 ζ_1'. 另外, 解 $x(t) = c_2 e^{\lambda_2 t} h_2 \to \mathbf{0} \ (t \to +\infty)$, 对应的轨线的方向趋于奇点 O, 且当 $c_2 > 0$ 时, 对应的轨线记为半直线 ζ_2; 当 $c_2 < 0$ 时, 对应的轨线记为半直线 ζ_2' (如图 5.6 所示).

一般地, 若 c_1, c_2 都不为零, 有

$$\left\| x(t) - c_1 e^{\lambda_1 t} h_1 \right\| \to 0 \ (t \to +\infty),$$

$$\left\| x(t) - c_2 e^{\lambda_2 t} h_2 \right\| \to 0 \ (t \to -\infty).$$

则四条半直线为分界线, 并且当 $t \to +\infty$ 时, 系统 (5.8) 的解 $x(t)$ 都趋于无穷远, 对应轨线以半直线分界线 ζ_1 或者 ζ_1' 为渐近线; 当 $t \to -\infty$ 时, 解 $x(t)$ 亦都趋于无穷远, 对应的轨线又以半直线分界线 ζ_2 或者 ζ_2' 为渐近线. 这时, 称奇点 O 为鞍点.

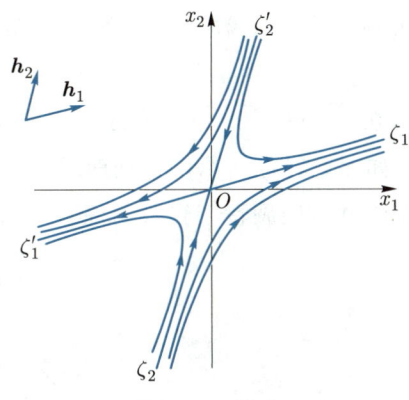

图 5.6 鞍点

情形四 $\alpha^2 - 4\beta < 0$ 且 $\beta > 0$ (两特征值为共轭虚数)

设两特征值 $\lambda_{1,2} = \mu \pm \nu\mathrm{i}$ (i 为虚数单位). 因此, 存在非奇异矩阵 $\boldsymbol{T}$ 使得

$$\boldsymbol{T}\boldsymbol{A}\boldsymbol{T}^{-1} = \boldsymbol{\mathcal{J}} = \begin{pmatrix} \mu & \nu \\ -\nu & \mu \end{pmatrix}.$$

作非奇异线性变换 $\boldsymbol{y} = \boldsymbol{T}\boldsymbol{x}$, 则线性系统 (5.8) 可化为

$$\frac{\mathrm{d}\boldsymbol{y}}{\mathrm{d}t} = \boldsymbol{\mathcal{J}}\boldsymbol{y} \quad \text{或} \quad \begin{cases} \dfrac{\mathrm{d}y_1}{\mathrm{d}t} = \mu y_1 + \nu y_2, \\ \dfrac{\mathrm{d}y_2}{\mathrm{d}t} = -\nu y_1 + \mu y_2. \end{cases} \tag{5.9}$$

由此, 引入极坐标变换 $\begin{cases} y_1 = r\cos\theta, \\ y_2 = r\sin\theta, \end{cases}$ 并注意到

$$r^2 = y_1^2 + y_2^2$$

与

$$\theta = \arctan\frac{y_2}{y_1},$$

则系统 (5.9) 进一步可化为

$$\begin{cases} r\dfrac{\mathrm{d}r}{\mathrm{d}t} = y_1\dfrac{\mathrm{d}y_1}{\mathrm{d}t} + y_2\dfrac{\mathrm{d}y_2}{\mathrm{d}t} = \mu r^2, \\ \dfrac{\mathrm{d}\theta}{\mathrm{d}t} = \dfrac{y_1\dfrac{\mathrm{d}y_2}{\mathrm{d}t} - y_2\dfrac{\mathrm{d}y_1}{\mathrm{d}t}}{y_1^2 + y_2^2} = -\nu, \end{cases}$$

即可解得

$$\begin{cases} r(t) = c_1 \mathrm{e}^{\mu t}, \\ \theta(t) = -\nu t + c_2, \end{cases} \tag{5.10}$$

其中 $t \in (-\infty, +\infty)$, $c_1 \geq 0$, c_2 为任意常数. 于是, 若 $c_1 > 0$, 进一步分如下情形讨论:

1° 特征值为纯虚数 $(\mu = 0)$

实部 $\mu = 0$ 也就是 $\alpha = 0$, $\nu = \pm\sqrt{\beta}$. 由解 (5.10) 的形式可知, 其对应的轨线是以奇点 O 为圆心的同心圆族 (如图 5.7(a) 所示). 特别地, 当 $\nu < 0$ 时, 轨线依逆时针方向旋转; 当 $\nu > 0$ 时, 轨线依顺时针方向旋转. 这时, 称奇点 O 为中心.

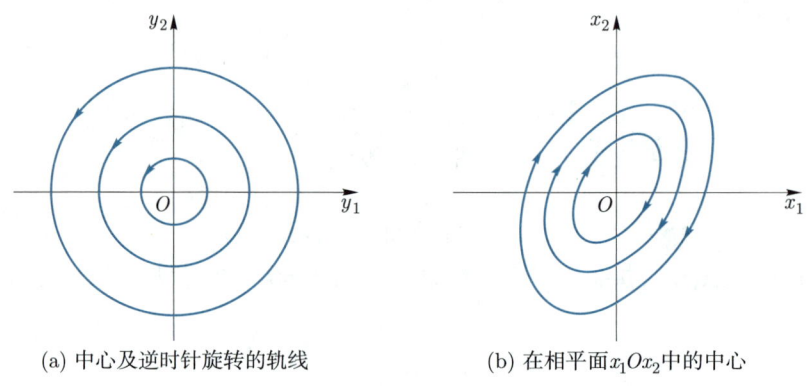

(a) 中心及逆时针旋转的轨线　　(b) 在相平面 x_1Ox_2 中的中心

图 **5.7**

图 5.7(a) 给出了系统 (5.8) 通过线性变换 $\boldsymbol{y} = \boldsymbol{Tx}$, 即仿射变换得到的系统 (5.9) 在相平面 y_1Oy_2 中的轨线是同心圆族. 事实上, 原系统 (5.8) 在相平面 x_1Ox_2 中的轨线可以通过逆变换 $\boldsymbol{T}^{-1}$ 得到, 封闭轨线经变换后还是封闭轨线, 只是有一定的变形或翻转, 定性结构是相同的 (图 5.7(b) 中的轨线是中心在奇点 O 的椭圆族).

2° 特征值为实部非零的虚数 $(\mu \neq 0)$

同样由解 (5.10) 的形式可知, 其对应的轨线是环绕奇点 O 的对数螺线. 特别地, 当 $\nu < 0$ 时, 轨线依逆时针方向旋转; 当 $\nu > 0$ 时, 轨线依顺时针方向旋转.

若 $\mu < 0$, 系统 (5.9) 的解都随着 $t \to +\infty$ 趋于 $\boldsymbol{0}$, 则称奇点 O 为稳定的焦点; 若 $\mu > 0$, 解都随着 $t \to +\infty$ 趋于无穷远, 则称奇点 O 为不稳定的焦点 (如图 5.8 所示).

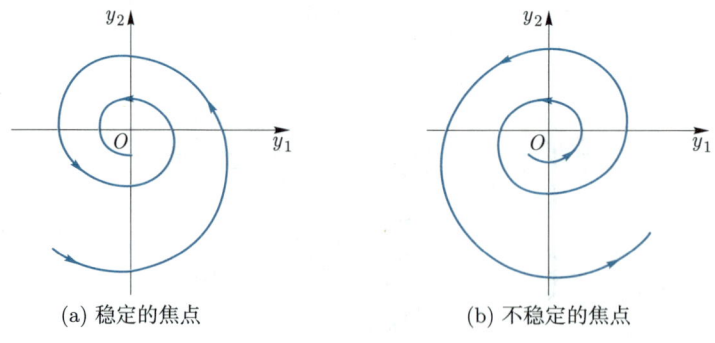

(a) 稳定的焦点　　(b) 不稳定的焦点

图 **5.8**

综上所述, 我们可以得到如下定理.

定理 5.2.1 对于平面线性系统 (5.8), 设 $\lambda_{1,2}$ 是系数矩阵 A 的特征值, 那么奇点 $O(0,0)$ 的类型由这两个特征值决定, 即

(1) 如果特征值为同号实数, 则奇点 O 为结点, 特别地, 当 $\lambda_{1,2} < 0$ 时, 奇点 O 为稳定的结点; 当 $\lambda_{1,2} > 0$ 时, 奇点 O 为不稳定的结点; 当两特征值相等时, 奇点 O 为临界或退化结点;

(2) 如果特征值为异号实数, 则奇点 O 为鞍点;

(3) 如果特征值为共轭虚数, 即 $\lambda_{1,2} = \mu \pm \nu\mathrm{i}$ $(\nu \neq 0)$, 则当 $\mu = 0$ 时, 奇点 O 为中心; 当 $\mu < 0$ 时, 奇点 O 为稳定的焦点; 当 $\mu > 0$ 时, 奇点 O 为不稳定的焦点.

若将 α, β 视为参数, 则定理 5.2.1 的结论可以在参数平面 $\alpha O \beta$ 上 $(\beta \neq 0)$ 直观地表示出来 (如图 5.9 所示).

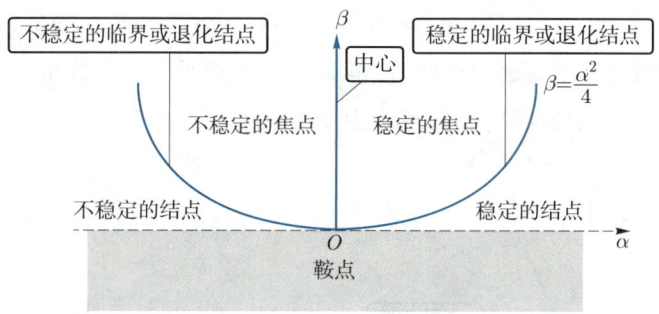

图 5.9 奇点类型

例 5.2.1 试确定平面系统

$$\begin{cases} \dfrac{\mathrm{d}x}{\mathrm{d}t} = -y, \\ \dfrac{\mathrm{d}y}{\mathrm{d}t} = 2x - 3y \end{cases} \tag{5.11}$$

的奇点 $O(0,0)$ 的类型, 并在相平面中作出轨线的大致图形.

解 系统 (5.11) 的系数矩阵 A 对应的特征方程为

$$\lambda(\lambda + 3) + 2 = (\lambda + 2)(\lambda + 1) = 0,$$

则可解得 $\lambda_1 = -2, \lambda_2 = -1$. 因此, 根据定理 5.2.1, 系统 (5.11) 的奇点 O 是稳定的结点.

为了绘制轨线, 需要确定半直线方向以及轨线趋于奇点 O 时所切的半直线. 当然, 我们可以运用求特征向量的方法, 但是用以下方法进行讨论更加直接.

设半直线所在直线的方程为 $y = kx$. 注意到半直线亦是系统 (5.11) 的轨线, 因此该直线方程可视为系统 (5.11) 的轨线所满足的微分方程

$$\frac{\mathrm{d}y}{\mathrm{d}x} = \frac{2x - 3y}{-y} = 2\left(-\frac{x}{y}\right) + 3$$

之解. 于是, 将半直线方程 $y = kx$ 代入上述方程后得到

$$k = 2\left(-\frac{1}{k}\right) + 3.$$

从而解得 $k_1 = 2$, $k_2 = 1$.

为了确定轨线趋于奇点 O 时所切直线的斜率, 作如下分析和观察: 由于已经确定了奇点 O 是稳定的结点, 因此轨线的方向都趋于点 O. 在相平面 xOy 的第一象限内, 由 $y > 0$ 有

$$\frac{\mathrm{d}x}{\mathrm{d}t} = -y < 0.$$

这表明在第一象限内轨线的方向应始终指向坐标分量 x 单调递减的方向. 于是, 根据这一论断并观察图 5.10(a) 可以发现, 轨线趋于奇点 O 时所切的只能是直线 $y = x$. 还须注意的是, 在绘制趋于无穷远的轨线时, 其切向应大致平行于直线 $y = 2x$.

从而系统 (5.11) 的轨线的大致形状由图 5.10(b) 给出. □

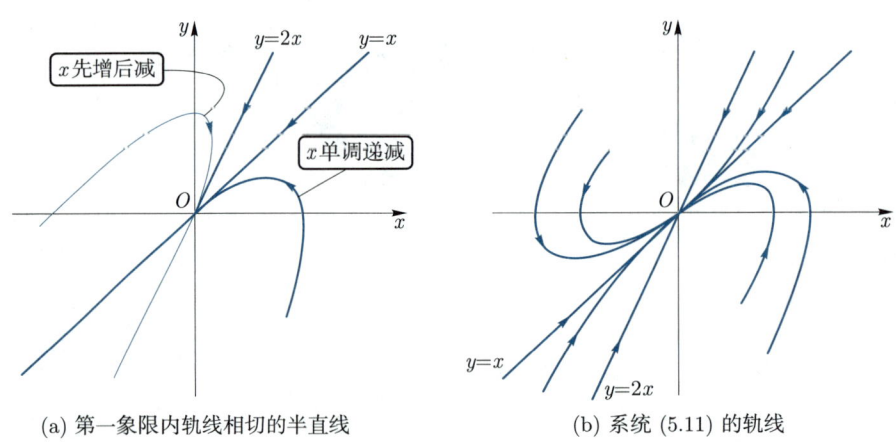

(a) 第一象限内轨线相切的半直线 (b) 系统 (5.11) 的轨线

图 5.10

例 5.2.2 试确定平面系统

$$\begin{cases} \dfrac{\mathrm{d}x}{\mathrm{d}t} = x + y - 2, \\ \dfrac{\mathrm{d}y}{\mathrm{d}t} = x - y \end{cases} \tag{5.12}$$

的奇点及其类型, 并在相平面中作出轨线的大致图形.

解 由方程组

$$\begin{cases} x + y - 2 = 0, \\ x - y = 0 \end{cases}$$

可解得系统 (5.12) 的奇点为 $M(1,1)$. 作平移变换

$$\begin{cases} \xi = x - 1, \\ \eta = y - 1, \end{cases}$$

则系统 (5.12) 可化为

$$\begin{cases} \dfrac{\mathrm{d}\xi}{\mathrm{d}t} = \xi + \eta, \\ \dfrac{\mathrm{d}\eta}{\mathrm{d}t} = \xi - \eta. \end{cases} \quad (5.13)$$

由此 $(0,0)$ 为系统 (5.13) 的奇点, 其系数矩阵 A 的特征值为 $\lambda_{1,2} = \pm\sqrt{2}$. 因此, 根据定理 5.2.1, 系统 (5.13) 的奇点 $(0,0)$ 是鞍点, 即系统 (5.12) 的奇点 M 是鞍点.

为了绘制轨线, 运用例 5.2.1 的方法: 设半直线所在直线的方程为 $\eta = k\xi$, 利用系统 (5.13), 得到

$$k = \frac{1-k}{1+k}.$$

于是, 解得 $k_{1,2} = -1 \pm \sqrt{2}$.

进一步注意到, 在相平面 xOy 的第二象限内 $\dfrac{\mathrm{d}y}{\mathrm{d}t} < 0$; 在第四象限内 $\dfrac{\mathrm{d}y}{\mathrm{d}t} > 0$.

从而, 根据以上分析以及鞍点附近轨线的特点, 系统 (5.12) 的轨线图形由图 5.11 给出. □

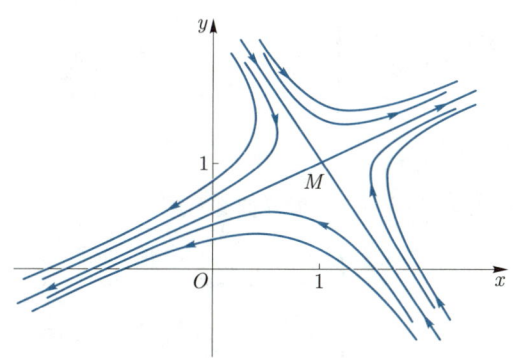

图 5.11 系统 (5.12) 的轨线

5.2.2 平面非线性系统的 Perron 定理

对于平面非线性自治系统 (5.7), 我们有如下两个定理.

定理 5.2.2 (Perron 第一定理) 设非线性系统 (5.7) 中的 g_1, g_2 满足

(1) 在奇点 O 的邻域内有连续的一阶偏导数;

(2) 当 $(x_1, x_2) \to (0,0)$ 时, 成立

$$g_1(x_1, x_2) = o(r), \quad g_2(x_1, x_2) = o(r),$$

其中 $r = \sqrt{x_1^2 + x_2^2}$, 则当点 O 是对应线性系统 (5.8) 的焦点、鞍点或结点时, 点 O 亦是非线性系统 (5.7) 的相同类型的奇点.

定理 5.2.3 (Perron 第二定理) 设非线性系统 (5.7) 中的 g_1, g_2 满足

(1) 在奇点 O 的邻域内有连续的一阶偏导数;

(2) 当 $(x_1, x_2) \to (0,0)$ 时, 成立

$$g_1(x_1, x_2) = o(r^{1+\varepsilon}), \quad g_2(x_1, x_2) = o(r^{1+\varepsilon}),$$

其中 $r = \sqrt{x_1^2 + x_2^2}$, ε 为任意小的正数, 则当点 O 是对应线性系统 (5.8) 的临界或退化结点时, 点 O 亦是非线性系统 (5.7) 的相同类型的奇点.

由于本小节中的定理证明较为复杂, 我们都省略了.

注 5.2.1 若 g_1, g_2 在奇点 O 的邻域内为解析函数, 则当系数矩阵 $\boldsymbol{A}$ 的特征值不具有零实部时, 系统 (5.7) 在奇点 O 附近的轨线性状可以由相应的一次近似系统来完全决定. 否则, 仅由定理 5.2.2 中的条件 (2) 成立, 非线性系统的奇点 O 不足以保持其一次近似系统中临界结点、退化结点的性状.

例 5.2.3 试确定非线性系统

$$\begin{cases} \dfrac{\mathrm{d}x_1}{\mathrm{d}t} = -x_1 + \begin{cases} \dfrac{2x_2}{\ln(x_1^2 + x_2^2)}, & x_1^2 + x_2^2 \neq 0, \\ 0, & x_1^2 + x_2^2 = 0, \end{cases} \\ \dfrac{\mathrm{d}x_2}{\mathrm{d}t} = -x_2 - \begin{cases} \dfrac{2x_1}{\ln(x_1^2 + x_2^2)}, & x_1^2 + x_2^2 \neq 0, \\ 0, & x_1^2 + x_2^2 = 0 \end{cases} \end{cases} \tag{5.14}$$

的奇点 $O(0,0)$ 的类型.

解 系统 (5.14) 在点 O 附近的一次近似系统为

$$\begin{cases} \dfrac{\mathrm{d}x_1}{\mathrm{d}t} = -x_1, \\ \dfrac{\mathrm{d}x_2}{\mathrm{d}t} = -x_2. \end{cases}$$

因此, O 是该线性系统的临界结点. 另一方面, 我们直接来确定系统 (5.14) 奇点 O 的类型. 为此, 作极坐标变换 $x_1 = r\cos\theta$, $x_2 = r\sin\theta$, 系统 (5.14) 可化为

$$\begin{cases} \dfrac{\mathrm{d}r}{\mathrm{d}t} = -r, \\ \dfrac{\mathrm{d}\theta}{\mathrm{d}t} = -\dfrac{1}{\ln r}, \end{cases} \quad r \neq 0.$$

从而可以解得

$$\begin{cases} r(t) = c_1 \mathrm{e}^{-t}, \\ \theta(t) = \ln(t - \ln c_1) + c_2, \end{cases}$$

其中 $c_1 > 0$, c_2 为任意的常数. 由此可见, 当 $t \to +\infty$ 时, $r(t) \to 0$, $\theta(t) \to +\infty$. 故而, 奇点 O 是系统 (5.14) 稳定的焦点, 不同于其近似线性系统奇点的类型.

产生这一差别的症结是函数

$$g_i(x_1, x_2) = \begin{cases} (-1)^j \dfrac{2x_j}{\ln(x_1^2 + x_2^2)}, & x_1^2 + x_2^2 \neq 0, \\ 0, & x_1^2 + x_2^2 = 0, \end{cases} \quad i, j = 1, 2, \ i \neq j$$

虽然满足定理 5.2.2 中的条件 (2), 但不满足定理 5.2.3 中的条件 (2). □

例 5.2.4 若参数 a, b 满足 $a \neq 0, b > 0$, 试确定平面系统

$$\begin{cases} \dfrac{\mathrm{d}x}{\mathrm{d}t} = y + y^3, \\ \dfrac{\mathrm{d}y}{\mathrm{d}t} = -b^2 x - 2ay + x^3 \end{cases} \tag{5.15}$$

的所有奇点及其类型.

解 由方程组

$$\begin{cases} y + y^3 = 0, \\ -b^2 x - 2ay + x^3 = 0 \end{cases}$$

解得系统 (5.15) 的奇点为

$$O(0, 0), \quad P_+(b, 0), \quad \text{和} \quad P_-(-b, 0).$$

1° 系统 (5.15) 在奇点 O 附近对应的一次近似系统的系数矩阵为

$$\boldsymbol{A} = \begin{pmatrix} 0 & 1 \\ -b^2 & -2a \end{pmatrix},$$

$\boldsymbol{A}$ 的特征值为 $\lambda_{1,2} = -a \pm \sqrt{a^2 - b^2}$.

当 $a > 0$ 时, 若 $a^2 - b^2 \geqslant 0$, 则 O 是一次近似系统稳定的结点; 若 $a^2 - b^2 < 0$, 则 O 是一次近似系统稳定的焦点. 根据定理 5.2.2, O 亦是系统 (5.15) 同类型的奇点.

当 $a < 0$ 时, 若 $a^2 - b^2 \geqslant 0$, 则 O 是系统 (5.15) 不稳定的结点; 若 $a^2 - b^2 < 0$, 则 O 是系统 (5.15) 不稳定的焦点.

2° 作平移变换 $\xi = x - b$, $\eta = y$, 则系统 (5.15) 可化为

$$\begin{cases} \dfrac{\mathrm{d}\xi}{\mathrm{d}t} = \eta + \eta^3, \\ \dfrac{\mathrm{d}\eta}{\mathrm{d}t} = 2b^2 \xi - 2a\eta + 3b\xi^2 + \xi^3. \end{cases}$$

因此, 其对应的一次近似系统的系数矩阵为

$$\widetilde{\boldsymbol{A}} = \begin{pmatrix} 0 & 1 \\ 2b^2 & -2a \end{pmatrix},$$

$\widetilde{\boldsymbol{A}}$ 的特征值为 $\tilde{\lambda}_{1,2} = -a \pm \sqrt{a^2 + 2b^2}$, 即 $\tilde{\lambda}_{1,2}$ 是异号实数. 所以, 奇点 P_+ 是系统 (5.15) 的鞍点.

3° 作平移变换 $\xi = x + b, \eta = y$, 则系统 (5.15) 可化为

$$\begin{cases} \dfrac{\mathrm{d}\xi}{\mathrm{d}t} = \eta + \eta^3, \\ \dfrac{\mathrm{d}\eta}{\mathrm{d}t} = 2b^2 \xi - 2a\eta - 3b\xi^2 + \xi^3. \end{cases}$$

类似地, 奇点 P_- 也是系统 (5.15) 的鞍点. □

例 5.2.5 考虑单摆 (如图 5.12 所示) 运动方程

$$\frac{\mathrm{d}^2 \varphi}{\mathrm{d}t^2} + b \frac{\mathrm{d}\varphi}{\mathrm{d}t} + \frac{g}{l} \sin \varphi = 0,$$

其中 b 为阻尼系数, l 为轻质细杆长度, g 为重力加速度. 若置 $x = \varphi, y = \dfrac{\mathrm{d}\varphi}{\mathrm{d}t}$, 分别绘制在小阻尼 $\left(0 < b < 2\sqrt{\dfrac{g}{l}}\right)$ 和无阻尼 $(b = 0)$ 情形下, 运动方程对应的系统在相平面 xOy 中轨线的大致图形.

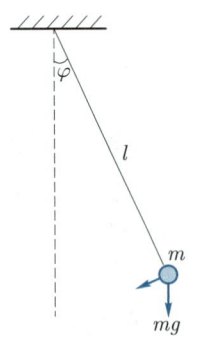

图 5.12 单摆示意图

解 单摆运动方程对应的平面自治系统为

$$\begin{cases} \dfrac{\mathrm{d}x}{\mathrm{d}t} = y, \\ \dfrac{\mathrm{d}y}{\mathrm{d}t} = -\dfrac{g}{l} \sin x - by. \end{cases} \tag{5.16}$$

由此, 系统 (5.16) 的奇点为 $(n\pi, 0), n$ 为整数.

1° 首先考虑奇点 $((2m+1)\pi, 0)$, m 为整数. 作变换 $v = x - (2m+1)\pi$, 则系统 (5.16) 化为

$$\begin{cases} \dfrac{\mathrm{d}v}{\mathrm{d}t} = y, \\ \dfrac{\mathrm{d}y}{\mathrm{d}t} = -\dfrac{g}{l}\sin(v + (2m+1)\pi) - by = \dfrac{g}{l}v - by + o(v^2). \end{cases}$$

其对应的一次近似系统的系数矩阵为

$$\boldsymbol{A} = \begin{pmatrix} 0 & 1 \\ \dfrac{g}{l} & -b \end{pmatrix},$$

$\boldsymbol{A}$ 的特征值为 $\lambda_{1,2} = -\dfrac{b}{2} \pm \sqrt{\dfrac{b^2}{4} + \dfrac{g}{l}}$, 即 $\lambda_{1,2}$ 是异号实数. 故而, 根据定理 5.2.2, 对于任何 b, 奇点 $((2m+1)\pi, 0)$ 都是系统 (5.16) 的鞍点.

在这些鞍点附近总有两条轨线的方向趋于鞍点, 有另外两条轨线的反方向趋于鞍点. 这四条轨线作为鞍点附近的分界线, 在鞍点处的斜率 k 可以由下式确定:

$$k = \lim_{t \to +\infty} \dfrac{\dot{y}(t)}{\dot{v}(t)} = \lim_{t \to +\infty} \dfrac{\dfrac{g}{l}v(t) - by(t) + o(v^2(t))}{y(t)} = \dfrac{g}{l} \cdot \dfrac{1}{k} - b,$$

即 k 满足的方程 $k^2 + bk - \dfrac{g}{l} = 0$ 具有两个异号的实根.

2° 考虑奇点 $(2m\pi, 0)$, m 为整数. 作变换 $v = x - 2m\pi$, 则系统 (5.16) 化为

$$\begin{cases} \dfrac{\mathrm{d}v}{\mathrm{d}t} = y, \\ \dfrac{\mathrm{d}y}{\mathrm{d}t} = -\dfrac{g}{l}\sin(v + 2m\pi) - by = -\dfrac{g}{l}v - by + o(v^2). \end{cases}$$

其对应的一次近似系统的系数矩阵为

$$\widehat{\boldsymbol{A}} = \begin{pmatrix} 0 & 1 \\ -\dfrac{g}{l} & -b \end{pmatrix},$$

$\widehat{\boldsymbol{A}}$ 的特征值为 $\hat{\lambda}_{1,2} = -\dfrac{b}{2} \pm \sqrt{\dfrac{b^2}{4} - \dfrac{g}{l}}$.

(1) 对于小阻尼情形, 即当 $0 < b < 2\sqrt{\dfrac{g}{l}}$ 时, 特征值 $\hat{\lambda}_{1,2}$ 是一对共轭虚数, 且 $\mathrm{Re}\left\{\hat{\lambda}_{1,2}\right\} = -\dfrac{b}{2} < 0$. 因此, 根据定理 5.2.2, 小阻尼情形下奇点 $(2m\pi, 0)$ 都是系统 (5.16) 稳定的焦点. 系统 (5.16) 在相平面中轨线的大致图形由图 5.13 给出.

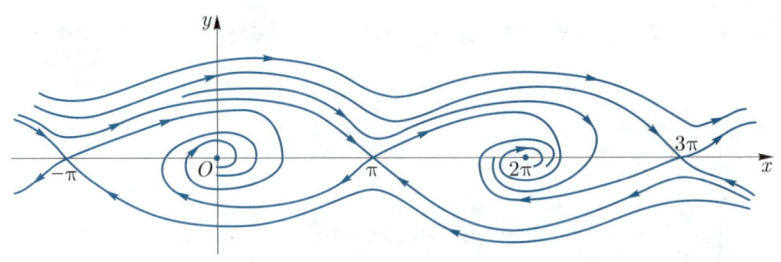

图 5.13 小阻尼情形下的轨线

从图 5.13 可以发现, 如果单摆的初始势能和动能较小, 即初始摆角 $\varphi(0)$ 和速度 $\dot{\varphi}(0)$ 较小, 那么单摆只能在平衡位置 $\varphi \equiv 0$ 附近来回摆动, 并且由于阻尼的作用最后趋于静止; 如果初始能量适当, 单摆将趋于新的平衡位置 $\varphi \equiv \pi$, 且需要无限时间; 如果初始能量更大, 单摆将绕过平衡位置 π, 而走向平衡位置 2π, 且在 2π 附近摆动直至静止; 如果初始能量更大, 则单摆将绕过 $\pi, 2\pi$, 以至趋于 3π, 或绕过 3π 在 4π 附近摆动直至静止等.

(2) 对于无阻尼情形, 即当 $b=0$ 时, 特征值 $\hat{\lambda}_{1,2} = \pm\sqrt{\dfrac{g}{l}}\mathrm{i}$ 是一对纯虚数. 虽然奇点 $(2m\pi, 0)$ 是一次近似系统的中心, 但是无法直接利用定理 5.2.2 或定理 5.2.3 断定它们是系统 (5.16) 何种类型的奇点.

然而, 我们可以直接从系统 (5.16) 得到
$$\frac{\mathrm{d}y}{\mathrm{d}x} = -\frac{g}{l} \cdot \frac{\sin x}{y},$$

其为该微分方程的首次积分, 也就是系统 (5.16) 的轨线方程是
$$y^2 - \frac{2g}{l} \cdot \cos x = c,$$

其中 c 为任意的常数. 利用这一轨线方程可以发现, 奇点 $(2m\pi, 0)$ 的邻域内充满了封闭的轨线, 因而它们是系统 (5.16) 的中心. 根据上述分析, 对应于
$$|c| > \frac{2g}{l}, \quad |c| < \frac{2g}{l}, \quad |c| = \frac{2g}{l}$$

三种情形, 可以给出系统 (5.16) 在相平面中轨线的大致图形 (如图 5.14 所示).

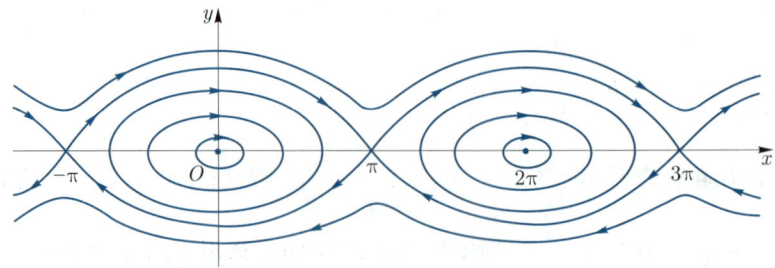

图 5.14 无阻尼情形下的轨线

此外, 我们可以从图 5.14 中发现, 无阻尼单摆在摆动过程中能量守恒的规律.   □

从例 5.2.5 中的无阻尼情形的讨论可以发现, 一次近似系统的奇点虽为中心, 但原系统中该奇点的类型未必能直接确定. 有时, 需求出轨线的方程直接进行讨论.

例 5.2.6   试确定平面系统

$$\begin{cases} \dfrac{\mathrm{d}x_1}{\mathrm{d}t} = -x_2 + g_1(x_1, x_2), \\ \dfrac{\mathrm{d}x_2}{\mathrm{d}t} = x_1 + g_2(x_1, x_2) \end{cases} \quad (5.17)$$

在以下三种情形下奇点 $O(0,0)$ 的类型:

(1) $g_i(x_1, x_2) = (-1)^{i-1} x_j (x_1^2 + x_2^2)$;

(2) $g_i(x_1, x_2) = -x_i \sqrt{x_1^2 + x_2^2}$;

(3) $g_i(x_1, x_2) = \begin{cases} x_i(x_1^2 + x_2^2) \sin \dfrac{\pi}{\sqrt{x_1^2 + x_2^2}}, & x_1^2 + x_2^2 \neq 0, \\ 0, & x_1^2 + x_2^2 = 0, \end{cases}$

其中 $i, j = 1, 2, i \neq j$.

解   对三种情形分别作极坐标变换 $x_1 = r\cos\theta$, $x_2 = r\sin\theta$.

(1) 系统 (5.17) 可化为

$$\begin{cases} \dfrac{\mathrm{d}r}{\mathrm{d}t} = 0, \\ \dfrac{\mathrm{d}\theta}{\mathrm{d}t} = 1 - r^2, \end{cases}$$

解得

$$r(t) \equiv c_1, \quad \theta(t) = (1 - c_1^2)t + c_2,$$

其中 $c_1 \geqslant 0$, c_2 为任意的常数. 特别地, 在奇点 O 的充分小邻域内的轨线都是半径为 $c_1(<1)$ 的圆, 轨线的方向为逆时针方向. 因此, 奇点 O 是系统 (5.17) 的中心.

(2) 系统 (5.17) 可化为

$$\begin{cases} \dfrac{\mathrm{d}r}{\mathrm{d}t} = -r^2, \\ \dfrac{\mathrm{d}\theta}{\mathrm{d}t} = 1, \end{cases}$$

解得

$$r(t) = \dfrac{1}{t + c_1}, \quad \theta(t) = t + c_2,$$

其中 c_1, c_2 为任意的常数. 当 $t \to +\infty$ 时, $r(t) \to 0$, $\theta(t) \to +\infty$. 因此, 奇点 O 是系统 (5.17) 稳定的焦点.

(3) 系统 (5.17) 可化为
$$\begin{cases} \dfrac{\mathrm{d}r}{\mathrm{d}t} = r^3 \sin\dfrac{\pi}{r}, \\ \dfrac{\mathrm{d}\theta}{\mathrm{d}t} = 1, \end{cases}$$

解得 $\theta(t) = t + c$, c 为任意的常数. 而在 $r = \dfrac{1}{k}$ $(k = 1, 2, \cdots)$ 上有 $\dfrac{\mathrm{d}r}{\mathrm{d}t} \equiv 0$. 因此, $\Gamma_k: r = \dfrac{1}{k}$ 是围绕奇点 O 封闭的轨线, 并且 $r = \dfrac{1}{k} \to 0$ $(k \to \infty)$. 另外,

当 $\dfrac{1}{2m} < r < \dfrac{1}{2m-1}$ $(m = 1, 2, \cdots)$ 时, $\dfrac{\mathrm{d}r}{\mathrm{d}t} < 0$;

当 $\dfrac{1}{2m+1} < r < \dfrac{1}{2m}$ $(m = 1, 2, \cdots)$ 时, $\dfrac{\mathrm{d}r}{\mathrm{d}t} > 0$.

可见, 点 O 的外围有一封闭的轨线序列 $\{\Gamma_k\}$ 收缩趋于点 O, 并且每两个相邻的封闭轨线 Γ_k 和 Γ_{k+1} 之间都有螺旋线趋于 Γ_k 或 Γ_{k+1}. 像这样的奇点 O, 称为系统 (5.17) 的中心焦点. □

事实上, 我们有以下定理.

定理 5.2.4 设非线性系统 (5.7) 中的 g_1, g_2 满足

(1) 在奇点 O 的邻域内有连续的一阶偏导数;

(2) 当 $(x_1, x_2) \to (0, 0)$ 时, 成立
$$g_1(x_1, x_2) = o(r), \quad g_2(x_1, x_2) = o(r),$$

其中 $r = \sqrt{x_1^2 + x_2^2}$, 并且点 O 是对应线性系统 (5.8) 的中心, 则点 O 只能是非线性系统 (5.7) 的中心、焦点或中心焦点. 特别地, 当 g_1, g_2 还都在 O 的邻域内解析时, 点 O 只能是非线性系统 (5.7) 的中心或焦点.

习题 5.2

1. 对于下列平面线性系统, 判断奇点类型并绘制轨线的大致图形:

(1) $\begin{cases} \dfrac{\mathrm{d}x}{\mathrm{d}t} = 3x - 2y, \\ \dfrac{\mathrm{d}y}{\mathrm{d}t} = 2x + 3y; \end{cases}$

(2) $\begin{cases} \dfrac{\mathrm{d}x}{\mathrm{d}t} = -x + 4y, \\ \dfrac{\mathrm{d}y}{\mathrm{d}t} = -9x + y; \end{cases}$

(3) $\begin{cases} \dfrac{\mathrm{d}x}{\mathrm{d}t} = -x + 2y, \\ \dfrac{\mathrm{d}y}{\mathrm{d}t} = 2 + y; \end{cases}$

(4) $\begin{cases} \dfrac{\mathrm{d}x}{\mathrm{d}t} = -2x + \dfrac{5}{7}y, \\ \dfrac{\mathrm{d}y}{\mathrm{d}t} = 7x - 3y; \end{cases}$

(5) $\begin{cases} \dfrac{\mathrm{d}x}{\mathrm{d}t} = -x + y + 5, \\ \dfrac{\mathrm{d}y}{\mathrm{d}t} = -2x - 2y - 1. \end{cases}$

2. 证明命题: 若方程

$$(px+qy)\mathrm{d}x + (ux+vy)\mathrm{d}y = 0$$

的奇点是中心, 其中 p, q, u 和 v 是常数, 则这个方程一定是全微分方程. 这个命题的逆命题是否成立? 为什么?

3. 设 $\varepsilon > 0$, 试确定自激振荡系统中 van der Pol 方程 $\ddot{x} + \varepsilon(x^2-1)\dot{x} + x = 0$ 的奇点类型.

4. 对于下列平面系统, 判断奇点类型:

(1) $\begin{cases} \dfrac{\mathrm{d}x}{\mathrm{d}t} = x(1-x-y), \\ \dfrac{\mathrm{d}y}{\mathrm{d}t} = \dfrac{1}{4}y(2-3x-y); \end{cases}$

(2) $\begin{cases} \dfrac{\mathrm{d}x}{\mathrm{d}t} = y, \\ \dfrac{\mathrm{d}y}{\mathrm{d}t} = -x + \delta(y-x^2) \quad (\delta > 0); \end{cases}$

(3) $\begin{cases} \dfrac{\mathrm{d}x}{\mathrm{d}t} = y - x, \\ \dfrac{\mathrm{d}y}{\mathrm{d}t} = y - x^2 - (x-y)\left(y^2 - 2xy + \dfrac{2}{3}x^3\right); \end{cases}$

(4) $\begin{cases} \dfrac{\mathrm{d}x}{\mathrm{d}t} = y, \\ \dfrac{\mathrm{d}y}{\mathrm{d}t} = x(a^2 - x^2) + by \quad (ab \neq 0); \end{cases}$

(5) $\begin{cases} \dfrac{\mathrm{d}x}{\mathrm{d}t} = \sqrt{x^2 - y + 2} - 2, \\ \dfrac{\mathrm{d}y}{\mathrm{d}t} = \arctan(x^2 + xy). \end{cases}$

5. 试确定平面系统

$$\begin{cases} \dfrac{\mathrm{d}x}{\mathrm{d}t} = f(x) + y, \\ \dfrac{\mathrm{d}y}{\mathrm{d}t} = -3x \end{cases}$$

的奇点, 其中

$$f(x) = \begin{cases} -4x, & x > 0, \\ 4x, & -1 < x \leqslant 0, \\ -x - 5, & x \leqslant -1, \end{cases}$$

并绘制轨线的大致图形.

6. 当阻尼系数 $b \geqslant 2\sqrt{\dfrac{g}{l}}$ 时, 试确定单摆运动方程对应平面系统所有奇点的类型, 绘制轨线的大致图形, 并利用图形解释对应的单摆运动现象.

7. 试确定平面系统

$$\begin{cases} \dfrac{\mathrm{d}x_1}{\mathrm{d}t} = x_1 + g_1(x_1, x_2), \\ \dfrac{\mathrm{d}x_2}{\mathrm{d}t} = x_2 + g_2(x_1, x_2). \end{cases}$$

在不同情形下奇点 $O(0,0)$ 的类型:

(1) $g_i(x_1, x_2) = (-1)^{i-1} x_j (x_1^2 + x_2^2)^{\frac{2}{3}}$;

(2) $g_i(x_1, x_2) = \begin{cases} (-1)^j x_j (x_1^2 + x_2^2) \sin \dfrac{\pi}{\sqrt{x_1^2 + x_2^2}}, & x_1^2 + x_2^2 \neq 0, \\ 0, & x_1^2 + x_2^2 = 0, \end{cases}$

其中 $i, j = 1, 2, i \neq j$.

8. 设平面系统

$$\begin{cases} \dfrac{\mathrm{d}x_1}{\mathrm{d}t} = P(x_1, x_2), \\ \dfrac{\mathrm{d}x_2}{\mathrm{d}t} = Q(x_1, x_2), \end{cases}$$

其中 $P, Q \in C^1$ 且

$$\begin{cases} P(x_1, -x_2) = -P(x_1, x_2), \\ Q(x_1, -x_2) = -Q(x_1, x_2). \end{cases}$$

若 $O(0,0)$ 是该系统的一次近似系统的中心, 证明: 奇点 O 也是该系统的中心.

9. 设非线性系统 (5.7) 中的 g_1, g_2 在奇点 $O(0,0)$ 的邻域内是解析的, O 是一次近似系统 (5.8) 的中心. 若在 $O(0,0)$ 的邻域内存在系统 (5.7) 的一个连续的首次积分, 证明: 奇点 O 也是系统 (5.7) 的中心.

10. 若 a, b, c 和 d 均为正的常数, 试确定 Lotka-Volterra 系统

$$\begin{cases} \dfrac{\mathrm{d}x}{\mathrm{d}t} = ax - bxy, \\ \dfrac{\mathrm{d}y}{\mathrm{d}t} = -cy + dxy \end{cases}$$

的奇点及其类型, 并在相平面 xOy 的第一象限内绘制轨线的大致图形.

5.3 平面自治系统的极限环

在这一节中, 我们将介绍平面自治系统定性研究中的又一个重要问题: 极限环, 它反映了在电子电路、生物生态、力学过程、化学反应甚至基因演化中大量存在的周期振荡现象, 而这些现象又不能用简单的线性化来进行表征.

首先, 考察质量为 m 的质点有阻尼自由振动 (如图 5.15 所示) 的方程

$$m\frac{\mathrm{d}^2 x}{\mathrm{d}t^2} + C\frac{\mathrm{d}x}{\mathrm{d}t} + kx = 0.$$

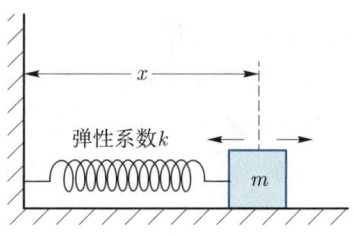

图 **5.15** 带阻尼的弹簧示意图

定义系统的能量为

$$\mathcal{E}(t) \stackrel{\text{def}}{=\!=} \frac{1}{2}m\dot{x}^2 + \frac{1}{2}kx^2,$$

其中第一项为质点动能, 第二项为弹性势能. 于是, 系统能量的变化率为

$$\frac{\mathrm{d}\mathcal{E}(t)}{\mathrm{d}t} = m\dot{x}\ddot{x} + kx\dot{x} = -C\dot{x}^2.$$

当阻尼系数 $C > 0$ 时, 能量的变化率小于零, 即正阻尼消耗能量. 因此, 为了维持一个持续的振荡, 必须补充能量. 同样地, 当 $C < 0$ 时, 负阻尼可以增加能量. 由此, 我们希望能够构造一个描述质点振动的二阶微分方程

$$\ddot{x} + f(x, \dot{x})\dot{x} + x = 0, \tag{5.18}$$

使得当 $|x|, |\dot{x}|$ 充分小时, 非线性阻尼函数 $f(x, \dot{x}) < 0$, 这会使该振荡增大; 当 $|x|, |\dot{x}|$ 充分大时, $f(x, \dot{x}) > 0$, 这又能够抑制振荡的增大. 渐渐地, 从初始位置开始运动的质点呈现出不衰减的周期性振荡. 于是, 这样构造出的一个二阶微分方程在力学上反映了一种 "自激振荡" 现象. 而在数学上, 我们将在本节中给出相应的定义.

5.3.1 闭轨线与极限环

考虑满足解的存在唯一性条件的平面自治系统

$$\begin{cases} \dfrac{\mathrm{d}x_1}{\mathrm{d}t} = P(x_1, x_2), \\ \dfrac{\mathrm{d}x_2}{\mathrm{d}t} = Q(x_1, x_2). \end{cases} \tag{5.19}$$

如果 $x_1 = \phi(t), x_2 = \psi(t)$ 是该系统的周期解, 即存在正的常数 T 满足

$$\phi(t) \equiv \phi(t+T), \quad \psi(t) \equiv \psi(t+T),$$

则该周期解在相平面上对应的是一条封闭的轨线, 称这样的轨线为系统 (5.19) 的闭轨线.

从上一节的讨论可以发现, 对于平面自治系统, 在中心充分小的邻域内任意轨线都是闭轨线; 在中心焦点附近的邻域内具有无限多条闭轨线; 而对于平面线性自治系统, 除中心外其他类型的奇点周围是没有闭轨线的.

定义 5.3.1 设 $\varGamma$ 是系统 (5.19) 在相平面 $x_1 O x_2$ 中的一条闭轨线, 在 $\varGamma$ 充分小的一个邻域内, 除 $\varGamma$ 外, 其他轨线都不是闭轨线, 并且这些非闭轨线当 $t \to +\infty$ 或 $t \to -\infty$ 时都趋于 $\varGamma$, 则闭轨线 $\varGamma$ 是孤立的, 称之为极限环. 极限环 $\varGamma$ 将相平面分成两个区域, 即内域与外域.

根据定义 5.3.1, 在平面自治系统的中心充分小的邻域内, 每一条闭轨线都不是极限环; 在中心焦点的邻域内, 有无限多条极限环.

定义 5.3.2 若当 $t \to +\infty \ (-\infty)$ 时, 极限环 $\varGamma$ 的内域靠近 $\varGamma$ 的轨线盘旋地趋于 $\varGamma$, 则称 $\varGamma$ 是内稳定的 (内不稳定的); 若当 $t \to +\infty \ (-\infty)$ 时, 极限环 $\varGamma$ 的外域靠近 $\varGamma$ 的轨线盘旋地趋于 $\varGamma$, 则称 $\varGamma$ 是外稳定的 (外不稳定的); 若当 $t \to +\infty \ (-\infty)$ 时, $\varGamma$ 的内域及外域靠近 $\varGamma$ 的轨线都盘旋地趋于 $\varGamma$, 则称 $\varGamma$ 是稳定的 (不稳定的) (如图 5.16(a)—(b) 所示); 若当 $t \to +\infty \ (-\infty)$ 时, $\varGamma$ 的内、外域的稳定性相反, 则称 $\varGamma$ 为半稳定的 (如图 5.16(c) 所示).

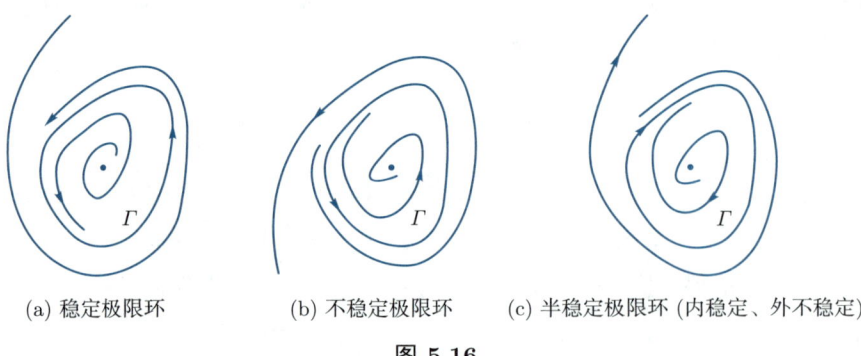

(a) 稳定极限环　　(b) 不稳定极限环　　(c) 半稳定极限环 (内稳定、外不稳定)

图 5.16

根据定义 5.3.2, 对于例 5.2.6 中的情形三, 中心焦点附近的极限环, $\varGamma_{2m}: r = \dfrac{1}{2m}$ $(m = 1, 2, \cdots)$ 都是稳定极限环, 而 $\varGamma_{2m-1}: r = \dfrac{1}{2m-1}$ $(m = 1, 2, \cdots)$ 都是不稳定极

限环. 又对于本节开始时介绍的描述质点振动的二阶微分方程 (5.18), 其可能产生的周期性振荡现象在数学上对应的即是稳定极限环.

例 5.3.1 设参数 $\mu, \omega \in \mathbb{R}$, 试讨论平面系统

$$\begin{cases} \dfrac{\mathrm{d}x}{\mathrm{d}t} = \mu x - \omega y - x(x^2 + y^2), \\ \dfrac{\mathrm{d}y}{\mathrm{d}t} = \omega x + \mu y - y(x^2 + y^2) \end{cases} \tag{5.20}$$

在相平面 xOy 中轨线的性状.

解 由系统 (5.20) 的右端向量场可解得, 系统具有唯一的奇点为 $O(0,0)$. 于是, 根据定理 5.2.2, 当 $\mu < 0$ 时, 奇点 O 是稳定的焦点; 当 $\mu > 0$ 时, 奇点 O 是不稳定的焦点. 当 $\mu = 0$ 时, 根据定理 5.2.4, 奇点 O 或是焦点或是中心, 需作进一步讨论.

作极坐标变换 $x = r\cos\theta, y = r\sin\theta$, 则系统 (5.20) 可化为

$$\begin{cases} \dfrac{\mathrm{d}r}{\mathrm{d}t} = r(\mu - r^2), \\ \dfrac{\mathrm{d}\theta}{\mathrm{d}t} = \omega. \end{cases} \tag{5.21}$$

则该方程组 (5.21) 的特解为

$$r \equiv 0 \quad \text{与} \quad r \equiv \sqrt{\mu},$$

其中 $\mu > 0$. 特别地, 特解 $r \equiv 0$ 对应于系统 (5.20) 的奇点 O; 而当参数 $\mu > 0$ 时, $r \equiv \sqrt{\mu}$ 对应于系统的一个周期解, 它所对应的闭轨线 Γ_μ 是以点 O 为圆心、$\sqrt{\mu}$ 为半径的圆.

若 $\mu = 0$, 则进一步求解方程组 (5.21) 可得

$$\begin{cases} r(t) = \dfrac{1}{\sqrt{2t + c_1}}, \\ \theta(t) = \omega t + c_2, \end{cases}$$

其中 c_1, c_2 为任意的常数. 注意到, 当 $t \to +\infty$ 时, $r(t) \to 0$, $\theta(t) \to \pm\infty$ ("$\pm$" 即顺时针或逆时针旋转由参数 ω 的符号决定), 则轨线的反向是盘旋地趋于奇点 O. 因此, 当 $\mu = 0$ 时, 奇点 O 是稳定的焦点.

若 $\mu \neq 0$, 则方程组 (5.21) 的通解为

$$\begin{cases} r(t) = \sqrt{\dfrac{\mu}{1 - c_1 \mathrm{e}^{-2\mu t}}}, \\ \theta(t) = \omega t + c_2, \end{cases}$$

其中 c_2 为任意常数.

特别地, 当 $\mu < 0$ 时, 常数 $c_1 > 0$, 因此可直接利用该通解验证奇点 O 是稳定的焦点.

当 $\mu > 0$ 时, 若常数 $c_1 = 0$, 则通解表示的轨线即为圆 Γ_μ. 若常数 $c_1 < 0$, 则通解表示的轨线是位于圆 Γ_μ 内的对数螺线, 即当 $t \to +\infty$ 时, 轨线盘旋地趋于圆 Γ_μ; 当 $t \to -\infty$ 时, 轨线趋于焦点 O. 若常数 $c_1 > 0$, 则通解表示位于圆 Γ_μ 外的螺线, 即当 $t \to +\infty$ 时, 轨线盘旋地趋于圆 Γ_μ; 当 $t \to \dfrac{1}{2\mu}\ln c_1$ 时, 轨线趋于无穷远.

故而, 根据定义 5.3.1 和定义 5.3.2, 孤立的闭轨线 Γ_μ 是稳定的极限环.

综上, 我们可以将随着参数 μ 从小于零变化到等于零, 再变化到大于零时, 相平面 xOy 中轨线的变化过程用图 5.17 来表示. 而这一随着参数变化系统定性结构发生改变产生稳定极限环的过程, 在微分方程的研究中被称为超临界 Hopf 分叉. □

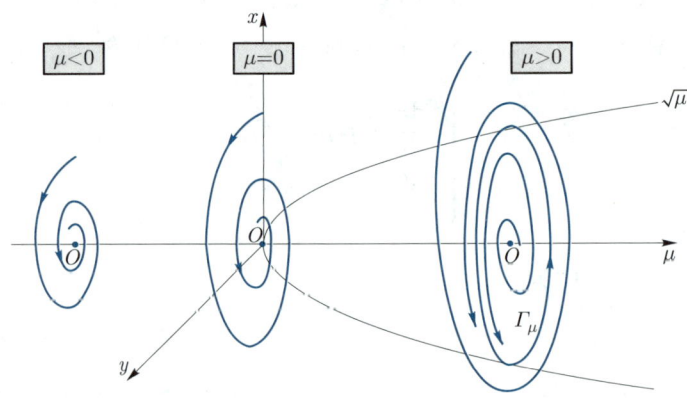

图 5.17 超临界 Hopf 分叉 (参数 $\omega > 0$)

5.3.2 闭轨线不存在的判别法

由于系统极限环的存在与系统刻画的物理、化学、生物、电子现象紧密相关, 因此判断系统是否存在极限环是十分重要的问题. 然而, 解决这类问题又是十分的困难. 我们知道, 大多数给定的系统是不能直接写出解的解析表达式的. 因此, 如何借助于系统本身, 讨论极限环是否存在就成了十分有意义的研究课题.

定理 5.3.1 若对于区域 $\mathcal{S} \subset \mathbb{R}^2$, 存在函数 $\mathcal{F}(x_1, x_2) \in C^1(\mathcal{S})$, 在 $\mathcal{S}$ 上

$$\frac{\partial \mathcal{F}(x_1, x_2)}{\partial x_1} P(x_1, x_2) + \frac{\partial \mathcal{F}(x_1, x_2)}{\partial x_2} Q(x_1, x_2)$$

保持常号, 并且集合

$$\left\{ (x_1, x_2) \in \mathcal{S} \ \middle| \ \frac{\partial \mathcal{F}(x_1, x_2)}{\partial x_1} P(x_1, x_2) + \frac{\partial \mathcal{F}(x_1, x_2)}{\partial x_2} Q(x_1, x_2) = 0 \right\}$$

不包含系统 (5.19) 的非奇点的整条轨线, 则系统 (5.19) 不存在全部位于区域 $\mathcal{S}$ 上的闭轨线.

证明 利用反证法证明. 如果定理的结论不成立, 则在 $\mathcal{S}$ 上存在系统 (5.19) 的闭轨线 Γ: $x_1 = \phi(t)$, $x_2 = \psi(t)$, 其周期记为 $T > 0$. 一方面, 积分

$$\int_0^T \frac{\mathrm{d}\mathcal{F}(\phi(t), \psi(t))}{\mathrm{d}t} \mathrm{d}t = \int_0^T \mathrm{d}\mathcal{F}(\phi(t), \psi(t)) = 0.$$

而另一方面,

$$\int_0^T \frac{\mathrm{d}\mathcal{F}(\phi(t), \psi(t))}{\mathrm{d}t} \mathrm{d}t = \int_0^T \left(\frac{\partial \mathcal{F}}{\partial x_1} \dot{\phi}(t) + \frac{\partial \mathcal{F}}{\partial x_2} \dot{\psi}(t) \right) \mathrm{d}t$$

$$= \int_0^T \left(\frac{\partial \mathcal{F}(\phi(t), \psi(t))}{\partial x_1} P(\phi(t), \psi(t)) + \frac{\partial \mathcal{F}(\phi(t), \psi(t))}{\partial x_2} Q(\phi(t), \psi(t)) \right) \mathrm{d}t.$$

由已知条件, 被积函数 $\frac{\partial \mathcal{F}}{\partial x_1} P + \frac{\partial \mathcal{F}}{\partial x_2} Q$ 在 $\Gamma(\subset \mathcal{S})$ 上保持常号且不恒为零, 则积分值应不为零. 此为矛盾, 故而得证. □

例 5.3.2 证明平面系统

$$\begin{cases} \dfrac{\mathrm{d}x}{\mathrm{d}t} = x - y + x(x^2 + y^2) \overset{\mathrm{def}}{=\!=} p(x, y), \\ \dfrac{\mathrm{d}y}{\mathrm{d}t} = -x - y - y(x^2 + y^2) \overset{\mathrm{def}}{=\!=} q(x, y) \end{cases} \tag{5.22}$$

在 $\mathbb{R}^2$ 上不存在闭轨线.

证明 取函数

$$\mathcal{F}(x, y) = \frac{1}{2}(x^2 - y^2),$$

通过计算可得, 对于任意 $(x, y) \in \mathbb{R}^2$ 都有

$$\frac{\partial \mathcal{F}}{\partial x} p + \frac{\partial \mathcal{F}}{\partial y} q = x[x - y + x(x^2 + y^2)] - y[-x - y - y(x^2 + y^2)]$$

$$= (x^2 + y^2)[1 + (x^2 + y^2)] \geqslant 0,$$

其中等号成立当且仅当 $x = y = 0$.

注意到 $(0, 0)$ 仅是系统的奇点. 因此, 根据定理 5.3.1, 上述系统在 $\mathbb{R}^2$ 上不存在闭轨线. □

定理 5.3.2 (Bendixson 判别法) 在单连通区域 $\mathcal{S} \subset \mathbb{R}^2$ 上, 系统 (5.19) 的向量场 $\boldsymbol{V} = (P, Q)$ 具有连续的偏导数. 若在区域 $\mathcal{S}$ 上向量场的散度

$$\mathrm{div}\boldsymbol{V} = \frac{\partial P(x_1, x_2)}{\partial x_1} + \frac{\partial Q(x_1, x_2)}{\partial x_2}$$

保持常号, 并且其不在 $\mathcal{S}$ 的任意一子区域上恒为零, 则系统 (5.19) 不存在全部位于区域 $\mathcal{S}$ 上的闭轨线.

证明 利用反证法证明. 如果定理的结论不成立, 则在 $\mathcal{S}$ 上存在系统 (5.19) 周期为 $T > 0$ 的闭轨线 $\Gamma : x_1 = \phi(t), x_2 = \psi(t)$. 若记 Γ 所围成的区域为 Ω, 则利用 Green 公式, 可得

$$\oint_\Gamma P(x_1, x_2)\mathrm{d}x_2 - Q(x_1, x_2)\mathrm{d}x_1 = \iint_\Omega \left(\frac{\partial P(x_1, x_2)}{\partial x_1} + \frac{\partial Q(x_1, x_2)}{\partial x_2}\right)\mathrm{d}x_1\mathrm{d}x_2.$$

由已知条件, 上式的右端不为零; 而上式的左端

$$\oint_\Gamma P(x_1, x_2)\mathrm{d}x_2 - Q(x_1, x_2)\mathrm{d}x_1$$
$$= \int_0^T (P(\phi(t), \psi(t))\dot\psi(t) - Q(\phi(t), \psi(t))\dot\phi(t))\mathrm{d}t$$
$$= \int_0^T (PQ - QP)\mathrm{d}t = 0.$$

因此矛盾, 故而得证. $\square$

定理 5.3.2 具有十分明显的物理意义. 若将系统 (5.19) 看作平面上一不可压缩的流速场 $\boldsymbol{V}$, 则 $\mathrm{div}\boldsymbol{V}$ 是此流速场的散度. 它在某点的符号表示流速场在该点有源或是有洞. 在定理证明过程中, 若积分左、右两端相等, 则意味着散度在 Ω 内无源也无洞, 即 $\frac{\partial P}{\partial x_1} + \frac{\partial Q}{\partial x_2} \equiv 0$; 或意味着散度在 Ω 内既有源又有洞, 即 $\frac{\partial P}{\partial x_1} + \frac{\partial Q}{\partial x_2}$ 变号. 这与定理的假设矛盾, 故而不存在全部位于 $\mathcal{S}$ 上的闭轨线.

作为定理 5.3.2 的推广, 我们可以有如下推论. 推论的证明留作习题, 请读者自行完成 (习题 5.3.7).

推论 5.3.1 (Dulac 判别法) 在单连通区域 $\mathcal{S} \subset \mathbb{R}^2$ 上, 系统 (5.19) 的向量场连续可微. 若存在函数 $B(x_1, x_2) \in C^1(\mathcal{S})$, 使得在 $\mathcal{S}$ 上

$$\frac{\partial(BP)}{\partial x_1} + \frac{\partial(BQ)}{\partial x_2}$$

保持常号, 并且其不在 $\mathcal{S}$ 的任意一子区域上恒为零, 则系统 (5.19) 不存在全部位于区域 $\mathcal{S}$ 上的闭轨线.

在推论 5.3.1 中涉及的函数 $B(x_1, x_2)$, 常被称为 Dulac 函数.

例 5.3.3 证明方程

$$\frac{\mathrm{d}^2 x}{\mathrm{d}t^2} + \left(a - b\frac{\mathrm{d}x}{\mathrm{d}t}\right)\frac{\mathrm{d}x}{\mathrm{d}t} + (m - nx)x = 0 \tag{5.23}$$

不存在周期解, 其中 a, b, m 和 n 为参数, 并且 $a \neq 0$.

证明 与方程 (5.23) 等价的系统为

$$\begin{cases} \dfrac{\mathrm{d}x}{\mathrm{d}t} = y \stackrel{\mathrm{def}}{=} p(x, y), \\ \dfrac{\mathrm{d}y}{\mathrm{d}t} = (nx - m)x + (by - a)y \stackrel{\mathrm{def}}{=} q(x, y). \end{cases}$$

于是
$$\frac{\partial p}{\partial x}+\frac{\partial q}{\partial y}=2by-a.$$

若 $b=0$, 则根据 Bendixson 判别法, 在 $\mathbb{R}^2$ 上不存在闭轨线. 若 $b\neq 0$, 则在半平面 $y>\dfrac{a}{2b}$ 和半平面 $y<\dfrac{a}{2b}$ 都不存在闭轨线. 但不能确定是否存在与直线 $y=\dfrac{a}{2b}$ 相交的闭轨线.

事实上, 可以构造 Dulac 函数 $B(x,y)=a\mathrm{e}^{-2bx}$, 则有
$$\frac{\partial(Bp)}{\partial x}+\frac{\partial(Bq)}{\partial y}=-a^2\mathrm{e}^{-2bx}\neq 0.$$

因此, 根据 Dulac 判别法, 上述系统在 $\mathbb{R}^2$ 上不存在闭轨线, 即方程 (5.23) 不存在周期解. □

5.3.3 环域定理

在这一小节中, 我们介绍关于极限环存在性判定的环域定理. 由于定理的证明涉及较多的知识, 我们省略了.

定理 5.3.3 (Bendixson) 设在平面系统 (5.19) 的定义区域上存在一个环域 $\mathcal{D}$, $\partial\mathcal{D}=\mathcal{L}_1\cup\mathcal{L}_2$ 且 $\mathcal{L}_1,\mathcal{L}_2$ 分别是 $\mathcal{D}$ 的内、外边界. 如果 $\mathcal{D}$ 内及其边界上不含系统 (5.19) 的奇点, 系统凡与边界 $\partial\mathcal{D}$ 相交轨线的方向都是指向 $\mathcal{D}$ 的内部 (外部), 则在 $\mathcal{D}$ 内部至少存在系统 (5.19) 的一个内稳定 (不稳定) 的极限环和一个外稳定 (不稳定) 的极限环, 可能两者重合为一.

注 5.3.1 如果环域 $\mathcal{D}$ 上只有唯一的闭轨线, 则该闭轨线一定是稳定 (不稳定) 极限环; 如果 $\mathcal{D}$ 上只有有限多条闭轨线, 则 $\mathcal{D}$ 上至少存在一个稳定 (不稳定) 极限环; 如果系统 (5.19) 的向量场是解析的, 则 $\mathcal{D}$ 上至多有限多条闭轨线.

注 5.3.2 环域 $\mathcal{D}$ 的内边界 $\mathcal{L}_1$ 可以收缩成一个不稳定 (稳定) 的奇点, 这是因为在该奇点的充分小的邻域内作封闭的曲线 $\mathcal{L}_1$, 可使系统轨线在 $\mathcal{L}_1$ 上的方向指向 $\mathcal{D}$ 的内部 (外部).

例 5.3.4 判断平面系统

$$\begin{cases}\dfrac{\mathrm{d}x}{\mathrm{d}t}=x-y-x\left(x^2+\dfrac{3}{2}y^2\right)\stackrel{\text{def}}{=\!=}p(x,y),\\ \dfrac{\mathrm{d}y}{\mathrm{d}t}=x+y-y\left(x^2+\dfrac{1}{2}y^2\right)\stackrel{\text{def}}{=\!=}q(x,y)\end{cases} \tag{5.24}$$

在相平面 xOy 中是否存在极限环.

解 作环域 (如图 5.18 所示)

$$\mathcal{D} = \left\{ (x,y) \in \mathbb{R}^2 \,\middle|\, \frac{1}{4} \leqslant x^2 + y^2 \leqslant 4 \right\},$$

则在 $\mathcal{D}$ 内不包含系统 (5.24) 的奇点. 事实上, 如果在 $\mathcal{D}$ 内有系统的奇点 (x^*, y^*), 令 $t = \dfrac{y^*}{x^*} \neq 0$, 则有

$$(1+t)\left(1 + \frac{3}{2}t^2\right) = (1-t)\left(1 + \frac{1}{2}t^2\right)t.$$

化简后得

$$0 = t^2(t+1)^2 + 4t^2 + 2 > 0.$$

此为矛盾, 故而在 $\mathcal{D}$ 内不包含系统 (5.24) 的奇点.

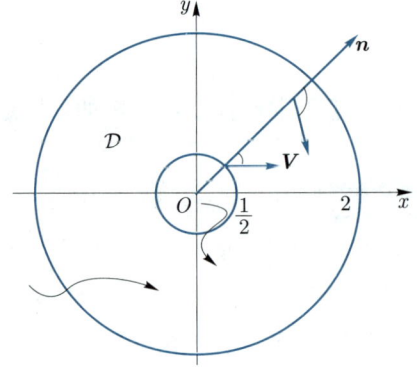

图 5.18 环域

下面, 考察从 $\partial \mathcal{D}$ 上的点出发的轨线的方向. 为此, 我们讨论系统 (5.24) 的向量场 $\boldsymbol{V} = (p, q)$ 与边界 $\partial \mathcal{D}$ 上点 (x, y) 处的外法向 $\boldsymbol{n} = (x, y)$ 的内积, 从而有

$$\begin{aligned}
\langle \boldsymbol{V}, \boldsymbol{n} \rangle &= p(x,y)x + q(x,y)y \\
&= x^2 + y^2 - x^4 - \frac{1}{2}y^4 - \frac{5}{2}x^2 y^2 \\
&= r^2 - r^4 \left(\cos^4 \theta + \frac{1}{2} \sin^4 \theta + \frac{5}{2} \sin^2 \theta \cos^2 \theta \right) \\
&= r^2 - r^4 \left(1 + \frac{1}{4} \cos 2\theta - \frac{1}{4} \cos^2 2\theta \right).
\end{aligned}$$

在 $\mathcal{D}$ 的外边界 $r = 2$ 处, 有

$$\langle \boldsymbol{V}, \boldsymbol{n} \rangle = 4(\cos^2 2\theta - \cos 2\theta - 3) < 0,$$

这意味着从 $r=2$ 上出发的轨线，其切向与外边界曲线外法向 $\boldsymbol{n}$ 的夹角为钝角，即轨线进入 $\mathcal{D}$ 的内部. 同样地，在 $\mathcal{D}$ 的外边界 $r=\dfrac{1}{2}$ 处，有

$$\langle \boldsymbol{V}, \boldsymbol{n}\rangle = \frac{1}{64}(\cos^2 2\theta - \cos 2\theta + 12) > 0,$$

这意味着从 $r=\dfrac{1}{2}$ 上出发的轨线也都进入 $\mathcal{D}$ 的内部. 故而，根据环域定理 5.3.3，在 $\mathcal{D}$ 上必定存在系统 (5.24) 的极限环.

由于 p, q 都为解析函数，则根据注 5.3.1，在 $\mathcal{D}$ 上至少包含系统 (5.24) 的一个稳定极限环.

此外，容易确定奇点 $O(0,0)$ 是系统 (5.24) 不稳定的焦点，因此根据注 5.3.2，在利用环域定理判断上述系统是否存在极限环时，可不考虑轨线的方向与上述环域内边界 $r=\dfrac{1}{2}$ 的夹角. □

从例 5.3.4 可以发现，我们构造的环域边界 $\partial \mathcal{D}$ 都是包围奇点 O 的封闭曲线. 事实上，一般地有以下结果.

定理 5.3.4 系统 (5.19) 的任何闭轨线所包围的单连通区域内，至少包含系统的一个奇点.

由此可知，对于系统 (5.24) 而言，点 O 是唯一的奇点，所以在构造环域 $\mathcal{D}$ 时，可以有意识地选取环域的边界是包围奇点 O 的封闭曲线.

此外，环域定理 5.3.3 中的条件可进一步地减弱：对应于定理中"指向内部"的情形，一旦进入 $\mathcal{D}$ 内部的轨道始终应留在 $\mathcal{D}$ 内部，且当 $t \to +\infty$ 时，轨线不会趋于 $\partial \mathcal{D}$. 这意味着，$\partial \mathcal{D}$ 可以包含系统 (5.19) 的轨线，但 $\mathcal{D}$ 的内、外边界不能全部由系统的轨线构成；$\partial \mathcal{D}$ 也可以包含系统的奇点，但只允许当 $t \to -\infty$ 时，$\mathcal{D}$ 内的轨道趋于边界上的奇点.

*例 5.3.5 若参数 $a > 0, b > 0, c < 0$，判断平面系统

$$\begin{cases} \dfrac{\mathrm{d}x}{\mathrm{d}t} = ax + bx^2 + cx^3 - xy \overset{\text{def}}{=\!=} p(x,y), \\ \dfrac{\mathrm{d}y}{\mathrm{d}t} = -y + xy \overset{\text{def}}{=\!=} q(x,y) \end{cases} \tag{5.25}$$

在相平面 xOy 的第一象限内是否存在极限环.

解 由系统 (5.25) 的向量场 $(p,q) = (0,0)$ 可解得与问题相关的系统的奇点为

$$O(0,0), \quad M(\xi, 0), \quad N(1, a+b+c),$$

其中 ξ 是方程

$$cx^2 + bx + a = 0$$

的正根. 如果 $a+b+c \leqslant 0$，则奇点 O, M, N 都不在第一象限内，因此根据定理 5.3.4，系统不存在全部位于第一象限内的极限环. 故以下讨论总假设参数满足 $a+b+c > 0$.

利用系统 (5.25) 的一次近似系统, 容易确定: 奇点 O, M 都是鞍点; 而当 $b+2c \leqslant 0$ 时, 奇点 N 是稳定的结点或焦点; 当 $b+2c > 0$ 时, 奇点 N 是不稳定的结点或焦点.

$1°$ 对于 $b+2c \leqslant 0$ 的情形

构造 Dulac 函数
$$B(x,y) = x^{\delta-1}y^{\varsigma-1},$$

其中 δ, ς 是待定的常数, 则有
$$\frac{\partial(Bp)}{\partial x} + \frac{\partial(Bq)}{\partial y} = x^{\delta-1}y^{\varsigma-1}[\delta a + (\delta+1)bx + (\delta+2)cx^2 - \delta y - \varsigma + \varsigma x].$$

取定 $\delta = 0$, 则
$$\frac{\partial(Bp)}{\partial x} + \frac{\partial(Bq)}{\partial y} = x^{-1}y^{\varsigma-1}[2cx^2 + (b+\varsigma)x - \varsigma]$$

仅含有 x 的项. 为使其在第一象限内能够保持常号, 只需要
$$\Delta(\varsigma) = (b+\varsigma)^2 + 8c\varsigma \leqslant 0.$$

当 $b+2c \leqslant 0$ 时, 关于 ς 的方程 $\Delta(\varsigma) = 0$ 有两个实根 $\varsigma_1 \leqslant \varsigma_2$. 因此, 取定 $\varsigma = \varsigma^* \in [\varsigma_1, \varsigma_2]$ 即可保证常号的要求.

从而当 $b+2c \leqslant 0$ 时, 取 Dulac 函数
$$B(x,y) = x^{-1}y^{\varsigma^*-1},$$

那么 $\dfrac{\partial(Bp)}{\partial x} + \dfrac{\partial(Bq)}{\partial y}$ 在第一象限内保持常号, 且不在任意一子区域上恒为零. 故而根据 Dulac 判别法, 系统 (5.25) 不存在位于第一象限内的极限环.

$2°$ 对于 $b+2c > 0$ 的情形

由于此时第一象限内的奇点 N 是不稳定的结点或焦点, 因此根据注 5.3.2, 仅需要构造环域 $\mathcal{D}$ 的外边界即可.

直线 $x = 0$ 与 $y = 0$ 都是系统 (5.25) 的轨线, 将它们直接作为 $\mathcal{D}$ 的外边界的一部分 (如图 5.19 所示).

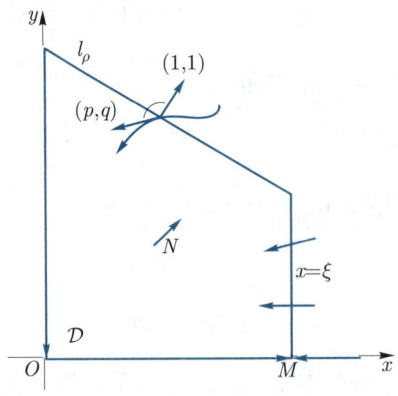

图 5.19　区域 $\mathcal{D}$

当 $y > 0$ 时, 在直线 $x = \xi$ 上, 一定有

$$\frac{\mathrm{d}x}{\mathrm{d}t} = -\xi y < 0.$$

这意味着轨线在第一象限一旦与直线 $x = \xi$ 相遇, 则一定从该直线的右方进入左方.

对于直线 $l_\rho : y + x - \rho = 0$, 其外法向为 $(1,1)$, 则在直线 l_ρ 上有

$$\langle (1,1), (p,q) \rangle = ax + bx^2 + cx^3 + x - \rho.$$

于是当 $0 < x < \xi$ 且 ρ 取充分大时, 有 $\langle (1,1), (p,q) \rangle < 0$. 这意味着轨线在第一象限一旦与直线 l_ρ 相遇, 则一定从该直线的上方进入下方.

由此, 可以将直线 $x = 0, y = 0, x = \xi$ 以及 l_ρ 组成区域 $\mathcal{D}$ 的外边界. 注意到奇点 O, M 都为鞍点, 则 $\mathcal{D}$ 上的轨线在 $t \to +\infty$ 时都不会趋于它们; 并且 $p(x,y), q(x,y)$ 为解析函数, 故而根据环域定理及注 5.3.1, 系统 (5.25) 在 $\mathcal{D}$ 上至少存在一个围绕奇点 N 的稳定极限环. $\square$

最后, 联系到描述质点振动的二阶微分方程 (5.18) 是否存在孤立的稳定周期振荡的问题, 亦可以运用本小节中介绍的环域定理及方法, 精妙地构造区域边界进行深入的讨论, 并且有了许多重要的结果. 由于这方面的讨论较为复杂, 我们省略了, 感兴趣的读者可以参看相关资料.

习题 5.3

1. 试确定平面系统

$$\begin{cases} \dfrac{\mathrm{d}x}{\mathrm{d}t} = -y + \begin{cases} x(x^2+y^2)^k \sin \dfrac{\pi}{\sqrt{x^2+y^2}}, & x^2 + y^2 \neq 0, \\ 0, & x^2 + y^2 = 0, \end{cases} \\ \dfrac{\mathrm{d}y}{\mathrm{d}t} = x + \begin{cases} y(x^2+y^2)^k \sin \dfrac{\pi}{\sqrt{x^2+y^2}}, & x^2 + y^2 \neq 0, \\ 0, & x^2 + y^2 = 0 \end{cases} \end{cases}$$

的奇点和极限环的类型, 其中 k 为正整数.

2. 证明平面系统

$$\begin{cases} \dfrac{\mathrm{d}x}{\mathrm{d}t} = y, \\ \dfrac{\mathrm{d}y}{\mathrm{d}t} = -x + y - y(x^2 + y^2) \end{cases}$$

具有唯一的闭轨线, 并且是稳定极限环.

3. 设参数 $\mu \in \mathbb{R}$, 试讨论平面系统

$$\begin{cases} \dfrac{\mathrm{d}x}{\mathrm{d}t} = \mu x - 2y + x(x^2 + y^2), \\ \dfrac{\mathrm{d}y}{\mathrm{d}t} = 2x + \mu y + y(x^2 + y^2) \end{cases}$$

在相平面 xOy 中轨线的性状, 并绘制轨线的大致图形.

4. 证明: 平面线性自治系统不可能有极限环.

5. 证明: 描述电子管振荡器 (如图 5.20 所示) 的非线性微分方程

$$L\frac{\mathrm{d}^2 i}{\mathrm{d}t^2} + R\frac{\mathrm{d}i}{\mathrm{d}t} + \frac{1}{C}i = \frac{1}{C}f\left(M\frac{\mathrm{d}i}{\mathrm{d}t}\right)$$

存在孤立的稳定周期振荡, 其中

$$I_A = f(U_G) = \begin{cases} I_M, & U_G > 0, \\ \dfrac{1}{2}I_M, & U_G = 0, \\ 0, & U_G < 0. \end{cases}$$

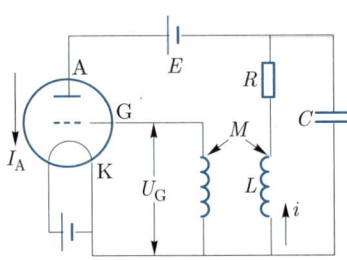

图 5.20 电子管振荡器示意图

6. 判断以下系统或微分方程对应的系统是否存在闭轨线:

(1) 有阻尼的质点振动方程 $m\dfrac{\mathrm{d}^2 x}{\mathrm{d}t^2} + C\dfrac{\mathrm{d}x}{\mathrm{d}t} + kx = 0$, 其中 m, C 和 k 都为常数;

(2) $\begin{cases} \dfrac{\mathrm{d}x}{\mathrm{d}t} = x + y + \dfrac{1}{3}x^3 - xy^2, \\ \dfrac{\mathrm{d}y}{\mathrm{d}t} = -x + y + x^2 y + \dfrac{2}{3}y^3; \end{cases}$

(3) $\begin{cases} \dfrac{\mathrm{d}x}{\mathrm{d}t} = -2x + y - 2xy^2, \\ \dfrac{\mathrm{d}y}{\mathrm{d}t} = y + x^3 - x^2 y; \end{cases}$

(4) $\begin{cases} \dfrac{\mathrm{d}x}{\mathrm{d}t} = y - x + x^3, \\ \dfrac{\mathrm{d}y}{\mathrm{d}t} = -x - y + y^3; \end{cases}$

(5) $\dfrac{\mathrm{d}^2 x}{\mathrm{d}t^2} + g\left(x, \dfrac{\mathrm{d}x}{\mathrm{d}t}\right) + x^3 = 0$, 其中二元连续函数 $g(x,y)$ 满足

$$g(0,0) = 0$$

且

$$yg(x,y) > 0 \ (y \neq 0).$$

7. 证明推论 5.3.1.

8. 证明: 当参数 $mn \neq 0$ 时, 平面系统

$$\begin{cases} \dfrac{\mathrm{d}x}{\mathrm{d}t} = -y + mxy + ny^2, \\ \dfrac{\mathrm{d}y}{\mathrm{d}t} = x + ax^2 \end{cases}$$

不存在闭轨线.

9. 试确定平面系统

$$\begin{cases} \dfrac{\mathrm{d}x}{\mathrm{d}t} = x + 2y - x\left(x^2 + 6y^2\right), \\ \dfrac{\mathrm{d}y}{\mathrm{d}t} = -\dfrac{1}{2}x + y - y\left(x^2 + 2y^2\right) \end{cases}$$

是否存在极限环.

10. 在环状区域 $\mathcal{D} \subset \mathbb{R}^2$ 上, 系统 (5.19) 的向量场连续可微. 若存在函数 $B(x_1, x_2) \in C^1(\mathcal{D})$, 使得在 $\mathcal{D}$ 上

$$\dfrac{\partial(BP)}{\partial x_1} + \dfrac{\partial(BQ)}{\partial x_2} \neq 0.$$

证明: 系统 (5.19) 在区域 $\mathcal{D}$ 上最多有一条闭轨线.

11. 在单连通区域 $\mathcal{S} \subset \mathbb{R}^2$ 上, 系统 (5.19) 的向量场连续可微, 且在 $\mathcal{S}$ 上

$$\dfrac{\partial P}{\partial x_1} + \dfrac{\partial Q}{\partial x_2} \equiv 0.$$

证明: 系统 (5.19) 不存在全部位于区域 $\mathcal{S}$ 上的极限环.

12. 考虑平面系统

$$\begin{cases} \dfrac{\mathrm{d}x}{\mathrm{d}t} = x(ax + by + c), \\ \dfrac{\mathrm{d}y}{\mathrm{d}t} = y(a_1 x + b_1 y + c_1). \end{cases}$$

(1) 求出系统所有的奇点;

(2) 证明: 当 $ab_1 - a_1 b = 0$ 时, 系统没有闭轨线;

(3) 证明: 当 $ab_1 - a_1 b \neq 0$ 时, 系统没有极限环.

5.4 Lyapunov 稳定性

在本章的前面几节中,我们主要探讨了平面自治系统奇点与极限环,并研究了它们的类型及稳定性. 从本节开始我们将介绍在 Lyapunov 意义下,一般的有关 n 维系统解的稳定性的概念和研究解的稳定性的基本方法.

首先,让我们来回顾一下在例 5.2.5 中介绍的有阻尼的单摆模型. 静止于平衡位置 $\varphi = 0$ 的单摆,在初始时刻给其以微小的水平动能后,其会在 $\varphi = 0$ 的附近来回摆动,并渐渐静止于 $\varphi = 0$;而静止于平衡位置 $\varphi = \pi$ 的单摆,若在初始时刻给其以微小的水平动能,则单摆会离开 $\varphi = \pi$ 并不再会回到该位置. 从力学上来看,$\varphi = 0$ 是一个渐近稳定的平衡位置,而 $\varphi = \pi$ 是一个不稳定的平衡位置.

更为一般地,对于满足初值问题的 n 维系统

$$\begin{cases} \dfrac{\mathrm{d}\boldsymbol{x}}{\mathrm{d}t} = \boldsymbol{f}(t, \boldsymbol{x}), \\ \boldsymbol{x}(t_0) = \boldsymbol{x}_0 \end{cases} \tag{5.26}$$

描述的实际现象,初值 $\boldsymbol{x}_0 \in \mathbb{R}^n$ 往往需要通过测量而得到. 既然是实际测量,测量误差即便很微小也是不可避免的. 然而,我们往往希望,这些初值上的微小误差不会本质上影响系统的演化特性. 在有限的时间内,这些测量的误差,甚至是由系统参数扰动所引起的误差,可以用解对初值和参数的连续依赖性加以估计和说明;但当时间趋于无穷时,即在无穷时间区间上探讨时,问题就发生了本质的变化,解的演化特性需要作进一步定义和分析了.

5.4.1 稳定性的概念

设系统 (5.26) 满足解的存在唯一性定理的条件,其解 $\boldsymbol{x}(t) = \boldsymbol{x}(t; t_0, \boldsymbol{x}_0)$ 的存在区间为 $\mathcal{I} = (\beta, +\infty)$,其中 β 为某一实数,亦可以为 $-\infty$. 在 $\mathcal{I}$ 上,$\boldsymbol{f}(t, \boldsymbol{0}) \equiv \boldsymbol{0}$. 于是,$\boldsymbol{x} = \boldsymbol{0}$ 是系统 (5.26) 的平衡点,称该平衡点为系统 (5.26) 的零解.

下面,我们引用俄罗斯数学家 Lyapunov 的定义,依次给出有关系统 (5.26) 的零解在 Lyapunov 意义下稳定性的若干概念.

定义 5.4.1 如果对于任意的 $\varepsilon > 0$ 以及给定的 $t_0 \in \mathcal{I}$,存在正数 $\delta = \delta(\varepsilon, t_0)$,使得当 $\|\boldsymbol{x}_0\| < \delta$ 时,系统 (5.26) 的解 $\boldsymbol{x}(t) = \boldsymbol{x}(t; t_0, \boldsymbol{x}_0)$ 在区间 $t_0 \leqslant t < +\infty$ 上一致地成立

$$\|\boldsymbol{x}(t; t_0, \boldsymbol{x}_0)\| < \varepsilon,$$

那么称系统 (5.26) 的零解是稳定的.

定义 5.4.2 如果存在 $\varepsilon_0 > 0$ 和 $t_0 \in \mathcal{I}$, 对于任意的正数 δ, 存在 $\boldsymbol{x}_0$ 满足 $\|\boldsymbol{x}_0\| < \delta$ 以及时刻 $t_1 \geqslant t_0$, 使得系统 (5.26) 的解 $\boldsymbol{x}(t) = \boldsymbol{x}(t; t_0, \boldsymbol{x}_0)$ 满足

$$\|\boldsymbol{x}(t_1; t_0, \boldsymbol{x}_0)\| \geqslant \varepsilon_0,$$

那么称系统 (5.26) 的零解是不稳定的.

定义 5.4.3 设 $\mathcal{B}$ 是 $\mathbb{R}^n$ 上包含原点 O 的一个开区域, 如果对于所有的 $\boldsymbol{x}_0 \in \mathcal{B}$, 任意的 $\varepsilon > 0$ 和 $t_0 \in \mathcal{I}$, 存在时刻 $T = T(\varepsilon, t_0, \boldsymbol{x}_0)$, 使得当 $t > t_0 + T$ 时, 系统 (5.26) 的解 $\boldsymbol{x}(t) = \boldsymbol{x}(t; t_0, \boldsymbol{x}_0)$ 满足

$$\|\boldsymbol{x}(t; t_0, \boldsymbol{x}_0)\| < \varepsilon,$$

那么称系统 (5.26) 的零解是吸引的, 称开区域 $\mathcal{B}$ 为零解的吸引域.

定义 5.4.4 如果系统 (5.26) 的零解既是稳定的, 又是吸引的, 则称系统 (5.26) 的零解是渐近稳定的; 特别地, 如果渐近稳定的零解的吸引域 $\mathcal{B} = \mathbb{R}^n$, 则称系统 (5.26) 的零解是全局渐近稳定的.

需要指出的是, 以上给出的关于系统零解在 Lyapunov 意义下稳定性的若干定义中, 零解稳定性定义本身与初始时刻 t_0 的选取无关. 例如, 如果对于给定的 $t_0 \in \mathcal{I}$, 系统 (5.26) 的零解在 Lyapunov 意义下是稳定的, 那么对于任意给定的 $t_0' \in \mathcal{I}$, 系统 (5.26) 的零解亦是稳定的. 另外需要指出的是, 在以上定义中, 正数 δ 和 T 的选取允许与初始时刻 t_0 是相关的. 而当这些正数的选取与 t_0 不相关时, 对应地称系统的零解为一致稳定的、一致吸引的、一致渐近稳定的.

此外, 定义 5.4.1 表明, 如果系统 (5.26) 的零解是稳定的, 那么当初值 $\boldsymbol{x}_0$ 趋于 $\boldsymbol{0}$ 时, 解 $\boldsymbol{x}(t; t_0, \boldsymbol{x}_0)$ 在无限区间 $t_0 \leqslant t < +\infty$ 上一致地趋于 $\boldsymbol{0}$. 而定义 5.4.3 表明, 对于所有的 $\boldsymbol{x}_0 \in \mathcal{B}$, 系统 (5.26) 的解满足

$$\lim_{t \to +\infty} \boldsymbol{x}(t; t_0, \boldsymbol{x}_0) = \boldsymbol{0}.$$

可见, 这与定义 5.4.1 并不等价. 事实上, 系统的零解在 Lyapunov 意义下是稳定的并不一定意味着它是吸引的.

例 5.4.1 证明: 无阻尼的单摆运动方程

$$\frac{\mathrm{d}^2 \varphi}{\mathrm{d} t^2} + \frac{g}{l} \sin \varphi = 0$$

对应系统 $\left(x = \varphi, \; y = \dfrac{\mathrm{d}\varphi}{\mathrm{d}t}\right)$ 的零解在 Lyapunov 意义下是稳定的, 但不是渐近稳定的.

证明 根据例 5.2.5, 我们可以得到系统的首次积分为

$$y^2 - \frac{2g}{l} \cdot \cos x = c.$$

所以考虑初值条件 $x(t_0) = x_0, y(t_0) = y_0\ (t_0 \in \mathcal{I})$，可得

$$y^2 + \frac{4g}{l}\sin^2\frac{x}{2} = y_0^2 + \frac{4g}{l}\sin^2\frac{x_0}{2}. \tag{5.27}$$

当初值 (x_0, y_0) 充分小时，方程 (5.27) 对应的是在相平面中环绕中心 $(0,0)$ 的闭轨线.

因为我们考虑系统零解的稳定性，所以取 $|x| \leqslant \pi$，从而

$$\frac{2}{\pi}\left|\frac{x}{2}\right| \leqslant \left|\sin\frac{x}{2}\right| \leqslant \frac{|x|}{2}.$$

将此估计应用于方程 (5.27)，有

$$y^2 + \frac{4g}{l\pi^2}x^2 \leqslant y_0^2 + \frac{g}{l}x_0^2,$$

即有

$$x^2(t) + y^2(t) \leqslant \frac{1 + \dfrac{g}{l}}{\min\left\{1, \dfrac{4g}{l\pi^2}\right\}}(x_0^2 + y_0^2) \stackrel{\text{def}}{=\!=} M(x_0^2 + y_0^2).$$

因此，对于任意的 $\varepsilon > 0$，取 $\delta = \dfrac{\varepsilon}{\sqrt{M}}$，那么当 $\|(x_0, y_0)\| < \delta$ 时，在 $[t_0, +\infty)$ 上一致地成立

$$\|(x(t), y(t))\| < \varepsilon.$$

即系统的零解在 Lyapunov 意义下是稳定的. 注意到这里 δ 的选取与 ε 有关而与初始时刻 t_0 无关. 因此在这种情形下，系统的零解为一致稳定的.

若初值 $(x_0, y_0) \neq \mathbf{0}$，则当 $t \to +\infty$ 时，$(x(t), y(t)) \not\to \mathbf{0}$，否则直接利用方程 (5.27) 可引出矛盾. 因此，系统的零解在 Lyapunov 意义下不是吸引的，也就不是渐近稳定的. □

另一方面，系统的零解在 Lyapunov 意义下是吸引的也不能保证它一定是稳定的.

例 5.4.2 证明：平面系统

$$\begin{cases} \dfrac{\mathrm{d}x}{\mathrm{d}t} = y, \\ \dfrac{\mathrm{d}y}{\mathrm{d}t} = -2x + h(y) \end{cases} \tag{5.28}$$

的零解在 Lyapunov 意义下是吸引的，但不是稳定的，其中

$$h(y) = \begin{cases} -3y, & y > 0, \\ 3y, & -1 < y \leqslant 0, \\ -2y - 5, & y \leqslant -1. \end{cases}$$

证明 分别在三个区域上求解对应的线性微分方程组，则当 $y > 0$ 时，

$$x(t) = c_1 \mathrm{e}^{-2t} + c_2 \mathrm{e}^{-t}, \quad y(t) = -2c_1 \mathrm{e}^{-2t} - c_2 \mathrm{e}^{-t};$$

当 $-1 < y \leqslant 0$ 时,
$$x(t) = c_1 e^{2t} + c_2 e^t, \quad y(t) = 2c_1 e^{2t} + c_2 e^t;$$
当 $y \leqslant -1$ 时,
$$x(t) = -\frac{5}{2} + e^{-t}[-(c_1 + c_2)\cos t + (c_1 - c_2)\sin t],$$
$$y(t) = e^{-t}(2c_1 \cos t + 2c_2 \sin t),$$

其中 c_1, c_2 为任意的常数.

由上述解的表达式及奇点 O 的类型可以判断, 凡是从区域
$$R_1 \stackrel{\text{def}}{=} \{(x, y) | y \geqslant 0,\ 2x + y > 0\}$$
出发的轨线, 都会进入区域
$$R_2 \stackrel{\text{def}}{=} \left\{ (x, y) \middle| -1 \leqslant y < 0,\ x \geqslant -\frac{5}{2} \right\}$$
(如图 5.21 所示); 而从区域 R_2 出发的轨线或进入区域
$$R_3 \stackrel{\text{def}}{=} \{(x, y) | y \geqslant 0,\ 2x + y \leqslant 0\},$$
或在直线 $y = -1$ 上方停留有限时间后进入该直线的下方; 凡是从直线 $y = -1$ 下方出发的轨线, 都会顺时针旋转后进入区域
$$R_4 \stackrel{\text{def}}{=} \left\{ (x, y) \middle| -1 \leqslant y < 0,\ x < -\frac{5}{2} \right\},$$
并停留有限时间后进入区域 R_3.

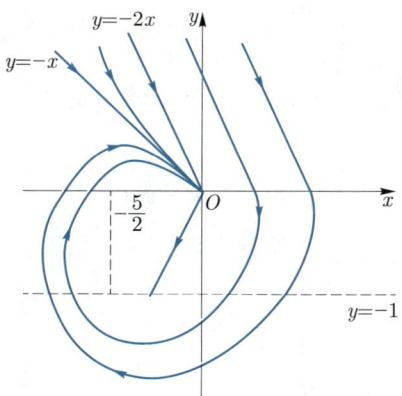

图 **5.21** 微分方程 (5.28) 的轨线示意图

注意到凡是从区域 R_3 出发的轨线, 当 $t \to +\infty$ 时都趋于点 O. 因此, 平面上任何一点出发的轨线当 $t \to +\infty$ 时成立
$$(x(t), y(t)) \to (0, 0),$$

即系统的零解在 Lyapunov 意义下是吸引的, 且吸引域 $\mathcal{B} = \mathbb{R}^2$.

另一方面, 从线段 $y = 2x$ ($-1 \ll y < 0$) 上任意点出发的轨线总先沿着该线段远离奇点 O, 故而系统的零解在 Lyapunov 意义下是不稳定的. □

当然, 在讨论系统 (5.26) 的零解在 Lyapunov 意义下稳定性性质时, 有时还会进一步涉及一致吸引、一致渐近稳定, 甚至是指数渐近稳定的概念, 我们在这里就不再给出了, 感兴趣的读者可以参考相关资料.

更为一般地, 可以讨论系统 (5.26) 任意一个解 (包括其他的非零平衡点) 在 Lyapunov 意义下的稳定性. 事实上, 设 $\boldsymbol{\psi}(t) = \boldsymbol{\psi}(t; t_0, \boldsymbol{\psi}_0)$ 是系统 (5.26) 的任意一个解, 为了考察它的稳定性, 即其他解 $\boldsymbol{x}(t) = \boldsymbol{x}(t; t_0, \boldsymbol{x}_0)$ 和它的接近程度. 作变换

$$\boldsymbol{y}(t) = \boldsymbol{x}(t) - \boldsymbol{\psi}(t),$$

则系统 (5.26) 可化为

$$\frac{\mathrm{d}\boldsymbol{y}(t)}{\mathrm{d}t} = \boldsymbol{f}(t, \boldsymbol{y}(t) + \boldsymbol{\psi}(t)) - \boldsymbol{f}(t, \boldsymbol{\psi}(t)) \stackrel{\text{def}}{=\!=} \boldsymbol{g}(t, \boldsymbol{y}(t)). \tag{5.29}$$

容易验证, $\boldsymbol{y} = \boldsymbol{0}$ 是系统 (5.29) 的解. 因此, 研究系统 (5.26) 任意一个解 $\boldsymbol{\psi}(t)$ 的稳定性问题即可等价地转化为研究系统 (5.29) 零解的稳定性问题. 由此, 对于系统 (5.26) 任意一个解 $\boldsymbol{\psi}(t)$ 在 Lyapunov 意义下的稳定、不稳定、渐近稳定的分析定义也可一一给出.

例 5.4.3 设函数 $\kappa(t)$, $\mu(t)$ 和 $\omega(t)$ 是定义在 $(-\infty, +\infty)$ 上的实值连续函数, 设 $x = \phi(t), y = \psi(t)$ 是系统

$$\begin{cases} \dfrac{\mathrm{d}x}{\mathrm{d}t} = \kappa^2(t)y - \mu(t), \\ \dfrac{\mathrm{d}y}{\mathrm{d}t} = -\kappa^2(t)x + \omega(t) \end{cases} \tag{5.30}$$

的一个特解. 试确定此特解在 Lyapunov 意义下的稳定性.

解 作变换

$$\begin{cases} \xi(t) = x - \phi(t), \\ \eta(t) = y - \psi(t), \end{cases}$$

则系统 (5.30) 可等价地化为

$$\begin{cases} \dfrac{\mathrm{d}\xi}{\mathrm{d}t} = \kappa^2(t)\eta, \\ \dfrac{\mathrm{d}\eta}{\mathrm{d}t} = -\kappa^2(t)\xi. \end{cases} \tag{5.31}$$

于是, 由 $\dfrac{\mathrm{d}\xi}{\mathrm{d}\eta} = -\dfrac{\eta}{\xi}$ 得到 $\xi^2 + \eta^2 = c$ (c 为任意的正常数). 因此, 系统 (5.31) 的零解是稳定的, 但不是渐近稳定的.

故而系统 (5.30) 的特解 $x = \phi(t), y = \psi(t)$ 是稳定的, 但不是渐近稳定的.

5.4.2 线性系统的稳定性

线性系统作为一类特殊的常微分方程 (组), 在本书的前面章节中作了系统的分析与研究. 同样地, 针对线性系统在 Lyapunov 意义下的稳定性问题, 我们将给出一些基本而重要的结果.

定理 5.4.1 设 $\boldsymbol{x}(t) = \boldsymbol{x}(t; t_0, \boldsymbol{x}_0)$ 是线性系统

$$\frac{\mathrm{d}\boldsymbol{x}}{\mathrm{d}t} = \boldsymbol{A}(t)\boldsymbol{x}, \tag{5.32}$$

的解, 其中矩阵值函数 $\boldsymbol{A}(t)$ 在 $\mathcal{I} = (-\infty, +\infty)$ 上是连续的, $t_0 \in \mathcal{I}$, $\boldsymbol{x}_0 \in \mathbb{R}^n$. 那么

(1) 系统 (5.32) 的零解在 Lyapunov 意义下是稳定的充要条件是系统 (5.32) 的每一个解都是有界的, 即存在正数 $M = M(t_0, \boldsymbol{x}_0)$ 使得系统 (5.32) 的每一个解 $\boldsymbol{x}(t)$ 在 $[t_0, +\infty)$ 上一致地成立 $\|\boldsymbol{x}(t)\| < M$;

(2) 系统 (5.32) 的零解在 Lyapunov 意义下是渐近稳定的充要条件是, 系统 (5.32) 的每一个解 $\boldsymbol{x}(t)$ 在 $t \to +\infty$ 时都趋于 $\boldsymbol{0}$, 即 $\lim\limits_{t \to +\infty} \boldsymbol{x}(t) = \boldsymbol{0}$.

结论 (1) 中解的有界性涉及的正数 M 与 t_0, $\boldsymbol{x}_0$ 的选取有关, 当其选取与它们无关时, 则解的有界性就被称为一致有界. 以下我们仅证明结论 (1) 成立, 结论 (2) 的证明请读者自行完成 (习题 5.4.9).

证明 结论 (1) 的必要性证明.

如果系统 (5.32) 的零解在 Lyapunov 意义下是稳定的, 则根据定义 5.4.1, 对于 $\varepsilon = 1$ 以及 $t_0 \in \mathcal{I}$, 一定存在正数 $\delta = \delta(1, t_0)$, 使得当 $\|\boldsymbol{x}_0\| < \delta$ 时, 系统 (5.32) 的解 $\boldsymbol{x}(t; t_0, \boldsymbol{x}_0)$ 在区间 $t_0 \leqslant t < +\infty$ 上一致地成立

$$\|\boldsymbol{x}(t; t_0, \boldsymbol{x}_0)\| < 1.$$

另一方面, 根据线性系统解的表示理论, 系统 (5.32) 的每一解都可以表示为

$$\boldsymbol{x}(t; t_0, \boldsymbol{x}_0) = \boldsymbol{\mathcal{U}}(t, t_0)\boldsymbol{x}_0,$$

其中 $\boldsymbol{\mathcal{U}}(t, s)$ 是系统 (5.32) 的状态转移矩阵. 特别地, 可以将解表示为

$$\boldsymbol{x}(t; t_0, \boldsymbol{x}_0) = \left\{\boldsymbol{\mathcal{U}}(t, t_0)\frac{\boldsymbol{x}_0 \delta}{2\|\boldsymbol{x}_0\|}\right\}\frac{2\|\boldsymbol{x}_0\|}{\delta}.$$

注意到 $\boldsymbol{\mathcal{U}}(t, t_0)\dfrac{\boldsymbol{x}_0 \delta}{2\|\boldsymbol{x}_0\|}$ 是以 $\left(t_0, \dfrac{\boldsymbol{x}_0 \delta}{2\|\boldsymbol{x}_0\|}\right)$ 为初值条件的系统 (5.32) 的解, 并且初值满足

$$\left\|\frac{\boldsymbol{x}_0 \delta}{2\|\boldsymbol{x}_0\|}\right\| = \frac{\delta}{2} < \delta.$$

因此, 有

$$\left\|\boldsymbol{\mathcal{U}}(t, t_0)\frac{\boldsymbol{x}_0 \delta}{2\|\boldsymbol{x}_0\|}\right\| < 1,$$

即在区间 $t_0 \leqslant t < +\infty$ 上一致地成立

$$\|\boldsymbol{x}(t;t_0,\boldsymbol{x}_0)\| < \frac{2\|\boldsymbol{x}_0\|}{\delta} \stackrel{\text{def}}{=\!=} M.$$

故而必要性得证.

结论 (1) 的充分性证明.

因为系统 (5.32) 的每一解都是有界的, 即对于球面 $\|\boldsymbol{x}\| = r > 0$ 及给定的 $t_0 \in \mathcal{I}$, 存在 $M = M(t_0, r) > 0$, 使得以球面上任意一点 $\boldsymbol{x}_0$ ($\|\boldsymbol{x}_0\| = r$) 为初值的解 $\boldsymbol{x}(t; t_0, \boldsymbol{x}_0)$ 在区间 $t_0 \leqslant t < +\infty$ 上一致地成立

$$\|\boldsymbol{x}(t;t_0,\boldsymbol{x}_0)\| = \|\boldsymbol{\mathcal{U}}(t,t_0)\boldsymbol{x}_0\| < M.$$

因此, 对于任意给定的 $\varepsilon > 0$, 取定正数 $\delta < \dfrac{\varepsilon r}{M}$, 若对于任意的 $\hat{\delta} \in [0, \delta)$, 置 $\widetilde{\boldsymbol{x}}_0 = \boldsymbol{x}_0 \dfrac{\hat{\delta}}{r}$, 在区间 $t_0 \leqslant t < +\infty$ 上一致地成立

$$\|\boldsymbol{x}(t;t_0,\widetilde{\boldsymbol{x}}_0)\| = \left\|\boldsymbol{\mathcal{U}}(t,t_0)\boldsymbol{x}_0 \frac{\hat{\delta}}{r}\right\| < M \cdot \frac{\hat{\delta}}{r} < \varepsilon.$$

由 $\hat{\delta}$ 及 $\boldsymbol{x}_0$ 的任意性, 则 $\widetilde{\boldsymbol{x}}_0$ 可取遍区域 $\|\boldsymbol{x}\| < \delta$ 上的每一点. 故而根据 Lyapunov 意义下稳定性定义 5.4.1, 系统 (5.32) 的零解是稳定的. 充分性得证. □

特别地, 当线性系统 (5.32) 的系数矩阵在 $\mathcal{I}$ 上满足 $\boldsymbol{A}(t) \equiv \boldsymbol{A}$, 即系统 (5.32) 可写成线性自治系统

$$\frac{\mathrm{d}\boldsymbol{x}}{\mathrm{d}t} = \boldsymbol{A}\boldsymbol{x}, \tag{5.33}$$

我们可以有以下的结论.

推论 5.4.1 (1) 如果常值矩阵 $\boldsymbol{A}$ 存在一个特征值 λ^*, $\text{Re}\{\lambda^*\} > 0$, 则线性自治系统 (5.33) 的零解在 Lyapunov 意义下是不稳定的.

(2) 如果常值矩阵 $\boldsymbol{A}$ 所有特征值的实部都不大于零, 且实部为零的特征值在 $\boldsymbol{A}$ 的 Jordan 标准形中所对应的 Jordan 块的阶数大于 1, 则线性自治系统 (5.33) 的零解在 Lyapunov 意义下是不稳定的.

(3) 如果常值矩阵 $\boldsymbol{A}$ 所有特征值的实部都不大于零, 且实部为零的特征值在 $\boldsymbol{A}$ 的 Jordan 标准形中所对应的 Jordan 块的阶数等于 1, 则线性自治系统 (5.33) 的零解在 Lyapunov 意义下是稳定的. 此时, 若至少有一个特征值的实部为零, 则系统 (5.33) 的零解在 Lyapunov 意义下不是渐近稳定的, 仅是稳定的.

(4) 线性自治系统 (5.33) 的零解在 Lyapunov 意义下是渐近稳定的充要条件是, 常值矩阵 $\boldsymbol{A}$ 所有特征值的实部都小于零.

利用常系数线性方程组解的表示与估计 (定理 3.3.1), 并根据定理 5.4.1 的结论可直接证得该推论.

下面, 我们不加证明地介绍一个十分有用的判据以判断常系数矩阵 A 的特征值是否都具有负实部.

命题 5.4.1(Routh-Hurwitz 判据)　设 n 阶实矩阵 A 的特征多项式为

$$P_n(\lambda) = \lambda^n + p_1\lambda^{n-1} + p_2\lambda^{n-2} + \cdots + p_{n-1}\lambda + p_n.$$

矩阵 A 的所有特征值都具有负实部的充要条件是, n 阶 Hurwitz 矩阵

$$\mathcal{H}_n = \begin{pmatrix} p_1 & 1 & 0 & 0 & 0 & \cdots & 0 & 0 \\ p_3 & p_2 & p_1 & 1 & 0 & \cdots & 0 & 0 \\ p_5 & p_4 & p_3 & p_2 & p_1 & \cdots & 0 & 0 \\ \vdots & \vdots & \vdots & \vdots & \vdots & & \vdots & \vdots \\ 0 & 0 & 0 & 0 & 0 & \cdots & p_{n-1} & p_{n-2} \\ 0 & 0 & 0 & 0 & 0 & \cdots & 0 & p_n \end{pmatrix}$$

的所有主子式都大于零.

于是, 利用 Routh-Hurwitz 判据, 我们可以得到一些具体实数矩阵的特征值是否都具有负实部的判据[①]:

(1) 2 阶矩阵特征值实部都小于零当且仅当

$$p_1 > 0, \quad p_2 > 0;$$

(2) 3 阶矩阵特征值实部都小于零当且仅当

$$p_1 > 0, \quad p_3 > 0, \quad p_1 p_2 - p_3 > 0;$$

(3) 4 阶矩阵特征值实部都小于零当且仅当

$$p_1 > 0, \quad p_1 p_2 - p_3 > 0, \quad p_3(p_1 p_2 - p_3) - p_1^2 p_4 > 0, \quad p_4 > 0.$$

推论 5.4.1 的结论说明: 线性自治系统零解的渐近稳定性由系数矩阵所有特征值实部的符号完全决定.

对于一般的非自治系统 (5.32), 一旦确定了系数矩阵 $A(t)$ 随 t 变化的特征值实部的符号是否足以保证零解的渐近稳定性呢? 以下的一个简单例子, 给予了否定的回答.

例 5.4.4　讨论线性非自治系统

$$\frac{\mathrm{d}\boldsymbol{x}}{\mathrm{d}t} = \begin{pmatrix} -2 & \mathrm{e}^{3t} \\ 0 & -2 \end{pmatrix} \boldsymbol{x}$$

[①] 容易发现, $p_i > 0$ $(i = 1, 2, \cdots, n)$ 是矩阵 A 的所有特征值具有负实部的一个必要条件.

零解在 Lyapunov 意义下的稳定性.

解 该线性系统的通解为

$$\boldsymbol{x}(t) = \begin{pmatrix} \dfrac{1}{3}\mathrm{e}^t & \mathrm{e}^{-2t} \\ \mathrm{e}^{-2t} & 0 \end{pmatrix} \begin{pmatrix} c_1 \\ c_2 \end{pmatrix},$$

其中 c_1, c_2 为任意的常数. 于是, 存在该系统的一个解当 $t \to +\infty$ 时, 有

$$\boldsymbol{\psi}(t) = \begin{pmatrix} \dfrac{1}{3}\mathrm{e}^t \\ \mathrm{e}^{-2t} \end{pmatrix} \not\to \boldsymbol{0}$$

且

$$\|\boldsymbol{\psi}(t)\| \to +\infty.$$

故而根据定理 5.4.1, 零解在 Lyapunov 意义下既不是渐近稳定的, 也不是稳定的. □

很显然, 例 5.4.4 中讨论的线性系统系数矩阵的特征值全部小于零. 因此, 对于线性非自治系统, 即使系数矩阵特征值的实部都小于零, 一般情况下并不能保证系统的零解在 Lyapunov 意义下是稳定的. 所以在研究线性非自治系统零解的稳定性时, 往往需要作更为细致的分析.

例 5.4.5 对于线性系统

$$\frac{\mathrm{d}\boldsymbol{x}}{\mathrm{d}t} = (\boldsymbol{A}_1 + \boldsymbol{A}_2(t))\boldsymbol{x}, \tag{5.34}$$

其中常数矩阵 $\boldsymbol{A}_1$ 所有特征值的实部都小于零, 矩阵值函数 $\boldsymbol{A}_2(t)$ 在 $\mathcal{I} = (-\infty, +\infty)$ 上连续, 且

$$\lim_{t \to +\infty} \|\boldsymbol{A}_2(t)\| = 0.$$

证明: 系统 (5.34) 的零解在 Lyapunov 意义下是渐近稳定的.

证明 由于矩阵 $\boldsymbol{A}_1$ 所有特征值的实部都小于零, 因此存在正常数 M 以及 γ, 使得对于任意给定的 $s \in \mathcal{I}$, 当 $t \geqslant s$ 时成立

$$\left\|\mathrm{e}^{\boldsymbol{A}_1(t-s)}\right\| \leqslant M\mathrm{e}^{-\gamma(t-s)}.$$

而

$$\lim_{t \to +\infty} \|\boldsymbol{A}_2(t)\| = 0,$$

则对于任意的 $\varepsilon \in \left(0, \dfrac{\gamma}{M}\right)$, 存在 $T = T(\varepsilon)$, 使得当 $t \geqslant T$ 时, $\|\boldsymbol{A}_2(t)\| < \varepsilon$.

又由线性系统的常数变易公式可知, 系统 (5.34) 的任意以 $(t_0, \boldsymbol{x}_0)$ 为初值的解可以表示为

$$\boldsymbol{x}(t) = \mathrm{e}^{\boldsymbol{A}_1(t-t_0)}\boldsymbol{x}_0 + \int_{t_0}^{t} \mathrm{e}^{\boldsymbol{A}_1(t-\tau)}\boldsymbol{A}_2(\tau)\boldsymbol{x}(\tau)\,\mathrm{d}\tau.$$

于是, 对于 $t \geqslant T$, 有如下的估计:

$$\|\boldsymbol{x}(t)\| \leqslant M\mathrm{e}^{-\gamma(t-t_0)}\|\boldsymbol{x}_0\| + \int_{t_0}^{t} M\mathrm{e}^{-\gamma(t-\tau)}\|\boldsymbol{A}_2(\tau)\|\cdot\|\boldsymbol{x}(\tau)\|\,\mathrm{d}\tau$$

$$\leqslant M\mathrm{e}^{-\gamma(t-t_0)}\bigg[\|\boldsymbol{x}_0\| + \int_{t_0}^{T}\mathrm{e}^{-\gamma(t_0-\tau)}\|\boldsymbol{A}_2(\tau)\|\cdot\|\boldsymbol{x}(\tau)\|\,\mathrm{d}\tau +$$

$$\int_{T}^{t}\varepsilon\mathrm{e}^{-\gamma(t_0-\tau)}\|\boldsymbol{x}(\tau)\|\,\mathrm{d}\tau\bigg]$$

注意到矩阵值函数 $\boldsymbol{A}_2(t)$ 及解 $\boldsymbol{x}(t)$ 在 $[t_0, T]$ 或 $[T, t_0]$ 上是连续的, 因此存在 η, 使得

$$\|\boldsymbol{x}_0\| + \int_{t_0}^{T}\mathrm{e}^{-\gamma(t_0-\tau)}\|\boldsymbol{A}_2(\tau)\|\cdot\|\boldsymbol{x}(\tau)\|\,\mathrm{d}\tau \leqslant \eta.$$

从而

$$\mathrm{e}^{\gamma(t-t_0)}\|\boldsymbol{x}(t)\| \leqslant M\eta + M\varepsilon\int_{T}^{t}\mathrm{e}^{\gamma(\tau-t_0)}\|\boldsymbol{x}(\tau)\|\,\mathrm{d}\tau.$$

利用 Gronwall 不等式可得

$$\|\boldsymbol{x}(t)\| \leqslant M\eta\mathrm{e}^{-(\gamma-M\varepsilon)t+\gamma t_0 - M\varepsilon T}.$$

于是, 当 $t \to +\infty$ 时, $\|\boldsymbol{x}(t)\| \to 0$. 故而, 根据定理 5.4.1, 系统 (5.34) 的零解是渐近稳定的. □

当然, 对于系统 (5.34) 中的系数矩阵 $\boldsymbol{A}_1$ 和 $\boldsymbol{A}_2(t)$ 还可以加其他各类的条件, 以研究系统的零解在 Lyapunov 意义下的稳定性 (参看习题 5.4.10).

习题 5.4

1. 试叙述关于二阶微分方程

$$\frac{\mathrm{d}^2 x}{\mathrm{d}t^2} = f\left(t, x, \frac{\mathrm{d}x}{\mathrm{d}t}\right)$$

的解在 Lyapunov 意义下的稳定性的所有分析定义.

2. 设 P 是平面自治系统的奇点. 当点 P 分别为中心、焦点、结点、鞍点时, 试确定奇点 P 对应系统的解在 Lyapunov 意义下的稳定性.

3. 证明: 系统 $\dfrac{\mathrm{d}x}{\mathrm{d}t} = -\dfrac{x}{1+t}$ $(t \geqslant 0)$ 的零解在 Lyapunov 意义下是一致稳定的, 也是渐近稳定的.

4. 试确定系统 $\dfrac{\mathrm{d}x}{\mathrm{d}t} = (4t\sin t - t)x$ 的零解在 Lyapunov 意义下的稳定性.

5. 对于平面系统

$$\begin{cases} \dfrac{\mathrm{d}x}{\mathrm{d}t} = -xy, \\ \dfrac{\mathrm{d}y}{\mathrm{d}t} = -y^2 + x^4, \end{cases}$$

(1) 求出该系统轨线满足的方程, 并绘制轨线的大致图形;

(2) 求出系统的所有解;

(3) 试确定系统的零解在 Lyapunov 意义下的稳定性.

6. 求出平面系统

$$\begin{cases} \dfrac{\mathrm{d}x}{\mathrm{d}t} = y + g(x), \\ \dfrac{\mathrm{d}y}{\mathrm{d}t} = -5x, \end{cases}$$

的所有解, 其中

$$g(x) = \begin{cases} -5x, & x > 0; \\ 6x, & -\dfrac{1}{2} < x \leqslant 0; \\ -2x - 2, & x \leqslant -\dfrac{1}{2}, \end{cases}$$

并确定零解在 Lyapunov 意义下的稳定性以及零解的吸引域.

7. 求微分方程 $RC\dfrac{\mathrm{d}x}{\mathrm{d}t} + x = E\cos\omega t$ 的周期解, 其中 R, C, E 和 ω 都为常数, 并确定它在 Lyapunov 意义下的稳定性.

8. 考虑系统 $\dfrac{\mathrm{d}x}{\mathrm{d}t} = \alpha(t)x + \beta(t)$, 其中实值函数 $\alpha(t), \beta(t)$ 在 $\mathcal{I} = (-\infty, +\infty)$ 上是连续的. 对于给定的 $t_0 \in \mathcal{I}$, 分别在以下三种情形下, 确定该系统的解在 Lyapunov 意义下的稳定性:

(1) $\int_{t_0}^{+\infty} \alpha(s)\mathrm{d}s < +\infty$;   (2) $\int_{t_0}^{+\infty} \alpha(s)\mathrm{d}s = -\infty$;

(3) $\int_{t_0}^{+\infty} \alpha(s)\mathrm{d}s = +\infty$.

9. 证明定理 5.4.1 中的结论 (2).

10. 试确定当参数 a 和 b 取何值时, 微分方程

$$a\dfrac{\mathrm{d}^4 y}{\mathrm{d}t^4} + \dfrac{\mathrm{d}^3 y}{\mathrm{d}t^3} + \dfrac{\mathrm{d}^2 y}{\mathrm{d}t^2} + \dfrac{\mathrm{d}y}{\mathrm{d}t} + by = 0$$

的零解在 Lyapunov 意义下是渐近稳定的.

11. 如果常数矩阵 $\boldsymbol{A}_1$ 所有特征值的实部都不大于零, 实部为零的特征值在 $\boldsymbol{A}_1$ 的 Jordan 标准形中所对应的 Jordan 块的阶数等于 1, 且对于给定的 $t_0 \in \mathcal{I}$ 有

$$\int_{t_0}^{+\infty} \|\boldsymbol{A}_2(\tau)\|\mathrm{d}\tau < +\infty.$$

证明: 线性系统 (5.34) 的零解在 Lyapunov 意义下是稳定的; 并判断零解在 Lyapunov 意义下是否是一致稳定的.

12. 判断以下命题是否正确, 若正确, 证明之; 否则, 给出反例或解释之:

(1) 若非齐次线性系统

$$\frac{\mathrm{d}\boldsymbol{x}}{\mathrm{d}t} = \boldsymbol{A}(t)\boldsymbol{x} + \boldsymbol{h}(t)$$

的某一个特解 $\boldsymbol{x} = \boldsymbol{\xi}(t)$ 是在 Lyapunov 意义下稳定的, 则该方程的一切解在 Lyapunov 意义下都是稳定的.

(2) 若系统

$$\frac{\mathrm{d}\boldsymbol{x}}{\mathrm{d}t} = \boldsymbol{f}(t,\boldsymbol{x})$$

的某一个特解 $\boldsymbol{x} = \boldsymbol{\varphi}(t)$ 的最大存在区间是 $(-\infty, +\infty)$, 其在区间 $[t_0, +\infty)$ 上是 Lyapunov 意义下稳定的, 则该特解在区间 $[t_1, +\infty)$ 上也是在 Lyapunov 意义下稳定的, 其中 $t_1 \in (-\infty, t_0)$.

(3) 若一平面自治系统具有半稳定极限环, 则这个半稳定极限环对应的系统的周期解在 Lyapunov 意义下是不稳定的.

(4) 若一平面自治系统具有稳定极限环, 则这个稳定极限环对应的系统的周期解在 Lyapunov 意义下是渐近稳定的.

5.5 Lyapunov 直接方法

在上一节中, 我们给出了常微分系统的解在 Lyapunov 意义下稳定性的概念; 并对于具体系统, 通过直接分析计算得到解的解析式, 来确定解的稳定性的. 但是, 绝大多数的常微分系统都是非线性的, 并且不能通过直接计算的方式来得到解的解析式, 这就为确定解的稳定性带来了困难. 下面, 我们介绍一种在研究稳定性问题中行之有效的方法: Lyapunov 直接方法, 或称为 $\mathcal{V}$ 函数方法. 该方法的特点是: 不直接求解系统, 而是利用构造的 Lyapunov 函数 ($\mathcal{V}$ 函数) 以及系统的向量场来讨论解的稳定性.

本节中, 我们将以讨论 n 维自治系统

$$\frac{\mathrm{d}\boldsymbol{x}}{\mathrm{d}t} = \boldsymbol{f}(\boldsymbol{x}) \tag{5.35}$$

的零解的稳定性问题为例, 说明与介绍 Lyapunov 直接方法的基本思想以及 Lyapunov 关于零解稳定、渐近稳定和不稳定的判定定理. 设系统 (5.35) 的右端向量场满足 $\boldsymbol{f}(\boldsymbol{0}) = \boldsymbol{0}$, 且其各分量 $f_1(x_1, x_2, \cdots, x_n), f_2(x_1, x_2, \cdots, x_n), \cdots, f_n(x_1, x_2, \cdots, x_n)$ 在包含原点 O 的区域 $\mathcal{D} \subset \mathbb{R}^n$ 上是连续的, 并具有连续的一阶偏导数.

5.5.1 $\mathcal{V}$ 函数

函数 $\mathcal{V}(\boldsymbol{x}) = \mathcal{V}(x_1, x_2, \cdots, x_n) : \mathcal{N} \to \mathbb{R}$,其中 $\mathcal{N}$ 是 $\mathbb{R}^n$ 上包含原点 O 的某一个邻域. 设函数 $\mathcal{V}(\boldsymbol{x})$ 在 $\mathcal{N}$ 中是连续可微的,并且 $\mathcal{V}(\boldsymbol{0}) = 0$.

定义 5.5.1 (1) 若对于所有的 $\boldsymbol{x} \in \mathcal{N}$ 都有 $\mathcal{V}(\boldsymbol{x}) \geqslant 0 \ (\leqslant 0)$,则称 $\mathcal{V}(\boldsymbol{x})$ 是常正函数 (常负函数). 常正和常负函数统称为常号函数.

(2) 若对于除原点 O 外所有的 $\boldsymbol{x} \in \mathcal{N}$ 都有 $\mathcal{V}(\boldsymbol{x}) > 0 \ (< 0)$,则称 $\mathcal{V}(\boldsymbol{x})$ 是定正函数 (定负函数). 定正和定负函数统称为定号函数.

(3) 若在 $\mathcal{N}$ 内,原点 O 的任意一个邻域内,函数 $\mathcal{V}(\boldsymbol{x})$ 既可以取到正值,也可以取到负值,则称 $\mathcal{V}(\boldsymbol{x})$ 是变号函数.

例 5.5.1 判断下列 $\mathcal{V}$ 函数的类型:

(1) $\mathcal{V}(x_1, x_2) = 1 - \cos(x_1^2 + x_2^2)$ 是定正的;

(2) $\mathcal{V}(x_1, x_2, x_3) = -x_1^2 - x_2^2$ 是常负的, 但不是定负的;

(3) $\mathcal{V}(x_1, x_2) = x_1^2 + x_2^2 + x_1^4 - x_2^4$ 是在区域 $x_1^2 + x_2^2 < \dfrac{1}{4}$ 内是定正函数, 而在区域 $x_1^2 + x_2^2 < 3$ 内却不是定正函数;

(4) 二次型

$$\mathcal{V}(\boldsymbol{x}) = \sum_{i,j=1}^n p_{ij} x_i x_j = \boldsymbol{x}^{\mathrm{T}} \boldsymbol{P} \boldsymbol{x},$$

其中 $p_{ij} = p_{ji} \ (i, j = 1, 2, \cdots, n)$. 代数学中已经证明: 若系数矩阵 $\boldsymbol{P} = \{p_{ij}\}_{n \times n}$ 的主子式都是正的, 即

$$p_{11} > 0, \ \begin{vmatrix} p_{11} & p_{12} \\ p_{21} & p_{22} \end{vmatrix} > 0, \ \cdots, \ \begin{vmatrix} p_{11} & p_{12} & \cdots & p_{1n} \\ p_{21} & p_{22} & \cdots & p_{2n} \\ \vdots & \vdots & & \vdots \\ p_{n1} & p_{n2} & \cdots & p_{nn} \end{vmatrix} > 0,$$

则二次型 $\mathcal{V}(\boldsymbol{x})$ 是定正的. 特别地, 若 $n = 2$, 则当 $p_{11} > 0$, $p_{12}^2 - p_{11} p_{22} < 0$ 时, $\mathcal{V}(x_1, x_2)$ 是定正的; 当 $p_{11} < 0$, $p_{12}^2 - p_{11} p_{22} < 0$ 时, $\mathcal{V}(x_1, x_2)$ 是定负的; 当 $p_{12}^2 - p_{11} p_{22} > 0$ 时, $\mathcal{V}(x_1, x_2)$ 是变号的.

事实上, $\mathcal{V}$ 函数的符号判断通常是有一定难度的, 但有时也是有一定规律可循的.

引理 5.5.1 设函数

$$\mathcal{V}(\boldsymbol{x}) = \mathcal{V}_1(\boldsymbol{x}) + \mathcal{V}_2(\boldsymbol{x}).$$

若 $\mathcal{V}_1(\boldsymbol{x})$ 是定正的二次型, 在原点 O 的邻域 $\|\boldsymbol{x}\| \leqslant h$ 上成立

$$|\mathcal{V}_2(\boldsymbol{x})| \leqslant \kappa \|\boldsymbol{x}\|^{2+\delta}, \tag{5.36}$$

其中 κ, δ 都是正的常数, 则 $\mathcal{V}(\boldsymbol{x})$ 是定正函数.

证明 因为定正的二次型 $\mathcal{V}_1(\boldsymbol{x})$ 在单位球面 $\|\boldsymbol{x}\| = 1$ 上取到正的最小值, 记为 $m > 0$. 从而,

$$\mathcal{V}_1(\boldsymbol{x}) = \mathcal{V}_1\left(\|\boldsymbol{x}\|\frac{\boldsymbol{x}}{\|\boldsymbol{x}\|}\right) = \|\boldsymbol{x}\|^2 \cdot \mathcal{V}_1\left(\frac{\boldsymbol{x}}{\|\boldsymbol{x}\|}\right) \geqslant m\|\boldsymbol{x}\|^2.$$

于是, 当 $\|\boldsymbol{x}\| \leqslant h$ 时, 有

$$\mathcal{V}(\boldsymbol{x}) \geqslant m\|\boldsymbol{x}\|^2 - \kappa\|\boldsymbol{x}\|^{2+\delta} = m\|\boldsymbol{x}\|^2\left(1 - \frac{\kappa}{m}\|\boldsymbol{x}\|^\delta\right).$$

若置 $\hat{h} = \left(\frac{m}{2\kappa}\right)^{\frac{1}{\delta}}$, 则在原点 O 的邻域 $\|\boldsymbol{x}\| \leqslant \min\{h, \hat{h}\}$ 上成立

$$\mathcal{V}(\boldsymbol{x}) \geqslant \frac{m}{2}\|\boldsymbol{x}\|^2,$$

即 $\mathcal{V}(\boldsymbol{x})$ 是定正函数. □

例如 $\mathcal{V}(x_1, x_2) = x_1^2 + x_2^2 + 3x_1x_2^2 - 4x_1^4$, 由引理 5.5.1, 其在原点足够小的邻域内是定正函数.

但是需要指出的是, 在引理中, 若 $\mathcal{V}_1(\boldsymbol{x})$ 是常号函数, 即使条件 (5.36) 满足也不能保证 $\mathcal{V}(\boldsymbol{x})$ 是常号函数. 例如 $\mathcal{V}_1(x_1, x_2) = (x_1 + x_2)^2$ 是常号函数, 但是当 $\mathcal{V}_2(x_1, x_2)$ 分别取 $-x_1^3$ 和 x_2^4 时, 对应的 $\mathcal{V}(x_1, x_2)$ 分别是变号和定正函数.

又若 $\mathcal{V}_1(\boldsymbol{x})$ 是变号函数, 条件 (5.36) 也满足, 读者可以考虑 $\mathcal{V}(\boldsymbol{x})$ 的符号情况 (习题 5.5.1).

引理 5.5.2 设函数 $\mathcal{H}(\boldsymbol{x})$ 在包含原点 O 的邻域内是连续的, 且 $\mathcal{H}(\boldsymbol{0}) = 0$. 则对于任意给定的正数 l, 存在 $\rho = \rho(l) > 0$, 使得当 $\mathcal{H}(\boldsymbol{x}) \geqslant l$ 时成立 $\|\boldsymbol{x}\| \geqslant \rho$.

利用函数 $\mathcal{H}(\boldsymbol{x})$ 在原点 O 处连续性的分析定义, 可直接证得引理 5.5.2. 显然, 对于本节中涉及的函数 $\mathcal{V}(\boldsymbol{x})$, 引理 5.5.2 的结论成立.

引理 5.5.3 设函数 $\mathcal{H}(\boldsymbol{x})$ 在 $\{\boldsymbol{x}|\|\boldsymbol{x}\| \leqslant h\}$ 上是定正的. 则对于任意给定的 $\rho \in (0, h]$, 函数 $\mathcal{H}(\boldsymbol{x})$ 在有界闭区域 $\{\boldsymbol{x}|\rho \leqslant \|\boldsymbol{x}\| \leqslant h\}$ 上取到正的最小值.

下面讨论 $\mathcal{V}$ 函数的几何意义.

若 $\mathcal{V}(\boldsymbol{x})$ 是定正函数, 则当 $C > 0$ 充分小时, $\mathcal{V}(\boldsymbol{x}) = C$ 是 $\mathbb{R}^n$ 上包围原点 O 的封闭曲面; 并且当 $C \to 0$ 时, 该曲面收缩到原点.

事实上, 由定正函数的定义可知, $\mathcal{V}(\boldsymbol{x})$ 在 $\mathcal{N}$ 内的球面 $\mathcal{S}_h : \|\boldsymbol{x}\| = h$ 上取到正的最小值, 记为 $m_h > 0$. 当充分小的 $C \in (0, m_h)$ 时, 设 $\zeta_{[0,1]}$ 是连接原点 $O = \zeta(0)$ 与球面 $\mathcal{S}_h$ 上任意一点 $\zeta(1)$ 的连续曲线. 由于

$$\mathcal{V}(\zeta(0)) - C < 0, \quad \mathcal{V}(\zeta(1)) - C \geqslant m_h - C > 0,$$

于是, 根据连续函数的介值定理, 存在 $t^* \in [0, 1]$, 即连续曲线上的点 $\zeta(t^*) = \boldsymbol{x}^*$ 使得 $\mathcal{V}(\boldsymbol{x}^*) = C$. 故而, $\mathcal{V}(\boldsymbol{x}) = C$ 所确定的曲面必有一张是包围原点 O 的封闭曲面. 而对于

任意充分小的 $C_1 > C_2 > 0$, 曲面 $\mathcal{V}(\boldsymbol{x}) = C_1$ 包围的内部区域内必有曲面 $\mathcal{V}(\boldsymbol{x}) = C_2$, 并且由定正函数 $\mathcal{V}(\boldsymbol{x})$ 的连续性可知, 当 $C \to 0$ 时, 封闭曲面 $\mathcal{V}(\boldsymbol{x}) = C$ 收缩到原点.

又若 $\mathcal{V}(\boldsymbol{x})$ 是变号函数, 则由 $\mathcal{V}(\boldsymbol{x}) = 0$ 确定的曲面都是过原点 O 的, 并且有可能确定出多张曲面. 在原点 O 的邻域内, 这些曲面是区域

$$\{\boldsymbol{x} \in \mathbb{R}^n \mid \mathcal{V}(\boldsymbol{x}) > 0\}$$

和

$$\{\boldsymbol{x} \in \mathbb{R}^n \mid \mathcal{V}(\boldsymbol{x}) < 0\}$$

的边界.

以上探讨的 $\mathcal{V}$ 函数的几何性质, 将在下一小节中介绍的 Lyapunov 直接方法的基本思想中起着重要的作用.

5.5.2 Lyapunov 稳定性的基本定理

在利用 Lyapunov 直接方法讨论 n 维自治系统 (5.35) 的零解的稳定性时, 不仅要考察连续可微的函数 $\mathcal{V}(\boldsymbol{x})$ 在原点 O 的某一个邻域内是否是定号的、常号的或者是变号的, 还要考察连续函数

$$\sum_{i=1}^{n} \frac{\partial \mathcal{V}(\boldsymbol{x})}{\partial x_i} f_i(\boldsymbol{x}) \tag{5.37}$$

在点 O 的邻域内相应的符号性质. 若设 $\boldsymbol{x}(t) = \boldsymbol{x}(t; t_0, \boldsymbol{x}_0)$ 是系统 (5.35) 的解, 则 $\mathcal{V}(\boldsymbol{x}(t; t_0, \boldsymbol{x}_0))$ 可视为变量 t 的复合函数, 其关于 t 求导有

$$\begin{aligned} \frac{\mathrm{d}\mathcal{V}(\boldsymbol{x}(t; t_0, \boldsymbol{x}_0))}{\mathrm{d}t} &= \sum_{i=1}^{n} \frac{\partial \mathcal{V}(\boldsymbol{x}(t; t_0, \boldsymbol{x}_0))}{\partial x_i} \cdot \frac{\mathrm{d}x_i(t; t_0, \boldsymbol{x}_0)}{\mathrm{d}t} \\ &= \sum_{i=1}^{n} \frac{\partial \mathcal{V}(\boldsymbol{x}(t; t_0, \boldsymbol{x}_0))}{\partial x_i} f_i(\boldsymbol{x}(t; t_0, \boldsymbol{x}_0)). \end{aligned}$$

这与函数 (5.37) 的形式是一致的. 因此, 称函数 (5.37) 是 $\mathcal{V}(\boldsymbol{x})$ 按系统 (5.35) 对时间 t 的全导数, 记为 $\left.\dfrac{\mathrm{d}\mathcal{V}}{\mathrm{d}t}\right|_{(5.35)}(\boldsymbol{x})$ 或 $\dot{\mathcal{V}}(\boldsymbol{x})$.

如果我们考察的函数 $\mathcal{V}(\boldsymbol{x})$ 是定正的, 则 $\mathcal{V}(\boldsymbol{x}) = C$ (C 是充分小的任意正数) 是包围原点 O 的一族封闭曲面, 且当 C 减小时向点 O 收缩; 而 $\mathcal{V}(\boldsymbol{x}(t; t_0, \boldsymbol{x}_0))$ 表示 t 时刻系统 (5.35) 的解 $\boldsymbol{x}(t)$ 对应的轨线位于某一个封闭的曲面上. 由于全导数还可以表示为

$$\dot{\mathcal{V}}(\boldsymbol{x}) = \langle \operatorname{grad} \mathcal{V}, \boldsymbol{f}(\boldsymbol{x}) \rangle,$$

梯度 $\operatorname{grad} \mathcal{V}$ 表示曲面 $\mathcal{V}(\boldsymbol{x}) = C$ 的外法向, 速度向量 $\boldsymbol{f}(\boldsymbol{x}(t))$ 表示系统 (5.35) 的轨线在 t 时刻沿 t 增加方向的切向. 所以, 如果全导数 $\dot{\mathcal{V}}(\boldsymbol{x})$ 是定负的, 即曲面外法向与轨线

切向的夹角始终是钝角 (如图 5.22(a) 所示), 则轨线随着时间 t 的增加不断地穿过曲面族 $\mathcal{V}(\boldsymbol{x}) = C$ 中的曲面, 向这族中更小的封闭曲面跑去, 从而最终趋于点 O. 这恰恰意味着系统的零解是渐近稳定的.

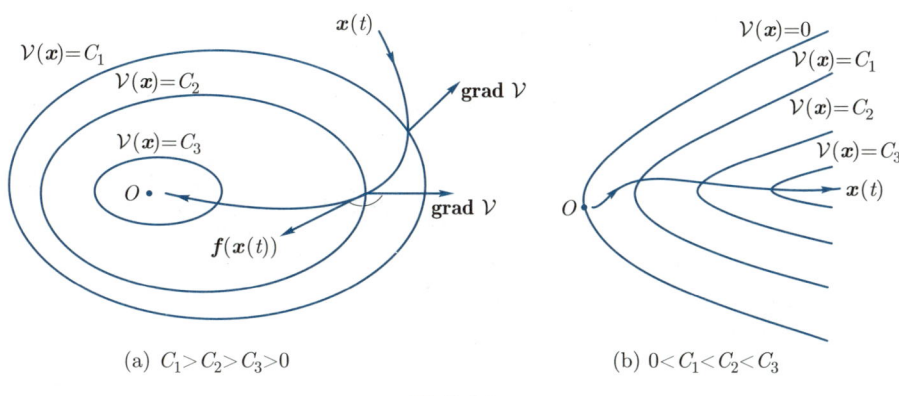

(a) $C_1 > C_2 > C_3 > 0$ (b) $0 < C_1 < C_2 < C_3$

图 **5.22**

如果全导数 $\dot{\mathcal{V}}(\boldsymbol{x})$ 是常负的, 则 $\mathcal{V}(\boldsymbol{x}(t; t_0, \boldsymbol{x}_0))$ 的值随着时间 t 的增加而不会增大, 即系统 (5.35) 的轨线随时间 t 的增加始终不会跑出由封闭曲面 $\mathcal{V}(\boldsymbol{x}) = \mathcal{V}(\boldsymbol{x}_0)$ 包围的区域. 特别地, 如果 $\dot{\mathcal{V}}(\boldsymbol{x}) = 0$, 即轨线经过曲面时曲面外法向与轨线切向的夹角为 $90°$, 则轨线可能始终停留在该封闭曲面上. 这就意味着系统的零解是稳定的.

如果全导数 $\dot{\mathcal{V}}(\boldsymbol{x})$ 是定正的, 则无论从如何靠近原点 O 处出发的轨线随着时间 t 的增加都会先远离点 O, 则意味着系统的零解是不稳定的. 事实上, 在讨论零解不稳定时, 只要求在原点的任意邻域内存在远离点 O 的轨线, 而非一切轨线都远离 O. 因此, 我们所考察的 $\mathcal{V}(\boldsymbol{x}) = C$ 对应的并不一定要求是围绕点 O 的封闭曲面, 只要是在点 O 附近的一部分区域中的一族曲面即可 (如图 5.22(b) 所示). 随着时间 t 增加, 从点 O 附近的任意邻域出发的轨线离开这个区域, 并满足 $\mathcal{V}(\boldsymbol{x}(t))$ 不断增加, 即意味着系统的零解是不稳定的.

以上我们介绍了 Lyapunov 直接方法的几何意义和基本思想. 基于这些意义和思想, 下面给出关于 n 维自治系统 (5.35) 的零解在 Lyapunov 意义下稳定性的若干判定定理.

定理 5.5.1 (零解稳定) 若对于自治系统 (5.35), 存在一个定正函数 $\mathcal{V}(\boldsymbol{x})$, 使得 $\mathcal{V}$ 按系统 (5.35) 对时间 t 的全导数 $\left.\dfrac{\mathrm{d}\mathcal{V}}{\mathrm{d}t}\right|_{(5.35)}(\boldsymbol{x})$ 是常负函数, 则系统 (5.35) 的零解在 Lyapunov 意义下是稳定的.

证明 设 $\mathcal{V}(\boldsymbol{x})$ 和 $\left.\dfrac{\mathrm{d}\mathcal{V}}{\mathrm{d}t}\right|_{(5.35)}(\boldsymbol{x})$ 在区域 $\|\boldsymbol{x}\| \leqslant h$ 上是定正的和常负的. 根据引理 5.5.3, 对于任意给定的 $\varepsilon \in (0, h]$, 可以记函数 $\mathcal{V}(\boldsymbol{x})$ 在有界闭区域 $\varepsilon \leqslant \|\boldsymbol{x}\| \leqslant h$ 上的最小值为 $m = m(\varepsilon) > 0$.

由于 $\mathcal{V}(\boldsymbol{0}) = 0$ 以及 $\mathcal{V}(\boldsymbol{x})$ 的连续性, 所以对于 $m > 0$, 存在 $\delta = \delta(m) > 0$, 使得当

$\|\boldsymbol{x}\| < \delta$ 时, 成立
$$0 \leqslant \mathcal{V}(\boldsymbol{x}) < m.$$

以下用反证法证明 (如图 5.23 所示): 当 $\|\boldsymbol{x}_0\| < \delta$ 时, 系统的 (5.35) 解 $\boldsymbol{x}(t) = \boldsymbol{x}(t; t_0, \boldsymbol{x}_0)$ 在区间 $t_0 \leqslant t < +\infty$ 上存在, 并且一致地成立
$$\|\boldsymbol{x}(t; t_0, \boldsymbol{x}_0)\| < \varepsilon. \tag{5.38}$$

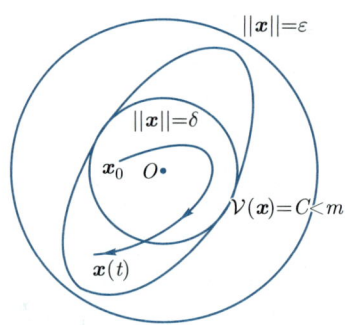

图 5.23　定理 5.5.1 的证明示意图

若不然, 对于 $\|\boldsymbol{x}_0\| < \delta$, 必存在 $t_1 > t_0$, 使得当 $t_0 \leqslant t < t_1$ 时, 不等式 (5.38) 成立, 而当 $t = t_1$ 时, 有
$$\|\boldsymbol{x}(t_1; t_0, \boldsymbol{x}_0)\| = \varepsilon.$$

由于全导数 $\dot{\mathcal{V}}(\boldsymbol{x})$ 是常负的, 则
$$\frac{\mathrm{d}}{\mathrm{d}t}\mathcal{V}(\boldsymbol{x}(t; t_0, \boldsymbol{x}_0)) \leqslant 0,$$
从而
$$\mathcal{V}(\boldsymbol{x}(t_1; t_0, \boldsymbol{x}_0)) \leqslant \mathcal{V}(\boldsymbol{x}(t_0; t_0, \boldsymbol{x}_0)) = \mathcal{V}(\boldsymbol{x}_0) < m.$$

但是这意味着
$$\|\boldsymbol{x}(t_1; t_0, \boldsymbol{x}_0)\| < \varepsilon,$$

于是得到矛盾. 故而系统的 (5.35) 解 $\boldsymbol{x}(t) = \boldsymbol{x}(t; t_0, \boldsymbol{x}_0)$ 在区间 $t_0 \leqslant t < +\infty$ 上存在, 且不等式 (5.38) 成立. 即由 ε 的任意性, 得证系统 (5.35) 的零解在 Lyapunov 意义下是稳定的. □

定理 5.5.2 (零解渐近稳定)　若对于自治系统 (5.35), 存在一个定正函数 $\mathcal{V}(\boldsymbol{x})$, 使得 $\mathcal{V}$ 按系统 (5.35) 对时间 t 的全导数 $\left.\dfrac{\mathrm{d}\mathcal{V}}{\mathrm{d}t}\right|_{(5.35)}(\boldsymbol{x})$ 是定负函数, 则系统 (5.35) 的零解在 Lyapunov 意义下是渐近稳定的.

证明 由已知条件, 根据定理 5.5.1, 系统 (5.35) 的零解在 Lyapunov 意义下是稳定的. 以下证明: 存在 $\delta > 0$, 使得 $\|\boldsymbol{x}\| < \delta$ 是零解的吸引域, 即当 $\|\boldsymbol{x}_0\| < \delta$ 时, 有

$$\lim_{t \to +\infty} \boldsymbol{x}(t; t_0, \boldsymbol{x}_0) = \boldsymbol{0}. \tag{5.39}$$

设 $\mathcal{V}(\boldsymbol{x})$ 和 $\left.\dfrac{\mathrm{d}\mathcal{V}}{\mathrm{d}t}\right|_{(5.35)}(\boldsymbol{x})$ 在区域 $\|\boldsymbol{x}\| \leqslant h$ 上是定正的和定负的. 根据定理 5.5.1, 对于给定的 h, 存在 $\delta = \delta(h) > 0$, 当 $\|\boldsymbol{x}_0\| < \delta$ 时, 在 $t_0 \leqslant t < +\infty$ 上一致地成立

$$\|\boldsymbol{x}(t; t_0, \boldsymbol{x}_0)\| < h.$$

因此, 当 $t \in [t_0, +\infty)$ 时, 有

$$\frac{\mathrm{d}}{\mathrm{d}t} \mathcal{V}(\boldsymbol{x}(t; t_0, \boldsymbol{x}_0)) \leqslant 0,$$

这意味着 $\mathcal{V}(\boldsymbol{x}(t; t_0, \boldsymbol{x}_0))$ 是关于 t 单调递减的函数, 又 $\mathcal{V}$ 有下界 0, 从而

$$\lim_{t \to +\infty} \mathcal{V}(\boldsymbol{x}(t; t_0, \boldsymbol{x}_0)) = \mathcal{V}_\infty \geqslant 0.$$

若 $\mathcal{V}_\infty > 0$, 则有

$$\mathcal{V}(\boldsymbol{x}(t; t_0, \boldsymbol{x}_0)) \geqslant \mathcal{V}_\infty > 0.$$

于是, 根据引理 5.5.2, 对于 $\mathcal{V}_\infty$, 存在 $\rho = \rho(\mathcal{V}_\infty) \in (0, h)$, 使得当 $t \in [t_0, +\infty)$ 时成立

$$\|\boldsymbol{x}(t; t_0, \boldsymbol{x}_0)\| \geqslant \rho.$$

由于 $-\left.\dfrac{\mathrm{d}\mathcal{V}}{\mathrm{d}t}\right|_{(5.35)}(\boldsymbol{x})$ 是定正函数, 因此根据引理 5.5.3, 其在有界闭区域 $\rho \leqslant \|\boldsymbol{x}\| \leqslant h$ 上可以取到正的最小值, 记为 $m = m(\rho) > 0$. 故当 $t \in [t_0, +\infty)$ 时, 有

$$-\frac{\mathrm{d}}{\mathrm{d}t} \mathcal{V}(\boldsymbol{x}(t; t_0, \boldsymbol{x}_0)) \geqslant m,$$

即有

$$0 \leqslant \mathcal{V}(\boldsymbol{x}(t; t_0, \boldsymbol{x}_0)) = \mathcal{V}(\boldsymbol{x}_0) + \int_{t_0}^{t} \dot{\mathcal{V}}(\boldsymbol{x}(s; t_0, \boldsymbol{x}_0)) \mathrm{d}s$$

$$\leqslant \mathcal{V}(\boldsymbol{x}_0) - m(t - t_0).$$

若令 $t \to +\infty$, 则有 $0 < -\infty$ 的矛盾. 矛盾说明 $\mathcal{V}_\infty$ 只能为零, 即

$$\lim_{t \to +\infty} \mathcal{V}(\boldsymbol{x}(t; t_0, \boldsymbol{x}_0)) = 0. \tag{5.40}$$

最后, 证明极限 (5.39) 成立. 事实上, 对于任意的 $\varepsilon > 0$, 可以取到 $\mathcal{V}(\boldsymbol{x})$ 在有界闭区域 $\varepsilon \leqslant \|\boldsymbol{x}\| \leqslant h$ 上正的最小值, 记为 $m^* = m^*(\varepsilon) > 0$.

由极限 (5.40) 成立, 对于取定的 m^*, 存在 $T = T(m^*)$, 使得当 $t \geqslant t_0 + T$ 时, 有 $\mathcal{V}(\boldsymbol{x}(t; t_0, \boldsymbol{x}_0)) < m^*$. 而这意味着 $\|\boldsymbol{x}(t; t_0, \boldsymbol{x}_0)\| < \varepsilon$. 于是, 由 ε 的任意性, 得证极限 (5.39) 成立, 即系统 (5.35) 的零解在 Lyapunov 意义下是渐近稳定的. $\square$

定理 5.5.3 (零解不稳定 I)　若对于自治系统 (5.35), 存在一个函数 $\mathcal{V}(\boldsymbol{x})$ 在原点 O 的任意一个邻域内总能取到正值, $\mathcal{V}(\boldsymbol{0}) = 0$, 并且 $\mathcal{V}$ 按系统 (5.35) 对时间 t 的全导数 $\left.\dfrac{\mathrm{d}\mathcal{V}}{\mathrm{d}t}\right|_{(5.35)}(\boldsymbol{x})$ 是定正函数, 则系统 (5.35) 的零解在 Lyapunov 意义下是不稳定的.

证明　设函数 $\left.\dfrac{\mathrm{d}\mathcal{V}}{\mathrm{d}t}\right|_{(5.35)}(\boldsymbol{x})$ 在区域 $\|\boldsymbol{x}\| \leqslant h$ 上是定正的. 对于任意给定的 $\delta \in (0, h)$, 可以取定 $\boldsymbol{x}_0$ 满足 $\|\boldsymbol{x}_0\| < \delta$ 且 $\mathcal{V}(\boldsymbol{x}_0) > 0$.

我们假设当 $t_0 \leqslant t < +\infty$ 时, 解 $\boldsymbol{x}(t) = \boldsymbol{x}(t; t_0, \boldsymbol{x}_0)$ 对应的轨线始终落在区域 $\|\boldsymbol{x}\| \leqslant h$ 上, 则有
$$\frac{\mathrm{d}}{\mathrm{d}t}\mathcal{V}(\boldsymbol{x}(t; t_0, \boldsymbol{x}_0)) \geqslant 0.$$

所以当 $t_0 \leqslant t < +\infty$ 时,
$$\mathcal{V}(\boldsymbol{x}(t; t_0, \boldsymbol{x}_0)) \geqslant \mathcal{V}(\boldsymbol{x}_0) > 0.$$

于是, 根据引理 5.5.2, 对于 $\mathcal{V}(\boldsymbol{x}_0)$, 存在 $\rho = \rho(\mathcal{V}(\boldsymbol{x}_0)) \in (0, h] > 0$, 使得当 $t_0 \leqslant t < +\infty$ 时, 成立
$$0 < \rho \leqslant \|\boldsymbol{x}(t; t_0, \boldsymbol{x}_0)\| \leqslant h.$$

又根据引理 5.5.3, 存在 $\widehat{m} > 0$, 使得
$$\frac{\mathrm{d}}{\mathrm{d}t}\mathcal{V}(\boldsymbol{x}(t; t_0, \boldsymbol{x}_0)) \geqslant \widehat{m}.$$

即有
$$\mathcal{V}(\boldsymbol{x}(t; t_0, \boldsymbol{x}_0)) = \mathcal{V}(\boldsymbol{x}_0) + \int_{t_0}^{t} \dot{\mathcal{V}}(\boldsymbol{x}(s; t_0, \boldsymbol{x}_0))\mathrm{d}s$$
$$\geqslant \mathcal{V}(\boldsymbol{x}_0) + \widehat{m}(t - t_0).$$

若令 $t \to +\infty$, 则 $\mathcal{V}(\boldsymbol{x}(t; t_0, \boldsymbol{x}_0)) \to +\infty$, 但这与 $\mathcal{V}(\boldsymbol{x})$ 在 $\|\boldsymbol{x}\| \leqslant h$ 上有界矛盾.

因此, 对于任意给定的 $\delta \in (0, h)$, 存在 $\boldsymbol{x}_0$ ($\|\boldsymbol{x}_0\| < \delta$) 以及时刻 $\widetilde{t} \in (t_0, +\infty)$, 使得 $\|\boldsymbol{x}(\widetilde{t}; t_0, \boldsymbol{x}_0)\| > h$. 这就是系统 (5.35) 零解在 Lyapunov 意义下不稳定的分析定义. $\square$

定理 5.5.4 (零解不稳定 II)　若对于自治系统 (5.35), 存在一个函数 $\mathcal{V}(\boldsymbol{x})$ 在原点 O 的任意一个邻域内总能取到正值, $\mathcal{V}$ 按系统 (5.35) 对时间 t 的全导数在原点 O 的某一个邻域内成立
$$\left.\frac{\mathrm{d}\mathcal{V}}{\mathrm{d}t}\right|_{(5.35)}(\boldsymbol{x}) \geqslant \lambda \mathcal{V}(\boldsymbol{x}), \tag{5.41}$$

其中 λ 是正的常数, 则系统 (5.35) 的零解在 Lyapunov 意义下是不稳定的.

证明　根据已知条件, 存在 $h > 0$, 使得在区域 $\|\boldsymbol{x}\| \leqslant h$ 上微分不等式 (5.41) 成立. 对于任意给定的 $\delta \in (0, h)$, 可以取定 $\boldsymbol{x}_0$ 满足 $\|\boldsymbol{x}_0\| < \delta$ 且 $\mathcal{V}(\boldsymbol{x}_0) > 0$.

我们假设当 $t_0 \leqslant t < +\infty$ 时，解 $\boldsymbol{x}(t) = \boldsymbol{x}(t; t_0, \boldsymbol{x}_0)$ 对应的轨线始终落在区域 $\|\boldsymbol{x}\| \leqslant h$ 上，则有
$$\frac{\mathrm{d}}{\mathrm{d}t}\mathcal{V}(\boldsymbol{x}(t; t_0, \boldsymbol{x}_0)) - \lambda\mathcal{V}(\boldsymbol{x}(t; t_0, \boldsymbol{x}_0)) \geqslant 0.$$

因此，
$$\int_{t_0}^{t} \frac{\mathrm{d}}{\mathrm{d}t}(\mathrm{e}^{-\lambda t}\mathcal{V}(\boldsymbol{x}(t; t_0, \boldsymbol{x}_0)))\mathrm{d}t \geqslant 0.$$

即可得当 $t_0 \leqslant t < +\infty$ 时，成立
$$\mathcal{V}(\boldsymbol{x}(t; t_0, \boldsymbol{x}_0)) \geqslant \mathrm{e}^{\lambda(t-t_0)}\mathcal{V}(\boldsymbol{x}_0).$$

若令 $t \to +\infty$，则 $\mathcal{V}(\boldsymbol{x}(t; t_0, \boldsymbol{x}_0)) \to +\infty$，产生矛盾. 所以假设不成立，即系统 (5.35) 零解在 Lyapunov 意义下是不稳定的. □

以上定理指出，如果能够找到具有某种性质的 $\mathcal{V}$ 函数，就可以利用判定定理来确定给定系统的零解在 Lyapunov 意义下的稳定性. 我们称这样的 $\mathcal{V}$ 函数为 Lyapunov 函数. 当利用 Lyapunov 直接方法讨论系统零解的稳定性时，关键即在于构造 Lyapunov 函数.

例 5.5.2 设参数 $a \in \mathbb{R}$，试确定系统
$$\begin{cases} \dfrac{\mathrm{d}x}{\mathrm{d}t} = ax - y + xy + y^2, \\ \dfrac{\mathrm{d}y}{\mathrm{d}t} = x + ay - x^2 - xy \end{cases} \tag{5.42}$$

的零解在 Lyapunov 意义下的稳定性.

解 作定正函数
$$\mathcal{V}(x, y) = \frac{1}{2}(x^2 + y^2),$$

则有
$$\left.\frac{\mathrm{d}\mathcal{V}}{\mathrm{d}t}\right|_{(5.42)}(x, y) = x\left(ax - y + xy + y^2\right) + y\left(x + ay - x^2 - xy\right)$$
$$= a(x^2 + y^2).$$

1° 当 $a = 0$ 时，$\dot{\mathcal{V}}(x, y) \equiv 0$ 是常负函数，根据定理 5.5.1，系统 (5.42) 的零解在 Lyapunov 意义下是稳定的.

2° 当 $a < 0$ 时，$\dot{\mathcal{V}}(x, y)$ 是定负函数，根据定理 5.5.2，系统 (5.42) 的零解在 Lyapunov 意义下是渐近稳定的.

3° 当 $a > 0$ 时，$\dot{\mathcal{V}}(x, y)$ 是定正函数，根据定理 5.5.3，系统 (5.42) 的零解在 Lyapunov 意义下是不稳定的. □

例 5.5.3 试确定系统

$$\begin{cases} \dfrac{\mathrm{d}x}{\mathrm{d}t} = -3x + y - z + 3x(6x^2 + 5y^2 + 2z^2), \\ \dfrac{\mathrm{d}y}{\mathrm{d}t} = -2x - 5y + z + 5y(6x^2 + 5y^2 + 2z^2), \\ \dfrac{\mathrm{d}z}{\mathrm{d}t} = 2x - y - 2z + 2z(6x^2 + 5y^2 + 2z^2) \end{cases} \tag{5.43}$$

的零解在 Lyapunov 意义下的稳定性.

解 作定正函数

$$\mathcal{V}(x,y,z) = 2x^2 + y^2 + z^2,$$

则有

$$\left.\dfrac{\mathrm{d}\mathcal{V}}{\mathrm{d}t}\right|_{(5.43)}(x,y,z) = -2(6x^2 + 5y^2 + 2z^2)[1 - (6x^2 + 5y^2 + 2z^2)]$$

在区域

$$\{(x,y,z) \in \mathbb{R}^3 \mid 6x^2 + 5y^2 + 2z^2 < 1\}$$

内是定负函数. 根据定理 5.5.2, 系统 (5.43) 的零解在 Lyapunov 意义下是渐近稳定的. □

例 5.5.4 试确定系统

$$\begin{cases} \dfrac{\mathrm{d}x}{\mathrm{d}t} = x + 3y + xy^2, \\ \dfrac{\mathrm{d}y}{\mathrm{d}t} = 3x + y - x^2 y \end{cases} \tag{5.44}$$

的零解在 Lyapunov 意义下的稳定性.

解 作函数

$$\mathcal{V}(x,y) = \dfrac{1}{2}(x^2 - y^2),$$

则该函数在原点的任意一个邻域内都能取到正值, 并且

$$\left.\dfrac{\mathrm{d}\mathcal{V}}{\mathrm{d}t}\right|_{(5.44)}(x,y) = x^2 - y^2 + 2x^2 y^2 \geqslant 2\mathcal{V}(x,y).$$

于是, 根据定理 5.5.4, 系统 (5.44) 的零解在 Lyapunov 意义下是不稳定的. □

以上我们针对自治系统 (5.35) 介绍了 Lyapunov 直接方法以及零解稳定性的判定定理. 对于更为一般的非自治系统, 我们可以将上述的方法和判定定理进行推广. 对此感兴趣的读者, 可以进一步参考相关系统稳定性分析的书籍.

习题 5.5

1. 设函数 $\mathcal{V}(\boldsymbol{x}) = \mathcal{V}_1(\boldsymbol{x}) + \mathcal{V}_2(\boldsymbol{x})$. 若 $\mathcal{V}_1(\boldsymbol{x})$ 是变号的二次型, 在原点 O 的邻域 $\|\boldsymbol{x}\| \leqslant h$ 上成立 $|\mathcal{V}_2(\boldsymbol{x})| \leqslant \kappa\|\boldsymbol{x}\|^{2+\delta}$, 其中 κ, δ 都是正的常数. 证明: $\mathcal{V}(\boldsymbol{x})$ 也是变号函数.

2. 判断以下解题思路是否正确？若不正确，请判断方程的零解在 Lyapunov 意义下的稳定性：

对于系统 $\dfrac{\mathrm{d}x}{\mathrm{d}t} = -x^2$，若作 $\mathcal{V}(x) = \mathrm{e}^x$. 由于 $\mathcal{V}(x) > 0$，并且 $\dot{\mathcal{V}}(x) = -\mathrm{e}^x x^2$ 是定负的. 因此，根据定理 5.5.2，系统的零解在 Lyapunov 意义下是渐近稳定的.

3. 试确定以下系统的零解在 Lyapunov 意义下的稳定性：

(1) $\begin{cases} \dfrac{\mathrm{d}x}{\mathrm{d}t} = -x + xy^2, \\ \dfrac{\mathrm{d}y}{\mathrm{d}t} = -2x^2y - y^3; \end{cases}$

(2) $\begin{cases} \dfrac{\mathrm{d}x}{\mathrm{d}t} = y + \alpha x(x^2 + y^2), \\ \dfrac{\mathrm{d}y}{\mathrm{d}t} = -x + \alpha y(x^2 + y^2), \end{cases}$ 其中 α 为参数；

(3) $\begin{cases} \dfrac{\mathrm{d}x}{\mathrm{d}t} = x^3 - 2y^3, \\ \dfrac{\mathrm{d}y}{\mathrm{d}t} = xy^2 + x^2y + \dfrac{1}{2}y^3; \end{cases}$

(4) $\begin{cases} \dfrac{\mathrm{d}x}{\mathrm{d}t} = y + \lambda x - x^5, \\ \dfrac{\mathrm{d}y}{\mathrm{d}t} = -x - y^5, \end{cases}$ 其中 λ 为参数；

(5) $\begin{cases} \dfrac{\mathrm{d}x}{\mathrm{d}t} = -x - 3y + 2z + yz, \\ \dfrac{\mathrm{d}y}{\mathrm{d}t} = 3x - y - z + xz, \\ \dfrac{\mathrm{d}z}{\mathrm{d}t} = -2x + y - z + xy; \end{cases}$

(6) $\begin{cases} \dfrac{\mathrm{d}x}{\mathrm{d}t} = y - 3z - x(y - 2z)^2, \\ \dfrac{\mathrm{d}y}{\mathrm{d}t} = -2x + 3z - y(x + z)^2, \\ \dfrac{\mathrm{d}z}{\mathrm{d}t} = 2x - y - z; \end{cases}$

(7) $\begin{cases} \dfrac{\mathrm{d}x}{\mathrm{d}t} = -2x + y - z + 2xy, \\ \dfrac{\mathrm{d}y}{\mathrm{d}t} = x - y + y^3, \\ \dfrac{\mathrm{d}z}{\mathrm{d}t} = x + y - z + x^2y; \end{cases}$

(8) $\begin{cases} \dfrac{\mathrm{d}x}{\mathrm{d}t} = -x - y + z + x^3, \\ \dfrac{\mathrm{d}y}{\mathrm{d}t} = x - 2y + 2z + xy, \\ \dfrac{\mathrm{d}z}{\mathrm{d}t} = x + 2y + z + x^2y. \end{cases}$

4. 对于平面系统

$$\begin{cases} \dfrac{\mathrm{d}x}{\mathrm{d}t} = y + 2y^3, \\ \dfrac{\mathrm{d}y}{\mathrm{d}t} = -x - 2x^3, \end{cases}$$

求出轨线满足的方程, 并由此确定零解在 Lyapunov 意义下的稳定性.

5. 若 $\mathcal{T}(\boldsymbol{x})$ 为二次型, 其中 $\boldsymbol{x} = (x_1, x_2, \cdots, x_n)^{\mathrm{T}}$, 试讨论自治系统

$$\frac{\mathrm{d}x_i}{\mathrm{d}t} = \frac{\partial \mathcal{T}(\boldsymbol{x})}{\partial x_i}, \quad i = 1, 2, \cdots, n$$

的零解在 Lyapunov 意义下的稳定性.

6. 若存在一个函数 $\mathcal{V}(\boldsymbol{x})$ 在原点 O 的任意一个邻域内总能取到负值, $\mathcal{V}(\boldsymbol{0}) = 0$, 并且 $\mathcal{V}$ 按系统 (5.35) 对时间 t 的全导数 $\left.\dfrac{\mathrm{d}\mathcal{V}}{\mathrm{d}t}\right|_{(5.35)}(\boldsymbol{x})$ 是定负函数. 证明: 系统 (5.35) 的零解在 Lyapunov 意义下是不稳定的.

7. 设参数 $\kappa \in \mathbb{R}$, 试确定平面系统

$$\begin{cases} \dfrac{\mathrm{d}x}{\mathrm{d}t} = \begin{cases} -x(x^2+y^2)\{\kappa - \sin(\ln(x^2+y^2))\}, & x^2+y^2 \neq 0, \\ 0, & x^2+y^2 = 0, \end{cases} \\ \dfrac{\mathrm{d}y}{\mathrm{d}t} = \begin{cases} -y(x^2+y^2)\{\kappa - \sin(\ln(x^2+y^2))\}, & x^2+y^2 \neq 0, \\ 0, & x^2+y^2 = 0 \end{cases} \end{cases}$$

的零解在 Lyapunov 意义下的稳定性.

8. 试确定以下系统的特解在 Lyapunov 意义下的稳定性:

(1) $\begin{cases} \dfrac{\mathrm{d}x}{\mathrm{d}t} = -\dfrac{1}{2}y + (x-1)\left[(x-1)^2 + y^2\right], \\ \dfrac{\mathrm{d}y}{\mathrm{d}t} = -2 + 2x + y\left[(x-1)^2 + y^2\right] \end{cases}$ 的特解 $\begin{cases} x = 1, \\ y = 0; \end{cases}$

(2) $\begin{cases} \dfrac{\mathrm{d}x}{\mathrm{d}t} = -x - y + z - 1 + (x-1)\left[(x-1)^2 + y^2 + (z-2)^2\right], \\ \dfrac{\mathrm{d}y}{\mathrm{d}t} = x - 2y + 2z - 5 + y\left[(x-1)^2 + y^2 + (z-2)^2\right], \\ \dfrac{\mathrm{d}z}{\mathrm{d}t} = x + 2y + z - 3 + (z-2)\left[(x-1)^2 + y^2 + (z-2)^2\right] \end{cases}$ 的特解 $\begin{cases} x = 1, \\ y = 0, \\ z = 2. \end{cases}$

9. 若存在全空间 $\mathbb{R}^n$ 上的一个定正函数 $\mathcal{V}(\boldsymbol{x})$, 其按系统 (5.35) 对时间 t 全导数 $\left.\dfrac{\mathrm{d}\mathcal{V}}{\mathrm{d}t}\right|_{(5.35)}(\boldsymbol{x})$ 是 $\mathbb{R}^n$ 上的定负函数, 且 $\lim\limits_{\|\boldsymbol{x}\| \to +\infty} \mathcal{V}(\boldsymbol{x}) = +\infty$. 证明: 系统 (5.35) 的零解在 Lyapunov 意义下是全局渐近稳定的.

10. 对于非自治系统
$$\frac{\mathrm{d}\boldsymbol{x}}{\mathrm{d}t} = \boldsymbol{f}(t, \boldsymbol{x}), \tag{5.45}$$

$\boldsymbol{f}(t, \boldsymbol{x})$ 在 $[0, +\infty) \times \mathcal{D}$ 上是连续的, 关于 $\boldsymbol{x}$ 是连续可微的, 且 $\boldsymbol{f}(t, \boldsymbol{0}) \equiv \boldsymbol{0}$. 若存在定正函数 $\mathcal{V}(\boldsymbol{x})$, 并且 $\mathcal{V}$ 按系统 (5.45) 对时间 t 的全导数
$$\frac{\mathrm{d}\mathcal{V}}{\mathrm{d}t}\bigg|_{(5.45)}(\boldsymbol{x}) = \sum_{i=1}^{n} \frac{\partial \mathcal{V}(\boldsymbol{x})}{\partial x_i} f_i(t, \boldsymbol{x}) \leqslant -\lambda(t) \mathcal{V}(\boldsymbol{x}),$$

其中 $\lambda(t) \geqslant 0$, $\int_0^{+\infty} \lambda(t) \mathrm{d}t = +\infty$. 证明: 系统 (5.45) 的零解在 Lyapunov 意义下是渐近稳定的.

11. 对于平面非自治系统
$$\begin{cases} \dfrac{\mathrm{d}x}{\mathrm{d}t} = 2h(t) \tan \dfrac{x}{2} + y, \\ \dfrac{\mathrm{d}y}{\mathrm{d}t} = -\sin x + h(t) y, \end{cases}$$

其中 $h(t) \leqslant 0$ 且严格单调递减, 试确定其零解在 Lyapunov 意义下的稳定性.

5.6 Lyapunov 函数的存在性

从上一节的内容可以发现, 利用 Lyapunov 直接方法探讨系统解的稳定性问题, 关键在于构造 Lyapunov 函数, 从而得到保证解的稳定性的充分条件. 但是, 针对具体系统构造适合的 Lyapunov 函数是十分困难的. 对于一般的系统更没有构造函数的一般方法. 另一方面, 如果一个系统的零解在 Lyapunov 意义下是稳定的、渐近稳定的或不稳定的, 那么是否一定存在满足判别定理的相应的 Lyapunov 函数呢? 这就是所谓的 Lyapunov 函数存在性问题. 在本节中我们将讨论: 当线性自治系统的零解是渐近稳定时, Lyapunov 函数存在性问题; 并针对若干具体系统, 介绍一些实用的 Lyapunov 函数构造的方法.

5.6.1 线性自治系统中的 Lyapunov 函数

考虑线性自治系统
$$\frac{\mathrm{d}\boldsymbol{x}}{\mathrm{d}t} = \boldsymbol{A}\boldsymbol{x}, \tag{5.46}$$

其中 $\boldsymbol{A}$ 是 n 阶实矩阵. 由推论 5.4.1 可知, 矩阵 $\boldsymbol{A}$ 的特征值都具有负实部, 当且仅当系统 (5.46) 的零解是渐近稳定的. 现在, 我们需要证明以下引理.

引理 5.6.1 设 A 为 n 阶实矩阵, 对于每一个 n 阶实定正对称矩阵 C, 矩阵方程

$$A^{\mathrm{T}}B + BA = -C \tag{5.47}$$

存在定正对称解矩阵 B 的充要条件是, A 的特征值都具有负实部.

证明 必要性的证明.

设 B 是矩阵方程 (5.47) 的一个定正对称解矩阵, 则可以构造一个二次型

$$\mathcal{V}(x) = x^{\mathrm{T}}Bx = \langle Bx, x \rangle.$$

显然, $\mathcal{V}(x)$ 是定正函数; 而 $\mathcal{V}(x)$ 按照系统 (5.46) 对时间 t 的全导数

$$\left.\frac{\mathrm{d}\mathcal{V}}{\mathrm{d}t}\right|_{(5.46)}(x) = \langle BAx, x \rangle + \langle Bx, Ax \rangle$$

$$= \langle (A^{\mathrm{T}}B + BA)x, x \rangle = -x^{\mathrm{T}}Cx$$

是定负的. 因此, 根据定理 5.5.2, 系统 (5.46) 的零解在 Lyapunov 意义下是渐近稳定的, 从而得证矩阵 A 的特征值都具有负实部.

充分性的证明.

如果矩阵 A 的特征值都具有负实部, 则存在正常数 M 与 γ, 使得当 $t \geqslant 0$ 时成立

$$\|\mathrm{e}^{At}\| \leqslant M\mathrm{e}^{-\gamma t}.$$

于是, 对于定正对称矩阵 C, 存在正常数 $\widehat{M}$ 与 $\widehat{\gamma}$, 使得当 $t \geqslant 0$ 时成立

$$\left\|\mathrm{e}^{A^{\mathrm{T}}t}C\mathrm{e}^{At}\right\| \leqslant \widehat{M}\mathrm{e}^{-\widehat{\gamma} t}.$$

因此, 置

$$B = \int_0^{+\infty} \mathrm{e}^{A^{\mathrm{T}}t}C\mathrm{e}^{At}\mathrm{d}t.$$

是合理的, 且 $B^{\mathrm{T}} = B$. 又对于任意非零的 $x \in \mathbb{R}^n$,

$$\langle Bx, x \rangle = \int_0^{+\infty} \langle \mathrm{e}^{A^{\mathrm{T}}t}C\mathrm{e}^{At}x, x \rangle \mathrm{d}t = \int_0^{+\infty} \left\|C^{\frac{1}{2}}\mathrm{e}^{At}x\right\|^2 \mathrm{d}t > 0,$$

其中 $C^{\frac{1}{2}}$ 由给定的定正对称矩阵 C 唯一地确定. 由此 B 是定正矩阵. 而

$$A^{\mathrm{T}}B + BA = \int_0^{+\infty} \frac{\mathrm{d}}{\mathrm{d}t}\left(\mathrm{e}^{A^{\mathrm{T}}t}C\mathrm{e}^{At}\right)\mathrm{d}t = -C.$$

故而 B 是矩阵方程 (5.47) 的定正对称解矩阵. 充分性得证. □

以上引理说明: 只要系统 (5.46) 的零解在 Lyapunov 意义下是渐近稳定的, 矩阵方程 (5.47) 一定有定正对称解矩阵, 即存在适合定理 5.5.2 条件的 Lyapunov 函数. 矩阵方程 (5.47) 被称为 Lyapunov 方程. 事实上, 对于一般的矩阵 A, 也有如下结论. 同时, 以下给出的证明方法也给出了引理 5.6.1 的一种代数学的证明方法.

命题 5.6.1 设 λ_i $(i=1,2,\cdots,n)$ 是 n 阶矩阵 A 的特征值, 并且满足

$$\lambda_k + \lambda_l \neq 0, \quad k, l = 1, 2, \cdots, n.$$

则对于每一个对称的 n 阶矩阵 C, 都存在唯一的对称解矩阵 B 满足 Lyapunov 方程 (5.47).

证明 根据已知条件以及线性代数中矩阵相似标准形的知识, 存在非奇异矩阵 S 使得

$$S^{-1}S = I_n, \quad S^{-1}AS = \mathcal{J},$$

其中 I_n 是 n 阶单位矩阵, 且矩阵

$$\mathcal{J} = \begin{pmatrix} \lambda_1 & p_2 & 0 & \cdots & 0 & 0 \\ 0 & \lambda_2 & p_3 & \cdots & 0 & 0 \\ \vdots & \vdots & \vdots & & \vdots & \vdots \\ 0 & 0 & 0 & \cdots & \lambda_{n-1} & p_n \\ 0 & 0 & 0 & \cdots & 0 & \lambda_n \end{pmatrix}.$$

在 Lyapunov 方程 (5.47) 两端以 S^T 左乘, 以 S 右乘后得

$$\left(S^{-1}AS\right)^\mathrm{T}(S^\mathrm{T}BS) + (S^\mathrm{T}BS)(S^{-1}AS) = -S^\mathrm{T}CS.$$

即有

$$\mathcal{J}^\mathrm{T}(S^\mathrm{T}BS) + (S^\mathrm{T}BS)\mathcal{J} = -S^\mathrm{T}CS.$$

若记

$$S^\mathrm{T}BS = \{\hat{b}_{kl}\}_{n\times n}, \quad S^\mathrm{T}CS = \{\hat{c}_{kl}\}_{n\times n},$$

则由矩阵 C 的对称性可得 $\hat{c}_{kl} = \hat{c}_{lk}$ $(k, l = 1, 2, \cdots, n)$. 同时, 利用这些记号, 上述矩阵方程可以等价地转化为关于未知量 $\hat{b}_{kl}$ $(k, l = 1, 2, \cdots, n)$ 的线性代数方程组:

$$2\lambda_1 \hat{b}_{11} = -\hat{c}_{11},$$

$$\lambda_1 \hat{b}_{1l} + p_l \hat{b}_{1(l-1)} + \lambda_l \hat{b}_{1l} = -\hat{c}_{1l}, \quad l = 2, 3, \cdots, n,$$

$$p_k \hat{b}_{(k-1)l} + \lambda_k \hat{b}_{kl} + p_l \hat{b}_{k(l-1)} + \lambda_l \hat{b}_{kl} = -\hat{c}_{kl}, \quad k, l = 2, 3, \cdots, n,$$

$$p_k \hat{b}_{(k-1)1} + \lambda_k \hat{b}_{k1} + \lambda_1 \hat{b}_{k1} = -\hat{c}_{k1}, \quad k = 2, 3, \cdots, n,$$

从而有
$$(\lambda_k + \lambda_l)\hat{b}_{kl} = -\hat{c}_{kl} - p_k\hat{b}_{(k-1)l} - p_l\hat{b}_{k(l-1)}, \quad k,\ l = 1, 2, \cdots, n.$$

因此, 由 $\lambda_k + \lambda_l \neq 0$, 可知矩阵 $S^T B S$ 的每一个元素 $\hat{b}_{kl}$ 可以递推地被唯一确定, 且其是对称矩阵, 即解矩阵 B 亦可被唯一地确定. □

当命题 5.6.1 中的 A, C 都是实矩阵时, 容易验证对称解矩阵 B 亦是实矩阵. 下面我们直接根据命题 5.6.1 的结论, 来对引理 5.6.1 中的充分性进行论证.

当实矩阵 A 的特征值都具有负实部时, 命题 5.6.1 的条件成立, 故而对于取定的实定正对称矩阵 C, Lyapunov 方程 (5.47) 存在唯一的实对称解矩阵 B. 下面须证明 B 是定正的.

如果存在 x_0 使得
$$\langle Bx_0, x_0 \rangle < 0,$$
则
$$\mathcal{V}^*(x) \stackrel{\text{def}}{=} -\langle Bx, x \rangle = -x^T B x$$

是适合定理 5.5.3 条件的 Lyapunov 函数, 因此系统 (5.46) 的零解是不稳定的, 但这与 A 的特征值都具有负实部矛盾. 因此, 对称矩阵 B 至少是常正的. 于是 $B = B^{\frac{1}{2}} B^{\frac{1}{2}}$, 其中对称矩阵 $B^{\frac{1}{2}}$ 可以由 B 唯一地确定.

又若存在非零的 x^* 使得
$$\langle Bx^*, x^* \rangle = \langle B^{\frac{1}{2}} x^*, B^{\frac{1}{2}} x^* \rangle = \left\| B^{\frac{1}{2}} x^* \right\|^2 = 0,$$

则 $B^{\frac{1}{2}} x^* = \mathbf{0}$, 即有 $Bx^* = \mathbf{0}$. 但是
$$0 = (x^*)^T A^T B x^* + (x^*)^T B A x^* = -(x^*)^T C x^* < 0,$$

这是矛盾. 故而对称解矩阵 B 是定正的.

进一步, 还可以利用该定正对称解矩阵 B 来估计线性自治系统 (5.46) 任意一解 $x(t; t_0, x_0)$ 随时间 t 增长的衰减速度.

事实上, 对于定正矩阵 B, 存在正常数 m, M, 使得
$$m\|x\|^2 \leqslant \langle Bx, x \rangle \leqslant M\|x\|^2.$$

若取 $C = I_n$, $\mathcal{V}(x) = \langle Bx, x \rangle$, 则有
$$\left.\frac{d\mathcal{V}}{dt}\right|_{(5.46)}(x) = -\|x\|^2 \leqslant -\frac{1}{M}\langle Bx, x \rangle = -\frac{1}{M}\mathcal{V}(x).$$

于是, 系统 (5.46) 的解 $x(t; t_0, x_0)$ 满足
$$\mathcal{V}(x(t; t_0, x_0)) \leqslant \mathcal{V}(x_0) e^{-\frac{1}{M}(t-t_0)}, \quad t_0 \leqslant t < +\infty.$$

从而当 $t_0 \leqslant t < +\infty$ 时, 成立

$$\|\boldsymbol{x}(t;t_0,\boldsymbol{x}_0)\| \leqslant \sqrt{\frac{M}{m}} \cdot \|\boldsymbol{x}_0\| \cdot \mathrm{e}^{-\frac{1}{2M}(t-t_0)}.$$

例 5.6.1 试确定平面系统

$$\begin{cases} \dfrac{\mathrm{d}x}{\mathrm{d}t} = -3x + y + x^2, \\ \dfrac{\mathrm{d}y}{\mathrm{d}t} = -5x + y - xy \end{cases} \tag{5.48}$$

的零解在 Lyapunov 意义下的稳定性.

解 若平面系统 (5.48) 对应的一次近似线性系统的系数矩阵记为 $\widetilde{\boldsymbol{A}}$, 容易验证其特征值都具有负实部, 则根据命题 5.6.1, 可以求解 Lyapunov 方程

$$\widetilde{\boldsymbol{A}}^{\mathrm{T}}\boldsymbol{B} + \boldsymbol{B}\widetilde{\boldsymbol{A}} = -\boldsymbol{I}_2,$$

其中 $\boldsymbol{B} = \{b_{ij}\}_{2\times 2}$. 从而解得

$$b_{11} = \frac{7}{2}, \quad b_{12} = b_{21} = -2, \quad b_{22} = \frac{3}{2}.$$

因此, 对应于一次近似线性系统, Lyapunov 函数 $\mathcal{V}(x,y)$ 可以取为

$$\mathcal{V}(x,y) = \frac{7}{2}x^2 - 4xy + \frac{3}{2}y^2.$$

直接利用该定正函数, 研究系统 (5.48) 的零解的稳定性. 于是, $\mathcal{V}(x,y)$ 按系统 (5.48) 对时间 t 的全导数

$$\left.\frac{\mathrm{d}\mathcal{V}}{\mathrm{d}t}\right|_{(5.48)}(x,y) = -(x^2+y^2) + (7x-4y)x^2 - (3y-4x)xy$$

在原点充分小的邻域内是定负函数. 因此, 根据定理 5.5.2, 系统 (5.48) 的零解在 Lyapunov 意义下是渐近稳定的. □

以上, 介绍了对于线性自治系统 Lyapunov 函数存在性问题. 对于一般的系统, 如果其解在 Lyapunov 意义下是稳定的、渐近稳定或不稳定的, 那么是否一定存在相应的 Lyapunov 函数呢? 事实上, 该问题已经完整地解决了. 限于篇幅, 我们就不再叙述了, 感兴趣的读者可以参考相关资料.

5.6.2 Lyapunov 函数的构造

在上一小节的讨论中指出, Lyapunov 函数的存在性问题已经完全解决了. 然而, 在解决具体问题时, 往往并不预先知道系统的解在 Lyapunov 意义下的稳定性, 有时候甚

至需要给出稳定性的充分条件,因此必须构造具体的 Lyapunov 函数进行研究. 但是, 构造具体函数是相当困难的, 富有技巧, 而且并没有一般的方法. 在这一小节中, 我们将针对一些具体的系统, 介绍若干 Lyapunov 函数的构造方法.

方法一 能量法

当研究的一个常微分系统具有明确的力学、物理意义且没有阻尼存在时, 通常可以根据系统总机械能守恒律 ($\mathcal{V}(\boldsymbol{x}) \equiv$ 常数) 得到 Lyapunov 函数, 于是 $\dot{\mathcal{V}}(\boldsymbol{x}) \equiv 0$, 即可见系统的零解是稳定的. 又若系统存在阻尼, 系统随时间的演化而总能量不断耗散, 机械能可转化为热能或其他能量, 则 $\dot{\mathcal{V}}(\boldsymbol{x})$ 反映出能量的变化率, 由此可得零解是渐近稳定的充分条件.

例 5.6.2 试确定无阻尼质点运动方程

$$m\frac{\mathrm{d}^2 x}{\mathrm{d}t^2} + kx = 0$$

对应的系统 $\left(x = x, y = \dfrac{\mathrm{d}x}{\mathrm{d}t}\right)$ 的零解在 Lyapunov 意义下的稳定性, 其中 m 为质点质量, k 为弹簧弹性系数.

解 利用能量法构造 Lyapunov 函数. 系统的总机械能为质点动能和弹性势能之和, 即

$$\mathcal{V}(x, y) = \frac{1}{2}my^2 + \frac{1}{2}kx^2.$$

显然, $\mathcal{V}(x, y)$ 是定正函数, 并且其按系统对 t 的全导数

$$\dot{\mathcal{V}}(x, y) = my\left(-\frac{k}{m}x\right) + kxy \equiv 0$$

是常负函数. 因此, 根据定理 5.5.1, 系统的零解在 Lyapunov 意义下是稳定的. □

例 5.6.3 试确定有阻尼单摆运动方程

$$\frac{\mathrm{d}^2 \varphi}{\mathrm{d}t^2} + b\frac{\mathrm{d}\varphi}{\mathrm{d}t} + \frac{g}{l}\sin\varphi = 0$$

对应的系统 $\left(x = \varphi, y = \dfrac{\mathrm{d}\varphi}{\mathrm{d}t}\right)$ 的零解在 Lyapunov 意义下的稳定性.

解 利用能量法构造 Lyapunov 函数. 系统的总机械能为单摆的动能和势能之和, 即

$$\mathcal{V}(x, y) = \frac{1}{2}m(ly)^2 + mgl(1 - \cos x),$$

其中 m 为单摆摆球质量. 容易验证 $\mathcal{V}(x, y)$ 在点 $O(0, 0)$ 的小邻域 B_δ 内是定正函数, 并且其按系统对 t 的全导数

$$\dot{\mathcal{V}}(x, y) = -mbl^2 y^2 \leqslant 0.$$

是常负函数. 因此, 根据定理 5.5.1, 系统的零解在 Lyapunov 意义下是稳定的. □

然而, 根据例 5.2.5 的分析, 奇点 O 是稳定的焦点, 因此它对应的零解在 Lyapunov 意义下应该是渐近稳定的. 因此, 以上判断似有不足之处, 故我们引进如下命题 (命题的证明涉及自治系统解的基本概念和性质, 读者可以作为习题自行完成).

命题 5.6.2(N. N. Krasovskii-E. A. Barbashin) 如果在区域 $\mathcal{D} \subset \mathbb{R}^n$ 上存在一个定正函数 $\mathcal{V}(\boldsymbol{x})$, 使得 $\mathcal{V}$ 按自治系统 (5.35) 对时间 t 的全导数 $\dot{\mathcal{V}}(\boldsymbol{x})$ 在区域 $\mathcal{D}$ 上是常负函数, 并且集合
$$\{\boldsymbol{x} \in \mathcal{D} \mid \dot{\mathcal{V}}(\boldsymbol{x}) = 0\}$$
不包含系统 (5.35) 非零的正半轨[①], 那么系统 (5.35) 的零解在 Lyapunov 意义下是渐近稳定的.

如果
$$\dot{\mathcal{V}}(x, y) = -mbl^2 y^2 = 0,$$
则有 $y = 0$. 若 $(x(t), 0)$ 是单摆运动方程对应的系统的解, 则只能 $x(t) \equiv 0$. 因此, 集合
$$\{(x, y) \in B_\delta \mid \dot{\mathcal{V}}(x, y) = 0\}$$
中仅包含系统的零解 $x(t) \equiv 0, y(t) \equiv 0$, 而不包含系统非零的正半轨. 故而根据命题 5.6.2, 有阻尼单摆运动方程对应的系统的零解在 Lyapunov 意义下是渐近稳定的. □

方法二 分离变量法

分离变量法是寻求若干只含有一个变量的函数之和作为 Lyapunov 函数, 从而确定解在 Lyapunov 意义下的稳定性. 我们以下面的例子来说明该方法.

例 5.6.4 当参数 $\mu > 0$, $\nu > 0$ 时, 试确定系统
$$\begin{cases} \dfrac{\mathrm{d}x}{\mathrm{d}t} = \mu x + xy, \\ \dfrac{\mathrm{d}y}{\mathrm{d}t} = -\nu y + x^4 \end{cases} \quad (5.49)$$
的零解在 Lyapunov 意义下的稳定性.

解 利用分离变量法构造函数
$$\mathcal{V}(x, y) = F(x) + G(y),$$
其中 F 和 G 都是待定的单变量函数. 于是, $\mathcal{V}$ 按系统 (5.49) 对时间 t 的全导数
$$\left.\dfrac{\mathrm{d}\mathcal{V}}{\mathrm{d}t}\right|_{(5.49)}(x, y) = F'(x)(\mu x + xy) + G'(y)(-\nu y + x^4).$$
为了判断 $\left.\dfrac{\mathrm{d}\mathcal{V}}{\mathrm{d}t}\right|_{(5.49)}(x, y)$ 的符号, 要求
$$F'(x)xy + G'(y)x^4 \equiv 0,$$

[①] 设 $\boldsymbol{x}(t; 0, \boldsymbol{x}_0)$ 是自治系统 (5.35) 的解, 称 $\{\boldsymbol{x}(t; 0, \boldsymbol{x}_0) \mid t \geqslant 0\}$ 是系统 (5.35) 的正半轨.

即
$$\frac{F'(x)}{x^3} = -\frac{G'(y)}{y} \equiv c,$$

其中 c 为常数. 特别地, 取 $c = 1$, 可以得到
$$F(x) = \frac{1}{4}x^4, \quad G(y) = -\frac{1}{2}y^2.$$

从而函数
$$\mathcal{V}(x, y) = \frac{1}{4}x^4 - \frac{1}{2}y^2$$

在原点的任意邻域内都能取到正值, 并且
$$\left.\frac{d\mathcal{V}}{dt}\right|_{(5.49)}(x, y) = \mu x^4 + \nu y^2$$

是定正函数. 从而根据定理 5.5.3, 系统 (5.49) 的零解在 Lyapunov 意义下是不稳定的. □

例 5.6.5 若实值函数 f, g, h 连续可导, 且 $f(0) = h(0) = 0$, 试确定系统
$$\begin{cases} \dfrac{dx}{dt} = y, \\ \dfrac{dy}{dt} = -f(x)g(y) - h(y) \end{cases} \tag{5.50}$$

的零解在 Lyapunov 意义下是渐近稳定的充分条件.

解 利用分离变量法构造函数
$$\mathcal{V}(x, y) = F(x) + G(y),$$

其中 F 和 G 皆为待定的单变量函数. 于是, $\mathcal{V}$ 按系统 (5.49) 对时间 t 的全导数
$$\left.\frac{d\mathcal{V}}{dt}\right|_{(5.50)}(x, y) = F'(x)y - G'(y)(f(x)g(y) + h(y)).$$

若要求
$$F'(x)y - G'(y)f(x)g(y) \equiv 0,$$

则有
$$\frac{F'(x)}{f(x)} = \frac{G'(y)g(y)}{y} \equiv c,$$

其中 c 为常数. 取 $c = 1$, 可以得到
$$F(x) = \int_0^x f(s)ds, \quad G(y) = \int_0^y \frac{u}{g(u)}du.$$

从而构造的 Lyapunov 函数
$$\mathcal{V}(x, y) = \int_0^x f(s)ds + \int_0^y \frac{u}{g(u)}du,$$

并且
$$\left.\frac{\mathrm{d}\mathcal{V}}{\mathrm{d}t}\right|_{(5.50)}(x,y) = -\frac{y}{g(y)}h(y).$$

从而根据命题 5.6.2, 系统 (5.50) 的零解在 Lyapunov 意义下是渐近稳定的充分条件是

(1) 当 $x \neq 0$ 时, $xf(x) > 0$;

(2) 当 $y \neq 0$ 时, $g(y) > 0, yh(y) > 0$ 且 $\lim\limits_{y \to 0} \dfrac{yh(y)}{g(y)} = 0$. □

*方法三 能量度量法

利用能量度量法构造 Lyapunov 函数的方法可以归纳为如下的步骤:

(1) 将讨论的微分方程或系统写成 n 维自治系统 (5.35) 的形式, 即讨论系统零解的稳定性;

(2) 将系统 (5.35) 再写成如下 $\dfrac{1}{2}n(n-1)$ 个方程联立的方程组:

$$\frac{\mathrm{d}x_i}{\mathrm{d}x_j} = \frac{f_i(\boldsymbol{x})}{f_j(\boldsymbol{x})}, \quad j > i, i = 1, 2, \cdots, n-1, j = 2, 3, \cdots, n; \tag{5.51}$$

(3) 通过适当的代数运算, 将方程组 (5.51) 化成

$$\mathcal{W} = \sum_{i=1}^{n} \mathcal{W}_i(\boldsymbol{x})\mathrm{d}x_i = 0 \;;$$

(4) 从而构造如下的 Lyapunov 函数:

$$\begin{aligned}\mathcal{V}(\boldsymbol{x}) =& \int_0^{x_1} \mathcal{W}_1(x_1, 0, \cdots, 0)\mathrm{d}x_1 + \int_0^{x_2} \mathcal{W}_2(x_1, x_2, 0, \cdots, 0)\mathrm{d}x_2 \\ &+ \cdots + \int_0^{x_n} \mathcal{W}_n(x_1, \cdots, x_{n-1}, x_n)\mathrm{d}x_n;\end{aligned}$$

(5) 计算全导数 $\dot{\mathcal{V}}(\boldsymbol{x})$ 后, 利用判定定理确定零解在 Lyapunov 意义下稳定性的充分条件.

例 5.6.6 若实值函数 R, S 连续可导, 且 $R(0) = S(0) = 0$, 试确定微分方程

$$\frac{\mathrm{d}^2 x}{\mathrm{d}t^2} + R\left(\frac{\mathrm{d}x}{\mathrm{d}t}\right) + S(x) = 0$$

的零解在 Lyapunov 意义下是渐近稳定的充分条件.

解 首先, 将上述微分方程化为平面自治系统

$$\begin{cases} \dfrac{\mathrm{d}x}{\mathrm{d}t} = y, \\ \dfrac{\mathrm{d}y}{\mathrm{d}t} = -R(y) - S(x). \end{cases} \tag{5.52}$$

于是, 由
$$\frac{\mathrm{d}x}{\mathrm{d}y} = \frac{y}{-R(y) - S(x)}$$

得到
$$\mathcal{W} = (S(x) + R(y))\mathrm{d}x + y\mathrm{d}y.$$

从而, 可以构造函数
$$\mathcal{V}(x,y) = \int_0^x (S(x) + R(0))\mathrm{d}x + \int_0^y y\mathrm{d}y$$
$$= \int_0^x S(u)\mathrm{d}u + \frac{1}{2}y^2,$$

则全导数
$$\left.\frac{\mathrm{d}\mathcal{V}}{\mathrm{d}t}\right|_{(5.52)}(x,y) = -R(y)y.$$

故而根据命题 5.6.2, 系统 (5.52) 的零解在 Lyapunov 意义下是渐近稳定的充分条件是

(1) 当 $x \neq 0$ 时, $xS(x) > 0$;

(2) 当 $y \neq 0$ 时, $yR(y) > 0$. □

例 5.6.7 Hopfield 神经网络是一种基于人工神经元模型的反馈神经网络, 由美国物理学家 John Hopfield 在 1982 年提出. 这种神经网络是一种与迭代相关的循环神经网络, 也是典型的动力系统. 它可以用于解决优化问题、图像识别、模式识别等各种领域的问题. 2024 年的诺贝尔物理学奖获得者之一为 Hopfield, 用来奖励其在 Hopfield 神经网络等机器学习方面的基础性发现和发明.

我们考虑 n 维连续 Hopfield 神经网络
$$C_i \frac{\mathrm{d}u_i}{\mathrm{d}t} = -\frac{u_i}{R_i} + \sum_{j=1}^n w_{ij} f(u_j) + I_i,$$

其中 R_i, C_i, I_i 分别为 i 个节电的电阻、电容和电流. w_{ij} 为第 i 个节点到 j 个节点的耦合强度, 并且有 $w_{ij} = w_{ji}$. 另外, f 是一个光滑激活函数, 满足
$$\lim_{x \to -\infty} f(x) = -1, \lim_{x \to +\infty} f(x) = 1, f(x) = -f(-x), f'(x) > 0.$$

常见的例子是双曲正切激活函数
$$f(x) = \tanh x = \frac{\mathrm{e}^x - \mathrm{e}^{-x}}{\mathrm{e}^x + \mathrm{e}^{-x}}.$$

我们利用 Lyapunov 函数在研究这个系统解的长时间渐近行为.

定义能量函数
$$E(u_1, u_2, \cdots, u_n) \stackrel{\text{def}}{=} -\frac{1}{2} \sum_{i=1}^n \sum_{j=1}^n w_{ij} v_i v_j - \sum_{i=1}^n v_i I_i + \sum_{i=1}^n \frac{1}{R_i} \int_0^{v_i} f^{-1}(v)\mathrm{d}v,$$

其中 $v_i = f(u_i)$. 容易证得

$$\lim_{\sum\limits_{k=1}^{n} u_k^2 \to +\infty} E(u_1, u_2, \cdots, u_n) = +\infty.$$

方便起见, 我们定义

$$h_i \stackrel{\text{def}}{=} \sum_{j=1}^{n} w_{ij} v_j, \quad i = 1, 2, \cdots, n.$$

接下来我们计算导数

$$\dot{E} = -\sum_{i=1}^{n} w_{ij} \dot{v}_i v_j - \sum_{i=1}^{n} \dot{v}_i I_i + \sum_{i=1}^{n} \frac{u_i f'(u_i) \dot{u}_i}{R_i}$$

$$= L_1 + L_2 + L_3,$$

其中

$$L_1 \stackrel{\text{def}}{=} -\sum_{i=1}^{n} w_{ij} \dot{v}_i v_j$$

$$= -\sum_{i=1}^{n} w_{ij} v_j f'(u_i) \left(-\frac{1}{C_i R_i} u_i + \frac{1}{C_i} h_i + \frac{1}{C_i} I_i \right)$$

$$= -\sum_{i=1}^{n} h_i f'(u_i) \left(-\frac{1}{C_i R_i} u_i + \frac{1}{C_i} h_i + \frac{1}{C_i} I_i \right)$$

$$= \sum_{i=1}^{n} \frac{f'(u_i) u_i h_i}{C_i R_i} - \sum_{i=1}^{n} \frac{f'(u_i) h_i^2}{C_i} - \sum_{i=1}^{n} \frac{f'(u_i) h_i I_i}{C_i},$$

$$L_2 \stackrel{\text{def}}{=} -\sum_{i=1}^{n} \dot{v}_i I_i$$

$$= -\sum_{i=1}^{n} f'(u_i) I_i \left(-\frac{1}{C_i R_i} u_i + \frac{1}{C_i} h_i + \frac{1}{C_i} I_i \right)$$

$$= \sum_{i=1}^{n} \frac{f'(u_i) u_i I_i}{C_i R_i} - \sum_{i=1}^{n} \frac{f'(u_i) h_i I_i}{C_i} - \sum_{i=1}^{n} \frac{f'(u_i) I_i^2}{C_i},$$

$$L_3 \stackrel{\text{def}}{=} \sum_{i=1}^{n} \frac{u_i f'(u_i) \dot{u}_i}{R_i}$$

$$= \sum_{i=1}^{n} \frac{u_i f'(u_i)}{R_i} \left(-\frac{1}{C_i R_i} u_i + \frac{1}{C_i} h_i + \frac{1}{C_i} I_i \right)$$

$$= -\sum_{i=1}^{n} \frac{u_i^2 f'(u_i)}{C_i R_i^2} + \sum_{i=1}^{n} \frac{u_i f'(u_i) h_i}{C_i R_i} + \sum_{i=1}^{n} \frac{u_i f'(u_i) I_i}{C_i R_i}.$$

因此我们有

$$\dot{E} = L_1 + L_2 + L_3$$

$$= \sum_{i=1}^{n} \frac{f'(u_i) u_i (I_i + h_i)}{C_i R_i} - \sum_{i=1}^{n} \frac{2f'(u_i) h_i I_i}{C_i} - \sum_{i=1}^{n} \frac{f'(u_i) I_i^2}{C_i} -$$

$$\sum_{i=1}^{n} \frac{f'(u_i) h_i^2}{C_i} - \sum_{i=1}^{n} \frac{u_i^2 f'(u_i)}{C_i R_i^2} + \sum_{i=1}^{n} \frac{u_i f'(u_i) h_i}{C_i R_i} + \sum_{i=1}^{n} \frac{u_i f'(u_i) I_i}{C_i R_i}$$

$$= -\sum_{i=1}^{n} \frac{f'(u_i)}{C_i} \left(I_i + h_i - \frac{u_i}{R_i}\right)^2 \leqslant 0.$$

我们可知 $\dot{E}$ 关于平衡点是常负的, 因此上述方程的平衡解在 Lyapunov 意义下是稳定的. 事实上, 通过更进一步分析, 我们可以得到该平衡解是渐近稳定的, 具体过程留作习题.

一直以来, 在物理、化学、生物、生态、电子、工程控制等许多领域中系统的稳定性问题都借助于 Lyapunov 直接方法进行分析, 因此也就涌现出了许多针对具体系统构造 Lyapunov 函数的方法. 除了以上三种实用的方法, 其他针对具体系统构造的方法还有很多, 例如类比法、变梯度法等. 我们在这里就不一一介绍了, 感兴趣的读者可以参看有关研究构造 Lyapunov 函数的书籍.

习题 5.6

1. 设 n 阶实矩阵 $\boldsymbol{A}$ 的特征值都具有负实部, $\boldsymbol{g}(t, \boldsymbol{x})$ 在 $(-\infty, +\infty) \times \mathcal{D}$ 上连续且关于 $\boldsymbol{x}$ 满足 Lipschitz 条件. 又若 $\boldsymbol{g}(t, \boldsymbol{0}) \equiv \boldsymbol{0}$, 且对 $t \in (-\infty, +\infty)$ 一致地成立

$$\lim_{\|\boldsymbol{x}\| \to 0} \frac{\|\boldsymbol{g}(t, \boldsymbol{x})\|}{\|\boldsymbol{x}\|} = 0.$$

试证明: 非自治系统

$$\frac{\mathrm{d}\boldsymbol{x}}{\mathrm{d}t} = \boldsymbol{A}\boldsymbol{x} + \boldsymbol{g}(t, \boldsymbol{x})$$

的零解在 Lyapunov 意义下是渐近稳定的. (提示: 利用 Lyapunov 方程得到的解矩阵构造 $\mathcal{V}$ 函数.)

2. 利用命题 5.6.1 论证引理 5.6.1 的充分性时, 实对称矩阵 $\boldsymbol{C}$ 是否可以取成定负的矩阵? 请说明理由.

3. 作二次型的 Lyapunov 函数, 确定下列系统的零解在 Lyapunov 意义下的稳定性:

(1) $\begin{cases} \dfrac{\mathrm{d}x}{\mathrm{d}t} = 4x - y, \\ \dfrac{\mathrm{d}y}{\mathrm{d}t} = -9x + y; \end{cases}$

(2) $\begin{cases} \dfrac{\mathrm{d}x}{\mathrm{d}t} = x + 2y, \\ \dfrac{\mathrm{d}y}{\mathrm{d}t} = -2x; \end{cases}$

(3) $\begin{cases} \dfrac{\mathrm{d}x}{\mathrm{d}t} = y - 3z - x(y-2z)^2, \\ \dfrac{\mathrm{d}y}{\mathrm{d}t} = -2x + 3z - y(x+z)^2, \\ \dfrac{\mathrm{d}z}{\mathrm{d}t} = 2x - y - z; \end{cases}$

(4) $\begin{cases} \dfrac{\mathrm{d}x}{\mathrm{d}t} = -x + 5y, \\ \dfrac{\mathrm{d}y}{\mathrm{d}t} = -3x + y. \end{cases}$

4. 若 $\boldsymbol{A}^{\mathrm{T}}\boldsymbol{B} + \boldsymbol{B}\boldsymbol{A} = \boldsymbol{I}_n$, 其中 $\boldsymbol{A}, \boldsymbol{B}$ 均为 n 阶实矩阵, 且对称矩阵 $\boldsymbol{B}$ 的最大、最小特征值分别为正数 M, m. 试估计 n 维自治系统 $\dfrac{\mathrm{d}\boldsymbol{x}}{\mathrm{d}t} = \boldsymbol{A}\boldsymbol{x}$ 的任意一解随时间 t 增长的发散速度.

5. 若 n 阶实矩阵值函数 $\boldsymbol{A}(t)$ 在 $\mathcal{I} = (-\infty, +\infty)$ 上连续且对称. 又若在 $\mathcal{I}$ 上, $\boldsymbol{A}(t)$ 所有特征值都不大于 -1. 试估计 n 维线性系统 $\dfrac{\mathrm{d}\boldsymbol{x}}{\mathrm{d}t} = \boldsymbol{A}(t)\boldsymbol{x}$ 的解 $\boldsymbol{x}(t; t_0, \boldsymbol{x}_0)$ 随时间 t 增长的衰减速度, 其中 $t_0 \in \mathcal{I}, \boldsymbol{x}_0 \in \mathbb{R}^n$.

6. 将下列微分方程视为描述质点振动的方程, 试利用能量法确定零解在 Lyapunov 意义下的稳定性:

(1) $\dfrac{\mathrm{d}^2 x}{\mathrm{d}t^2} + 2\sin x = 0$;

(2) $\dfrac{\mathrm{d}^2 x}{\mathrm{d}t^2} + h(x) = 0$, 其中连续可微的实值函数 h 满足 $h(0) = 0$, 且当 $x \neq 0$ 时, $xh(x) > 0$;

(3) $\dfrac{\mathrm{d}^2 x}{\mathrm{d}t^2} + R\left(x, \dfrac{\mathrm{d}x}{\mathrm{d}t}\right) + S(x) = 0$, 其中连续可微的实值函数 R, S 满足 $R(0,0) = S(0) = 0$, 且当 $y \neq 0$ 时, $yR(x,y) > 0$, 当 $x \neq 0$ 时, $xS(x) > 0$.

7. 试利用分离变量法确定下列系统的零解在 Lyapunov 意义下的稳定性:

(1) $\begin{cases} \dfrac{\mathrm{d}x}{\mathrm{d}t} = -2x - 6y, \\ \dfrac{\mathrm{d}y}{\mathrm{d}t} = x - 3y - x^3; \end{cases}$

(2) $\begin{cases} \dfrac{\mathrm{d}x}{\mathrm{d}t} = py + qx^3 + qxy^2, \\ \dfrac{\mathrm{d}y}{\mathrm{d}t} = -px + qx^2 y + qy^3, \end{cases}$ 其中 p, q 为参数;

(3) $\begin{cases} \dfrac{\mathrm{d}x}{\mathrm{d}t} = -\operatorname{sgn} x - \operatorname{sgn} y, \\ \dfrac{\mathrm{d}y}{\mathrm{d}t} = \operatorname{sgn} x - \operatorname{sgn} y; \end{cases}$

(4) $\begin{cases} \dfrac{\mathrm{d}x}{\mathrm{d}t} = -x - y + z + x^3, \\ \dfrac{\mathrm{d}y}{\mathrm{d}t} = x - 2y + 2z + xy, \\ \dfrac{\mathrm{d}z}{\mathrm{d}t} = x + 2y + z + x^2 y; \end{cases}$

(5) $\begin{cases} \dfrac{\mathrm{d}x}{\mathrm{d}t} = y, \\ \dfrac{\mathrm{d}y}{\mathrm{d}t} = -(1+z)\sin x - a \sin 2x, \\ \dfrac{\mathrm{d}z}{\mathrm{d}t} = y \sin x - bz, \end{cases}$ 其中参数 a, b 均大于零.

8. 试利用能量度量法确定下列微分方程的零解在 Lyapunov 意义下的稳定性:

(1) $\dfrac{\mathrm{d}^2 x}{\mathrm{d}t^2} + \dfrac{\mathrm{d}x}{\mathrm{d}t} + 3x^3 = 0;$

(2) $\dfrac{\mathrm{d}^3 x}{\mathrm{d}t^3} + \left[1 + \left(\dfrac{\mathrm{d}x}{\mathrm{d}t}\right)^2\right] \dfrac{\mathrm{d}^2 x}{\mathrm{d}t^2} + \dfrac{\mathrm{d}x}{\mathrm{d}t} + x = 0.$

5.7 一次近似理论

在运用 Perron 定理研究平面自治系统时, 我们可以通过确定一次近似线性系统奇点的类型, 从而对满足一定条件的非线性系统的奇点进行分类. 那么在研究非线性系统解的 Lyapunov 稳定性时, 是否可以通过研究其一次近似线性系统零解的稳定性, 然后确定原系统零解的稳定性呢? 本节的讨论即是对该问题作以回答.

首先, 自治系统 (5.35) 在原点 O 充分小的邻域内可以写成

$$\dfrac{\mathrm{d}\boldsymbol{x}}{\mathrm{d}t} = \boldsymbol{A}\boldsymbol{x} + \boldsymbol{g}(\boldsymbol{x}), \tag{5.53}$$

其中 $\boldsymbol{A}$ 是 n 阶实矩阵, $\boldsymbol{g}(\boldsymbol{0}) \equiv \boldsymbol{0}$ 且 $\|\boldsymbol{g}(\boldsymbol{x})\| = o(\|\boldsymbol{x}\|)$. 由此, 称线性自治系统 $\dot{\boldsymbol{x}} = \boldsymbol{A}\boldsymbol{x}$ 为系统 (5.35) 的一次近似系统; 反之, 可视系统 (5.53) 为线性系统的扰动系统.

更为一般地, 我们考虑线性自治系统

$$\dfrac{\mathrm{d}\boldsymbol{x}}{\mathrm{d}t} = \boldsymbol{A}\boldsymbol{x} \tag{5.54}$$

的扰动系统

$$\dfrac{\mathrm{d}\boldsymbol{x}}{\mathrm{d}t} = \boldsymbol{A}\boldsymbol{x} + \boldsymbol{g}(t, \boldsymbol{x}), \tag{5.55}$$

其中 $\boldsymbol{g}(t, \boldsymbol{x})$ 在 $(-\infty, +\infty) \times \mathcal{D}$ 上连续, 关于 $\boldsymbol{x}$ 满足 Lipschitz 条件, $\boldsymbol{g}(t, \boldsymbol{0}) \equiv \boldsymbol{0}$, 且对

$t \in (-\infty, +\infty)$ 一致地成立

$$\lim_{\|\boldsymbol{x}\| \to 0} \frac{\|\boldsymbol{g}(t,\boldsymbol{x})\|}{\|\boldsymbol{x}\|} = 0. \tag{5.56}$$

定理 5.7.1 如果实矩阵 $\boldsymbol{A}$ 所有的特征值中至少有一个实部是大于零的, 那么系统 (5.55) 的零解在 Lyapunov 意义下是不稳定的.

证明 记 λ_i $(i=1,2,\cdots,n)$ 为矩阵 $\boldsymbol{A}$ 的特征值. 因为 $\boldsymbol{A}$ 的特征值中至少有一个实部大于零, 所以可以取到正数

$$\varrho \stackrel{\text{def}}{=} \min\{\operatorname{Re}\{\lambda_k + \lambda_l\} \mid \operatorname{Re}\{\lambda_k + \lambda_l\} > 0, \ k,l = 1,2,\cdots,n\}.$$

于是, 矩阵 $\boldsymbol{A} - \dfrac{\varrho}{4}\boldsymbol{I}_n$ 所有特征值的实部都是非零的, 且其中至少有一个实部是大于零, 而且所有特征值满足命题 5.6.1 的条件. 因此, 对于取定的实定负对称矩阵 $\boldsymbol{C}$, Lyapunov 方程

$$\left(\boldsymbol{A} - \frac{\varrho}{4}\boldsymbol{I}_n\right)^{\mathrm{T}}\boldsymbol{B} + \boldsymbol{B}\left(\boldsymbol{A} - \frac{\varrho}{4}\boldsymbol{I}_n\right) = -\boldsymbol{C}$$

存在实对称解矩阵 $\boldsymbol{B}$. 容易验证, 这样得到的解矩阵 $\boldsymbol{B}$ 不是常负矩阵. 因此, 二次型

$$\mathcal{V}(\boldsymbol{x}) = \langle \boldsymbol{B}\boldsymbol{x}, \boldsymbol{x} \rangle$$

在原点的任何一个邻域内都能取到正值, 且 $\mathcal{V}$ 按系统 (5.55) 对时间 t 的全导数

$$\begin{aligned}\left.\frac{\mathrm{d}\mathcal{V}}{\mathrm{d}t}\right|_{(5.55)}(\boldsymbol{x}) &= \frac{\varrho}{2}\boldsymbol{x}^{\mathrm{T}}\boldsymbol{B}\boldsymbol{x} - \boldsymbol{x}^{\mathrm{T}}\boldsymbol{C}\boldsymbol{x} + \boldsymbol{g}^{\mathrm{T}}(t,\boldsymbol{x})\boldsymbol{B}\boldsymbol{x} + \boldsymbol{x}^{\mathrm{T}}\boldsymbol{B}\boldsymbol{g}(t,\boldsymbol{x}) \\ &= \frac{\varrho}{2}\mathcal{V}(\boldsymbol{x}) + \mathcal{U}(\boldsymbol{x}) + 2\boldsymbol{g}^{\mathrm{T}}(t,\boldsymbol{x})\boldsymbol{B}\boldsymbol{x},\end{aligned}$$

其中 $\mathcal{U}(\boldsymbol{x}) = -\boldsymbol{x}^{\mathrm{T}}\boldsymbol{C}\boldsymbol{x}$ 是定正函数, 故存在 $\varsigma > 0$ 使得

$$\mathcal{U}(\boldsymbol{x}) \geqslant \varsigma\|\boldsymbol{x}\|^2.$$

又由条件 (5.56) 可知, 对于任意的 $\varepsilon \in \left(0, \dfrac{\varsigma}{2\|\boldsymbol{B}\|}\right)$, 存在正数 $\delta = \delta(\varepsilon)$, 使得当 $\|\boldsymbol{x}\| < \delta$ 时, 关于 t 一致地成立

$$\left|\boldsymbol{g}^{\mathrm{T}}(t,\boldsymbol{x})\boldsymbol{B}\boldsymbol{x}\right| \leqslant \varepsilon\|\boldsymbol{B}\| \cdot \|\boldsymbol{x}\|^2.$$

所以 $\mathcal{U}(\boldsymbol{x}) + 2\boldsymbol{g}^{\mathrm{T}}(t,\boldsymbol{x})\boldsymbol{B}\boldsymbol{x}$ 是定正函数, 即有

$$\left.\frac{\mathrm{d}\mathcal{V}}{\mathrm{d}t}\right|_{(5.55)}(\boldsymbol{x}) \geqslant \frac{\varrho}{2}\mathcal{V}(\boldsymbol{x}).$$

从而利用微分不等式, 容易验证系统 (5.55) 的零解在 Lyapunov 意义下是不稳定的. □

值得指出的是, 以上考虑的是非自治系统的零解在 Lyapunov 意义下稳定性的问题. 因此, 读者可以考虑, 在前面论述的诸多关于自治系统的零解在 Lyapunov 意义下稳定性的理论如何推广到非自治系统中去.

例 5.7.1 试确定系统

$$\begin{cases} \dfrac{\mathrm{d}x}{\mathrm{d}t} = -2\mathrm{e}^x + \sqrt{4+8y}, \\ \dfrac{\mathrm{d}y}{\mathrm{d}t} = \mathrm{e}^{2x+y} - \cos 3y \end{cases} \tag{5.57}$$

的零解在 Lyapunov 意义下的稳定性.

解 系统 (5.57) 在原点 O 的附近可以化为

$$\begin{cases} \dfrac{\mathrm{d}x}{\mathrm{d}t} = -2(1+x) + 2 + 2y + o(\sqrt{x^2+y^2}), \\ \dfrac{\mathrm{d}y}{\mathrm{d}t} = 1 + (2x+y) - 1 + o(\sqrt{x^2+y^2}). \end{cases}$$

于是, 系统 (5.57) 的一次近似系统为

$$\begin{cases} \dfrac{\mathrm{d}x}{\mathrm{d}t} = -2x + 2y, \\ \dfrac{\mathrm{d}y}{\mathrm{d}t} = 2x + y. \end{cases}$$

容易验证, 该线性系统系数矩阵的特征值为 $\lambda_1 = 2 > 0, \lambda_2 = -3$. 因此, 根据定理 5.7.1, 系统 (5.57) 的零解在 Lyapunov 意义下是不稳定的. □

需要指出的是, 在应用定理 5.7.1 时, 须确定的是一次近似系统的系数矩阵是否有大于零的特征值, 而不是直接确定一次近似系统的零解在 Lyapunov 意义下是否是不稳定的. 因为, 即使一次近似系统的零解在 Lyapunov 意义下是不稳定的, 也不能确保原非线性系统的零解一定是不稳定的.

例 5.7.2 试确定系统

$$\begin{cases} \dfrac{\mathrm{d}x}{\mathrm{d}t} = -2x^3 - 2y^3, \\ \dfrac{\mathrm{d}y}{\mathrm{d}t} = x - y^3 \end{cases} \tag{5.58}$$

的零解在 Lyapunov 意义下的稳定性.

解 系统 (5.58) 在原点 O 附近的一次近似系统为

$$\begin{cases} \dfrac{\mathrm{d}x}{\mathrm{d}t} = 0, \\ \dfrac{\mathrm{d}y}{\mathrm{d}t} = x. \end{cases}$$

该线性系统的通解为
$$x(t) = c_1, \quad y(t) = c_1 t + c_2,$$

其中 c_1, c_2 是任意的常数. 于是, 该线性系统存在无界解, 即意味着一次近似系统的零解在 Lyapunov 意义下是不稳定的.

然而, 作定正函数
$$\mathcal{V}(x, y) = \frac{1}{2}\left(x^2 + y^4\right),$$

则 $\mathcal{V}$ 按系统 (5.58) 对时间 t 的全导数
$$\left.\frac{\mathrm{d}\mathcal{V}}{\mathrm{d}t}\right|_{(5.58)}(x, y) = -2(x^4 + y^6)$$

是定负函数. 因此, 根据定理 5.5.2, 系统 (5.58) 的零解在 Lyapunov 意义下是渐近稳定的.

产生这一差别的症结在于, 一次近似系统的系数矩阵的特征值都等于零, 定理 5.7.1 并不能被运用. □

定理 5.7.2 如果系统 (5.54) 的零解在 Lyapunov 意义下是渐近稳定的, 那么系统 (5.55) 的零解在 Lyapunov 意义下也是渐近稳定的.

事实上, 可以直接利用 Lyapunov 方程得到定正对称的解矩阵, 构造二次型的 Lyapunov 函数, 从而完成定理 5.7.2 的证明 (已经留作习题 5.6.1). 以下我们利用解的常数变易公式以及解的连续性, 给出定理 5.7.2 的另一种证明方法.

证明 因为系统 (5.54) 的零解是渐近稳定的, 所以存在正数 M 以及 γ 使得对于任意给定的 $s \in (-\infty, +\infty)$, 当 $t \geqslant s$ 时成立
$$\left\|\mathrm{e}^{\boldsymbol{A}(t-s)}\right\| \leqslant M\mathrm{e}^{-\gamma(t-s)}.$$

由条件 (5.56) 可知, 对于任意的 $\varepsilon \in \left(0, \dfrac{\gamma}{M}\right)$, 存在正数 $\delta = \delta(\varepsilon)$, 使得当 $\|\boldsymbol{x}\| < \delta$ 时, 关于 t 一致地成立
$$\|\boldsymbol{g}(t, \boldsymbol{x})\| \leqslant \varepsilon\|\boldsymbol{x}\|. \tag{5.59}$$

取 $\theta = \dfrac{\delta}{2M}$, 接下来我们分两步证明:

(1) 首先我们证明, 当 $\|\boldsymbol{x}_0\| < \theta$ 时, $\|\boldsymbol{x}(t; t_0, \boldsymbol{x}_0)\| < \delta$ 对于 $t > t_0$ 成立. 若不然, 我们取时间指标
$$T_{\boldsymbol{x}_0} \stackrel{\text{def}}{=\!=} \left\{t > t_0 \,\Big|\, \|\boldsymbol{x}(t; t_0, \boldsymbol{x}_0)\| \geqslant \delta \right\},$$

则 $t_0 < T_{\boldsymbol{x}_0} < +\infty$. 根据轨道的连续性, 我们知道 $\|\boldsymbol{x}(T_{\boldsymbol{x}_0}; t_0, \boldsymbol{x}_0)\| = \delta$.

另外, 若 $\forall t \in [t_0, T_{\boldsymbol{x}_0})$, $\|\boldsymbol{x}(t; t_0, \boldsymbol{x}_0)\| < \delta$, 则 (5.59) 成立. 于是, 在区间 $t_0 \leqslant t < T_{\boldsymbol{x}_0}$ 上, 利用解的常数变易公式有
$$\|\boldsymbol{x}(t)\| = \left\|\mathrm{e}^{\boldsymbol{A}(t-t_0)}\boldsymbol{x}_0 + \int_{t_0}^{t} \mathrm{e}^{\boldsymbol{A}(t-s)}\boldsymbol{g}(s, \boldsymbol{x}(s))\,\mathrm{d}s\right\|$$

$$\leqslant M\mathrm{e}^{-\gamma(t-t_0)}\|\boldsymbol{x}_0\| + \int_{t_0}^{t} M\mathrm{e}^{-\gamma(t-s)}\varepsilon\|\boldsymbol{x}(s)\|\,\mathrm{d}s.$$

利用 Gronwall 不等式后, 即在区间 $t_0 \leqslant t < T_{\boldsymbol{x}_0}$ 上, 成立

$$\|\boldsymbol{x}(t;t_0,\boldsymbol{x}_0)\| \leqslant M\|\boldsymbol{x}_0\|\mathrm{e}^{-(\gamma-M\varepsilon)(t-t_0)}. \tag{5.60}$$

令 $t \to T_{\boldsymbol{x}_0}-$, 我们得到 $\|\boldsymbol{x}(T_{\boldsymbol{x}_0};t_0,\boldsymbol{x}_0)\| \leqslant M\|\boldsymbol{x}_0\| < \dfrac{\delta}{2}$. 矛盾.

(2) 我们已经证明了 $\|\boldsymbol{x}(t;t_0,\boldsymbol{x}_0)\| < \delta$ 对于 $t > t_0$ 成立, 所以在 $t_0 \leqslant t < +\infty$ 上一致地成立估计式 (5.60), 即有

$$\lim_{\|\boldsymbol{x}_0\| \to 0} \|\boldsymbol{x}(t;t_0,\boldsymbol{x}_0)\| = 0,$$

且

$$\lim_{t \to +\infty} \|\boldsymbol{x}(t;t_0,\boldsymbol{x}_0)\| = 0,$$

从而系统 (5.55) 的零解在 Lyapunov 意义下是渐近稳定的. □

例 5.7.3 试确定系统

$$\begin{cases} \dfrac{\mathrm{d}x}{\mathrm{d}t} = -2x + y + z + \mathrm{e}^z \sin x, \\ \dfrac{\mathrm{d}y}{\mathrm{d}t} = 1 - y - \cos z + x^4 + xyz^3, \\ \dfrac{\mathrm{d}z}{\mathrm{d}t} = -x + y - 2z + z^3 \mathrm{e}^y \end{cases} \tag{5.61}$$

的零解在 Lyapunov 意义下的稳定性.

解 系统 (5.61) 在原点 O 的附近的一次近似系统为

$$\begin{cases} \dfrac{\mathrm{d}x}{\mathrm{d}t} = -x + y + z, \\ \dfrac{\mathrm{d}y}{\mathrm{d}t} = -y, \\ \dfrac{\mathrm{d}z}{\mathrm{d}t} = -x + y - 2z. \end{cases}$$

则该系统系数矩阵对应的特征多项式为

$$P_3(\lambda) = \lambda^3 + 4\lambda^2 + 6\lambda + 3.$$

由 Routh-Hurwitz 判据可知, 系数矩阵的特征值都具有负实部. 因此, 根据定理 5.7.2, 系统 (5.61) 的零解在 Lyapunov 意义下是渐近稳定的. □

定理 5.7.1 和定理 5.7.2 给出了在一定条件下, 一次近似系统 (5.54) 的零解在 Lyapunov 意义下不稳定、渐近稳定与非线性系统 (5.55) 的零解在 Lyapunov 意义下稳定性的对应关系. 如果一次近似系统 (5.54) 的零解在 Lyapunov 意义下是稳定的, 能否确保原非线性系统的零解也是稳定的呢? 对于该问题的回答是否定的.

例 5.7.4 试确定系统

$$\begin{cases} \dfrac{\mathrm{d}x}{\mathrm{d}t} = y + x^3 + xy^2, \\ \dfrac{\mathrm{d}y}{\mathrm{d}t} = -x + x^2y + y^3 \end{cases} \tag{5.62}$$

的零解在 Lyapunov 意义下的稳定性.

解 系统 (5.62) 在原点 O 附近的一次近似系统为

$$\begin{cases} \dfrac{\mathrm{d}x}{\mathrm{d}t} = y, \\ \dfrac{\mathrm{d}y}{\mathrm{d}t} = -x. \end{cases}$$

原点 O 是该线性系统的中心, 则对应的零解是稳定的. 但是, 作函数

$$\mathcal{V}(x,y) = \frac{1}{2}(x^2+y^2),$$

则 $\mathcal{V}$ 按系统 (5.62) 对时间 t 的全导数

$$\left.\frac{\mathrm{d}\mathcal{V}}{\mathrm{d}t}\right|_{(5.62)}(x,y) = (x^2+y^2)^2$$

是定正函数. 故而根据定理 5.5.3, 系统 (5.62) 的零解在 Lyapunov 意义下是不稳定的. □

从例 5.7.2 和例 5.7.4 可以发现, 当一次近似系统系数的矩阵的特征值都具有零实部时, 一次近似系统的零解在 Lyapunov 意义下的稳定性无法确保非线性系统的零解具有同样的稳定性. 这样的情形在稳定性研究中属于临界情形, 需要做进一步的研究和分析.

习题 5.7

1. 非自治系统

$$\frac{\mathrm{d}x}{\mathrm{d}t} = (-1)^i \frac{1}{1+t} x + (-1)^{i+1} x^2$$

在 $x = 0$ 附近的一次近似系统为

$$\frac{\mathrm{d}x}{\mathrm{d}t} = (-1)^i \frac{1}{1+t} x.$$

试分 (1) $i = 1$; (2) $i = 2$ 两种情形, 讨论原系统及其一次近似系统的零解在 Lyapunov 意义下的稳定性; 并总结由此带来的启示.

2. 试确定下列系统的零解在 Lyapunov 意义下的稳定性:

(1) $\begin{cases} \dfrac{\mathrm{d}x}{\mathrm{d}t} = 2xy - 2x + y^2, \\ \dfrac{\mathrm{d}y}{\mathrm{d}t} = 8y^2 - x + 3y; \end{cases}$

(2) $\begin{cases} \dfrac{\mathrm{d}x}{\mathrm{d}t} = y, \\ \dfrac{\mathrm{d}y}{\mathrm{d}t} = \sin(x+y); \end{cases}$

(3) $\begin{cases} \dfrac{\mathrm{d}x}{\mathrm{d}t} = -x - y + z + xyz, \\ \dfrac{\mathrm{d}y}{\mathrm{d}t} = x - 2y + z(2 + z^2), \\ \dfrac{\mathrm{d}z}{\mathrm{d}t} = x(1+z) + 2y + z; \end{cases}$

(4) $\begin{cases} \dfrac{\mathrm{d}x}{\mathrm{d}t} = y + x^2, \\ \dfrac{\mathrm{d}y}{\mathrm{d}t} = z + y^2, \\ \dfrac{\mathrm{d}^2 z}{\mathrm{d}t^2} = -2\dfrac{\mathrm{d}z}{\mathrm{d}t} - x - 2y - 3z + z^2; \end{cases}$

(5) $\begin{cases} \dfrac{\mathrm{d}x}{\mathrm{d}t} = \ln(1 + x + y), \\ \dfrac{\mathrm{d}y}{\mathrm{d}t} = x - y - x^2; \end{cases}$

(6) $\begin{cases} \dfrac{\mathrm{d}x}{\mathrm{d}t} = \ln(3\mathrm{e}^y - 2\cos x), \\ \dfrac{\mathrm{d}y}{\mathrm{d}t} = 2\mathrm{e}^x - \sqrt[3]{8 + 12y}; \end{cases}$

(7) $\begin{cases} \dfrac{\mathrm{d}x}{\mathrm{d}t} = -2x + y - z + x^2, \\ \dfrac{\mathrm{d}y}{\mathrm{d}t} = -1 + \mathrm{e}^x - 2y + y\cos x, \\ \dfrac{\mathrm{d}z}{\mathrm{d}t} = x + y - \sin z + z^2; \end{cases}$

(8) $\begin{cases} \dfrac{\mathrm{d}x}{\mathrm{d}t} = \mathrm{e}^x \sin y + \sin x + \mathrm{e}^z - 1, \\ \dfrac{\mathrm{d}y}{\mathrm{d}t} = \sin(x+y), \\ \dfrac{\mathrm{d}z}{\mathrm{d}t} = \tan(x+z). \end{cases}$

3. 试确定参数 a, b 的范围, 使得下列系统或微分方程的零解分别在 Lyapunov 意义下是渐近稳定的、不稳定的:

(1) $\begin{cases} \dfrac{\mathrm{d}x}{\mathrm{d}t} = ax + by, \\ \dfrac{\mathrm{d}y}{\mathrm{d}t} = x + \sin y; \end{cases}$

(2) $\begin{cases} \dfrac{\mathrm{d}x}{\mathrm{d}t} = ax + y + x^2, \\ \dfrac{\mathrm{d}y}{\mathrm{d}t} = x + ay + y^3; \end{cases}$

(3) $\begin{cases} \dfrac{\mathrm{d}x}{\mathrm{d}t} = \sqrt{4+4y} - 2\mathrm{e}^{x+y}, \\ \dfrac{\mathrm{d}y}{\mathrm{d}t} = \sin ax + \ln(1-4y); \end{cases}$

(4) $\dfrac{\mathrm{d}^3 x}{\mathrm{d}t^3} + a\dfrac{\mathrm{d}^2 x}{\mathrm{d}t^2} + b\dfrac{\mathrm{d}x}{\mathrm{d}t} + 2\sin x = 0;$

(5) $\dfrac{\mathrm{d}^4 x}{\mathrm{d}t^4} + a\dfrac{\mathrm{d}^3 x}{\mathrm{d}t^3} + 4\dfrac{\mathrm{d}^2 x}{\mathrm{d}t^2} + 2\sin\left(\dfrac{\mathrm{d}x}{\mathrm{d}t}\right) + b(1-\mathrm{e}^x) = 0.$

4. 试确定下列系统的零解在 Lyapunov 意义下的稳定性:

(1) $\begin{cases} \dfrac{\mathrm{d}x}{\mathrm{d}t} = \sin(x+y), \\ \dfrac{\mathrm{d}y}{\mathrm{d}t} = -\ln(1+y); \end{cases}$

(2) $\begin{cases} \dfrac{\mathrm{d}x}{\mathrm{d}t} = 1 - \mathrm{e}^{x+y}, \\ \dfrac{\mathrm{d}y}{\mathrm{d}t} = -\mathrm{e}^x \tan y. \end{cases}$

5. 对于平面系统

$$\begin{cases} \dfrac{\mathrm{d}x}{\mathrm{d}t} = xy - 2, \\ \dfrac{\mathrm{d}y}{\mathrm{d}t} = 1 - (x+y) + xy, \end{cases}$$

(1) 求出系统所有的奇点;

(2) 试确定奇点对应的解在 Lyapunov 意义下的稳定性.

6. 试确定微分方程

$$\dfrac{\mathrm{d}^2 x}{\mathrm{d}t^2} + p\dfrac{\mathrm{d}x}{\mathrm{d}t} + q(x - x^3) = 0$$

所有的常数特解在 Lyapunov 意义下的稳定性, 其中 p, q 为参数.

7. 试确定平面系统

$$\begin{cases} \dfrac{\mathrm{d}x}{\mathrm{d}t} = (4-y^2)\cos t - 2y\sin^2 t - \cos^3 t, \\ \dfrac{\mathrm{d}y}{\mathrm{d}t} = -\dfrac{x}{2} + \ln\left(y + 2\sin^2 \dfrac{t}{2}\right) \end{cases}$$

的特解 $\varphi(t) = 2\sin t, \psi(t) = \cos t$ 在 Lyapunov 意义下的稳定性.

8. 试确定参数 $a_i > 0, b_i > 0$ 和 $c_i > 0$ $(i=1,2)$ 所满足的关系式, 使得 (x^*, y^*) 是平面系统

$$\begin{cases} \dfrac{\mathrm{d}x}{\mathrm{d}t} = x(c_1 - a_1 x - b_1 y), \\ \dfrac{\mathrm{d}y}{\mathrm{d}t} = y(c_2 - a_2 x - b_2 y) \end{cases}$$

在第一象限内的奇点, 并且它对应的解是渐近稳定的; 同时确定系统其他的奇点对应的解在 Lyapunov 意义下的稳定性.

9. 若 $p = \omega$, $q = r = 0$ 是描述刚体绕固定点转动的微分方程组

$$\begin{cases} A\dfrac{\mathrm{d}p}{\mathrm{d}t} + (C-B)qr = 0, \\ B\dfrac{\mathrm{d}q}{\mathrm{d}t} + (A-C)rp = 0, \\ C\dfrac{\mathrm{d}r}{\mathrm{d}t} + (B-A)pq = 0 \end{cases}$$

的特解, 其中 ω, A, B 和 C 都是正常数, 并且满足 $C < A < B$ 或者 $C > A > B$. 试确定该特解在 Lyapunov 意义下的稳定性.

10. 设 $g(t, x)$ 在区域

$$G_h = \{(t, x) \mid t \geqslant t_0, \|x\| \leqslant h\}$$

上连续, 且当 $(t, x) \in G_h$ 时成立 $\|g(t, x)\| \leqslant h(t)\|x\|$, 其中 $h(t)$ 是定义在 $[t_0, +\infty)$ 上的非负连续函数, 且满足

$$\int_{t_0}^{+\infty} h(s) \mathrm{d}s < +\infty.$$

若线性非自治系统

$$\frac{\mathrm{d}x}{\mathrm{d}t} = A(t)x \tag{5.63}$$

的零解是稳定的. 证明: 系统 (5.63) 的扰动系统

$$\frac{\mathrm{d}x}{\mathrm{d}t} = A(t)x + g(t, x) \tag{5.64}$$

的零解也是稳定的. 又如果系统 (5.63) 的零解是渐近稳定的, 那么扰动系统 (5.64) 的零解是否是渐近稳定的? 请说明理由.

11. 证明: 自治系统的全体奇点组成的集合是一闭集.

12. 设 $x_0 \in \mathbb{R}^n$, $x(t, x_0) = (x_1(t, x_0), x_2(t, x_0), \cdots, x_n(t, x_0))^\mathrm{T}$ 是 $\mathbb{R}^n$ 上的自治系统 $\dot{x} = f(x)$ 以 $(0, x_0)$ 为初值条件的有界轨线. 如果对于任意的 $t \geqslant 0$ 有

$$\frac{\mathrm{d}}{\mathrm{d}t} x_j(t, x_0), \quad j = 1, 2, \cdots, n$$

是定号的. 证明: $\lim\limits_{t \to +\infty} x(t, x_0)$ 存在, 且该极限点为自治系统的奇点.

13. 考虑自治系统 $\dot{x} = f(x)$, 其中向量场 $f \in C^r(\mathbb{R}^n \to \mathbb{R}^n)$, $r \geqslant 1$. 设 $a \in \mathbb{R}^n$ 且 $f(a) \neq 0$. 证明: 存在一个 C^r 的坐标变换 $x = h(y)$, 其中 $y = (y_1, y_2, \cdots, y_n)^\mathrm{T}$, 使得在点 a 的一个邻域内自治系统变换为

$$\dot{y}_1 = 1, \quad \dot{y}_j = 0, \quad j = 2, 3, \cdots, n.$$

14. 设 $x_0 \in \mathbb{R}^n$, $x(t, x_0)$ 是 $\mathbb{R}^n$ 上的某个自治系统以 $(0, x_0)$ 为初值条件的轨线. 对于集合

$$\omega(x_0) = \bigcap_{T \geqslant 0} \overline{\bigcup_{t \geqslant T} \{x(t, x_0)\}},$$

证明:

(1) 集合 $\omega(x_0)$ 是一个闭集, 并且对于任何 $y \in \omega(x_0)$ 以及 $t \geqslant 0$, 有 $x(t, y) \in \omega(x_0)$;

(2) 如果轨线 $x(t, x_0)$ 有界, 则集合 $\omega(x_0)$ 是连通的.

15. 设 A 是 $n \times n$ 矩阵, 考虑线性自治系统

$$x_{k+1} = Ax_k, \quad k = 0, 1, 2, \cdots. \tag{5.65}$$

当 $n = 2$ 时, 根据平面线性自治微分系统奇点的分类, 试讨论平面线性自治差分系统 (5.65) 的不动点 $x = 0$ 的各种可能的类型.

16. 设 $x_k(x_0) = x(k; x_0)$ 是系统 (5.65) 的以 $(0, x_0)$ 为初值条件的轨线, 其中 $x_0 \in \mathbb{R}^2$. 那么将第 14 小题中的 t 换成 k 后, 该小题的两个结论是否依然正确. 若正确, 则分别证明之; 若不正确, 则给出反例.

17. 根据微分方程的零解在 Lyapunov 意义下稳定性的各种定义, 给出差分方程 (5.65) 的不动点 $x = 0$ 在 Lyapunov 意义下的稳定性定义. 并依照推论 5.4.1, 给出该系统不动点稳定性的判定准则.

18. 证明: 平面自治系统

$$\begin{cases} \dfrac{dx_1}{dt} = -x_1 + x_2, \\ \dfrac{dx_2}{dt} = \ln(20 + x_1) - x_2 \end{cases}$$

的从第一象限出发的轨线

$$x(t, x_0) = \left(x_1(t, x_0^1, x_0^2), x_2(t, x_0^1, x_0^2)\right), \quad t \geqslant 0, \ x_0^1 > 0, \ x_0^2 > 0$$

都是有界的.

19. 设参数 $a > 0$, 试确定平面自治系统

$$\begin{cases} \dfrac{dx}{dt} = y, \\ \dfrac{dy}{dt} = -ay - x^3 - x^5 \end{cases}$$

的奇点及其类型; 并利用 Lyapunov 直接方法判断系统的零解在 Lyapunov 意义下的稳定性.

20. 设参数 $a > 0, b > 0$, 考虑平面自治系统

$$\begin{cases} \dfrac{\mathrm{d}x_1}{\mathrm{d}t} = a - x_1 - \dfrac{4x_1 x_2}{1 + x_1^2}, \\ \dfrac{\mathrm{d}x_2}{\mathrm{d}t} = bx_1 \left(1 - \dfrac{x_2}{1 + x_1^2}\right). \end{cases}$$

(1) 证明: 该系统具有唯一的奇点. 当 $b < \dfrac{3a}{5} - \dfrac{25}{a}$ 时, 判断奇点的类型及其对应的解在 Lyapunov 意义下的稳定性.

(2) 记 ζ 为 $\{(x_1, x_2) \mid \dot{x}_1 = 0\}$ 与 x_1 轴交点的横坐标, $\eta = 1 + \zeta^2$, 并构造集合

$$\mathcal{S} = \{(x_1, x_2) \mid 0 \leqslant x_1 \leqslant \zeta, \ 0 \leqslant x_2 \leqslant \eta\}.$$

证明: 对于任意的 $\boldsymbol{y} \in \mathcal{S}$ 以及 $t \geqslant 0$, 系统的轨线 $(x_1(t, \boldsymbol{y}), x_2(t, \boldsymbol{y})) \in \mathcal{S}$.

(3) 证明: 当 $b < \dfrac{3a}{5} - \dfrac{25}{a}$ 时, 系统在第一象限内具有一条闭轨线.

21. 设 $\boldsymbol{A}$ 是 $n \times n$ 的反称矩阵, 即 $\boldsymbol{A} = -\boldsymbol{A}^{\mathrm{T}}$, $\boldsymbol{x}(t)$ 是线性自治系统 $\dot{\boldsymbol{x}} = \boldsymbol{A}\boldsymbol{x}$ 的任意一解. 证明:

(1) $\boldsymbol{x}(t)$ 的向量范数恒等于某一常数 c_1, 即 $\|\boldsymbol{x}(t)\| \equiv c_1$;

(2) 对于给定的 $\boldsymbol{\xi} \in \mathrm{Ker} \boldsymbol{A}$, 存在某一常数 c_2, 使得 $\boldsymbol{x}^{\mathrm{T}}(t)\boldsymbol{\xi}$ 恒等于 c_2;

(3) 如果系统的零解在 Lyapunov 意义下是稳定的. 那么该零解是否是渐近稳定的呢? 试说明理由.

22. 考虑线性非自治系统

$$\frac{\mathrm{d}}{\mathrm{d}t}\begin{pmatrix} x_1 \\ x_2 \end{pmatrix} = \begin{pmatrix} -\dfrac{11}{2} - \dfrac{9}{2}\cos 12t + 6\sin 12t & 6 + 6\cos 12t + \dfrac{9}{2}\sin 12t \\ -6 + 6\cos 12t + \dfrac{9}{2}\sin 12t & -\dfrac{11}{2} + \dfrac{9}{2}\cos 12t - 6\sin 12t \end{pmatrix} \begin{pmatrix} x_1 \\ x_2 \end{pmatrix}$$

的零解在 Lyapunov 意义下的稳定性.

23. 考虑线性周期系数系统 $\dot{\boldsymbol{x}} = \boldsymbol{A}(t)\boldsymbol{x}$, 其中 $n \times n$ 矩阵值函数 $\boldsymbol{A}(t)$ 是连续的, 并且 $\boldsymbol{A}(t) = \boldsymbol{A}(t + T)$ ($T > 0$). 证明: 存在非奇异可微的周期矩阵值函数 $\boldsymbol{P}(t)$, 使得原系统在变换 $\boldsymbol{x} = \boldsymbol{P}(t)\boldsymbol{y}$ 下可以化为线性自治系统 $\dot{\boldsymbol{y}} = \boldsymbol{R}\boldsymbol{y}$, 其中 $\boldsymbol{R}$ 是常数矩阵.

24. 考虑线性非自治系统 $\dot{\boldsymbol{x}}(t) = \boldsymbol{A}(t)\boldsymbol{x}(t)$, 其中 $n \times n$ 矩阵值函数 $\boldsymbol{A}(t)$ 是连续并且有界的. 证明: 一定存在 $\alpha > 0$ 使得 $\lim\limits_{t \to +\infty} \|\boldsymbol{x}(t)\| \cdot \mathrm{e}^{-\alpha t} = 0$.

25. 对于线性非自治系统

$$\frac{\mathrm{d}\boldsymbol{x}}{\mathrm{d}t} = (\boldsymbol{A}_1 + \boldsymbol{A}_2(t))\boldsymbol{x}, \tag{5.66}$$

其中常数矩阵 $\boldsymbol{A}_1$ 所有特征值的实部都小于零, 矩阵值函数 $\boldsymbol{A}_2(t)$ 在 $\mathcal{I} = (-\infty, +\infty)$ 上连续, 且对于任意给定的 $t_0 \in \mathcal{I}$, 成立

$$\int_{t_0}^{+\infty} \|\boldsymbol{A}_2(\tau)\|^p \mathrm{d}\tau < +\infty.$$

(1) 证明: 当 $p = 1$ 时, 系统 (5.66) 的零解在 Lyapunov 意义下是渐近稳定的;

(2) 当 $p \geqslant 2$ 时, 系统 (5.66) 的零解在 Lyapunov 意义下是否是渐近稳定的? 试说明理由.

26. 若函数 $x \in C^1(\overline{\mathbb{R}}^+ \to \overline{\mathbb{R}}^+)$, 其中 $\overline{\mathbb{R}}^+$ 表示非负实数集, 常数 $a_1 > 0$, 函数 $a_2 \in C^1(\overline{\mathbb{R}}^+ \to \mathbb{R})$, 并且满足微分不等式

$$\dot{x}(t) \leqslant (-a_1 + a_2(t))x(t).$$

试确定 $a_2(t)$ 所满足的条件, 使得 $\lim\limits_{t \to +\infty} x(t) = 0$.

27. 若矩阵值函数 $\boldsymbol{A}(\boldsymbol{\theta}) \in C^1(\mathcal{P} \to \mathbb{R}^{n \times n})$, 其中 $\mathcal{P}$ 是 $\mathbb{R}^m$ 上的一个紧集. 对于任意固定的 $\boldsymbol{\theta}^* \in \mathcal{P}$, 矩阵 $\boldsymbol{A}(\boldsymbol{\theta}^*)$ 所有特征值的实部都小于零. 证明: 对于任意给定的 n 阶定正对称矩阵 $\boldsymbol{D}$, 矩阵方程

$$\big(\boldsymbol{A}(\boldsymbol{\theta})\big)^{\mathrm{T}} \boldsymbol{B} + \boldsymbol{B}\boldsymbol{A}(\boldsymbol{\theta}) = -\boldsymbol{D}, \quad \forall\, \boldsymbol{\theta} \in \mathcal{P}.$$

一定存在定正对称的解矩阵 $\boldsymbol{B} = \boldsymbol{B}(\boldsymbol{\theta}) \in C^1(\mathcal{P} \to \mathbb{R}^{n \times n})$.

28. 若向量值函数 $\boldsymbol{\theta}(t) \in C^1(\overline{\mathbb{R}}^+ \to \mathcal{P})$, 其中 $\mathcal{P}$ 是 $\mathbb{R}^m$ 上的一个紧集. 对于任意的 $\boldsymbol{\theta}^* \in \mathcal{P}$, 微分方程 $\dot{\boldsymbol{x}} = \boldsymbol{A}(\boldsymbol{\theta}^*)\boldsymbol{x}$ 的零解都是 Lyapunov 意义下是渐近稳定的.

(1) 如果 $\int_0^{+\infty} \|\dot{\boldsymbol{\theta}}(s)\| \mathrm{d}s < +\infty$, 试证明线性微分方程

$$\frac{\mathrm{d}\boldsymbol{x}}{\mathrm{d}t} = \boldsymbol{A}(\boldsymbol{\theta}(t))\boldsymbol{x}$$

的零解在 Lyapunov 意义下也是渐近稳定的.

(2) 如果存在 $\widehat{\boldsymbol{\theta}} \in \mathcal{P}$ 使得 $\lim\limits_{t \to +\infty} \boldsymbol{\theta}(t) = \widehat{\boldsymbol{\theta}}$, 那么上述方程的零解在 Lyapunov 意义下是否是渐近稳定的? 试说明理由.

29. 设参数 $\sigma > 0, b > 0, r \geqslant 1$, 设 $(x^*, y^*, z^*)^{\mathrm{T}}$ 是 Lorenz 系统

$$\begin{cases} \dfrac{\mathrm{d}x}{\mathrm{d}t} = -\sigma(x - y), \\ \dfrac{\mathrm{d}y}{\mathrm{d}t} = rx - y - xz, \\ \dfrac{\mathrm{d}z}{\mathrm{d}t} = -bz + xy \end{cases}$$

的一个平衡点. 证明:

(1) 当 $\sigma = 10, r = 28, b = \dfrac{8}{3}$ 时, 系统的轨线 $\big(x(t), y(t), z(t)\big)^{\mathrm{T}}$ $(t \geqslant 0)$ 都是有界的;

(2) 当正数 k 适当大时, 系统

$$\begin{cases} \dfrac{\mathrm{d}x}{\mathrm{d}t} = -\sigma(x-y) + k(x^*-x), \\ \dfrac{\mathrm{d}y}{\mathrm{d}t} = rx - y - xz + k(y^*-y), \\ \dfrac{\mathrm{d}z}{\mathrm{d}t} = -bz + xy + k(z^*-z) \end{cases}$$

的平衡点 $(x^*, y^*, z^*)^{\mathrm{T}}$ 对应的解在 Lyapunov 意义下是渐近稳定的.

30. 考虑二阶微分方程 $\ddot{x} + f(\dot{x}) + x = u(t)$, 其中连续函数 $f(\cdot)$ 满足如下条件:

(i) $|f(s)| \leqslant 1 \ (-\infty < s < +\infty);$ (ii) $sf(s) > 0 \ (s \neq 0);$ (iii) $f(0) = 0.$

证明:

(1) 当 $u(t) \equiv 0$ 时, 方程的零解在 Lyapunov 意义下是渐近稳定的;

(2) 当 $u(t) = \kappa \sin t \left(\kappa > \dfrac{4}{\pi}\right)$ 时, 方程的任意一解都是无界的.

31. 如果非负函数 $\mathcal{V}(t, \boldsymbol{x}) \in C^1([0, +\infty) \times \mathcal{D} \to \overline{\mathbb{R}}^+)$, 并且函数 $\mathcal{V}(t, \boldsymbol{x})$ 沿着系统 $\dfrac{\mathrm{d}\boldsymbol{x}}{\mathrm{d}t} = \boldsymbol{f}(t, \boldsymbol{x})$ 的导数满足: 对于 $t \geqslant 0$, 一致地成立

$$\dot{\mathcal{V}}(t, \boldsymbol{x}) \stackrel{\text{def}}{=\!=} \dfrac{\partial \mathcal{V}}{\partial t} + \langle \mathbf{grad}\,\mathcal{V}, \boldsymbol{f}(t, \boldsymbol{x}) \rangle \leqslant -\mathcal{W}(\boldsymbol{x}) \leqslant 0,$$

其中 $\mathcal{W}(\boldsymbol{x})$ 在区域 $\mathcal{D} \subset \mathbb{R}^n$ 上是连续的. 设 $\boldsymbol{\varphi}(t) = \boldsymbol{x}(t, \boldsymbol{x}_0) \ (\boldsymbol{x}_0 \in \mathcal{D})$ 是系统在 $\mathcal{D}$ 上的一有界的解, 并且

$$\limsup_{h \to 0+} \dfrac{1}{h} \big(\mathcal{W}(\boldsymbol{\varphi}(t+h)) - \mathcal{W}(\boldsymbol{\varphi}(t)) \big)$$

有上界或者有下界. 证明: $\lim\limits_{t \to +\infty} \rho(\boldsymbol{\varphi}(t), \mathcal{E}) = 0$, 其中集合 $\mathcal{E} = \{\boldsymbol{x} \in \mathcal{D} \mid \mathcal{W}(\boldsymbol{x}) = 0\}$.

32. 若连续函数 $\lambda(t) \geqslant \sigma > 0, \delta$ 为正奇数. 考虑非自治系统

$$\begin{cases} \dfrac{\mathrm{d}x}{\mathrm{d}t} = y, \\ \dfrac{\mathrm{d}y}{\mathrm{d}t} = -x - \lambda(t) y^\delta. \end{cases}$$

证明: (1) 该系统的所有解都是有界的;

(2) $\lim\limits_{t \to +\infty} (x(s) - y(s))$ 存在且有限.

33. 若函数 $g(\cdot)$ 在 $\mathbb{R}$ 上满足整体 Lipschitz 条件, $L_g > 0$ 是相应的 Lipschitz 常数. 考虑微分积分方程

$$\begin{cases} \dfrac{\mathrm{d}x}{\mathrm{d}t} = g(x), \\ \dfrac{\mathrm{d}y}{\mathrm{d}t} = g(y) + k(t)(y - x), \\ k(t) = -\displaystyle\int_0^t (x(s) - y(s))^2 \mathrm{d}s. \end{cases}$$

证明: $\lim_{t \to +\infty} (x(s) - y(s)) = 0$, $\lim_{t \to +\infty} k(t) = k^* \in \mathcal{R}$.

34. 考虑系统
$$\frac{\mathrm{d}\boldsymbol{x}}{\mathrm{d}t} = \boldsymbol{f}(t, \boldsymbol{x}),$$

其中向量场 $\boldsymbol{f}(t, \boldsymbol{x})$ 在区域 $\mathcal{S} = \{(t, \boldsymbol{x}) \mid t \geqslant t_0, \|\boldsymbol{x}\| \leqslant h\}$ 上连续, 并且关于 $\boldsymbol{x}$ 满足 Lipschitz 条件. 若该系统的零解在 Lyapunov 意义下是稳定的, 试证明: 存在 $\mathcal{S}$ 中的连续可微函数 $\mathcal{V}(t, \boldsymbol{x})$ 满足

$$\mathcal{V}(t, \boldsymbol{x}) \geqslant \mathcal{W}(\boldsymbol{x}), \qquad \frac{\partial \mathcal{V}}{\partial t} + \langle \mathbf{grad}\, \mathcal{V}, \boldsymbol{f}(t, \boldsymbol{x}) \rangle \leqslant 0,$$

其中 $\mathcal{W}(\boldsymbol{x})$ 是 $\mathcal{S}$ 上的定正函数. (提示: 令

$$\mathcal{V}(t, \boldsymbol{x}) = [1 + \mathrm{e}^{-(t-t_0)}] \|\boldsymbol{\psi}(t_0; t, \boldsymbol{x})\|^2,$$

其中 $\boldsymbol{\psi}(t; t', \boldsymbol{y})$ 表示系统以 $(t', \boldsymbol{y})$ 为初值条件的解.)

35. 考虑线性系统
$$\frac{\mathrm{d}\boldsymbol{x}}{\mathrm{d}t} = -\boldsymbol{u}(t)(\boldsymbol{u}(t))^{\mathrm{T}} \boldsymbol{x},$$

其中矩阵值函数 $\boldsymbol{u}(t) \in C(\mathbb{R}^+ \to \mathbb{R}^{n \times m})$ 是有界的. 证明: 以下四个条件之一成立时, 该系统的零解在 Lyapunov 意义下是渐近稳定的; 并且这四个条件是等价的:

(1) 存在正常数 t_0, T_0 以及 ε_1, 使得对于任意单位向量 $\boldsymbol{w} \in \mathbb{R}^n$ 成立

$$\int_t^{t+T_0} \left[\boldsymbol{w}^{\mathrm{T}} \boldsymbol{u}(s)(\boldsymbol{u}(s))^{\mathrm{T}} \boldsymbol{w} \right] \mathrm{d}s \geqslant \varepsilon_1, \quad \forall\, t \geqslant t_0;$$

(2) 存在正常数 t_0, T_0 以及 ε_2, 使得对于任意单位向量 $\boldsymbol{w} \in \mathbb{R}^n$ 成立

$$\int_t^{t+T_0} \left\| \boldsymbol{u}(s)(\boldsymbol{u}(s))^{\mathrm{T}} \boldsymbol{w} \right\| \mathrm{d}s \geqslant \varepsilon_2, \quad \forall\, t \geqslant t_0;$$

(3) 存在正常数 t_0, T_0 以及 ε_3, 使得对于任意单位向量 $\boldsymbol{w} \in \mathbb{R}^n$ 成立

$$\frac{1}{T_0} \int_t^{t+T_0} \left\| (\boldsymbol{u}(s))^{\mathrm{T}} \boldsymbol{w} \right\| \mathrm{d}s \geqslant \varepsilon_3, \quad \forall\, t \geqslant t_0;$$

(4) 存在正常数 t_0, T_0 以及 ε_4, 成立

$$\lambda_m \left\{ \int_t^{t+T_0} \boldsymbol{u}(s)(\boldsymbol{u}(s))^{\mathrm{T}} \mathrm{d}s \right\} \geqslant \varepsilon_4, \quad \forall\, t \geqslant t_0,$$

其中 $\lambda_m\{\,\cdot\,\}$ 表示一个对称矩阵的最小的特征值.

36. 讨论如下传染病模型的奇点及其类型，并在相平面 SOI 中绘制轨线的大致图形.

$$\begin{cases} \dfrac{\mathrm{d}S}{\mathrm{d}t} = -\lambda SI + \mu - \mu S, \\ \dfrac{\mathrm{d}I}{\mathrm{d}t} = \lambda SI - \gamma I - \mu I, \\ \dfrac{\mathrm{d}R}{\mathrm{d}t} = \gamma I - \mu R \end{cases}$$

其中 S 表示易感者人数占总人数的比例，I 表示患病者人数的比例，R 表示恢复人数的比例，且 $S+I+R \equiv 1$，μ 表示自然出生率(或死亡率)，λ 表示患者与其他成员单位时间的接触率，γ 表示患者的恢复率.

第六章

一阶偏微分方程

在一个微分方程中,如果具有多于一个自变量的未知函数存在,我们就称这样的方程为偏微分方程. 在物理学、力学、化学、生物、经济、人工智能等学科的研究中,我们知道许多的演化过程或者现象可以用常微分方程可以来描述,但是有更多的这些过程或现象需要用偏微分方程来刻画. 在这一章节中,我们将初步介绍一阶偏微分方程的理论, 这一理论和分析力学、变分学等有较为密切的关系.

6.1 引论

如果我们考虑含有两个自变量的一阶偏微分方程

$$\mathcal{F}(x,y,z,p,q)=0, \tag{6.1}$$

其中 x 与 y 是自变量,z 是未知函数,

$$p=\frac{\partial z}{\partial x}, \quad q=\frac{\partial z}{\partial y},$$

并且 $\mathcal{F}$ 显含变量 p 或 q. 如果把平面 xOy 内的某一区域 $\mathcal{D}$ 上有定义的连续可微函数

$$z=\varphi(x,y)$$

代入方程 (6.1), 得到等式

$$\mathcal{F}\left(x,y,\varphi(x,y),\frac{\partial \varphi(x,y)}{\partial x},\frac{\partial \varphi(x,y)}{\partial y}\right)=0$$

在区域 $\mathcal{D}$ 上恒成立,那么我们称 $z=\varphi(x,y)$ 是偏微分方程 (6.1) 的一个解,而 $\mathcal{D}$ 是该解的定义域. 此外,$z=\varphi(x,y)$ 在三维空间 $Oxyz$ 中表示的一个曲面称为方程 (6.1) 的积分曲面.

例 6.1.1 求解偏微分方程

$$\frac{\partial z}{\partial x}=x-y^2.$$

解 容易验证

$$z=\varphi(x,y)=\frac{1}{2}x^2-xy^2+\omega(y)$$

是该方程的解,其中的 $\omega(y)$ 是关于自变量 y 的一个任意一元连续可微函数. □

例 6.1.2 求解偏微分方程

$$\frac{\partial z}{\partial x}+\frac{1}{2}\cdot\frac{\partial z}{\partial y}=0.$$

解 作坐标变换 $\xi = 2x + y$, $\eta = x - 2y$, 有
$$x = \frac{1}{5}(2\xi + \eta), \quad y = \frac{1}{5}(\xi - 2\eta),$$
因此,
$$\frac{\partial z}{\partial \xi} = \frac{\partial z}{\partial x}\frac{\partial x}{\partial \xi} + \frac{\partial z}{\partial y}\frac{\partial y}{\partial \xi} = \frac{1}{5}\left(2\frac{\partial z}{\partial x} + \frac{\partial z}{\partial y}\right) = 0.$$
于是
$$z = \omega(\eta) = \omega(x - 2y)$$
是该方程的解, 其中的 $\omega(\eta)$ 是关于自变量 η 的任意一连续可微函数. □

从上面的两个例子可以发现, 偏微分方程的解可以含有一个任意的连续可微函数, 而常微分方程的解通常含有一些任意的常数. 这是两类方程一个显而易见的不同之处.

但事实上, 两类方程的区别并不仅限于解的表达方式; 更重要的是, 在讨论常微分方程解的存在性过程中所使用的方法并不能直接移植到研究偏微分方程解的存在性问题上来. 我们往往利用第三章中介绍的逐次逼近法或压缩映射原理直接研究与常微分方程等价的积分方程. 但是, 求解偏微分方程却一般不能直接化为积分方程来进行研究.

虽然具有上述区别, 但是对于一些较为特殊的一阶偏微分方程的求解都与常微分方程的求解有着十分密切的关系. 本章的目的就是阐述一阶偏微分方程与一阶常微分方程组之间的关系.

6.2 一阶齐次线性偏微分方程

在本节中, 我们讨论如下一阶偏微分方程:
$$\frac{\partial z}{\partial t} + \sum_{i=1}^{n} f_i(t, x_1, \cdots, x_n)\frac{\partial z}{\partial x_i} = 0, \tag{6.2}$$

其中 $z = \varphi(t, x_1, \cdots, x_n)$ 是未知函数. 假定系数函数 $f_1, f_2, \cdots, f_n$ 对于 $(t, x_1, \cdots, x_n) \in \mathcal{D}$ 是连续可微的. 一阶偏微分方程 (6.2) 称为是线性齐次的.

对于偏微分方程 (6.2), 我们构造如下形式的一阶常微分方程组:
$$\begin{cases} \dfrac{\mathrm{d}x_1}{\mathrm{d}t} = f_1(t, x_1, \cdots, x_n), \\ \dfrac{\mathrm{d}x_2}{\mathrm{d}t} = f_2(t, x_1, \cdots, x_n), \\ \quad \cdots\cdots\cdots\cdots \\ \dfrac{\mathrm{d}x_n}{\mathrm{d}t} = f_n(t, x_1, \cdots, x_n), \end{cases} \tag{6.3}$$

称 (6.3) 为偏微分方程 (6.2) 的特征方程. 由于 (6.3) 是 n 维常微分方程组, 因此它具有 n 个独立的首次积分

$$\Phi_i(t, x_1, \cdots, x_n) = C_i, \tag{6.4}$$

其中 C_i $(i = 1, 2, \cdots, n)$ 为任意常数. 下面我们将利用这 n 个独立的首次积分来求解偏微分方程 (6.2) 的通解.

容易发现, 常微分方程组 (6.3) 的任意一个首次积分一定是偏微分方程 (6.2) 的一个解. 由第一章中的结论可以知道, 如果函数 $\Psi(z_1, z_2, \cdots, z_n)$ 是其变量的任意连续可微函数 (非常数函数), 那么复合函数

$$\Psi\big(\Phi_1(t, x_1, \cdots, x_n), \Phi_2(t, x_1, \cdots, x_n), \cdots, \Phi_n(t, x_1, \cdots, x_n)\big)$$

也是方程组 (6.3) 的首次积分. 因此,

$$z = \Psi\big(\Phi_1(t, x_1, \cdots, x_n), \Phi_2(t, x_1, \cdots, x_n), \cdots, \Phi_n(t, x_1, \cdots, x_n)\big) \tag{6.5}$$

是偏微分方程 (6.2) 的解.

下面, 我们来论证: 偏微分方程 (6.2) 的任意一个解都可以由 (6.5) 得到. 事实上, 如果

$$z - \Phi(t, x_1, \cdots, x_n)$$

是偏微分方程 (6.2) 的任意一个 (非常数) 解, 那么 $n + 1$ 个函数

$$\Phi(t, x_1, \cdots, x_n), \Phi_1(t, x_1, \cdots, x_n), \cdots, \Phi_n(t, x_1, \cdots, x_n)$$

都是方程组 (6.3) 的首次积分, 从而成立如下 $n + 1$ 个恒等式:

$$\frac{\partial \Phi}{\partial t} + \sum_{i=1}^{n} f_i(t, x_1, \cdots, x_n) \frac{\partial \Phi}{\partial x_i} = 0,$$

$$\frac{\partial \Phi_j}{\partial t} + \sum_{i=1}^{n} f_i(t, x_1, \cdots, x_n) \frac{\partial \Phi_j}{\partial x_i} = 0, \quad j = 1, 2, \cdots, n,$$

即可以写成如下矩阵形式的等式:

$$\begin{pmatrix} \dfrac{\partial \Phi}{\partial t} & \dfrac{\partial \Phi}{\partial x_1} & \cdots & \dfrac{\partial \Phi}{\partial x_n} \\ \dfrac{\partial \Phi_1}{\partial t} & \dfrac{\partial \Phi_1}{\partial x_1} & \cdots & \dfrac{\partial \Phi_1}{\partial x_n} \\ \vdots & \vdots & & \vdots \\ \dfrac{\partial \Phi_n}{\partial t} & \dfrac{\partial \Phi_n}{\partial x_1} & \cdots & \dfrac{\partial \Phi_n}{\partial x_n} \end{pmatrix} \begin{pmatrix} 1 \\ f_1(t, x_1, \cdots, x_n) \\ \vdots \\ f_n(t, x_1, \cdots, x_n) \end{pmatrix} = \mathbf{0}.$$

因此, 根据线性代数的理论, 上述恒等式构成的代数方程组具有非零解意味着

$$\begin{vmatrix} \dfrac{\partial \Phi}{\partial t} & \dfrac{\partial \Phi}{\partial x_1} & \cdots & \dfrac{\partial \Phi}{\partial x_n} \\ \dfrac{\partial \Phi_1}{\partial t} & \dfrac{\partial \Phi_1}{\partial x_1} & \cdots & \dfrac{\partial \Phi_1}{\partial x_n} \\ \vdots & \vdots & & \vdots \\ \dfrac{\partial \Phi_n}{\partial t} & \dfrac{\partial \Phi_n}{\partial x_1} & \cdots & \dfrac{\partial \Phi_n}{\partial x_n} \end{vmatrix} \equiv 0.$$

因此, $n+1$ 个函数

$$\Phi(t, x_1, \cdots, x_n), \Phi_1(t, x_1, \cdots, x_n), \cdots, \Phi_n(t, x_1, \cdots, x_n)$$

是函数相关的, 而我们已设 $\Phi_1(t, x_1, \cdots, x_n), \Phi_2(t, x_1, \cdots, x_n), \cdots, \Phi_n(t, x_1, \cdots, x_n)$ 是相互独立的, 因此存在连续可微函数 Ψ 使得

$$\Phi(t, x_1, \cdots, x_n) = \Psi\big(\Phi_1(t, x_1, \cdots, x_n), \Phi_2(t, x_1, \cdots, x_n), \cdots, \Phi_n(t, x_1, \cdots, x_n)\big).$$

另外, 如果 Ψ 可以取常数, 则 (6.5) 显然包含了偏微分方程 (6.2) 的常数解. 综上, 我们可以有如下结论.

定理 6.2.1 设特征方程 (6.3) 的 n 个独立的首次积分为 (6.4). 那么, 一阶齐次线性偏微分方程 (6.2) 的通解可以表示为

$$z = \Psi\big(\Phi_1(t, x_1, \cdots, x_n), \Phi_2(t, x_1, \cdots, x_n), \cdots, \Phi_n(t, x_1, \cdots, x_n)\big),$$

其中 $\Psi(\cdot, \cdots, \cdot)$ 是一个任意的 n 元连续可微函数.

需要指出的是, 首次积分的理论是局部的, 因此偏微分方程 (6.2) 的通解表达式 (6.5) 在理论上亦是局部成立的.

例 6.2.1 求解偏微分方程

$$x_1 \frac{\partial z}{\partial x_1} + x_2 \frac{\partial z}{\partial x_2} + \cdots + x_n \frac{\partial z}{\partial x_n} = 0,$$

其中 $x_1 \neq 0$.

解 上述偏微分方程的特征方程为

$$\frac{\mathrm{d}x_j}{\mathrm{d}x_1} = \frac{x_j}{x_1}, \quad j = 2, 3, \cdots, n.$$

从而该 $n-1$ 阶常微分方程组的 $n-1$ 个独立的首次积分为

$$\frac{x_j}{x_1} = c_j, \quad j = 2, 3, \cdots, n,$$

其中 c_j 为任意常数. 故而, 所求解的偏微分方程的通解为

$$z = \Psi\left(\frac{x_2}{x_1}, \frac{x_3}{x_1}, \cdots, \frac{x_n}{x_1}\right),$$

其中 Ψ 是关于其自变量连续可微的任意 $n-1$ 元函数.

例 6.2.2 求解初值问题

$$\begin{cases} t\dfrac{\partial \rho}{\partial t} + \sqrt{x}\dfrac{\partial \rho}{\partial x} + \sqrt{y}\dfrac{\partial \rho}{\partial y} = 0, \\ \rho(t,x,y)|_{t=1} = xy, \end{cases}$$

其中 $t > 0, x > 0, y > 0$.

解 上述偏微分方程对应的特征方程为

$$\begin{cases} \dfrac{\mathrm{d}x}{\mathrm{d}t} = \dfrac{\sqrt{x}}{t}, \\ \dfrac{\mathrm{d}y}{\mathrm{d}t} = \dfrac{\sqrt{y}}{t}, \end{cases} \quad t > 0, \ x > 0, \ y > 0.$$

容易解得该方程的两个独立的首次积分, 它们为

$$2\sqrt{x} - \ln t = C_1, \quad \sqrt{x} - \sqrt{y} = C_2.$$

因此, 根据定理 6.2.1 可知, 上述偏微分方程的通解为

$$\rho(t,x,y) = \Psi(2\sqrt{x} - \ln t, \sqrt{x} - \sqrt{y}),$$

其中 Ψ 是一个关于自变量连续可微的任意二元函数. 由初值条件可得

$$\Psi(2\sqrt{x}, \sqrt{x} - \sqrt{y}) = xy.$$

若令 $\alpha = 2\sqrt{x}, \beta = \sqrt{x} - \sqrt{y}$, 则有

$$\Psi(\alpha, \beta) = \frac{1}{4}\alpha^2 \left(\frac{\alpha}{2} - \beta\right)^2.$$

故而初值问题的解为

$$\rho(t,x,y) = \left(\sqrt{x} - \frac{1}{2}\ln t\right)^2 \left(\sqrt{y} - \frac{1}{2}\ln t\right)^2.$$

习题 6.2

1. 求下列偏微分方程的通解:

(1) $\dfrac{\partial^2 z}{\partial x^2} = 0$;

(2) $\dfrac{\partial^2 z}{\partial x \partial y} = 0$;

(3) $\dfrac{\partial z}{\partial x} = \dfrac{z}{x} - xy^2$;

(4) $y\dfrac{\partial z}{\partial x} = x\dfrac{\partial z}{\partial y}$;

(5) $xz\dfrac{\partial u}{\partial x} + yz\dfrac{\partial u}{\partial y} - (x^2 + y^2)\dfrac{\partial u}{\partial z} = 0$;

(6) $x\dfrac{\partial u}{\partial x} + (xy^2 \ln x - y)\dfrac{\partial u}{\partial y} + \dfrac{\partial u}{\partial z} = 0$;

(7) $z(x+z)\dfrac{\partial h}{\partial x} - y(y+z)\dfrac{\partial h}{\partial y} = 0$;

(8) $(mz-nz)\dfrac{\partial u}{\partial x} + (nx-lz)\dfrac{\partial u}{\partial y} + (ly-mx)\dfrac{\partial u}{\partial z} = 0$;

(9) $\dfrac{\partial u}{\partial x} + \dfrac{1}{z}\dfrac{\partial u}{\partial y} + \left(xz^2 - \dfrac{1}{x}z\right)\dfrac{\partial u}{\partial z} = 0$;

(10) $x(y^2-z^2)\dfrac{\partial u}{\partial x} - y(z^2+x^2)\dfrac{\partial u}{\partial y} + z(x^2+y^2)\dfrac{\partial u}{\partial z} = 0$;

(11) $\dfrac{x-y}{z-v}\dfrac{\partial u}{\partial x} + \dfrac{x-y}{z-v}\dfrac{\partial u}{\partial y} + (x-y+1)\dfrac{\partial u}{\partial z} + \dfrac{\partial u}{\partial v} = 0$;

(12) $\Delta_1\dfrac{\partial u}{\partial x} + \Delta_2\dfrac{\partial u}{\partial y} + \Delta_3\dfrac{\partial u}{\partial z} = 0$, 其中 Δ_k $(k=1,2,3)$ 表示行列式

$$\begin{vmatrix} \dfrac{\partial f_1}{\partial x} & \dfrac{\partial f_1}{\partial y} & \dfrac{\partial f_1}{\partial z} \\ \dfrac{\partial f_2}{\partial x} & \dfrac{\partial f_2}{\partial y} & \dfrac{\partial f_2}{\partial z} \\ \dfrac{\partial f_3}{\partial x} & \dfrac{\partial f_3}{\partial y} & \dfrac{\partial f_3}{\partial z} \end{vmatrix}$$

的第三行第 k 个元素所对应的代数余子式.

2. 求解下列初值问题:

(1) $\begin{cases} \sqrt{t}\dfrac{\partial \rho}{\partial t} + \sqrt{x}\dfrac{\partial \rho}{\partial x} + \sqrt{y}\dfrac{\partial \rho}{\partial y} = 0, \\ \rho(t,x,y)|_{t=1} = x-y; \end{cases}$

(2) $\begin{cases} (x-y^2)\dfrac{\partial z}{\partial x} + y\dfrac{\partial z}{\partial y} = 0, \\ z(x,y)|_{x=1} = \omega(y); \end{cases}$

(3) $\begin{cases} (x+y)\dfrac{\partial z}{\partial x} - (x-y)\dfrac{\partial z}{\partial y} = 0, \\ z(x,y)|_{x^2+y^2=1} = \dfrac{y}{x}. \end{cases}$

3. 设 $f_k(t,x_1,\cdots,x_n)$ 是连续可微的 $(k=1,2,\cdots,n)$. 如果

$$x_k = \varphi_k(t;t_0,x_1^0,\cdots,x_n^0), \quad k=1,2,\cdots,n$$

是方程组

$$\dfrac{\mathrm{d}x_k}{\mathrm{d}t} = f_k(t,x_1,\cdots,x_n), \quad k=1,2,\cdots,n$$

的解, 且适合初值条件

$$\varphi_k(t_0;t_0,x_1^0,\cdots,x_n^0) = x_k^0, \quad k=1,2,\cdots,n.$$

证明: 每一个函数 $z = \varphi_k(t_0; t, x_1, \cdots, x_n)$ 是一阶偏微分方程

$$\frac{\partial z}{\partial t} + \sum_{k=1}^{n} f_k(t, x_1, \cdots, x_n) \frac{\partial z}{\partial x_k} = 0$$

的解.

6.3 一阶拟线性偏微分方程

在本节中, 我们将考虑如下一阶偏微分方程:

$$\sum_{i=1}^{n} g_i(x_1, \cdots, x_n, z) \frac{\partial z}{\partial x_i} + c(x_1, \cdots, x_n, z) = 0, \tag{6.6}$$

其中 $z = \varphi(t, x_1, \cdots, x_n)$ 是未知函数. 假定系数函数 $g_1, g_2, \cdots, g_n$ 和 c 关于 $(x_1, \cdots, x_n, z) \in \mathcal{S} \subset \mathbb{R}^{n+1}$ 是连续可微的. 注意到在一阶偏微分方程 (6.6) 中, 无论未知函数本身如何出现, 方程右端关于未知函数的偏导数是线性的. 因此, 我们称方程 (6.6) 为拟线性偏微分方程. 为了记号使用的方便, 本节中我们仅研究当 $n = 2$ 时的理论结果, 即研究以下的方程:

$$a(x, y, z) \frac{\partial z}{\partial x} + b(x, y, z) \frac{\partial z}{\partial y} = c(x, y, z), \tag{6.7}$$

其中函数 $a(x, y, z), b(x, y, z), c(x, y, z)$ 关于 $(x, y, z) \in \mathcal{S} \subset \mathbb{R}^3$ 是连续可微的, 并且 a, b 不同时为零.

6.3.1 拟线性与齐次线性偏微分方程

若方程 (6.7) 的解 $z = \varphi(x, y)$ 满足如下的隐函数形式:

$$F(x, y, z) = 0.$$

则由隐函数的偏导数公式, 容易得到

$$\frac{\partial z}{\partial x} = -\left(\frac{\partial F}{\partial x} \Big/ \frac{\partial F}{\partial z}\right), \quad \frac{\partial z}{\partial y} = -\left(\frac{\partial F}{\partial y} \Big/ \frac{\partial F}{\partial z}\right).$$

于是, 将之代入方程 (6.7) 后得到

$$a(x, y, z) \frac{\partial F}{\partial x} + b(x, y, z) \frac{\partial F}{\partial y} + c(x, y, z) \frac{\partial F}{\partial z} = 0. \tag{6.8}$$

这表明如果 $F(x,y,z) = 0$ 是拟线性方程 (6.7) 的隐式解,则函数 $F = F(x,y,z)$ 是齐次线性偏微分方程 (6.8) 的显式解.

于是, 余下的问题是探讨是否能够通过给出偏微分方程 (6.8) 的通解来确定拟线性偏微分方程 (6.7) 的解.

为此, 我们首先假设

$$\varphi(x,y,z) = C_1, \quad \psi(x,y,z) = C_2$$

是方程 (6.8) 对应的特征方程的两个相互独立的首次积分. 因此, 根据上一小节中的讨论, 齐次线性偏微分方程 (6.8) 的通解可以表示为

$$F = \Phi\big(\varphi(x,y,z), \psi(x,y,z)\big),$$

其中 Φ 是关于其自变量连续可微的任意二元函数. 只要 $\dfrac{\partial \Phi}{\partial z} \neq 0$, 由

$$\Phi\big(\varphi(x,y,z), \psi(x,y,z)\big) = 0$$

所确定的隐函数 $z = z(x,y)$ 满足

$$\frac{\partial z}{\partial x} = -\left(\frac{\partial \Phi}{\partial x} \bigg/ \frac{\partial \Phi}{\partial z}\right), \quad \frac{\partial z}{\partial y} = -\left(\frac{\partial \Phi}{\partial y} \bigg/ \frac{\partial \Phi}{\partial z}\right).$$

将这些关系代入恒等式

$$a(x,y,z)\frac{\partial \Phi}{\partial x} + b(x,y,z)\frac{\partial \Phi}{\partial y} + c(x,y,z)\frac{\partial \Phi}{\partial z} = 0$$

中后, 可以得到

$$a\big(x,y,z(x,y)\big)\frac{\partial z}{\partial x} + b\big(x,y,z(x,y)\big)\frac{\partial z}{\partial y} = c\big(x,y,z(x,y)\big).$$

因此, 隐函数 $z = z(x,y)$ 是偏微分方程 (6.7) 的一个解.

下面进一步论证: 对于偏微分方程 (6.7) 的任意一个解 $z = \zeta(x,y)$, 总存在某个二元函数 $\Psi(\cdot,\cdot)$, 使得

$$\Psi\big(\varphi(x,y,\zeta(x,y)), \psi(x,y,\zeta(x,y))\big) \equiv 0,$$

其中 φ, ψ 是上述得到的两个独立的首次积分. 事实上, 这一论证既可以从本小节第一段的讨论中直接给出, 亦可以从说明 $\gamma(x,y) \stackrel{\text{def}}{=} \varphi(x,y,\zeta(x,y))$ 与 $\kappa(x,y) \stackrel{\text{def}}{=} \psi(x,y,\zeta(x,y))$ 是函数相关的给出. 这里, 我们来说明它们是函数相关的. 为此, 作如下计算:

$$\frac{\partial \gamma}{\partial x} = \frac{\partial \varphi}{\partial x} + \frac{\partial \varphi}{\partial z} \cdot \frac{\partial \zeta}{\partial x}, \quad \frac{\partial \gamma}{\partial y} = \frac{\partial \varphi}{\partial y} + \frac{\partial \varphi}{\partial z} \cdot \frac{\partial \zeta}{\partial y},$$

于是, 有

$$a\frac{\partial \gamma}{\partial x} + b\frac{\partial \gamma}{\partial y} = a\frac{\partial \varphi}{\partial x} + b\frac{\partial \varphi}{\partial y} + \left(a\frac{\partial \zeta}{\partial x} + b\frac{\partial \zeta}{\partial y}\right)\frac{\partial \varphi}{\partial z}$$

$$= a\frac{\partial \varphi}{\partial x} + b\frac{\partial \varphi}{\partial x} + c\frac{\partial \varphi}{\partial z} \equiv 0.$$

同理可得

$$a\frac{\partial \kappa}{\partial x} + b\frac{\partial \kappa}{\partial y} \equiv 0.$$

但注意到函数 a, b 不同时为零，因此根据线性代数理论，只有系数行列式

$$\begin{vmatrix} \dfrac{\partial \gamma}{\partial x} & \dfrac{\partial \gamma}{\partial y} \\ \dfrac{\partial \kappa}{\partial x} & \dfrac{\partial \kappa}{\partial y} \end{vmatrix} \equiv 0,$$

而这却意味着 $\gamma(x,y)$ 与 $\kappa(x,y)$ 是函数相关的. 故而我们可以有如下关于一阶拟线性偏微分方程解的表示定理.

定理 6.3.1 如果一阶齐次线性偏微分方程 (6.8) 的通解为

$$F = \Phi\big(\varphi(x,y,z), \psi(x,y,z)\big),$$

其中 $\varphi(x,y,z) = C_1, \psi(x,y,z) = C_2$ 是方程 (6.8) 对应的特征方程的两个独立的首次积分, Φ 是关于其自变量连续可微的任意二元函数, 那么, 一阶拟线性偏微分方程 (6.7) 的通解为

$$\Phi\big(\varphi(x,y,z), \psi(x,y,z)\big) = 0.$$

例 6.3.1 求解初值问题

$$\begin{cases} x^2 \dfrac{\partial z}{\partial x} + y^2 \dfrac{\partial z}{\partial y} = z^2, \\ z(x,y)|_{x=1} = \dfrac{1}{y}, \end{cases}$$

解 考虑齐次线性偏微分方程

$$x^2 \frac{\partial F}{\partial x} + y^2 \frac{\partial F}{\partial y} + z^2 \frac{\partial F}{\partial z} = 0,$$

该方程的特征方程为

$$\begin{cases} \dfrac{\mathrm{d}x}{\mathrm{d}z} = \dfrac{x^2}{z^2}, \\ \dfrac{\mathrm{d}y}{\mathrm{d}z} = \dfrac{y^2}{z^2}. \end{cases}$$

容易解得该方程的两个独立的首次积分, 它们为

$$\frac{1}{x} - \frac{1}{z} = C_1, \quad \frac{1}{x} - \frac{1}{y} = C_2.$$

因此, 根据定理 6.3.1 可知, 所要求解的偏微分方程的隐式解具有如下形式:

$$\Phi\left(\frac{1}{x} - \frac{1}{z}, \frac{1}{x} - \frac{1}{y}\right) = 0,$$

其中 $\Phi(s,t)$ 是任意一个二元连续可微的函数, 且满足 $\dfrac{\partial \Phi}{\partial s} \neq 0$. 从而, 由此确定的隐函数为

$$z(x,y) = \dfrac{x}{1 - x\zeta\left(\dfrac{1}{x} - \dfrac{1}{y}\right)},$$

其中 ζ 是任意一个一元连续可微的函数.

由初值条件

$$z(1,y) = \dfrac{1}{1 - \zeta\left(1 - \dfrac{1}{y}\right)} = \dfrac{1}{y},$$

可得

$$\zeta(p) = \dfrac{p}{p-1}.$$

故而, 初值问题的解为

$$z(x,y) = \dfrac{xy - x^2 y - x^2}{y - x - 2xy + x^2}. \qquad \square$$

事实上, 以上的理论结果很容易运用到 $n \geqslant 3$ 的情形, 从而给出拟线性方程 (6.6) 的通解的表示结果.

例 6.3.2 求解偏微分方程

$$x_1 \dfrac{\partial z}{\partial x_1} + x_2 \dfrac{\partial z}{\partial x_2} + \cdots + x_n \dfrac{\partial z}{\partial x_n} = \omega z,$$

其中 ω 是正整数, $x_1 \neq 0$.

解 考虑一阶齐次线性偏微分方程

$$x_1 \dfrac{\partial F}{\partial x_1} + x_2 \dfrac{\partial F}{\partial x_2} + \cdots + x_n \dfrac{\partial F}{\partial x_n} + \omega z \dfrac{\partial F}{\partial z} = 0,$$

该方程的特征方程为

$$\dfrac{\mathrm{d} x_j}{\mathrm{d} z} = \dfrac{x_j}{\omega z}, \quad j = 1, 2, \cdots, n.$$

因此, 该 n 维常微分方程组的 n 个独立的首次积分为

$$\dfrac{z}{x_1^\omega} = c_1, \quad \dfrac{x_j}{x_1} = c_j, \quad j = 2, 3, \cdots, n,$$

其中 c_j 为任意常数. 故而, 所求解的偏微分方程的通解 (隐式解) 为

$$\Phi\left(\dfrac{z}{x_1^\omega}, \dfrac{x_2}{x_1}, \dfrac{x_3}{x_1}, \cdots, \dfrac{x_n}{x_1}\right) = 0,$$

其中 $\Phi(\cdot, \cdots, \cdot)$ 是任意一个 n 元连续可微的函数, 且其关于第一位置变量的偏导数不等于零. 进一步地, 可以将显式解表示为关于 $x_1, x_2, \cdots, x_n$ 的 ω 次齐次函数

$$z = x_1^\omega \zeta\left(\dfrac{x_2}{x_1}, \dfrac{x_3}{x_1}, \cdots, \dfrac{x_n}{x_1}\right),$$

其中 ζ 是由 $\Phi = 0$ 所确定的隐函数. $\qquad \square$

6.3.2 方向场与特征曲线

在上一小节中, 我们探讨了一阶拟线性偏微分方程 (6.7) 的解与一阶齐次线性偏微分方程 (6.8) 的解之间的关系. 以下, 我们来阐述方程 (6.7) 的几何意义.

以区域 $\mathcal{S}$ 内的任一点 (x, y, z) 为起点, 以
$$\boldsymbol{v} = \big(a(x,y,z), b(x,y,z), c(x,y,z)\big)$$
为方向数引一向量, 从而就在区域 $\mathcal{S}$ 内的每一点确定了一个方向, 进而得到一个方向场. 我们称这个方向场是由偏微分方程 (6.7) 所确定的方向场. 设 $z = \varphi(x,y)$ 是方程 (6.7) 的一解, 其在 $Oxyz$ 中表示的光滑曲面 $\mathcal{T}$ 即是方程 (6.7) 的积分曲面. 于是, 方程 (6.7) 在点 $m(x, y, \varphi(x,y))$ 的方向场为
$$\boldsymbol{v}_m = \big(a(x,y,\varphi(x,y)), b(x,y,\varphi(x,y)), c(x,y,\varphi(x,y))\big).$$

另一方面, 曲面 $\mathcal{T}$ 在点 m 处的外法向为
$$\boldsymbol{n}_m = \left(\frac{\partial \varphi}{\partial x}, \frac{\partial \varphi}{\partial y}, -1 \right).$$

简单的计算, 容易验证
$$\langle \boldsymbol{v}_m, \boldsymbol{n}_m \rangle = 0.$$

故而积分曲面 $z = \varphi(x,y)$ 上的任一点 m 的法线与方程 (6.7) 的方向场在该点的方向互相垂直 (如图 6.1 所示).

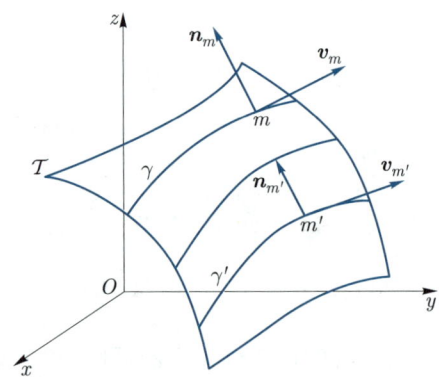

图 6.1　积分曲面示意图

另一方面, 常微分方程组
$$\begin{cases} \dfrac{\mathrm{d}x}{\mathrm{d}s} = a(x,y,z), \\ \dfrac{\mathrm{d}y}{\mathrm{d}s} = b(x,y,z), \\ \dfrac{\mathrm{d}z}{\mathrm{d}s} = c(x,y,z), \end{cases} \tag{6.9}$$

在三维空间 $Oxyz$ 中确定的方向场与偏微分方程 (6.7) 所确定的方向场是一致的. 我们称方程组 (6.9) 是拟线性偏微分方程 (6.7) 的特征方程; 称方程组 (6.9) 的每一解 $x = x(s),\ y = y(s),\ z = z(s)$ 在三维空间 $Oxyz$ 中表示的轨线 γ 是拟线性偏微分方程 (6.7) 的特征曲线. 这里的 s 为曲线的参数坐标, $s \in \mathcal{I}$. 容易发现, 在每一点 m 处, 特征曲线 γ 与积分曲面 $\mathcal{T}$ 只可能相切, 不可能是横截的.

命题 6.3.1 (1) 由方程组 (6.9) 的特征曲线族织成的光滑曲面是偏微分方程 (6.7) 的积分曲面; (2) 过曲面 $\mathcal{T}: z = \varphi(x,y)$ 上任一点所引的特征曲线整个落在曲面 $\mathcal{T}$ 上.

证明 (1) 如果某一光滑曲面 $z = \psi(x,y)$ 是由方程组 (6.9) 确定的特征曲线织成的, 则有
$$z(s) \equiv \psi(x(s), y(s)),$$
其中 $\dot{x}(s) = a,\ \dot{y}(s) = b,\ \dot{z}(s) = c$. 于是, 等式两边关于 s 求导数, 则有
$$\dot{z}(s) \equiv \frac{\partial \psi}{\partial x}\dot{x}(s) + \frac{\partial \psi}{\partial y}\dot{y}(s).$$
按特征曲线的定义, 因此
$$a\big(x(s),y(s),z(s)\big)\frac{\partial \psi(x(s),y(s))}{\partial x} + b\big(x(s),y(s),z(s)\big)\frac{\partial \psi(x(s),y(s))}{\partial y}$$
$$\equiv c\big(x(s),y(s),z(s)\big).$$

这说明曲面 $z = \psi(x,y)$ 的法线沿着特征曲线适合偏微分方程 (6.7). 由于曲面 $z = \psi(x,y)$ 是由特征曲线织成的, 故而该曲面是偏微分方程 (6.7) 的积分曲面.

(2) 设 $z = \varphi(x,y)$ 是偏微分方程 (6.7) 的积分曲面 $\mathcal{T}$, 过上面的任何一点 $m(x_0, y_0, \varphi(x_0, y_0))$ 的特征曲线 $\gamma_0: x = x(s),\ y = y(s),\ z = z(s)$ 是方程组
$$\begin{cases} \dot{x}(s) = a(x(s),y(s),z(s)), \\ \dot{y}(s) = b(x(s),y(s),z(s)), \\ \dot{z}(s) = c(x(s),y(s),z(s)) \end{cases}$$
满足初值条件 $x(0) = x_0, y(0) = y_0$ 和 $z(0) = \varphi(x_0, y_0)$ 的唯一解. 令 $\eta(s) \stackrel{\text{def}}{=} \varphi(\bar{x}(s), \bar{y}(s))$, 其中 $\bar{x}(s), \bar{y}(s)$ 是方程组
$$\begin{cases} \dot{\bar{x}}(s) = a(\bar{x}(s), \bar{y}(s), \varphi(\bar{x}(s), \bar{y}(s))), \\ \dot{\bar{y}}(s) = b(\bar{x}(s), \bar{y}(s), \varphi(\bar{x}(s), \bar{y}(s))), \end{cases}$$
满足初值条件 $x(0) = x_0, y(0) = y_0$ 的解, 则有 $\eta(0) = \varphi(x_0, y_0)$. 同时, 利用偏微分方程 (6.7), 容易验证
$$\dot{\eta}(s) = a\big(x(s), y(s), \eta(s)\big)\frac{\partial \varphi(\bar{x}(s), \bar{y}(s))}{\partial x} + b\big(x(s), y(s), \eta(s)\big)\frac{\partial \varphi(\bar{x}(s), \bar{y}(s))}{\partial y}$$

$$= c(\bar{x}(s), \bar{y}(s), \eta(s))$$

因此, $\bar{x}(s), \bar{y}(s), \eta(s)$ 表示的曲线与 γ_0 满足同样的初值问题. 因此, 由微分方程解的存在唯一性可知

$$z(s) = \varphi(x(s), y(s)),$$

即特征曲线 γ_0 位于积分曲面 $\mathcal{T}$ 上. □

6.3.3 Cauchy 问题

这一小节中我们考虑, 当在区域 $\mathcal{S}$ 上给定了一条曲线

$$\varsigma : x = x_0(t), \ y = y_0(t), \ z = z_0(t)$$

后, 如何确定拟线性偏微分方程 (6.7) 的一张积分曲面 $z = \varphi(x, y)$, 使之包含已给定的曲线 ς, 即成立

$$z_0(t) = \varphi(x_0(t), y_0(t)),$$

其中 $t \in \mathcal{I}$ 为曲线的参数坐标, $\dot{x}_0(t), \dot{y}_0(t), \dot{z}_0(t)$ 都是连续的, 并且 $\dot{x}_0^2(t) + \dot{y}_0^2(t) \neq 0$. 我们称这个问题为方程 (6.7) 的 Cauchy 问题.

命题 6.3.2 (1) 如果成立

$$\frac{\dot{x}_0(t)}{\dot{y}_0(t)} \neq \frac{a(x_0(t), y_0(t), z_0(t))}{b(x_0(t), y_0(t), z_0(t))},$$

那么上述 Cauchy 问题有唯一的解;

(2) 如果曲线 ς 是特征曲线, 即成立

$$\frac{\dot{x}_0(t)}{a(x_0(t), y_0(t), z_0(t))} \equiv \frac{\dot{y}_0(t)}{b(x_0(t), y_0(t), z_0(t))} \equiv \frac{\dot{z}_0(t)}{c(x_0(t), y_0(t), z_0(t))},$$

那么上述 Cauchy 问题的解不唯一;

(3) 如果曲线 ς 不是特征曲线, 但成立

$$\frac{\dot{x}_0(t)}{\dot{y}_0(t)} \equiv \frac{a(x_0(t), y_0(t), z_0(t))}{b(x_0(t), y_0(t), z_0(t))},$$

那么上述 Cauchy 问题没有解.

证明 (1) 常微分方程组 (6.9) 过点 $(x_0(t), y_0(t), z_0(t))$ 的解记为

$$x = x(s; x_0(t), y_0(t), z_0(t)) \stackrel{\text{def}}{=} x(s, t),$$
$$y = y(s; x_0(t), y_0(t), z_0(t)) \stackrel{\text{def}}{=} y(s, t),$$
$$z = z(s; x_0(t), y_0(t), z_0(t)) \stackrel{\text{def}}{=} z(s, t),$$

因此, 有
$$\frac{\partial x(s,t)}{\partial s} = a\big(x(s,t), y(s,t), z(s,t)\big),$$
$$\frac{\partial y(s,t)}{\partial s} = b\big(x(s,t), y(s,t), z(s,t)\big),$$
$$\left.\frac{\partial x(s,t)}{\partial t}\right|_{s=0} = \dot{x}_0(t), \quad \left.\frac{\partial y(s,t)}{\partial t}\right|_{s=0} = \dot{y}_0(t),$$

所以, 由已知条件可得
$$\left|\begin{matrix} \dfrac{\partial x(s,t)}{\partial s} & \dfrac{\partial y(s,t)}{\partial s} \\ \dfrac{\partial x(s,t)}{\partial t} & \dfrac{\partial y(s,t)}{\partial t} \end{matrix}\right|_{s=0} \neq 0.$$

因此, 对于 $x = x(s,t)$, $y = y(s,t)$, 根据隐函数存在定理, 存在唯一的表示形式
$$s = s(x,y), \quad t = t(x,y).$$

这里的函数 $s(\cdot,\cdot)$, $t(\cdot,\cdot)$ 都是连续可微的. 再将之代入 $z = z(s,t)$ 后有
$$z = z\big(s(x,y), t(x,y)\big) \stackrel{\text{def}}{=\!=} \varphi(x,y).$$

而当 t 变化时, 由 $x(s,t), y(s,t), z(s,t)$ 表示的是一族以 ς 的点为初始点的特征曲线, 这族特征曲线在 ς 的附近织成一曲面正是 $z = \varphi(x,y)$. 故而由命题 6.3.1 可知该光滑曲面是 Cauchy 问题的解且唯一.

(2) 如果 ς 是特征曲线, 所以从其上每一点所引出的特征曲线必与 ς 重合, 因而不能得到曲面. 但是, 可以选取任意一条与 ς 相交的曲线 ς', 使得 ς' 符合 (1) 中的条件. 这样由 ς' 给出的 Cauchy 问题的解包含 ς, 但是由于 ς' 选取是不唯一的, 所以过特征曲线 ς 有无穷多个积分曲面.

(3) 利用反证法. 如果存在积分曲面 $z = \varphi(x,y)$ 包含曲线 ς, 那么有 $z_0(t) \equiv \varphi\big(x_0(t), y_0(t)\big)$. 从而由已知条件有

$$\dot{z}_0(t) = \dot{x}_0(t)\frac{\partial \varphi\big(x_0(t), y_0(t)\big)}{\partial x} + \dot{y}_0(t)\frac{\partial \varphi\big(x_0(t), y_0(t)\big)}{\partial y}$$
$$= \frac{\dot{x}_0(t)}{a\big(x_0(t), y_0(t), z_0(t)\big)} \bigg(a\big(x_0(t), y_0(t), z_0(t)\big)\frac{\partial \varphi\big(x_0(t), y_0(t)\big)}{\partial x} +$$
$$b\big(x_0(t), y_0(t), z_0(t)\big)\frac{\partial \varphi\big(x_0(t), y_0(t)\big)}{\partial y}\bigg)$$
$$= \frac{\dot{x}_0(t)}{a\big(x_0(t), y_0(t), z_0(t)\big)} c\big(x_0(t), y_0(t), z_0(t)\big).$$

因此, 有
$$\frac{\dot{x}_0(t)}{a(x_0(t),y_0(t),z_0(t))} \equiv \frac{\dot{y}_0(t)}{b(x_0(t),y_0(t),z_0(t))} \equiv \frac{\dot{z}_0(t)}{c(x_0(t),y_0(t),z_0(t))}.$$

因此, 曲线 ς 必是特征曲线. 故而矛盾. □

例 6.3.3 试分别确定偏微分方程
$$y\frac{\partial z}{\partial x} - x\frac{\partial z}{\partial y} = 0$$

过下列曲线的积分曲面.

(1) $\varsigma : x = 0,\ z = y^2$;

(2) $\sigma : z = x,\ x^2 + y^2 = 1$.

解 (1) 由偏微分方程可得 $a = y,\ b = -x,\ c = 0$, 其特征方程为
$$\frac{\mathrm{d}x}{\mathrm{d}s} = y,\quad \frac{\mathrm{d}y}{\mathrm{d}s} = -x,\quad \frac{\mathrm{d}z}{\mathrm{d}s} = 0,$$

其通解可表示为
$$x(s) = c_1\cos s + c_2\sin s,\quad y(s) = -c_1\sin s + c_2\cos s,\quad z(s) = c_3.$$

另一方面, 曲线 ς 的参数方程为 $x_0(t) = 0,\ y_0(t) = t,\ z_0(t) = t^2$, 注意到

$$\begin{vmatrix} a & b \\ \dot{x}_0 & \dot{y}_0 \end{vmatrix} = \begin{vmatrix} t & 0 \\ 0 & 1 \end{vmatrix} = t \neq 0,$$

因此, 有唯一的积分曲面含有曲线 ς. 于是, 利用初值条件 $x(0) = 0, y(0) = t, z(0) = t^2$ 可以得到
$$x(s,t) = t\sin s,\quad y(s,t) = t\cos s,\quad z(s,t) = t^2.$$

消去 s, t 后可以得到过曲线 ς 的方程的积分曲面为
$$z = x^2 + y^2.$$

(2) 曲线 σ 的参数方程为
$$x_0(t) = \cos t,\quad y_0(t) = \sin t,\quad z_0(t) = \cos t.$$

于是, 沿着曲线 σ 成立
$$\dot{x}_0(t):\dot{y}_0(t) = (-\sin t):\cos t = (-y_0(t)):x_0(t) = a:b$$

注意到 σ 不是特征曲线, 因此不存在方程过 σ 的积分曲面. □

习题 6.3

1. 求下列偏微分方程的通解:

(1) $(y+z+u)\dfrac{\partial u}{\partial x} + (z+u+x)\dfrac{\partial u}{\partial y} + (u+x+y)\dfrac{\partial u}{\partial z} = x+y+z$;

(2) $\dfrac{\partial u}{\partial x} + b\dfrac{\partial u}{\partial y} + c\dfrac{\partial u}{\partial z} = xyz$, 其中 b, c 是常数;

(3) $z(x+z)\dfrac{\partial z}{\partial x} - y(y+z)\dfrac{\partial z}{\partial y} = 0$;

(4) $xz\dfrac{\partial z}{\partial x} + yz\dfrac{\partial z}{\partial y} + xy = 0$;

(5) $(y^3 x - 2x^4)\dfrac{\partial z}{\partial x} + (2y^4 - x^3 y)\dfrac{\partial z}{\partial y} = 9z(x^3 - y^3)$;

(6) $xz(xy+z^2)\dfrac{\partial z}{\partial x} - yz(xy+z^2)\dfrac{\partial z}{\partial y} = x^4$.

2. 求下列曲面族的正交曲面:

(1) $x^2 + y^2 + z^2 = a^2$; 　　(2) $xyz = C$;

(3) $z^2 = Cxy$; 　　(4) $z + (1+x)(1+y) = C$;

(5) $z = Cxy$.

3. 求解初值问题 $\begin{cases} (x^2+y^2)\dfrac{\partial \rho}{\partial x} + 2xy\dfrac{\partial \rho}{\partial y} = 0, \\ \rho(x,y)|_{x=2y} = y^2. \end{cases}$

4. 求解下列柯西问题:

(1) $x\dfrac{\partial z}{\partial x} + y\dfrac{\partial z}{\partial y} = 0$, 　$\varsigma: y=1, \; z=x$;

(2) $z(x+z)\dfrac{\partial z}{\partial x} - y(y+z)y\dfrac{\partial z}{\partial y} = 0$, 　$\varsigma: x=1, \; z=\sqrt{y}$;

(3) $xz\dfrac{\partial z}{\partial x} + yz\dfrac{\partial z}{\partial y} + xy = 0$, 　$\varsigma: xy=a^2, \; z=h$;

(4) $\tan x \dfrac{\partial z}{\partial x} + y\dfrac{\partial z}{\partial y} = z$, 　$\varsigma: y=x, \; z=x^3$;

(5) $x\dfrac{\partial z}{\partial x} + y\dfrac{\partial z}{\partial y} - 2xy = 0$, 　$\varsigma: y=x, \; z=x^2$;

(6) $z\dfrac{\partial z}{\partial x} + (z^2 - x^2)\dfrac{\partial z}{\partial y} + x = 0$, 　$\varsigma: y=x^2, \; z=2x$;

(7) $y^2\dfrac{\partial z}{\partial x} + yz\dfrac{\partial z}{\partial y} + z^2 = 0$, 　$\varsigma: x-y=0, \; x-yz=1$;

(8) $\sqrt{x}\dfrac{\partial z}{\partial x} + \sqrt{y}\dfrac{\partial z}{\partial y} = \sqrt{z}$, 　$\varsigma: x=y=z$.

5. 求经过直线 $y=x, z=h$ 且与球面族 $x^2+y^2+z^2=a^2$ 正交的曲面的直角坐标表示式.

6. 求经过圆周 $x^2+y^2=1, z=h$ 且与双曲抛物面族 $xy=az$ 正交的曲面.

参考文献

[1] 阿诺尔德. 常微分方程. 沈家骐, 周宝熙, 卢亭鹤, 译. 北京: 科学出版社, 2001.

[2] 阿诺尔德. 常微分方程续论: 常微分方程的几何方法. 齐民友, 译. 北京: 科学出版社, 1989.

[3] 丁崇文. 常微分方程. 2 版. 厦门: 厦门大学出版社, 1996.

[4] 丁同仁, 李承治. 常微分方程教程. 2 版. 北京: 高等教育出版社, 2004.

[5] 东北师范大学微分方程教研室. 常微分方程. 3 版. 北京: 高等教育出版社, 2022.

[6] 韩茂安, 周盛凡, 邢业朋, 等. 常微分方程. 2 版. 北京: 高等教育出版社, 2018.

[7] 金福临, 李训经, 等. 常微分方程. 上海: 上海科学技术出版社, 1984.

[8] 李继彬, 周艳, 庄锦森, 等. 非线性常微分方程基础. 北京: 科学出版社, 2022.

[9] 柳彬. 常微分方程. 北京: 北京大学出版社, 2021.

[10] 楼红卫, 林伟. 常微分方程. 复旦大学出版社, 2007.

[11] 孙清华, 李金兰, 孙昊. 常微分方程内容、方法与技巧. 华中科技大学出版社, 2006.

[12] 泰休. 常微分方程与动力系统. 金成桴, 译. 北京: 机械工业出版社, 2011.

[13] 王高雄, 周之铭, 朱思铭, 等. 常微分方程. 2 版. 北京: 高等教育出版社, 1983.

[14] 王玉文, 史峻平, 侍述军, 等. 常微分方程简明教程. 北京: 科学出版社, 2010.

[15] 伍卓群, 李勇. 常微分方程. 北京: 高等教育出版社, 2004.

[16] 叶彦谦. 常微分方程讲义. 北京: 人民教育出版社, 1979.

[17] 袁荣. 常微分方程. 北京: 高等教育出版社, 2012.

[18] LUAN YANG, JINGDONG ZHANG, SHIJIE ZHOU, et al. Advancements in mathematical approaches for deciphering deep brain stimulation: A systematic review. CSIAM Transactions on Life Sciences, 2025, 1(1): 93-133.

[19] 张伟年, 杜正东, 徐冰. 常微分方程. 2 版. 北京: 高等教育出版社, 2014.

[20] 张祥. 常微分方程. 北京: 科学出版社, 2015.

郑重声明

高等教育出版社依法对本书享有专有出版权。任何未经许可的复制、销售行为均违反《中华人民共和国著作权法》，其行为人将承担相应的民事责任和行政责任；构成犯罪的，将被依法追究刑事责任。为了维护市场秩序，保护读者的合法权益，避免读者误用盗版书造成不良后果，我社将配合行政执法部门和司法机关对违法犯罪的单位和个人进行严厉打击。社会各界人士如发现上述侵权行为，希望及时举报，我社将奖励举报有功人员。

反盗版举报电话　　（010）58581999　58582371
反盗版举报邮箱　　dd@hep.com.cn
通信地址　　　　　北京市西城区德外大街4号
　　　　　　　　　高等教育出版社知识产权与法律事务部
邮政编码　　　　　100120

读者意见反馈

为收集对教材的意见建议，进一步完善教材编写并做好服务工作，读者可将对本教材的意见建议通过如下渠道反馈至我社。

咨询电话　　400-810-0598
反馈邮箱　　hepsci@pub.hep.cn
通信地址　　北京市朝阳区惠新东街4号富盛大厦1座
　　　　　　高等教育出版社理科事业部
邮政编码　　100029

防伪查询说明

用户购书后刮开封底防伪涂层，使用手机微信等软件扫描二维码，会跳转至防伪查询网页，获得所购图书详细信息。

防伪客服电话　　（010）58582300

图书在版编目（CIP）数据

常微分方程 / 林伟等编著. -- 北京：高等教育出版社，2025.9. -- ISBN 978-7-04-065391-5

Ⅰ.O175.1

中国国家版本馆CIP数据核字第2025YX1443号

Changweifen Fangcheng

策划编辑	李 蕊	出版发行	高等教育出版社
责任编辑	李 蕊	社 址	北京市西城区德外大街4号
封面设计	王 洋	邮政编码	100120
版式设计	徐艳妮	购书热线	010-58581118
责任绘图	马天驰	咨询电话	400-810-0598
责任校对	刘娟娟	网 址	http://www.hep.edu.cn
责任印制	赵义民		http://www.hep.com.cn
		网上订购	http://www.hepmall.com.cn
			http://www.hepmall.com
			http://www.hepmall.cn

印 刷	北京盛通印刷股份有限公司
开 本	787mm×1092mm 1/16
印 张	20.25
字 数	420千字
版 次	2025年9月第1版
印 次	2025年9月第1次印刷
定 价	51.00元

本书如有缺页、倒页、脱页等质量问题，请到所购图书销售部门联系调换

版权所有 侵权必究
物 料 号 65391-00

数学"101计划"已出版教材目录

1.	《基础复分析》	崔贵珍　高　延
2.	《代数学（一）》	李　方　邓少强　冯荣权　刘东文
3.	《代数学（二）》	李　方　邓少强　冯荣权　刘东文
4.	《代数学（三）》	冯荣权　邓少强　李　方　徐彬斌
5.	《代数学（四）》	冯荣权　邓少强　李　方　徐彬斌
6.	《代数学（五）》	邓少强　李　方　冯荣权　常　亮
7.	《数学物理方程》	雷　震　王志强　华波波　曲　鹏　黄耿耿
8.	《概率论（上册）》	李增沪　张　梅　何　辉
9.	《概率论（下册）》	李增沪　张　梅　何　辉
10.	《概率论和随机过程 上册》	林正炎　苏中根　张立新
11.	《概率论和随机过程 下册》	苏中根
12.	《实变函数》	程　伟　吕　勇　尹会成
13.	《泛函分析》	王　凯　姚一隽　黄昭波
14.	《数论基础》	方江学
15.	《基础拓扑学及应用》	雷逢春　杨志青　李风玲
16.	《微分几何》	黎俊彬　袁　伟　张会春
17.	《最优化方法与理论》	文再文　袁亚湘
18.	《数理统计》	王兆军　邹长亮　周永道　冯　龙
19.	《数学分析》数字教材	张　然　王春朋　尹景学
20.	《微分方程Ⅱ》	周蜀林
21.	《数学分析（上册）》	楼红卫　杨家忠　梅加强
22.	《数学分析（中册）》	杨家忠　梅加强　楼红卫
23.	《数学分析（下册）》	梅加强　楼红卫　杨家忠
24.	《微分方程数值解法》	李荣华　李永海　武海军
25.	《数值分析》	包　刚　杨志坚　李铁香　刘　歆　武海军
26.	《数值线性代数》	高卫国　魏　轲　柏兆俊
27.	《复变函数》	王晓光
28.	《微分方程Ⅰ》	柳　彬　肖冬梅　张伟年

29. 《概率论与随机过程（上册）》　　陈大岳　任艳霞　章复熹
30. 《数学分析（第一册）》　　张　然　翟起龙　段　犇　尹景学
31. 《数学分析（第二册）》　　张　然　王　蕊　翟起龙　王春朋
32. 《数学分析（第三册）》　　王春朋　王　蕊　吕俊良　段　犇
33. 《微分几何》　　来米加
34. 《代数数论》　　程创勋　张　翀
35. 《常微分方程》　　林　伟　严　军　张国华　周士杰